Neues Testament und Antike Kultur

Herausgegeben von
Kurt Erlemann, Karl Leo Noethlichs,
Klaus Scherberich und Jürgen Zangenberg

Kurt Erlemann / Karl Leo Noethlichs (Hg.)

Neues Testament und Antike Kultur

Band 1: Prolegomena – Quellen – Geschichte

2004

Neukirchener Verlag

© 2004 Neukirchener Verlag
Verlagsgesellschaft des Erziehungsvereins mbH, Neukirchen-Vluyn
Alle Rechte vorbehalten
Umschlaggestaltung: Hartmut Namislow
Satz und Druckvorlage: Astrid Padberg
Gesamtherstellung: Breklumer Druckerei Manfred Siegel KG
Printed in Germany
ISBN 3-7887-2036-0

Das Werk einschließlich aller seiner Teile ist urheberrechtlich geschützt. Jede Verwertung außerhalb der engen Grenzen des Urheberrechtsgesetzes ist ohne Zustimmung des Verlages unzulässig und strafbar. Das gilt insbesondere für Vervielfältigungen, Übersetzungen, Mikroverfilmungen und die Einspeicherung und Verarbeitung in elektronischen Systemen.

Bibliographische Information Der Deutschen Bibliothek

Die Deutsche Bibliothek verzeichnet diese Publikation in der Deutschen Nationalbibliographie; detaillierte bibliographische Daten sind im Internet abrufbar über www.dnb.dab.de.

Vorwort

Der nunmehr vorliegende erste Band der Reihe „Neues Testament und Antike Kultur" (NTAK) ist das erfreuliche Ergebnis der Zusammenarbeit von über 80 renommierten Fachwissenschaftlerinnen und Fachwissenschaftlern unterschiedlicher Disziplinen und Nationalitäten. Sie haben auf die Anfrage hin, an diesem Projekt mitzuarbeiten, spontan zugesagt – aus Überzeugung, dass einerseits das Projekt an sich wichtig und sinnvoll ist und dass andererseits die interdisziplinäre Zusammenarbeit der einzige Weg ist, eine so breit angelegte Fragestellung, wie sie der Titel andeutet, annähernd sachgemäß zu bearbeiten. Für ihr Engagement, ihren Elan und ihre Bereitschaft, ihr Fachwissen zur Verfügung zu stellen, sei ihnen an dieser Stelle herzlich gedankt!
Ebenso herzlich gilt unser Dank den Mitarbeiterinnen und Mitarbeitern im Wuppertaler Redaktionsteam – allen voran Astrid Padberg, die in nie ermüdendem Einsatz und mit hoher Sachkompetenz die technische Seite des Projekts betreute, die Korrespondenz führte und sich geduldig mit Layoutfragen befasste. Nicht minder ist den studentischen Mitarbeitern an NTAK, Ines Wermeling und Robert Bellin, für die akribische Durchsicht der Manuskripte zu danken sowie Jens Blau für die Erstellung und Betreuung der Homepage (www.ntak-uni-wuppertal.de)!
Weiterhin danken wir dem Rektorat der Bergischen Universität Wuppertal und der Gesellschaft der Freunde der Bergischen Universität für die finanzielle Unterstützung einer ersten Koordinationstagung, die im Mai 2001 in Bonn-Bad Godesberg stattfand, sowie dem leider in Auflösung befindlichen Institut für Evangelische Theologie der RWTH Aachen, das uns eine zweite wertvolle Tagung in Aachen im Juni 2002 ermöglichte.
Last, but not least gilt der Dank der Herausgeber dem Neukirchener Verlag, und hier besonders Herrn Dr. Volker Hampel, der das Projekt von Anfang an großzügig unterstützt und gefördert hat.
Wir hoffen, mit NTAK einen interessierten, aber auch kritisch mitdenkenden Leserkreis zu erreichen, und freuen uns darüber, dass das Studienbuch nur der Anfang einer langfristigen interdisziplinären Zusammenarbeit zu sein scheint!

Im März 2004   Die Herausgeber

Inhalt

1.1 Intention und Methodik des Studienbuches (*Kurt Erlemann, Karl Leo Noethlichs, Klaus Scherberich, Jürgen Zangenberg*) 1
1.2 Teilaspekte antiker Kultur 6
   1.2.1 Moderner und antiker Kulturbegriff
       (*Klaus Neumann/Wolfgang Stegemann*) 6
   1.2.2 Moderner und antiker Religionsbegriff (*Ulrich Berner*) 13
   1.2.3 Politik und Religion (*Wolfgang Christian Schneider*) 22
   1.2.4 Philosophie, Ethik und Religion (*Hartmut Rosenau*) 31
   1.2.5 Individuum, Familie und Gesellschaft (*Marcus Sigismund*) 38
   1.2.6 Gesellschaft und Ritus (*Wolfgang Christian Schneider*) 48
1.3 Die Quellen und ihr Einfluss auf das NT 60
   1.3.1 Grundsätzliches: Produktion, Rezeption und Interpretation antiker Texte 60
      1.3.1.1 Intertextualität (*Stefan Alkier*) 60
      1.3.1.2 Anonymität, Pseudonymität und Pseudepigraphie
         (*Ruben Zimmermann*) 65
      1.3.1.3 Allegorese, Typologie, Midrasch (*Gerhard Sellin*) 68
   1.3.2 Genuin jüdische Literatur 71
      1.3.2.1 Die Septuaginta (LXX) als Übersetzungscorpus
         (*Folker Siegert*) 71
      1.3.2.2 Weisheitsliteratur (*Hermann von Lips*) 76
      1.3.2.3 Apokalyptik (*Monica Herghelegiu*) 80
      1.3.2.4 Aktualisierende Auslegungen der biblischen Schriften
         Israels (*Eckart Reinmuth*) 84
      1.3.2.5 Philo von Alexandria (*Gerhard Sellin*) 86
      1.3.2.6 Flavius Josephus (*Manuel Vogel*) 90
      1.3.2.7 Aristeasbrief, Pseudo-Phokylides, Joseph und
         Aseneth, 4. Makkabäerbuch (*Dieter Sänger*) 94
   1.3.3 Nichtjüdische Literatur 99
      1.3.3.1 Epos (*Alfred Breitenbach*) 99
      1.3.3.2 Drama (*Alfred Breitenbach*) 102
      1.3.3.3 Rhetorik (*Ralph Brucker*) 106
      1.3.3.4 Geschichtsschreibung
         (*Klaus Scherberich/Axel von Dobbeler*) 108
      1.3.3.5 Biographische Literatur (*Dirk Frickenschmidt*) 111
      1.3.3.6 Briefliteratur (*Ralph Brucker*) 116
   1.3.4 Nichtliterarische Quellen 119
      1.3.4.1 Griechische Papyri und Ostraka (*Joachim Hengstl*) 119
      1.3.4.2 Inschriften/Epigraphik (*Thomas Corsten*) 125
      1.3.4.3 Münzen (*Ruprecht Ziegler*) 130

	1.3.4.4 Materielle Kultur (*Dieter Vieweger*)	136
1.4	Historische Kontexte	143
	1.4.1 Das Imperium Romanum von der Republik zum Prinzipat	143
	1.4.1.1 Die äußere Entwicklung (*Karl Leo Noethlichs*)	143
	1.4.1.2 Die römische Provinzverwaltung (*Rudolf Haensch*)	149
	1.4.1.3 Das römische Heer und die Heere der Klientelkönige (*Rudolf Haensch*)	158
	1.4.1.4 „*Pax Romana*" im NT (*Jürgen Zangenberg*)	165
	1.4.2 Kleinasien in römischer Zeit	169
	1.4.2.1 Geographische, historische und politische Gegebenheiten (*Wolfgang Orth*)	169
	1.4.2.2 Religiöses Leben (*Wolfgang Orth*)	173
	1.4.2.3 Religiosität und Innere Sicherheit (*Michael Alpers*)	175
	1.4.3 Ägypten und Nordafrika in römischer Zeit (*Anne Kolb*)	178
	1.4.4 Palästina unter römischer Herrschaft	184
	1.4.4.1 Die römische Eroberung von Syrien und Palästina (*Wolfgang Christian Schneider*)	184
	1.4.4.2 Innerjüdische Ereignisabläufe bis zum Bar Kochba-Aufstand (*Markus Sasse*)	188
	1.4.4.3 Die Formierung des rabbinischen Judentums (*Friedrich Avemarie*)	194
	1.4.5 Die jüdische Diaspora in hellenistisch-römischer Zeit	198
	1.4.5.1 Die Diaspora in Ägypten (*Gottfried Schimanowski*)	198
	1.4.5.2 Die Diaspora in der Kyrenaika (*John Barclay*)	202
	1.4.5.3 Die Diaspora in Antiochia (*John Barclay*)	204
	1.4.5.4 Die Diaspora in Babylon (*John Barclay*)	206
	1.4.5.5 Die Diaspora in Kleinasien und an der Schwarzmeerküste (*John Barclay*)	208
	1.4.5.6 Die Diaspora in Rom (*John Barclay*)	211
	1.4.6 Fixpunkte für eine Chronologie des Neuen Testaments (*Rainer Riesner*)	214
1.5	Antikes Recht als Regulativ menschlichen Zusammenlebens	221
	1.5.1 Grundstrukturen römischen Rechts	221
	1.5.1.1 Ius gentium und ius naturale (*Christian Baldus*)	221
	1.5.1.2 Ius privatum: Personenrecht (*Peter Gröschler*)	226
	1.5.1.3 Ius privatum: Vermögensrecht (*Peter Gröschler*)	232
	1.5.1.4 Strafrecht (*Massimo Miglietta*)	239
	1.5.1.5 Fallstudie: Der Prozess des Paulus (*Heike Omerzu*)	247
	1.5.2 Griechisches Recht (*Massimo Miglietta*)	253
	1.5.3 Jüdisches Recht (*Ulrich Kellermann*)	258

1.1 Intention und Methodik des Studienbuches
(Kurt Erlemann, Karl Leo Noethlichs, Klaus Scherberich, Jürgen Zangenberg)

Intention und Leitidee
Das moderne Europa ruht auf dem Erbe der klassischen Antike und des Christentums. Beide Wurzeln sind eng miteinander verwoben. Das vorliegende, vierbändige Studienbuch „Neues Testament und Antike Kultur" (NTAK) entfaltet die unterschiedlichen Einflüsse und Wechselbeziehungen zwischen diesen beiden Größen. Denn wer das NT verstehen will, muss die Welt kennen, in der es entstanden ist. Das Studienbuch ist als Verstehenshilfe für diejenigen konzipiert, die das NT lesen und studieren; es möchte Antwort auf die zahlreichen Fragen nach dem kulturellen Kontext ntl. Vorstellungen und Aussagen geben, die sich durch die zeitliche und kulturelle Distanz aufdrängen. Dabei soll das NT bewusst nicht als Fremdkörper, sondern als Teil antiker Kultur dargestellt werden.

Weil Religion, Gesellschaft und Kultur in der antiken Welt eine Einheit bilden, ist interdisziplinäre Zusammenarbeit der einzige Weg ihrer Erforschung. Nur so kann auch das Eigene eines jeden Themas sachgemäß erfasst werden. Über 80 international renommierte Wissenschaftlerinnen und Wissenschaftler aus zahlreichen Ländern und den Bereichen Bibelwissenschaft, Kirchengeschichte, Alte Geschichte, Altphilologie, Judaistik, Religionswissenschaft, Archäologie, Rechtsgeschichte, Philosophie und Medizingeschichte haben ihre Erkenntnisse zu mehr als einhundert Themen aus dem Spannungsfeld von NT und antiker Kultur zu diesem Studienbuch zusammengetragen. Dabei werden gleichwohl noch zahlreiche Fragen offen bleiben, die auf Grund der Seitenbegrenzung nicht behandelt werden konnten; es ist die Hoffnung der Herausgeber von NTAK, in künftigen Auflagen noch manche bestehende Lücke schließen zu können.

Forschungsgeschichtlicher Ort und methodologische Grundlagen des Studienbuches
In den letzten Jahrzehnten hat sich die stillschweigende Arbeitsteilung der an sich sachlich und methodisch verwandten Wissenschaftsdisziplinen Neues Testament, Altertumswissenschaften, Rechtsgeschichte und Judaistik als gravierendes Problem erwiesen. In all diesen Wissenschaftsbereichen kommt mehr und mehr zu Bewusstsein, dass die bisher geübte Abgrenzung bzw. Differenzierung der Forschungsgegenstände und -aufgaben sich eher der Entstehungsgeschichte der beteiligten Disziplinen als dem jeweiligen Forschungsgegenstand verdankt. Denn der Gegenstand, die antiken mediterranen Kulturen und Gesellschaften, ist diesen Wissenschaften grundsätzlich gemeinsam. Zu dieser Erkenntnis haben besonders sozialwissenschaftliche bzw. kulturanthropologische Methoden und Modelle in allen oben genannten Disziplinen beigetragen, nicht zuletzt auch die Thematisierung des Forschungsgegenstandes (antike) Mittelmeerwelt in den Sozialwissenschaften (vor allem Kulturanthropologie bzw. Ethnologie) selbst. Für die ntl. Wissenschaft bedeutet der Wandel einerseits, dass das NT bewusster als bisher als Hervorbringung und inte-

graler Teil der antiken Mittelmeerwelt zu verstehen ist, andererseits, dass ihr besonderes Profil gerade und besser auf dem Hintergrund des Gemeinsamen zur Geltung kommen kann. NTAK knüpft an diese grundlegenden Einsichten an, ohne freilich bestimmte Methoden oder Modelle unkritisch zu kopieren. Das Anliegen von NTAK, Einblick in den kulturellen Kontext des NT und damit eine Verständnishilfe zu bieten, steht in einer langen Tradition früherer Studienbücher. Die Notwendigkeit eines neuen Anlaufs ergibt sich zum einen aus den Defiziten bisheriger Entwürfe: Teils sind sie inhaltlich[1], teils sind sie geographisch begrenzt[2], teils sehr knapp[3]. Die meisten Publikationen sind zudem bereits vor längerer Zeit erschienen und entsprechend überarbeitungsbedürftig. Zum anderen strebt NTAK auf Grund der genannten konsequenten interdisziplinären Verzahnung auch eine begriffliche und methodologische Neubesinnung an. NTAK versucht eine konzeptionelle Neufassung des Verständnisses von Religion, Gesellschaft und Kultur in der Antike. Makrosoziologische und anthropologische Theorien und Modelle wurden hinsichtlich ihrer Anwendung auf die antike Mittelmeerwelt geprüft und fruchtbar gemacht. Insbes. werden das Verhältnis von Religion und Kultur, von Religion und Politik sowie von Philosophie, Ethos und Religion neu bestimmt (→1.2). Unter Aufnahme eines modernen, den Kulturwissenschaften verpflichteten Verständnisses wird Religion in NTAK nicht länger als eine separate Sonderwirklichkeit verstanden und dargestellt, für die die Theologie zuständig ist, sondern als Teil von Kultur insgesamt. Die gewohnte fundamentale Unterscheidung zwischen „jüdisch-christlich" einerseits und „pagan" andererseits, die deutlich von christl. Überzeugungen und Denkweisen geprägt ist, nimmt das Andere in seinem eigenen Recht nicht wahr und ist von daher kaum noch aufrecht zu erhalten. Nur ein moderner, umfassender Religionsbegriff, der etwa die konzeptionelle Trennung von privater und öffentlicher Religion überwunden hat, kann verhindern, das Verhältnis von Religion und Politik in der antiken Mit-

---

[1] *H.-J. Klauck*: Die religiöse Umwelt des Urchristentums (2 Bde.), Stuttgart 1995, zus. ca. 400 S.: Vermittlung der notwendigen Basisinformationen zum gr.-röm. Bereich – *Themen*: Pagane Religiosität, Mysterienkulte, Volksglaube, Kaiserkult, Philosophie, Gnosis.

[2] *H. Daniel-Rops*: Er kam in sein Eigentum. Die Umwelt Jesu. Der Alltag in Palästina vor 2000 Jahren, Stuttgart 1980 (1961): Darstellung des täglichen Lebens in Palästina zur Zeit Jesu. – *Themen*: Das kulturelle Leben im Umfeld des NT im weiteren Sinne. Im Einzelnen: Geographie, Judentum, Politik, Jerusalem, Kindheit Jesu, Brauchtum, Sozialgeschichte, Recht, Kalender, Münzen, Wohnen, Arbeitswelt, Handel, Sprache, Wissenschaft, Alltagsleben, Lebenszyklus, Religiosität, Tempel, jüdische Gruppierungen, Messiaserwartung.

[3] *E. Lohse*: Umwelt des Neuen Testaments, Göttingen ^{6}1983 (1971), 225 S.: Veranschaulichung der historischen Lage der Hörer des Evangeliums als Vorbedingung hermeneutischer Bemühung. – *Themen*: Religiöse Gruppen des Judentums, soziale Lebensbedingungen, Brauchtum, Religiosität, politische Verhältnisse, Geistesgeschichte, Gnosis. – Weiter *W. Foerster*: Neutestamentliche Zeitgeschichte, Hamburg 1968, 374 S.: Zusammenführung zweier früherer Bücher (Palästina/Römisches Weltreich zur Zeit Jesu) – *Themen*: Judentum Palästinas (Profangeschichte, religiöse Lage, bes. Pharisäismus), römisches Weltreich (Profangeschichte von 300 v. – 100 n.Chr., politische, gesellschaftliche, wirtschaftliche, kulturelle und religiöse Lage, Philosophie), die Juden im römischen Reich. – Sodann *B. Reicke*: Neutestamentliche Zeitgeschichte. Die biblische Welt 500 v. – 100 n.Chr., Berlin 1965, 260 S.: Historische Betrachtung unter Verzicht auf theologische Fragestellungen. – *Themen*: Entwicklung des Judentums ab 500 v.Chr., Lage der Kirche im Römerreich.

1.1 Intention und Methodik des Studienbuches

telmeerwelt unter rein funktionalen Gesichtspunkten zu sehen. Damit öffnet sich nicht nur ein neuer Blick auf sog. „private Religion" in Haus und Familie, die durchaus als Ausdruck von Glauben ernst zu nehmen ist, sondern z.B. auch auf den Kaiserkult, der oft als emotional leer und simple Loyalitätskundgebung diffamiert wird. Schließlich: Wenn antike Philosophie gerade auch eine „Lebensform" war, wie unterscheiden sich Philosophie bzw. die Existenz philosophischer Schulen von Religion und von Ethik? Diese Frage stellt sich insbes. auch für das frühe Christentum, das sich bald selbst gern als Philosophie bezeichnete. Sie stellt sich aber auch etwa für das Judentum. So wird die Existenz verschiedener religiöser „Parteien" vom jüd. Historiographen Flavius Josephus (→1.3.2.6) mit philosophischen Schulen verglichen. Die Grenzen sind auch hier fließend, und es kommt darauf an, auf das zu hören, was antike Menschen selbst empfunden und gelebt haben.

Das Studienbuch hat weder Lexikoncharakter[4] noch ist es eine reine Textsammlung[5]. Die Vielzahl an Themen und Autoren, die sich unterschiedlichen Schulen und Methoden verpflichtet wissen, bringt es mit sich, dass die von allen Autorinnen und Autoren getragene konzeptionelle Intention von NTAK möglichst behutsam und mit dem gebührenden Respekt vor der Vielfalt und Komplexität des Materials umzusetzen war. Weder konnte, ja sollte ein Werk in einem Guss am Ende des Arbeitsprozesses stehen, noch einfach eine lockere Sammlung von Einzelbeiträgen. Das eine hätte einen völlig falschen Eindruck von der aktuellen Forschungslage vermittelt, die in vielen Dingen naturgemäß kontrovers und offen ist, das andere würde den didaktischen Zweck des Werkes verfehlen, Zusammenhänge und Überschneidungen antiker Lebensäußerungen transparent zu machen.

Angesichts der Stofffülle und der Spezialisierungen innerhalb der Teildisziplinen konnte nur eine Gemeinschaftsarbeit hinreichenden Erfolg gewährleisten, wie sie unter anderen forschungsgeschichtlichen Umständen bereits bei Lei-

---

[4] Anders etwa *K.-W. Weeber*: Alltag im Alten Rom. Ein Lexikon, Zürich 1995, 447 S.: „Kulturgeschichtliches Lexikon", dargestellt in 220 Artikeln mit eingestreuten Originalzitaten. – *Themen*: Inhaltliche Aufarbeitung der Alltagswelt Roms im weitesten Sinne (Gegenstände des täglichen Lebens, soziale Lebensbedingungen, Bildung, Kultur, Freizeit, Mode, Arbeitswelt, Lebensmittel etc.), jeweils bezogen auf die Hauptstadt im 1. und 2. Jh. – Weiter *B. Reicke/L. Rost*: Biblisch-Historisches Handwörterbuch. Landeskunde, Geschichte, Religion, Kultur, Literatur, 4 Bde., Göttingen 1962–1979, ca. 1200 S.: Alphabetische Darstellung von kurzen Einzelartikeln; „Neue Besinnung auf die empirischen Grundlagen der biblischen Vorstellungen". – *Themen*: „Einleitungswissenschaften". Im Einzelnen: Biblische Landeskunde, Archäologie, Völkergeschichte, Kulturgeschichte, Literaturgeschichte, Biographie, religiöse Terminologie, Religionsgeschichte.

[5] Anders *H. G. Kippenberg/G. A. Wewers*: Textbuch zur neutestamentlichen Zeitgeschichte, Göttingen 1979, 244 S.: Quellensammlung zu Einzelthemen. Religionsgeschichtliche Texte werden in ihrem Kontext dargestellt. – *Themen*: politische Gegebenheiten und religiöse Vorstellungen Palästinas zur Zeit Jesu. Im Einzelnen: Materialer Geschichtsprozess inklusive Sozialgeschichte, Rekonstruktion des Denkens von Samaritanern und rabbinischem Judentum. Der Band wird ergänzt durch das Religionsgeschichtliche Textbuch zum NT (*K. Berger/C. Colpe*, Göttingen 1987). Eine für die ntl. Exegese unerlässliche Textsammlung ist die von *G. Strecker* begonnene und *U. Schnelle* mit Mitarbeitern fortgeführte Neubearbeitung des „Neuen Wettstein". Bereits erschienen sind Band I.2 (Texte zum Johannesevangelium), Berlin u.a. 2001 (988 S.) und Band II.1 und 2 (Briefe und Johannesapokalypse, Berlin u.a. 1996 (insges. 1831 S.).

poldt/Grundmann[6] oder Reicke/Rost (Anm. 4) praktiziert wurde. Bei der Entwicklung des Profils von NTAK war die didaktische Konzeption von Klauck (Anm. 1) hilfreich; die Einbeziehung von Indices und Abbildungen, wie sie in zahlreichen vorliegenden Werken vorgenommen wurde, wurde ebenfalls dankbar aufgegriffen; Während der Ausarbeitungsphase standen die Autoren über die Projektwebsite in ständigem Austausch, einige Artikel sind bewusst von vorn herein von mehreren Vertretern unterschiedlicher Disziplinen verfasst worden.

Technische Hinweise und Aufbau
Der didaktische Zuschnitt bedingt eine strenge Bezugnahme der Einzelartikel auf ntl. Texte und Themen, das heißt die antike Lebenswelt wird nicht kompendienartig, sondern primär im Hinblick auf ntl. Problemstellungen hin entfaltet. Die ntl. Bezugstexte werden in den Artikeln genannt, Literaturangaben zu jedem Einzelbeitrag sollen die vertiefte Eigenarbeit ermöglichen. Auf die Verwendung von Griechisch und Hebräisch im Original wird in NTAK weitestgehend verzichtet; wichtige Ausdrücke werden in Umschrift und in Übersetzung geboten, um möglichst vielen Leserinnen und Lesern eine Gewinn bringende Lektüre zu ermöglichen. Diesem Ziel gilt auch die Beschränkung von Fußnoten und der Literaturangaben auf ein notwendiges Minimum. Die Abkürzung der biblischen Primärquellen orientiert sich an den Loccumer Richtlinien. Die Abkürzungen für griechische und römische Primärquellen erfolgen weitgehend nach *Der Neue Pauly*[7], *TLL*[8] und *Lampe*[9]. Durchweg werden Altes Testament bzw. alttestamentlich (AT, atl.), Septuaginta (LXX), Neues Testament bzw. neutestamentlich (NT, ntl.), Evangelien bzw. synoptische Evangelien (Evv, synEvv), griechisch (gr.), hellenistisch (hell.), römisch (röm.) jüdisch (jüd.), christlich (christl.) im fortlaufenden Text abgekürzt. Zahlreiche Querverweise (→) referenzieren auf benachbarte Artikel und Themen.

Der erste der vier Bände begründet zunächst die methodische Zugangsweise des Werkes, erläutert die Begriffe Kultur, Religion und Gesellschaft und fragt nach der Bedeutung von Werten und Ritualen. Eine Einführung in die wichtigsten, nicht nur textlichen Quellen und ihre sachgemäße Auswertung schließt sich an. Die Darstellung des historischen Umfelds der für das NT relevanten Regionen des Imperium Romanum (Palästina und Syrien, Kleinasien, Ägypten und die jüdische Diaspora), einschließlich der Verwaltung, des Finanzwe-

---

[6] J. Leipoldt/W. Grundmann: Umwelt des Urchristentums (3 Bde.), Berlin 1965–1967 (1 Band Darstellung, 1 Band Texte, 1 Bildband), ca. 1500 S.: Band 1: Bild der Zeit Jesu, ihrer religiösen und geistigen Kräfte. Band 2: „religionsgeschichtliches Lesebuch" – *Themen*: Band 1: Politische Situation im Mittelmeerraum, bes. in Palästina. Im Einzelnen: Weltpolitik, Hellenismus, Mysterien, Kaiserkult, Judentum, Philosophie, Gnosis, Urchristentum. Band 2: Politische und soziale Verhältnisse im Römischen Reich, Hellenistische Volksfrömmigkeit, Mysterien, Herrscherkult, palästinisches und hellenistisches Judentum, Philosophie, Gnosis.
[7] H. Cancik/H. Schneider (Hgg.): Der Neue Pauly. Enzyklopädie der Antike, Bd. 1, Stuttgart/Weimar 1996, XXXIX–XLVII.
[8] Thesaurus Linguae Latinae. Index. Editio altera, Leipzig 1990.
[9] G. W. H. Lampe (ed.): A Patristic Greek Lexicon, Oxford 1961, IX–XLIII.

sens und Militärs, sowie eine ausführliche Darstellung des römischen und jüdischen Rechts legen den Grund für die weiteren Bände. Band 2 beschäftigt sich mit den vielfältigen Fragen des Alltagslebens der ntl. Zeit. Band 3 ist den weltanschaulichen Themen der ntl. Zeit (Religiosität, Philosophie) gewidmet. Abbildungen, Karten und Graphiken konnten aus Gründen des Umfangs nicht in die jeweiligen Artikel integriert werden, sondern sind zusammen mit einem breit angelegten Textstellen- und Sachregister in einem eigenen Band 4 untergebracht.

1.2 Teilaspekte antiker Kultur

1.2.1 Moderner und antiker Kulturbegriff
(Klaus Neumann/Wolfgang Stegemann)

Stellen im NT
Apg 15,1; Tit 1,12; 1Kor 11,14f

I. Antiker Kulturbegriff
In verschiedenen antiken Quellen sind wesentliche Elemente der modernen Kulturauffassung (Gegensatz Natur/Kultur; Gestaltbarkeit der Welt durch den Menschen; Kulturentwicklungstheorien; kultureller „Relativismus") schon angelegt, werden aber weder unter einem Begriff vereint noch in einem einzigen Diskurs zusammengeführt. Einen dem heutigen vergleichbaren umfassenden und abstrakten Begriff von Kultur – etwa: Kultur als „Inbegriff aller menschlichen Arbeits- und Lebensformen"[1] – kennen die antiken mediterranen Sprachen somit nicht. Es kann also nicht darum gehen, nach einem Äquivalent dafür zu suchen. Der insbes. infrage kommende Kandidat, Ciceros *cultura animi* (Tusc. 2,13: *cultura autem animi philosophia est*), „bezieht sich auf die individuelle Persönlichkeitsbildung, die subjektive Bildungsfähigkeit im Sinne einer rein geistigen Kultur" (Müller 2003, 15), kommt also dem umfassenden Kulturbegriff der Moderne (Kultur betrifft die Gestaltung aller Lebensbereiche) nur zum Teil entgegen. Gleiches gilt für die in diesem Zusammenhang ebenfalls erwogenen Begriffe *humanitas* oder *paideia*.

Freilich heißt dies nicht, dass die antiken Gesellschaften kein Konzept von Kultur (keine „Kulturtheorie") hervorgebracht hätten. Denn sie haben nicht nur den Begriff (*cultura*) in die Welt gesetzt, sondern durchaus Vorstellungen gehegt, die z.B. als Kultur(entstehungs)theorien (oder Kulturgeschichte) bezeichnet werden können. Vor allem aber zeigen die antiken mediterranen Kulturen ein Bewusstsein dafür, dass Menschen die von ihnen vorgefundenen („natürlichen") Verhältnisse durch Arbeit, Pflege und/oder sonstiges Knowhow in einen für sie lebbaren und ihren Vorstellungen und Bedürfnissen entgegen kommenden Lebensraum transformieren. Und sie kannten bzw. imaginierten in diesem Zusammenhang auch mehr oder weniger auffällige Unterschiede in der Lebensweise, den Wertvorstellungen, den Sitten und Bräuchen, aber auch den Fertigkeiten, durch die sich die verschiedenen ethnischen Gruppen voneinander abhoben. Zu fragen wäre also nach den Besonderheiten der Kulturdiskurse der Antike, nicht danach, ob die antiken Diskurse über Kultur diesen oder einen vergleichbaren Begriff verwenden und mit unseren modernen Diskursen übereinstimmen. Insbes. kommen für die Eruierung der antiken Vorstellungen kosmologische, anthropologische und ethnographische Diskurse infrage.

---

[1] W. *Frühwald u.a.*: Geisteswissenschaften heute, Frankfurt a.M. 1991, 40.

Kulturentstehungstheorien
Die Biblische Urgeschichte (Gen 1–11) ist eine Art *Kulturentstehungsgeschichte* der Menschheit. Sie lässt sich als eine (deszendente) Kulturentstehungstheorie lesen, die den Zustand zur Zeit ihrer Abfassung als Ergebnis einer Entwicklung des Abfalls von einem paradiesischen Urzustand darstellt. Unterschiedliche Lebensformen (Ackerbau/Viehzucht) werden als konfliktuöse Abfolge gedeutet (Gen 4,1–16), Errungenschaften der Kultur als negativ (Gen 4,17–24) oder ambivalent (Weinbau *und* Rausch: Gen 9,20f) bewertet. Herausragende Bedeutung kommt der Völkertafel zu (Gen 10), in der die sich in eine Vielzahl von Völkern ausdifferenzierende Gesamtmenschheit durch die Abstammung von Noah auf einen einheitlichen Ursprung zurückgeführt wird. Die ursprüngliche Einheit wird freilich als Antwort auf einen Akt hybrider Selbstüberschätzung (Turmbau zu Babel) von Gott selbst unterminiert (Gen 11,1–9). Als zivilisatorische (moralische) Deszendenztheorie ist der biblischen Urgeschichte Hesiods Lehre von den fünf Menschengeschlechtern vergleichbar (erg. 106–201). In den Reflexionen über die Entstehung kultureller Praktiken ist Ausgangspunkt für kulturelle Höherentwicklung häufig die physische „Schwäche" des Menschen (der Mensch als „Mängelwesen"), der seine Bedürftigkeit (*chreia*) durch seine kognitiven Fähigkeiten und sein technisches Geschick überwindet und sich aus dem tierähnlichen Leben zu höheren Stufen des Daseins arbeitet (Protagoras, Demokrit, Plato; am ausführlichsten Lucr. 5,925–1435). Umfassend hat zuletzt Reimar Müller die „antiken Theorien über Ursprung und Entwicklung der Kultur von Homer bis Seneca" dargelegt.

Gegensatz Natur-Kultur
Nach Auffassung des Apostels Paulus lehrt „die Natur" (*physis*), dass lange Haare für einen Mann „unehrenhaft" sind, während sie einer Frau zur „Ehre" gereichen (1Kor 11,14f). Wir dagegen können uns nur eine Natur vorstellen, die bei Frauen und Männern gleichermaßen die Kopfhaare wachsen lässt, und halten die auf die Geschlechter verteilte Kürze/Länge der Haare für eine Frage gesellschaftlicher oder kultureller Konventionen. Sollten wir also mit John J. Winkler auch mit diesem antiken Text nach dem Motto umgehen: „Statt ‚Natur' lies: ‚Kultur'?"[2] Das führte zwar zu einer modernen Adaption des Textes. Doch dessen Besonderheit, dass er etwas, was wir als kulturelle Konvention verstehen, den Geschlechtern qua Natur einschreibt, ginge dabei verloren. Denn die antiken Gesellschaften besaßen durchaus ein Konzept von Kultur, das zwischen Natur und „Kultur" (im Sinne von *nomos* oder *ethos/mos*) unterscheiden konnte. Kultur (*nomos* oder *mos*), so zeigt sich in dieser Dichotomie, wird im Gegensatz zur Natur [alles, was von sich aus, ohne Zutun des Menschen, da ist oder gewachsen ist (*phyesthai*)] durch menschliche Einwirkung, auch mithilfe von *technē*, durch bewusste und planmäßige Auseinandersetzung mit der Natur und durch Pflege „geschaffen". Insbes. wird das Gegensatzpaar *nomos-physis* seit dem späten 5. Jh. v.Chr. reflektiert, wobei der *nomos* als bloße Gewohnheit auch den Sinn von Zufälligkeit oder Beliebigkeit annehmen kann, so dass im Gegenzug nach einer „naturgemäßen" Wertord-

---
[2] *J. J. Winkler*: Der gefesselte Eros, München 1997, 33.

nung gesucht wird. Die sog. *Dissoi logoi*[3] (um 400 v.Chr.) bringen diese Relativierung auf den Begriff: „Ich denke, wenn jemand alle Menschen auffordern würde, alles das, was jeder einzelne als schändlich (*ta aischra*) betrachtet, in eins zusammenzubringen, und dann wiederum von dieser Masse das Schickliche (*ta kala*) herauszunehmen – was wieder die einzelnen so ansehen, dann würde auch nicht eines übrig bleiben ..." (2,18). Es ließe sich davon sprechen, dass die Gegensatzpaare *physis-nomos* bzw. *physis-technē* so etwas wie elementare Einsichten über „die schöpferische Auseinandersetzung des Menschen mit seiner natürlichen Umwelt und das objektivierte Ergebnis dieser Auseinandersetzung in Form von Technik und Lebensweise (Zivilisation)" zur Sprache brachten (Müller 2003, 18). Übrigens kann auch das NT etwa die dem jüd. Volk eigene Praxis der Beschneidung als *nomos* bzw. *ethos* (so Apg 15,1) bezeichnen. Überhaupt wird man mehr als bisher darauf achten müssen, dass auch im ntl. Gebrauch von *nomos* (für die Tora) dessen ethnische Bindung an Israel – und damit an die besondere „Kultur" des jüd. Volkes – eine zentrale Rolle spielt. Der semantische Spielraum reicht auch hier (wie z.B. bei Herodot: dazu Cartledge 1998, 58–60) von Sitte (die typisch für ein bestimmtes Volk ist) bis zu Gesetz. Schon im 7. und 6. Jh. v.Chr. konnte ein einziger (vermeintlicher) Wesenszug mit einem Volk verbunden werden: Dorier sind mutig, Lyder sind weichlich usw. Im NT zitiert (vermutlich) Tit 1,12 ein garstiges Wort: „Kreter sind immer Lügner, böse Tiere und faule Bäuche".

Ethnographische Einsichten
Die Debatte um die Relativität moralischer Normen war zweifellos auch eine Folge des zumal von Herodot und Hekataios präsentierten Wissens über die vielen unterschiedlichen, zum Teil „kuriosen" Bräuche und Gewohnheiten (*nomoi*) der Völker. Herodot (3,38,4) zitiert zustimmend Pindar (Frg. 169): „Das Gesetz (*nomos*) ist aller König" angesichts der den Indern zugeschriebenen Sitte, ihre Toten zu verzehren. Die Beschreibung der Fremdheit anderer „Kulturen" bzw. Ethnien, die bei Hekataios von Milet (ca. 550–480 v.Chr.) durch Darstellung ihrer besonderen Lebensweise (*diaita*) und ihrer Gebräuche (*nomoi*), vom politischen System bis zum Totenkult reichen können (und erstmals auch ihre kultischen Praktiken umfassen), bemisst sich implizit am Griechentum. Dessen Lebensweise wird noch nicht untersucht bzw. dargestellt, sondern als maßgeblich und bekannt vorausgesetzt und der der „Barbaren" gegenübergestellt. Die Erkundung (*historia*) fremder Völker und ihrer Sitten und Gewohnheiten führt dann bei Herodot zu vermehrter kultureller Selbst-Reflexion. Er beschreibt umfassend die Länder (und damit Völker) der Oikumene, darunter besonders ausführlich Lydien, Assyrien, Ägypten, Skythien und Persien. Bemerkenswert, dass in seinen Berichten über Ägypten und Skythien die dortigen Sitten und Gewohnheiten als Abweichungen von einer allgemeinen Norm beurteilt werden (überall tragen Priester ihre Haare, in Ägypten scheren sie sie usw.). Hintergrund ist Herodots Theorie über den Zusammenhang zwischen Klima und ethnischen Besonderheiten, die sich an den beiden genannten Völkern als den nördlichsten (Skythen) und südlichsten

---

[3] *T. M. Robinson*: Contrasting Arguments. An Edition of the Dissoi Logoi, reprint edition, Salem 1984.

(Ägypter) Repräsentanten seines geographischen Gesichtsfeldes realisiert. Deutlich wird die enge Verbindung von Sitte und ethnischer Zugehörigkeit in Herodots „Definition" des Griechischen (*to hellēnikon*), das durch Bluts- und Sprachverwandtschaft, gemeinsamen Kult und Gemeinsamkeit der Lebensweise (*ēthea homotropa*) bestimmt wird (8,144,2; vgl. Cartledge 1998, 145).

II. Moderner Kulturbegriff
Genese und Geschichte des Begriffes „Kultur"
Erst in der 2. Hälfte des 18. Jh. begann sich das Wort *cultura* in Richtung seiner heutigen Bedeutung zu entwickeln, d.h. zu einem Universalbegriff, der einerseits „grundsätzlich *alles* menschlich Geschaffene, Gedachte, Bewertete, Beeinflußte"[4] meint, also allumfassend auf die Gestaltung der Welt durch den Menschen abstellt, und andererseits die charakteristische Lebensweise und die Gesamtheit der typischen Lebensformen und Lebensäußerungen eines (i.d.R. ethnisch bestimmten) Kollektivs bezeichnet. „Cultur" tauchte zunächst im dt. Sprachraum auf (Irwing, Herder), während sich im engl. und frz. Sprachraum zeitgleich der Neologismus „*civilisation*" etablierte. Für die Geschichtsphilosophie der Aufklärung haben es beide Begriffe mit der Bewegungsrichtung des historischen Prozesses zu tun, denn die Geschichte wird als umfassender und gerichteter Zivilisations- und Fortschrittsprozess begriffen. Erst seit dieser Zeit sprach man im Übrigen von „der" Geschichte im Singular,[5] so dass die Vorstellungen „der" Kultur, „der" Geschichte und „des" Fortschritts ein Begriffssyndrom bilden. Darin impliziert „Cultur" dann stets auch die Gestaltung und Gestaltbarkeit der Welt durch den Menschen und ist Ausdruck einer säkularen und anthropozentrischen Historie. Aus der alten Vorstellung der *cultura animi* entstand der neue Begriff, indem die ursprünglich auf Individuen bezogene Bedeutung auf Kollektive bzw. die Menschheit als Ganzes übertragen wurde („Erziehung des Menschengeschlechts"). Zugleich ist jetzt mit „Cultur(a)" nicht mehr nur der Prozess der „Kultivierung" gemeint, sondern auch dessen Ergebnisse und Hervorbringungen. Da die Aufklärungsphilosophie „Kultur" teleologisch versteht, ist der Begriff zunächst als Gradbegriff konzipiert und wird nur im Singular verwendet. Die „Kultur" einer Gruppe ist der von ihr erreichte „Grad der Kultur". Erst die neue relativistische Geschichtskonzeption des Historismus erlaubte es, seit dem beginnenden 19. Jh. von Kulturen auch im Plural zu sprechen. Seither hat sich die Bedeutung des Begriffs im Grundsätzlichen nicht mehr verändert, jedoch wurde eine Vielzahl von Konzepten und Theorien entworfen, um „Kultur" inhaltlich zu beschreiben, ihre Reichweite zu bestimmen (insbes. das Verhältnis von „Kultur" zu „Biologie") und sie als analytische Kategorie zu operationalisieren.

Konzepte der Wahrnehmung und Beschreibung von Kultur
Am Anfang der Wahrnehmung und Beschreibung fremder Kulturen und kultureller Phänomene stehen im Zeitalter der „Entdeckungen" und Eroberungen

---

[4] H. *Gerndt*: Kulturwissenschaft im Zeitalter der Globalisierung. Volkskundliche Markierungen, Münster u.a. 2002, 196.
[5] Vgl. *Th. Nipperdey*: Deutsche Geschichte 1800–1866. Bürgerwelt und starker Staat, München 1983, 499.

die Berichte über Lebensweise, Sitten und Gebräuche der „Anderen", wie der amerikanischen und afrikanischen Eingeborenen. Von Anfang an und auch in der Aufklärungsphilosophie und -historiographie vollzieht sich die Reflexion über die eigene und fremde Kultur in der Spannung von Ethnozentrismus und Kulturkritik (das Klischee des „edlen Wilden" als Gegenbild zur eigenen dekadenten Kultur). Mit Bezug auf die eigene Kultur ist Kulturgeschichte primär „Sittengeschichte".[6]

Die weitere wissenschaftliche Beschäftigung mit Kultur in Geschichte und Ethnologie im 19. Jh. steht, exemplarisch schon bei Herder, im Zeichen des „Widerspruchs zwischen evolutionstheoretischer und kulturrelativistischer Position" (Berg, in: Marschall 1990, 66). Das gilt auch für den „Vater der Kulturanthropologie", E. B. Tylor, dem diese die nach wie vor klassische Definition ihres „Gegenstandes" verdankt: „Culture or Civilization, taken in its wide ethnographic sense, is that complex whole which includes knowledge, belief, art, morals, law, custom, and any other capabilities and habits acquired by man as a member of society" (Tylor 1871, 1). Doch verwendet Tylor „Kultur"/„Zivilisation" nicht nur in dieser deskriptiv-wertneutralen Weise, sondern setzt sie im Rahmen seines evolutionären Dreierschemas von Wildheit, Barbarei und Zivilisation (*savagery, barbarism, civilization*) auch mit den „Hochkulturen" und insbes. der eigenen Kultur gleich. Erst bei dem Anthropologen Franz Boas wird um die Wende vom 19. zum 20. Jh. die Rede von Kulturen im Plural zum Normalfall (vgl. Feest, in: Feest/Kohl 2001, 54).

Tylors allumfassender Kulturbegriff evozierte in der Folgezeit die Frage nach der Einheit und dem Zusammenhang von Kultur. Begnügte man sich zunächst mit einem bloß additiven Konzept von Kultur, das die jeweiligen Besonderheiten in den von Tylor benannten Bereichen nacheinander aufzählte und Kulturen so als Konglomerate von Artefakten, Sitten und Gebräuchen präsentierte, so brachte das 20. Jh. den Übergang zu holistischen Kulturkonzepten und gleichzeitig die Abkehr vom spekulativen und wertenden Evolutionismus zu Gunsten der Empirie, indem sich als methodischer Standard die eigene systematische Feldforschung etablierte. Dabei rückte die synchrone Perspektive in den Vordergrund, d.h. das Beschreiben und Verstehen der aktuell vorgefunden Gesellschaft in ihrer Eigenart als „Totalphänomen" (Mauss). In der US-amerikanischen Kulturanthropologie wurden dazu in Aufnahme und Abwandlung der deutschen „Kulturkreislehre" das heuristische und primär deskriptive Konzept der *culture area* und die Theorie der kulturellen Diffusion entwickelt, in der britischen Sozialanthropologie in Aufnahme der Soziologie Durkheims das holistische Konzept des Strukturfunktionalismus (Radcliffe-Brown) sowie die eher utilitaristische Theorie des Funktionalismus (Malinowski). Beide verstehen eine Gesellschaft oder Kultur als ganzheitliches System, was impliziert, dass die einzelnen Kulturelemente nur im Rahmen dieses Ganzen verstanden werden können. Allerdings führte dies zu einer einseitigen Bevorzugung der Untersuchung sozialstruktureller Phänomene (Verwandtschaftssysteme, politische Organisation). Doch führte E. E. Evans-Pritchard die britische Anthropologie zur „Kultur" zurück, indem er das Thema der Wahrnehmung und Inter-

---

[6] *Voltaire* (eigentlich *François-Marie Arouet*): Essay sur l'histoire générale et sur les mœurs et l'esprit des nations, Genf 1756.

pretation der Wirklichkeit mit seinen Studien über Hexerei und Religion von neuem auf die Tagesordnung setzte. In der Folgezeit entstanden gerade auf diesem Gebiet viele wichtige und nach wie vor grundlegende Arbeiten (Lienhardt, Turner, Douglas). Dabei versuchte die britische Anthropologie vielfach, auf dem Weg des Kulturvergleichs zu neuen kulturübergreifenden Konzepten und Universaltheorien vorzustoßen. So bestimmte Mary Douglas „Unreinheit" als klassifikatorische Anomalie und nahm eine Korrelation zwischen Gesellschafts- und Klassifikationssystemen an, und Victor Turner prägte die Begriffe „Ritualprozess", „Liminalität" und „Communitas". Ihre Arbeiten wurden auch von Religionswissenschaftlern und Theologen (z.B. Strecker) vielfach aufgegriffen.

Für die US-amerikanische Anthropologie blieben dagegen Kulturpartikularismus und Kulturrelativismus kennzeichnend, doch versuchte man auch hier, zum Zweck des Kulturvergleichs universale Kategorien zu entwickeln. Dies waren bevorzugt psychologische Kategorien, was in der Darstellung und Festschreibung von „Kulturen" in ihren „ideal(typisch)en Repräsentanten" resultierte (Benedict, Mead). Als zentraler Ort der Realisierung und Reproduktion von „Kultur" wurde die Formierung der kulturtypischen „Persönlichkeitsstruktur" begriffen (*culture and personality*). Eine Gegenbewegung brachten der Kulturmaterialismus bzw. die Kulturökologie, von denen „Kultur" als Funktion der natürlichen Umwelt und der Anpassung an diese verstanden wurde. Zugleich nahm man die gerichtete Entwicklung der Kultur zu immer komplexeren Formen an („Neoevolutionismus").

Gegen solche materialistischen Kulturtheorien wiederum richtete sich die in den 60er und 70er Jahren von Clifford Geertz entworfene „symbolische Anthropologie", die Kultur als „symbolisches System", als „Gewebe von Bedeutungen" definierte. Die Ethnologie stellt sich dann in Aufnahme der Tradition der Hermeneutik (Dilthey, Weber) als eine *interpretierende* Wissenschaft dar, die vor der Aufgabe steht, fremdes und oft scheinbar unverständliches Verhalten zu entziffern wie einen „Text", der „fremdartig, verblaßt, unvollständig" ist (Geertz 1983, 15). Das wichtigste Mittel dazu ist die Rekonstruktion der spezifischen Bedeutungssysteme und -kategorien, die die Sicht der jeweiligen Kultur auf die Welt prägen. Mit Geertz' „interpretativem", „symbolischem" oder „semiotischem" Zugang verband und vermischte sich in der Rezeption oft der strukturalistische Ansatz von Claude Lévi-Strauss. Dieser war zwar von seiner Herkunft her von ganz anderen Quellen inspiriert als Geertz, nämlich vom sprach- und literaturwissenschaftlichen Strukturalismus, aber auch ihm ging es um die Rekonstruktion von Systemen von Bedeutung, um kognitive und epistemologische Strukturen. Mit dem Thema der „Interpretation" wurde des Weiteren „der Anthropologe als Schriftsteller" entdeckt und der Vorgang der „ethnologischen Repräsentation" der „Anderen" der kritischen Reflexion unterworfen, die sogleich zur Diagnose einer tiefgreifenden „Krise" dieser Repräsentation führte (vgl. Berg/Fuchs). Diese *„writing culture"*-Debatte bedeutete eine massive Anfrage an alle holistischen Kulturkonzepte und damit an die Ethnologie als objektive Wissenschaft überhaupt. Statt der „Eingeborenen" wurde nun die Ethnographie selbst zum Thema der Untersuchung, indem sie als Konstruktion von „Anderen" (*„othering"*) enthüllt und denunziert wurde. Diese postmoderne Ethnographiekritik befasst sich, wenn auch in einem ganz anderen Sinn als von Geertz seinerzeit gemeint, vornehmlich mit Texten und literarischen Strategien. So hat sich mittlerweile eine umfassende Annäherung und partielle Verschmelzung zwischen Literaturwissenschaft und Kulturwissenschaften einschließlich der Ethnologie vollzogen. Überall war die Auseinandersetzung mit der postmodernen Infragestellung der „großen Erzählungen", d.h. aller globalen Theorien und Systeme, unausweichlich, was zur Betonung des Partikularen und Performativen führte. So sind an die Stelle der früheren holistischen Kulturkonzepte vielfach performative Theorien getreten, die Kultur nicht mehr als Gegenstand oder als System, sondern als Praxis und Effekt betrachten, wobei stets die ideologischen und politischen Implikationen (Machteffekte) solcher Praxis im Blick sind. Wichtige Ideengeber einer solchen Auffassung waren Michel Foucault und Pierre Bourdieu. Dies bedeutet zugleich, Phänomene der Fragilität und Hybridität (Homi Bhabha) nicht als Krise, sondern als Normalfall der Kultur zu betrachten. Ob überhaupt jemals irgendwo ein einheitliches, umfassendes und zugleich eindeutiges kulturelles Sinnsystem existiert hat, kann dann grundsätzlich bezweifelt werden.

Kulturbegriff und Verstehen des NT
Aufgrund der vielen unterschiedlichen Verwendungsweisen des modernen Kulturbegriffs ist jeweils zu präzisieren, wie der Begriff verstanden wird. Insofern „Kulturgeschichte" heute nicht mehr nur eine kleine und elitäre Teilgeschichte sein soll („Kunst- und Kulturgeschichte"), sondern auf die grundlegende Tatsache der sozialen oder kulturellen Interpretation bzw. Konstruktion der Wirklichkeit abzielt, ist der ethnologische Kulturbegriff zu Grunde zu legen, dem außerdem die Rede von Kulturen im Plural entspricht, also ein bewusst *deskriptiv* und *wertneutral* angelegtes Kulturkonzept. Darin ist die doppelte Voraussetzung impliziert, dass zum einen der Mensch im Verhältnis zu seiner Umwelt stets auf Orientierung durch Kultur angewiesen ist, auf Wahrnehmungs- und Verhaltensmuster, die nur auf dem Wege der Sozialisation und Enkulturation erworben werden können, zum anderen, dass Kultur stets spezifisch ist, es also keine kulturellen Unversalien gibt, sondern nur kulturell individuelle Formen. Die Bewohner/innen der antiken Mittelmeerwelt sind dann als Angehörige einer anderen, uns fremden Kultur zu behandeln, deren Wirklichkeit an vielen Stellen und in vielen Hinsichten fundamental anders konstruiert war als die unsere. An Stelle „anthropologischer" Kategorien (wie sie z.B. die existenziale Interpretation vorsah) sollten kulturelle treten, d.h. es sind die jeweiligen sinnstiftenden kulturspezifischen Kategorien, Symbolsysteme, Diskurse und Praktiken zu rekonstruieren und für die Interpretation der ntl. Texte in Anschlag zu bringen. Auch das Verständnis der an sich „stummen" Relikte der materiellen Kultur der Antike ist ohne Kenntnis dieser kulturspezifischen Sinnzusammenhänge unmöglich (→1.3.4.4). Umgekehrt sind die materiellen Relikte wichtige und oft sogar die einzig verbliebenen Quellen zur Rekonstruktion solcher Vorstellungskomplexe und Sinnzusammenhänge.
Auch wie die historische Rekonstruktion antiker Kultur im Konkreten aussieht, hängt vom verwendeten Kulturkonzept ab. Bisher sind unter dem Namen „kulturanthropologische Exegese" vorwiegend strukturfunktionalistische und symboltheoretische Ansätze fruchtbar gemacht worden (s. Malina), die

Kulturen als relativ homogene Sinnsysteme auffassen, während die postmoderne Ethnologie und mit ihr die performativen Kulturtheorien und das Konzept einer von Haus aus hybriden Kultur noch als unterrezipiert gelten müssen.

Literatur
E. Berg/M. Fuchs (Hgg.): Kultur, soziale Praxis, Text. Die Krise der ethnographischen Repräsentation, Frankfurt a.M. 1993. – *H. K. Bhabha*: Die Verortung der Kultur, Tübingen 2000. – *P. Cartledge*: Die Griechen und wir, Stuttgart/Weimar 1998. – *Chr. F. Feest/K.-H. Kohl* (Hgg.): Hauptwerke der Ethnologie, Stuttgart 2001. – *J. Fisch*: Zivilisation, Kultur; in: *O. Brunner u.a.* (Hgg.): Geschichtliche Grundbegriffe 7, Stuttgart 1992, 679–774. – *C. Geertz*: Dichte Beschreibung. Beiträge zum Verstehen kultureller Systeme, Frankfurt a.M. 1983. – *Ders.*: Die künstlichen Wilden. Der Anthropologe als Schriftsteller, Frankfurt a.M. 1993. – *B. J. Malina*: Die Welt des Neuen Testaments. Kulturanthropologische Einsichten, Stuttgart u.a. 1993. – *W. Marschall* (Hg.): Klassiker der Kulturanthropologie. Von Montaigne bis Margaret Mead, München 1990. – *R. Müller*: Die Entdeckung der Kultur. Antike Theorien über Ursprung und Entwicklung der Kultur von Homer bis Seneca, Düsseldorf/Zürich 2003. – *K. Neumann*: Das Fremde verstehen – Grundlagen einer kulturanthropologischen Exegese. Untersuchungen zu paradigmatischen mentalitätengeschichtlichen, ethnologischen und soziologischen Zugangswegen zu fremden Sinnwelten, Münster 2000. – *W. Stegemann*: Kulturanthropologie des Neuen Testaments, VF 44, 1999, 28–54. – *Chr. Strecker*: Die liminale Theologie des Paulus. Zugänge zur paulinischen Theologie aus kulturanthropologischer Perspektive, Göttingen 1999. – *E. B. Tylor*: Primitive Cultur. Researches into the Development of Mythology, Philosophy, Religion, Art, and Custom, Vol. 1, London 1871.

1.2.2 Moderner und antiker Religionsbegriff
(Ulrich Berner)

Problemstellung
Für die Religionswissenschaft ist es von Anfang an ein Problem gewesen, wie ihr Gegenstand, die Religion, definiert werden soll.

Im 19. Jh. hat Max Müller, einer der Begründer der Religionswissenschaft, in seinen öffentlichen Vorlesungen viel Zeit darauf verwandt, die Problematik des Religionsbegriffes zu erörtern (Müller 1890, 25–135). Ein zentraler Aspekt dieser Problematik war die Überlegung, dass auch der Buddhismus einbezogen werden müsste – eine Definition der Religion als „Glaube an Gott" kam deshalb nicht in Frage. Müllers eigene Definition war zentriert auf die Idee des Unendlichen – dies erschien wirklich umfassend genug. Um die Wende zum 20. Jh. hat Emile Durkheim, einer der Begründer der Religionssoziologie, dasselbe Problem erörtert und die Unterscheidung zwischen „heilig" und „profan" eingeführt, die auch für den Buddhismus gelten sollte (Durkheim 1967, 130). In einer anderen Bedeutung, angeregt durch den theologischen Ansatz Rudolf Ottos, ist der Begriff des Heiligen dann für die Religionsphänomenologie wichtig geworden, eine Richtung der Religionswissenschaft im 20. Jh. So war z.B. Gustav Mensching davon überzeugt, dass die Formel „Begegnung mit dem Heiligen" ein universal anwendbarer Religionsbegriff ist (Mensching, 15). Diese Auffassung blieb aber umstritten.
In den 60er Jahren des 20. Jh.s setzte eine neue Problematisierung ein, die in dem Vorschlag des Religionshistorikers W. C. Smith gipfelte, den Begriff „Religion" ganz fallen zu lassen (Smith 1978, 194). Der Soziologe Werner Cohn glaubte zeigen zu können, „dass der Begriff ‚Religion' in seiner Anwendung auf nichtwestliche Kulturen inkonsistent gebraucht wird" (Cohn 1969, 19). Die Frage nach der eurozentrischen Fixierung des Religionsbegriffs stand

im Mittelpunkt des religionswissenschaftlichen Kongresses von 1990 und scheint seitdem noch nichts von ihrer Aktualität verloren zu haben (Bianchi 1997, IX; Haußig 2003, 13f).
Eine weitere Komplikation ergab sich aus dem Nebeneinander von funktionalen und substantialen Religionsbegriffen, die in der Religionssoziologie und -ethnologie verwendet wurden. Th. Luckmann vertrat die Auffassung, dass Religion nicht inhaltlich, sondern „nur nach ihrer Funktion für den Menschen bestimmbar" sei – im weitesten Sinne sei Religion „das, was den Menschen zum Menschen werden lässt" (Luckmann 1980, 175f). P. L. Berger bestand demgegenüber auf einer substantialen Definition und griff dabei auf den Begriff des Heiligen zurück – „im Sinne der Religionswissenschaft seit Rudolf Otto" (Berger 1973, 168). M. E. Spiro hat ebenfalls eine substantiale Definition für notwendig gehalten und den Glauben an übermenschliche Wesen als inhaltliche Bestimmung des Religionsbegriffs vorgeschlagen – damit konnte er z.b. den Kommunismus aus der Betrachtung ausschließen (Spiro 1966, 90f). W. H. Goodenough hat dagegen einen problemorientierten Ansatz entwickelt und den Begriff *salvation* in den Mittelpunkt gestellt – damit konnte der Marxismus in die Betrachtung einbezogen werden (Goodenough 1974, 166f). In der neueren Religionssoziologie hat R. Stark einen substantialen Religionsbegriff vertreten, als inhaltliche Bestimmung aber den Begriff des Übernatürlichen gewählt (Stark 1981, 159) – einen Begriff, der z.B. von Spiro verworfen worden war.
Der Religionshistoriker R. D. Baird hatte sich in den 60er Jahren dem Trend zur funktionalen Definition angeschlossen und dabei an Tillichs Begriff *ultimate concern* angeknüpft (Baird 1968, 21). J. Waardenburg hat es dagegen für sinnvoll gehalten, eine funktionale Betrachtungsweise – Religion als Orientierungssystem – durch eine substantiale Bestimmung zu ergänzen: Er betrachtet Religionen als „Orientierungssysteme besonderer Art", die „ganz spezifische Elemente" umfassen, wie z.B. die Vorstellung, „dass es geistige Wesen gibt, mit denen man in eine Verbindung treten kann" (Waardenburg 1986, 34).

Wie schon diese wenigen Beispiele zeigen, scheint es unmöglich zu sein, eine Einigung über die Definition des Religionsbegriffs zu erreichen – noch nicht einmal über die Art der Definition. Für die religionswissenschaftliche Arbeit selbst ist es aber auch gar nicht nötig, sich auf einen allgemein verbindlichen Religionsbegriff zu einigen (vgl. Platvoet 1999, 510–512). Der Blick auf die verwirrende Vielfalt der Religionsbegriffe kann sogar zu einem Erkenntnisgewinn führen.
Die verschiedenen Religionsbegriffe spiegeln die divergierenden Interessen der Forschung, die sich jeweils auf einen Aspekt des Gegenstandes konzentrieren, der in der eigenen kulturellen Tradition konventionell als „Religion" bezeichnet wurde. Das Interesse kann sich auf den Inhalt des Glaubens richten, wie z.B. auf den Gottesglauben (vgl. Adriaanse 1999, 243); oder auf den Verpflichtungscharakter des Glaubens – dann kann z.B. auch der Kommunismus als Religion betrachtet werden (Russell 1968, 211f). Das Interesse kann sich aber ebenso gut auf Riten, Kulte und/oder Institutionen richten – dann können z.B. auch institutionalisierte und ritualisierte Sportarten als Religionen betrachtet werden (vgl. Chidester 2000, 221f). So ergibt sich eine Vielzahl von Religionsbegriffen, deren Gemeinsamkeit nur noch als „Familienähnlichkeit" beschrieben werden kann, d.h. es ist nicht mehr möglich, eine Summe von Eigenschaften anzugeben, die allen Religionen gemeinsam sind (vgl. Saler 1994, 832f). Es wäre nicht sinnvoll, darüber zu streiten, wo das „Wesen" der Religion denn nun wirklich liegt – dieses kann eben ganz verschieden bestimmt werden, je nachdem ob das Erkenntnisinteresse, das die religionswissenschaftliche Arbeit leitet, mehr theologisch/philosophisch oder mehr sozialwissenschaftlich ausgerichtet ist.

1.2.2 Moderner und antiker Religionsbegriff

Diese Unterschiede zeigen sich z.B. auch beim Blick auf verschiedene Darstellungen der gr. Religion: Ein theologisch geprägter Religionsbegriff, der die individuelle Mensch-Gott-Beziehung in den Mittelpunkt stellt, rückt die Zeugnisse persönlicher Religiosität in den Vordergrund (Festugière 1984, 1f); ein soziologisch geprägter Religionsbegriff, der die gesellschaftliche Funktion in den Mittelpunkt stellt, rückt die Zeugnisse der öffentlichen Religion in den Vordergrund (Bruit Zaidman/Schmitt Pantel 1994, 12f). Es wäre nicht sinnvoll zu fragen, welche Darstellung dem Gegenstand, der gr. Religion, besser gerecht wird – der Religionsbegriff bestimmt eben die Fragestellung sowie die Auswahl und Gewichtung der Quellen. Die Verschiedenheit der Religionsbegriffe, die in den Darstellungen der antiken Religionen vorausgesetzt werden, zeigt sich schon in dem Schwanken zwischen Singular und Plural – in der Rede von der gr. Religion oder von den gr. Religionen. Auch das terminologische Schwanken zwischen „Mysterienkult" und „Mysterienreligion" lässt auf einen divergenten oder inkonsistenten Sprachgebrauch schließen.[1]

Eine notwendige Voraussetzung für die religionswissenschaftliche Arbeit ist nicht die Einigung auf einen allgemein verbindlichen Religionsbegriff, sondern die Unterscheidung zwischen metasprachlicher und objektsprachlicher Verwendung der Begriffe, d.h. die Unterscheidung zwischen religionswissenschaftlicher und religiöser Sprache: die Objektsprache ist die Sprache der (religiösen) Menschen, z.B. das Sanskrit, über die in der Metasprache der Religionswissenschaft gesprochen wird. Das bedeutet, dass es eben nicht darum geht, in anderen Kulturen nach einer Entsprechung zum Religionsbegriff zu suchen. Es ist gerade nicht zu fragen, was jene Menschen unter „Religion" verstehen – diese Frage wäre sinnvoll nur auf der metasprachlichen Ebene zu erörtern, also z.B. zwischen europäischen und japanischen Religionswissenschaftlern, die das (engl.) Wort *religion* im internationalen wissenschaftlichen Diskurs verwenden.

Der Ausgangspunkt der religionswissenschaftlichen Arbeit ist eine metasprachliche Definition, die einen Bereich der Kultur abgrenzt und als „Religion" definiert, analog zur Abgrenzung von Literatur, Musik oder Kunst in benachbarten Kulturwissenschaften. Diese metasprachliche Definition der Religion ist prinzipiell unabhängig davon, ob die ausgewählten kulturellen Phänomene auf der objektsprachlichen Ebene selbst als „Religion" bezeichnet werden. Ein lockerer Zusammenhang mit dem objektsprachlichen Gebrauch in jenen europäischen Sprachen, in denen das Wort *religion* vorkommt, sollte allerdings gegeben sein, da die metasprachliche Definition nicht gegen jede Intuition des Sprachgebrauchs verstoßen sollte; doch werden es immer nur einige Aspekte der objektsprachlichen Verwendung sein, die aufgenommen werden können.

Für die religionswissenschaftliche Arbeit außerhalb des eigenen kulturellen Kontextes ergeben sich mehrere Ansatzpunkte. Ein erster Ansatzpunkt wäre die Anwendung auf kulturelle Institutionen, die durch einen metasprachlichen Religionsbegriff als relevant ausgewählt und hypothetisch als religiös betrachtet werden – in der Antike wären dies z.B. Orakelstätten und Priesterkollegien, vielleicht aber auch das Theater oder der Sport. Je nach dem Erkenntnisinteresse und der entsprechenden Definition wird sich der Blick dann stärker auf

---

[1] Zur terminologischen Reflexion vgl. *Burkert 1987*, 3f.

Glaubensinhalte richten, wie z.B. die Theologie des Euripides in ihrem Verhältnis zur Philosophie, oder auf Rituale, wie z.B. die Aufführung der Tragödie im Kontext der Polis-Religion. Ein interessanter Grenzfall ist die Institution des Herrscherkultes (→3.3.4), die der Interpretation als religiöses und/oder politisches Phänomen schon immer große Schwierigkeiten bereitet hat (vgl. Löhr 1997, 755–757).

Ein anderer Ansatzpunkt wäre die Untersuchung der objektsprachlichen Begriffe, die sich auf jene „übermenschlichen Wesen" beziehen, die in manchen metasprachlichen Religionsbegriffen eine zentrale Rolle spielen. Im Lateinischen wäre dann *numen* von besonderem Interesse (vgl. Muth 1988, 204f), im Griechischen *daimōn*.

Der beste Ansatzpunkt ist vielleicht die Untersuchung der objektsprachlichen Begriffe, mit denen menschliche Einstellungen und Verhaltensweisen beschrieben werden, die durch einen metasprachlichen Religionsbegriff als relevant ausgewählt und hypothetisch als religiös betrachtet werden. Zu dieser religiösen Begrifflichkeit gehört im Lateinischen sicherlich *religio*, daneben aber auch eine Reihe anderer Begriffe, wie z.B. *pietas*, *sanctitas* und *fides*. Im Sanskrit gehört dazu nicht nur der Begriff *dharma*, der in diesem Zusammenhang immer genannt wird (Haußig 1999, 63), sondern auch eine Reihe anderer Begriffe, wie z.B. *mārga*, *darśana* und *śraddhā* (vgl. Stietencron 1993, 125). Dabei ist zu beachten, dass die Bedeutung solcher Begriffe in den einzelnen Quellen zu erheben ist. Denn es kann sich schon im Werk einzelner Autoren eine Verschiebung der Bedeutung ergeben (vgl. Wagenvoort 1980, 9f), so dass es vielleicht gar nicht möglich ist, was z.B. *religio* in „der" röm. Religion bedeutet – ebenso wie ja auch der moderne Begriff „Religion" in der objektsprachlichen, theologischen Verwendung ganz verschiedene Bedeutungen hat (vgl. Wagner 1986, 441f). Auf jeden Fall ist es zu vermeiden, vorschnell ein Wesen der röm. und/oder gr. Religion zu konstruieren oder das Fehlen von Religion in der Antike zu konstatieren.

„Religion" wird für das Folgende, in Anknüpfung an Waardenburg, definiert als ein Orientierungssystem besonderer Art: Es erfüllt die Funktion, dem Menschen Normen für das Leben zu geben und Trost für das Sterben; die Erfüllung dieser Funktion wird ermöglicht oder zumindest unterstützt durch Institutionen, die einen Rahmen für rituelle Erfahrungen bieten; die Normen werden durch den Bezug auf Gesetze begründet, die höher sind als die von Menschen gemachten, und der Trost wird zumeist durch den Bezug auf einen Bereich gegeben, der über das irdische Leben hinausgeht. Die Frage nach der Religion in der Antike bezieht sich demnach in erster Linie auf den einzelnen Menschen und erst in zweiter Linie auf die Institutionen, in die der einzelne eingebunden ist.[2] Auf diese Weise soll sichergestellt werden, dass die Komplexität dessen, was zur Religion eines Menschen gehört, wahrgenommen wird. Die Erforschung der Religion in der modernen Gesellschaft dürfte ja auch nicht reduziert werden auf die Frage nach der Zugehörigkeit zu einer Kirche oder einer vergleichbaren religiösen Institution – so hat sich z.B. bei einer Feldfor-

---

[2] Rüpke betont zwar das „Eingebettetsein" der antiken Religion, warnt aber auch vor der Gefahr, das Kollektive in der Antike zu verabsolutieren und das Bild dadurch zu überzeichnen (*Rüpke* 2001, 13f.19f).

1.2.2 Moderner und antiker Religionsbegriff

schung in Deutschland gezeigt, dass „neben, in und manchmal gegen die konfessionellen Identitäten ganz andere Formen religiöser oder spiritueller Orientierung bestehen" (Bochinger 2002, 32).

„Religio" und verwandte (lateinische) Begriffe in der Antike
1. Römische Religion
Die bekannteste Definition von *religio* im vorchristl. Sprachgebrauch, zugleich eine etymologische Ableitung, findet sich bei Cicero: als „fromm" (*religiosi*) werden demnach jene Menschen bezeichnet, „die alles, was mit der Verehrung der Götter zu tun hatte, sorgfältig ausübten und gleichsam immer wieder erwogen (*relegere*)" (nat. deor. 2,72).³ An einer anderen Stelle desselben Werkes wird *religio* kurz als „Verehrung der Götter" (*cultus deorum*) definiert (2,8; vgl. 1,117), und die ganze *religio* des röm. Volkes wird eingeteilt in „Opfer und Deutungen des Vogelfluges" (*sacra et auspicia*), wozu als Drittes noch andere Quellen und Techniken der Divination (Erklärer der sibyllinischen Bücher; Haruspices) kommen (3,5). *Religio* ist in diesem Zusammenhang also eher als „Kult" zu übersetzen, nicht als „Religion", und der Plural *religiones*, der gerade an dieser Stelle begegnet, bezeichnet religiöse Bräuche, nicht Religionen. Die Folgerung scheint nahezuliegen, dass damit bereits das Wesen der röm. Religion erfasst ist – dass es sich eben um eine staatliche Kultreligion handelt (vgl. Wlosok 1970, 39f).
Es ist aber zu bedenken, dass es sich im Kontext der bekannten Definition (nat. deor. 2,71f) um eine Gegenüberstellung von *religio* und *superstitio* handelt: Der letztere Ausdruck, der im Gegensatz zu *religio* eine negative Bedeutung hat, bezeichnet jene Menschen, „die alle Tage beteten und Opfer dafür brachten, dass ihnen ihre Kinder am Leben blieben (*ut superstites essent*)". Was hier ausdrücklich als ein Fehler bewertet und aus dem Begriff *religio* gerade ausgeschlossen wird, dürfte nach einem modernen Verständnis des Religionsbegriffes zumeist als ein religiöses Phänomen eingeordnet werden. Die kritische Bemerkung Ciceros zeigt jedenfalls, dass es neben dem öffentlichen Kult, in dem es um das Wohl des Staates geht, einen Bereich der privaten Religiosität gibt, in dem es um das eigene Heil bzw. das der Familie geht. Was auf der objektsprachlichen Ebene als Aberglaube abgewertet wird, gehört zur Religion, wie sie oben metasprachlich definiert worden ist.
Neben *religio* ist also auch und gerade der Gegenbegriff *superstitio* in die Betrachtung einzubeziehen. Dazu kommen zumindest noch die Begriffe *pietas* und *sanctitas*, die schon im Proömium jenes Werkes zusammen mit *religio* eingeführt werden und die ebenfalls eine positive Bedeutung haben (nat. deor. 1,3). *Pietas* war in einem früheren Werk Ciceros als Verpflichtung gegenüber dem Staat und der Familie definiert und damit klar gegen *religio* abgegrenzt worden (inv. 2,66). In jenem späteren Werk wird *pietas* aber ausdrücklich auf die Götter bezogen und als „Gerechtigkeit gegenüber den Göttern" definiert (*iustitia adversum deos*), so dass sich eine Überschneidung mit *religio* ergibt (nat. deor. 1,116). *Sanctitas* wird von Cicero definiert als „Wissen um die Verehrung der Götter" (*scientia colendorum deorum*), so dass sich noch eine andere Überschneidung mit *religio* ergibt. Es ist also eine komplexe und diffe-

---
³ Übersetzung: *W. Gerlach/K. Bayer*, München 1987.

renzierte Begrifflichkeit zu berücksichtigen, wenn die röm. Religion der späten Republik erfasst werden soll.

Ferner ist zu bedenken, dass die verschiedenen philosophischen Theorien, die in der Schrift *De natura deorum* dargestellt werden – die epikureische, die skeptische und die stoische – zugleich auch verschiedene religiöse Einstellungen repräsentieren. Die Anhänger dieser Philosophien haben gemeinsam, dass sie am öffentlichen Kult teilnehmen – sie tun dies aber aus verschiedenen Gründen und mit verschiedenen Vorstellungen von den Göttern. Die sorgfältige Ausübung des Kultes, nach der röm. Tradition, ist also nur die Schnittmenge der Phänomene, die in ihrer Gesamtheit – metasprachlich definiert – als „römische Religion" bezeichnet werden können.

Dieser Eindruck der Vielfältigkeit religiöser Phänomene würde sich noch verstärken, wenn die fremden Kulte, die im Römischen Reich aufgenommen bzw. geduldet wurden, in die Betrachtung einbezogen werden. Schon für Cicero würde ja gelten, dass er nicht nur in das System der staatlichen Kulte integriert war – als Mitglied des Kollegiums der Auguren;[4] er hat daneben auch die Möglichkeit wahrgenommen, sich in einen gr. Mysterienkult (→3.1.2) einweihen zu lassen. Die Einweihung in die Mysterien von Eleusis hat ihm die Sicherheit vermittelt, mit einer besseren Hoffnung zu sterben (leg. 2,36). Zur Religion Ciceros gehört aber auch noch die Philosophie: In einer akuten Begegnung mit dem Tod hat er in der Philosophie seinen Trost gesucht (Att. 12,14; Tusc. 3, 76).[5]

Die Vielfalt innerhalb der röm. Religion zeigt sich indirekt auch im Werk Varros, eines Zeitgenossen Ciceros. Dem Bericht Augustins zufolge hat Varro drei Arten der *Theologie* unterschieden: die „mythische", die „physische" und die „staatliche" (civile); die erste Art der Theologie habe Varro den Dichtern und dem Theater zugeordnet, die zweite den Philosophen und der Welt, die dritte den Bürgern – vor allem den Priestern – und der Stadt (civ. 6,5). Augustin zufolge hat Varro die mythische Theologie scharf kritisiert, die physische zwar nicht kritisiert, wohl aber vom Volk fernhalten wollen. Varros Präferenz hat demnach jener „staatlichen" Theologie gegolten, die sich auf die öffentliche Verehrung der Götter bezieht.[6] Gerade seine Kritik an den anderen Arten der Theologie lässt aber erkennen, dass der öffentliche Kult nicht alle Römer zufrieden stellen konnte – sonst hätte die Theologie der Dichter und der Philosophen nicht so viel Interesse und Aufmerksamkeit gefunden.

Das Nebeneinander öffentlicher und nicht-öffentlicher, röm. und nichtröm. Kulte hat gelegentlich zu Spannungen geführt, wie es sich z.B. im sog. Bacchanalien-Skandal zeigt: Der Mysterienkult des Dionysos (→3.1.2), der aus Griechenland über Etrurien nach Rom gekommen war, wurde im Jahre 186 v.Chr. vom röm. Senat verboten und unterdrückt. Im Geschichtswerk des Li-

---

[4] Zur Frage nach der (religiösen) Bedeutung dieser Priesterämter für die Amtsinhaber vgl. *Eck* 1989, 31–34.

[5] Als ein Vergleichsbeispiel könnte Plutarchs „Trostbrief an seine Gattin" herangezogen werden.

[6] Durch die „Betrachtung des Varronischen genus civile der Theologie" ergeben sich R. Muth zufolge „verlässliche Auskünfte über das Wesen der römischen Religion" (*Muth* 1988, 203). Zur Kritik an den Versuchen einer Wesensbestimmung der röm. Religion vgl. *Ulf* 1982, 145–163.

1.2.2 Moderner und antiker Religionsbegriff

vius findet sich ein ausführlicher Bericht über dieses Ereignis (39,8–19). Der novellistisch gestaltete Bericht des Livius wird in seinen Grundzügen durch eine Inschrift bestätigt (CIL I ², 581). Der Begriff *religio* hat in diesem Bericht eine ambivalente Bedeutung: Einerseits gilt, dass *religio* als die Einstellung, die das Recht der Götter ernst nimmt, nicht zerstört werden darf (39,16,9). Andererseits gilt, dass es auch eine verkehrte religiöse Einstellung (*prava religio*) gibt, die sich auf ein falsches Ziel richtet – wenn sie z.B. durch einen fremden Ritus in die Irre geführt worden ist – und die deshalb korrigiert werden muss (39,16,6). In einem solchen Fall wäre es falsch, wenn die Anhänger des Kultes sich aufgrund ihrer religiösen Einstellung (*religio*) gegen die Zerstörung der Heiligtümer wehren würden – es würde sich dann um Aberglauben (*superstitio*) handeln (39,16,10). Nach dem erfolgreichen Abschluss der staatlichen Maßnahmen ist die Ausübung des Dionysos-Kultes dann doch wieder erlaubt worden – allerdings unter bestimmten Auflagen, die eine staatliche Kontrolle sicherstellen und eine Institutionalisierung des Kultes verhindern sollten (39,18,8f). Diese Ausnahmebestimmungen zeigen, dass letztlich doch auf den Bereich der privaten Religiosität, der durch die öffentlichen Kulte nicht abgedeckt werden konnte, Rücksicht genommen wurde. Der entscheidende Gesichtspunkt für das Eingreifen des Senats war die Sorge, dass der fremde, nicht-öffentliche Kult die moralische und staatliche Ordnung gefährden könnte (vgl. Berner 1992, 48–51).

Im naturphilosophischen Werk des Lukrez erhält *religio* eine negative Bedeutung: Es bezeichnet eine Einstellung, die auf der Furcht vor den Göttern beruht und die deshalb destruktive Konsequenzen haben kann – bis hin zum Menschenopfer. Gleich zu Beginn des Werkes wird ein Beispiel aus der gr. Mythologie angeführt, das diese destruktive Tendenz der Religion belegen soll: die Opferung Iphigenies (Lucr. 1,84–101). Aus der Sicht des Lukrez wird diese verfehlte Einstellung überwunden durch die Philosophie Epikurs (→3.1.1), der die Furcht vor den Göttern und auch die Furcht vor der Unterwelt aufgehoben hat (1,62–79). Was sich auf der objektsprachlichen Ebene als Ablehnung der Religion darstellt, könnte auf der metasprachlichen Ebene durchaus als Religion eingeordnet werden – es sei denn, dass der Unsterblichkeitsglaube (→3.2.5.2), der im Epikureismus fehlt, in die Definition des Religionsbegriffes einbezogen würde. Jedenfalls ist auch die epikureische Philosophie ein Orientierungssystem, das dem Menschen Normen für das Leben und Trost für das Sterben gibt, wie es z.B. in Epikurs Brief an Menoikeus klar zum Ausdruck kommt (Diog. Laert. 10,123–132).

2. Römische Religion und Christentum

In der ersten Phase der Auseinandersetzung mit der röm. Religion ist das Christentum aus der Sicht der Römer oft als *superstitio* bezeichnet worden, gerade nicht als *religio*: Plinius d. J. (epist. 10,96), Sueton (Nero 16,2) und Tacitus (ann. 15,44,3) stimmen in dieser negativen Beurteilung des Christentums überein. Das negative Urteil des Plinius bezieht sich nicht auf Glaubensinhalte, sondern auf die mangelnde Loyalität der Christen gegenüber Kaiser und Staat. Tacitus hat das Judentum ebenfalls in diese Kategorie eingeordnet (hist. 5,8,2f). Sein Urteil bezieht sich auf Riten und Bräuche der Juden (hist. 5,4f).

Die christl. Apologeten, wie z.B. M. Minucius Felix, haben dieses negative Urteil zurückgegeben und den positiven Begriff *religio* für das Christentum in Anspruch genommen, die röm. Religion dagegen als *superstitio* bezeichnet. In dem apologetischen Dialog des Minucius Felix werden die beiden Perspektiven einander gegenübergestellt: Die Ablehnung des Aberglaubens (*superstitio*) und die Sorge um die Bewahrung der *religio* – jeweils aus christl. und heidnischer Sicht (Min. Fel. 1,5; 13,5; 38,7). Ein neuer Gesichtspunkt ist in der christl. Argumentation dadurch gegeben, dass der Begriff *religio* in seiner Anwendung auf das Christentum als *vera religio* qualifiziert wird und dass die Bekehrung zum Christentum auch als „glauben" (*credere*) bezeichnet werden kann (Min. Fel. 40,4).
In der letzten Phase der Auseinandersetzung zwischen röm. Religion und Christentum, in dem Streit um den Victoria-Altar, wird der Begriff *religio* ebenfalls auf beiden Seiten verwendet. Ein charakteristischer Unterschied liegt darin, dass der Rhetor Symmachus, der Vertreter der „heidnischen" Seite, überwiegend den Plural *religiones* verwendet: es geht ihm darum, den religiösen Zustand (*statum religionum*) der Vergangenheit wiederherzustellen, einen Zustand, der eine Vielzahl von religiösen Kulten und Bräuchen (*religiones*) zulässt (rel. 3,3.19). Er vertritt also ein pluralistisches System, das auf der Annahme beruht, es gebe zwar viele Bräuche, Riten und Kulte, doch könne alles, was die Menschen verehren, als Eines angesehen werden (3,8.10). Symmachus wäre durchaus bereit, das Christentum in diese Vielzahl der Kulte (*religiones*) einzuordnen. Er bittet nur darum, dass die traditionellen röm. Kulte weiterhin ausgeübt werden können. Brauch (*mos*) und Gewohnheit (*consuetudo*) sind neben *religiones* die wichtigsten Begriffe in seiner religiösen Konzeption.
Demgegenüber verwendet der Bischof Ambrosius, der Vertreter der christl. Seite, *religio* fast ausschließlich im Singular (epist. 17,7.12.13 u.ö.). Neben *religio* spielt der Begriff *fides* eine zentrale Rolle in seiner religiösen Konzeption (epist. 17,1.2.3 u.ö.), und zwar als Bezeichnung des christl. Glaubens – Symmachus hatte diesen Begriff nur in der älteren Bedeutung als „Treue" oder „Zuverlässigkeit" verwendet (rel. 3,3.19). In dem christl. Verständnis von *religio*, wie es von Ambrosius vertreten wird, ist kein Platz für die röm. Religion: Wenn Ambrosius den Standpunkt des Symmachus im Blick hat, spricht er von *superstitio* (epist. 17,6.10 u.ö.; vgl. epist. 18,10).

Ausblicke
Die Betrachtung einiger Beispiele aus der (lat.) religiösen Begrifflichkeit der Antike hat gezeigt, dass es nötig ist, die Bedeutung von *religio* in den einzelnen Quellen zu erheben und eine ganze Reihe anderer Begriffe zu berücksichtigen. Das Begriffspaar *religio – superstitio* ist ein guter Ansatzpunkt, die Dynamik und Komplexität der antiken Religionsgeschichte zu untersuchen. Eine rein begriffsgeschichtliche Betrachtung von *religio* ist in diesem Zusammenhang also nur teilweise hilfreich, und sie kann sogar irreführend sein, wenn

nicht zwischen objekt- und metasprachlichem Gebrauch unterschieden wird.[7] Die Einbeziehung der gr. Quellen würde ohnehin dazu zwingen, von der *religio*-Begriffsgeschichte abzugehen und schärfer zwischen Begriffen und Phänomenen, Wörtern und Bedeutungen zu unterscheiden.
Ein Ansatzpunkt wäre z.B. die Gegenüberstellung von *eusebeia* und *deisidaimonia*, wie sie von Plutarch vorgenommen wurde – auch hier werden, aus der Sicht der metasprachlichen Definition, verschiedene Arten von Religion nebeneinander gestellt: verschiedene Auffassungen vom Wesen der Götter, mit verschiedenen Konsequenzen für das Handeln der Menschen. Plutarch bezeichnet die Furcht vor den Göttern und das daraus resultierende Verhalten der Menschen als „Aberglauben" (*deisidaimonia*), in klarer Abgrenzung gegen die richtige Art von Religiosität, die er als *eusebeia* bezeichnet (mor. 171E). Es wäre sogar zu überlegen, ob der „Atheismus", der Plutarch zufolge das andere Extrem im Verhalten gegenüber den Göttern darstellt (mor. 164E), ebenfalls als eine Art von Religion, im Sinne der metasprachlichen Definition, betrachtet werden müsste. Plutarch selbst hat dem Atheismus jedenfalls zugestanden, eine Orientierung im Leben zu bieten – im Vergleich mit dem Aberglauben sogar eine bessere (mor. 168B–D). Es ist also festzuhalten, dass Plutarch die entscheidende Grenze nicht zwischen Gottesglaube und Atheismus zieht – wie es vielen modernen Religionsbegriffen entsprechen würde –, sondern zwischen richtiger und falscher Einstellung mit Bezug auf die Götter. Atheismus und Aberglaube werden damit zusammengeordnet als falsche religiöse Einstellungen. Für die Religionswissenschaft ergibt sich daraus die Anregung, auch den Atheismus in ihren Gegenstandsbereich aufzunehmen (vgl. Löhr 1995, 155–160).

Literatur
H. J. Adriaanse: On Defining Religion, in: *J. G. Platvoet/A. L. Molendijk* (eds.): The Pragmatics of Defining Religion, Leiden u.a. 1999, 227–244. – *R. D. Baird*: Interpretative Categories and the History of Religions, in: *J. S. Helfer* (ed.): On Method in the History of Religions, Middletown 1968, 17–30. – *P. L. Berger*: Zur Dialektik von Religion und Gesellschaft, Frankfurt a.M. 1973. – *U. Berner*: Religio und Superstitio. Betrachtungen zur römischen Religionsgeschichte, in: *Th. Sundermeier* (Hg.): Den Fremden wahrnehmen, Gütersloh 1992, 45–64. – *U. Bianchi* (ed.): The Notion of „Religion" in Comparative Research, Rom 1994. – *Chr. Bochinger*: Die unsichtbare Religion in der sichtbaren Religion. Zur Alltagsreligiosität evangelischer und katholischer Christen in Franken, in: *M. Heimbach-Steins* (Hg.): Religion als gesellschaftliches Phänomen, Münster 2002, 27–43. – *L. Bruit Zaidman/P. Schmitt Pantel*: Die Religion der Griechen. Kult und Mythos, München 1994. – *W. Burkert*: Ancient Mystery Cults, Cambridge 1987. – *D. Chidester*: The Church of Baseball, The Fetish of Coca-Cola, and the Potlatch of Rock'n'Roll, in: *B. D. Forbes/J. H. Mahan* (eds.): Religion and Popular Culture in America, Berkeley u.a. 2000, 219–238. – *W. Cohn*: On the Problem of Religion in Non-Western Cultures, IJRS 5, 1969, 7–19. – *E. Durkheim*: Zur Definition religiöser Phänomene, in: *J. Matthes* (Hg.): Religion und Gesellschaft. Einführung in die Religionssoziologie I, Hamburg 1967, 120–141. – *W. Eck*: Religion und Religiosität in der soziopolitischen Führungsschicht der hohen Kaiserzeit, in: *W. Eck* (Hg.): Religion und Gesellschaft in der röm. Kaiserzeit (FS F. Vittinghoff), Köln/Wien 1989, 15–51. – *E. Feil*: Religio. Die Geschichte eines neuzeitlichen Grundbegriffs vom Frühchristen-

---

[7] Zur Begriffsgeschichte von *religio* vgl. das monumentale, auf vier Bände angelegte Werk von E. Feil. Zur Kritik aus religionswissenschaftlicher Sicht vgl. *Stietencron* 2000, 131f.

tum bis zur Refomation, Göttingen 1986. – *A.-J. Festugiere*: Personal Religion among the Greeks, Westport 1984. – *W. H. Goodenough*: Toward an Anthropologically Useful Definition of Religion, in: *A. W. Eister* (ed.): Changing Perspectives in the Scientific Study of Religion, New York u.a. 1974, 165–184. – *H.-M. Haußig*: Der Religionsbegriff in den Religionen. Berlin u.a. 1999. – *Ders.*: Einleitung, in: *H.-M. Haußig/B. Scherer* (Hgg.): Religion. Eine europäisch-christliche Erfindung?, Berlin u.a. 2003, 13–33. – *G. Löhr*: Atheismus – ein Gegenstand der Religionswissenschaft?, Saeculum 46, 1995, 139–160. – *Ders.*: Religiöse und philosophische Legitimation politischer Macht im antiken Herrscherkult, in: *J. Mehlhausen* (Hg.): Recht. Macht. Gerechtigkeit, Gütersloh 1997, 745–758. – *Th. Luckmann*: Religion in der modernen Gesellschaft, in: *Ders.*: Lebenswelt und Gesellschaft, Paderborn 1980, 173–189. – *G. Mensching*: Die Religion. Erscheinungsformen, Strukturtypen und Lebensgesetze, München o.J. – *M. Müller*: Natürliche Religion. Gifford-Vorlesungen 1888, Leipzig 1890. – *R. Muth*: Einführung in die griechische und römische Religion, Darmstadt 1988. – *J. G. Platvoet*: Contexts, Concepts and Contests: Towards a Pragmatics of Defining „Religion", in: *J. G. Platvoet/A. L. Molendijk* (eds.): The Pragmatics of Defining Religion, Leiden u.a. 1999, 463–516. – *J. Rüpke*: Die Religion der Römer, München 2001. – *B. Russell*: Warum ich kein Christ bin, Hamburg 1968. – *B. Saler*: Cultural Anthropology and the Definition of Religion, in: *U. Bianchi* (ed.): The Notion of „Religion" in Comparative Research, Rom 1994, 831–836. – *W. C. Smith*: The Meaning and End of Religion, San Francisco 1978. – *M. E. Spiro*: Religion. Problems of Definition and Explanation, in: *M. Banton* (ed.): Anthropological Approaches to the Study of Religion, New York u.a. 1966, 85–126. – *R. Stark*: Must all Religions be Supernatural?, in: *B. Wilson* (ed.): The Social Impact of New Religious Movements, New York 1981, 159–177. – *H. v. Stietencron*: Der Begriff der Religion in der Religionswissenschaft, in: *W. Kerber* (Hg.): Der Begriff der Religion, München 1993, 111–137. – *Ders.*: Religion. Vom Begriff zum Phänomen oder vom Phänomen zum Begriff?, in: *E. Feil* (Hg.): Streitfall "Religion", Münster u.a. 2000, 131–136. – *Chr. Ulf*: Das römische Lupercalienfest. Ein Modellfall für Methodenprobleme in der Altertumswissenschaft, Darmstadt 1982. – *J. Waardenburg*: Religionen und Religion, Berlin u.a. 1986. – *H. Wagenvoort*: Pietas, in: *Ders.*:Selected Studies in Roman Religion, Leiden 1980, 1–20. – *F. Wagner*: Was ist Religion? Studien zu ihrem Begriff und Thema in Geschichte und Gegenwart, Gütersloh 1986. – *A. Wlosok*: Römischer Religions- und Gottesbegriff in heidnischer und christlicher Zeit, AuA 16, 1970, 39–53.

1.2.3 Politik und Religion
(Wolfgang Christian Schneider)

Stellen im NT
Mt 11,19; 17,24–27; 18,17; 21,31f; Mk 2,13–17 parr; Joh 18,28f; 19,12; Apg 6,5; 14,11–13

In allen Gesellschaften der Antike war die Religion das tragende Fundament der Gemeinschaft und ihrer Ordnung. Sie fasste, formte und bestimmte das soziale Handeln und verankerte die soziale Ordnung im Übermenschlichen. So waren das Religiöse und das Politische in den mediterranen Kulturen innig verbunden.

Die griechische Welt
Das religiöse Denken der Griechen ging von einer Vielzahl von Göttern aus, denen eine Fülle von verschiedenen Kulten galt, die aber einander nicht ausschlossen. Denn der Grundgedanke der gr. Religiosität war die Epiphanie, die einzelne unmittelbare göttliche Erfahrung, die erst nachträglich in einem Na-

1.2.3 Politik und Religion

men gefasst oder einer der bekannten Gottheiten zugeordnet werden konnte, letztlich aber immer abhängig von Ort und Zeit und vom Empfänger des göttlichen Aufscheinens blieb.[1] Im AT vermag die Gotteserscheinung Jakobs in Bethel (Gen 28,10–22) diese religiöse Grundhaltung zu verdeutlichen. Nach ihrem Erscheinen erfuhr eine solche manifest gewordene Göttlichkeit an ihrem Ort Verehrung, die – sofern die Nachkommen in sie eintraten – zu einem Kult gerinnen konnte.

So waren zu Beginn der historischen Überlieferung im Ostmittelmeerraum – im Rahmen weiter reichender religiöser Übungen, Überzeugungen und Haltungen – zunächst die Kulte der einzelnen „Häuser" (*oikoi*) maßgeblich (→3.3.6).[2] Dabei traten die sozial bedeutenden Geschlechter auch im Religiösen besonders hervor: Die Familienhäupter nämlich, die sich in ihrem sozialen Vermögen, in ihrer „Macht", als Große zu erkennen gegeben hatten und diese Größe für sich und ihr „Haus" aufrecht erhalten konnten, erwiesen in ihrem erfolgreichen sozialen Handeln auch die Gültigkeit ihres kultischen Tuns: Für den Blick der Gemeinschaft war offenkundig, dass ein machtvoll Handelnder mit einer großen Gottheit verbunden war und einen machtvollen Kult besaß, der große göttliche Machterweise gewinnen und den man in das eigene Handeln hereinziehen konnte. Die Vorgänge um den am Beginn der Geschichte Israels stehenden Schutz- und Sippengott Abrahams, Isaaks und Jakobs (Ex 3,6.15 u.ö.) fügen sich so nahtlos in den ostmediterranen Kulturraum ein. Von vornherein war so im Religiösen auch die Frage nach Macht und Erfolg gestellt, beide sind wesentlich *auch* religiöse Kategorien,[3] und vielfach preisen die religiösen Überlieferungen die Gottheiten eben im Hinblick auf den einem Großen und seinem Haus gewährten Machterweis. Der religiöse Kult eines solchen „Großen" erhielt einen über die eigene Familie, das eigene Haus hinausreichende Gültigkeit in der Gesellschaft, zog andere, Einzelne oder auch ganze „Häuser", an. Wenn somit Geringerrangige oder das einfache Volk in die Kulte der adligen Großen einzutreten verlangten, so nicht deswegen, weil sie von vornherein keine Kulte gehabt hätten,[4] es dürfte vielmehr auch in der sozial „geringeren" Bevölkerung durchaus „hauseigene", ja auch personeneigene Kulte[5] gegeben haben. Doch diese waren – wie das soziale Handeln ergeben hatte und ergab – offenkundig nicht so machtvoll und Erfolg sichernd, wie die der großen Familien und Familienhäupter. Die großen „Häuser" gewährten ein Eintreten in den eigenen Kult, weil das die eigene hohe Geltung mehren konnte, während sie zugleich die maßgebenden Herren des Kultes

---

[1] Vgl. *Nilsson* I ³1967, 73ff. So steht am Beginn des bittenden Hymnus an die Gottheit der Aufruf der früher erfahrenen Epiphanie, vgl. z.B. den Aphrodite-Hymnus der Sappho (Frg. 1 Diehl). Grundlegend zur gr. Sicht des Göttlichen *Otto* 1934; 1956.
[2] Vgl. zu Zeus *Sjövall* 1931; *Nilsson* I ³1967, 402ff.
[3] So ist *Löhr* 1996 zuzustimmen. Diese „Macht" aber ist nicht trennbar von „Vermögen" (Können und Haben), Gratia (Gunst und Grazie) und Charisma, wie es *Taeger* 1957/1960 beschreibt.
[4] So *Nilsson* I ³1967, 710, der mit seinem Gedanken einer „religiösen Klientelschaft" jedoch zu sehr vom entwickelten Rom her sieht.
[5] Hier liegt der Bereich der privaten Frömmigkeit, den die Vertreter einer Gemeindereligion als *superstitio* ablehnen (→1.2.2).

blieben. Von vornherein ist damit die Religion mit einer differenzierteren Gesellschaftsbildung und der sozialen Praxis, also der „Politik", verbunden. Als es im 7./6. Jh. v.Chr. – vielfach durch einen Zusammenschluss (*synoikismos*) mehrerer zuvor einzeln siedelnder hervorragender „Häuser" und ihres Anhangs – zur Bildung von Städten kam und damit einhergehend ein sozialer Ausgleich notwendig war, wurden viele der „Hauskulte" oder „Geschlechterkulte" auf die neue Gemeinschaft bezogen und verallgemeinert: Einerseits wurde den in die Polis eintretenden geringerrangigen Familien der Zugang zu den Kulten der großen Geschlechter geöffnet, andererseits wurden die Kulte vielfach miteinander verflochten oder zusammengelegt, und ihnen so ihre familiäre Spezifik genommen. In Athen geschah das in den Kulten von Zeus Phratrios und Apollo Patroos.[6] Häufig übernahmen von der Gemeinschaft bestimmte Amtsträger einzelne religiöse und kultische Pflichten der großen Familienhäupter und der Könige, da deren „Häuser" ja nun in der Polis aufgegangen waren. Allerdings blieben die großen Familien noch lange bestimmend und wurden auch später zumeist nicht gänzlich ihrer alten religiösen und kultischen Bevorrechtung entkleidet. Oft oblag ihnen als Häuptern der nun konstituierten Sakralkörperschaften die alltägliche Führung in der Pflege des Kultes, wodurch sie zugleich auf Dauer im politischen Raum wirksam blieben. Bekannt sind etwa die Eumolpiden, die über lange Zeit hinweg den Kult von Eleusis und damit einen der vornehmsten Kulte Athens betreuten. Die Sonderstellung, die die jüd. Überlieferung den Aaroniten zuerkennt, ist demnach in der antiken Welt nichts Ungewöhnliches.

Die mit der Herausbildung der Stadtgesellschaften verbundene soziale und politische Umschichtung erfasste aber auch von einer anderen Seite her das Religiöse, die für das spätere Judentum bedeutsam wurde: Die aus den numinosen Zusammenhängen heraustretenden, zunehmend – wie auch die Lyrik zeigt – persönlich empfindenden Menschen schufen sich ein neues Medium für ihre Begegnung mit dem Göttlichen: Die große, der Menschengestalt nachgeformte Götterfigur (*agalma*). Sie trat an die Stelle des rohen *xoanon* (fetischartiges Holzbild) wie des magisch erfüllten Kleinbildes,[7] war also zunächst ein gesellschaftlicher, ja aufklärerischer Gewinn: In seiner menschlichen Gestalt rückte das „Ganz Andere" auf neue Weise an den Menschen heran, eine neue, gerade auch gemeinschaftsbezogene und politische Kommunikation zwischen den Menschen und Göttern wurde möglich. Der als Einzelner heraus tretende Mensch, der bestimmend für die politische Ordnung, für das Handeln der verfassten Gemeinschaft wurde (sei es nun die regulierte Aristokratie Spartas oder die Demokratie Athens), wurde aus seiner Beschränkung im Religiösen gelöst und dem Gemeinschaftlichen verpflichtet. So bildeten Religion und Kulte in der neuen politischen Ordnung der Städte, die den hellenischen Raum zunehmend bestimmten, das einigende Band der Gesellschaft und waren kon-

---

[6] Auch von Zeus Patroos ist die Rede: *Sjövall* 1931, 49ff.
[7] Vgl. dazu *Schefold* 1959, 18f.48ff. Manche Kulte, so etwa der in Olympia, waren überhaupt lange Zeit bildlos; vgl. *Nilsson* I ³1967, 80ff, *Sjövall* 1931, 27. Im Zuge der bildlichen „Vermenschlichung" der Götter verlieren diese ihre in alten Belegen überlieferte „Mehrgliedrigkeit", etwa Zeus seine Dreiäugigkeit, Apoll seine vier Ohren und vier Hände: *Sjövall* 1931, 28.

1.2.3 Politik und Religion

stitutiv für die verfasste Ordnung. Die leitenden Befugnisse in der Gemeinschaft wurden in kultischen Akten mit den Göttern verbunden. Große religiöse städtische Feste – wie in Athen die Panathenäen – förderten den sozialen Ausgleich nach innen, festigten die gemeinsame Identität – und stellten sie in ihrer Macht nach außen dar.

Denn ebenso wie die Religion nach innen integrierend wirksam wurde, tat sie es auch nach außen, in den Beziehungen gegenüber anderen gr. Gemeinwesen. Zahlreich waren die Heiligtümer und Kulte, die trotz lokaler Verwurzelung allgemein in Griechenland Verehrung fanden. Berühmt waren die Feste und die Kultspiele von Olympia, die isthmischen Spiele von Korinth, die pythischen von Delphi und schließlich die Panathenäen in Athen, weit bekannt Orakelstätten wie Delphi, Didyma und Dodona (→3.2.7), doch standen daneben zahlreiche weitere Heiligtümer und Kulte mit gesamtgr. Ausstrahlung. Die Weihegaben mancher Heiligtümer, etwa die des Heraion auf Samos, scheinen sogar anzuzeigen, dass auch Nichtgriechen an den kultischen Vorgängen dort teilhatten.

Aber auch im konkreten politischen Geschehen traten religiöse Momente immer wieder hervor. Häufig etwa wurden religiös-mythische Bezüge, wie die gemeinsame Abstammung von einem Gott oder göttlichen Heroen oder die Stiftung von Städten durch dieselbe göttliche Person, als begründend für Bündnisse und teilweise auch für Machtansprüche herangezogen. Engere freundschaftliche Beziehungen zwischen den freien Städten wurden durch wechselseitige Festgesandtschaften zu den hohen Kultfesten zum Ausdruck gebracht. Nur sehr selten wurde die Religion negativ in innergr. Streitigkeiten aufgerufen; die gr. *poleis* blieben sich immer bewusst, dass sie letztlich einem religiösen Gesamtzusammenhang zugehörten.

Wenngleich die Gemeinschaft ihren Bestand in der Pflege der verschiedenen Kulte begründet sah, übte sie in der Gewichtung des religiös-kultischen Tuns des Einzelnen weithin Toleranz. So konnten die Sophisten ihre Religionskritik lange Zeit öffentlich diskutieren. In politischen Krisenzeiten allerdings, wie sie in Athen nach der Niederlage gegen die von Persien finanzierten Spartaner im Jahre 404 gegeben waren, wurde die Gemeinschaft empfindlich gegenüber religiösen Sonderbestrebungen, die vermeintlich die Verankerung der Gemeinschaft im Göttlichen in Frage stellten. Am sichtbarsten trat dies hervor, als Sokrates mit seiner neuartigen erkenntnistheoretischen und ethischen Haltung der Asebie, der Gottlosigkeit, angeklagt, schuldig gesprochen und hingerichtet wurde.

Sokrates' Haltung war das Ergebnis einer längeren Entwicklung, die den Einzelnen mehr und mehr aus den existenziellen Bindungen an die Gemeinschaft gelöst und auch die Bindungen im Religiösen gelockert hatte. Sie stellte Religion und Politik in ein neues Verhältnis zueinander. Der nun frei gestellte Einzelne hatte aus seiner inneren Verpflichtung heraus ethisch-konstruktiv auf das Gemeinschaftliche hin zu handeln, gerade so erfüllte er die göttlichen Forderungen an ihn. Damit aber wurde das Religiöse in seiner Verbindung mit dem Philosophischen (→1.2.4) auf neue Weise politisch: Gerade im ethisch richtigen Tun im Gemeinschaftlich-Politischen erfüllte sich das pflichtgemäße Tun des Einzelnen im Religiösen.

So stellte sich die gr. Welt im Politischen und Religiösen im Laufe des 4. Jh. zunehmend bipolar dar. Die zuvor verpflichtenden Mittelinstanzen (die verfasste Stadtgemeinde wie der einzelne Kultus) verloren ihre Verbindlichkeit: Auf der einen Seite bildete sich im Politischen die Instanz einer dem Anspruch nach ethisch begründeten übergreifenden Ordnung, sei es nun der Gedanke eines „Allgemeinen Friedens" oder ein bündnisartig gegliedertes Großreich, während zugleich im Religiösen eine zunehmend als Einheit und Ganzes aufgefasste, von den Menschen abgerückte Ordnung, ja ein transzendentes Göttliches in Erscheinung trat. Auf der anderen Seite erfuhr gegenüber solch umfassenden Ordnungen der Einzelne und das Konkrete immer größere Beachtung. Denen, die Herausragendes sichtbar werden ließen, wurden übermenschliche Qualitäten zugeschrieben, gerade auch darin, das Göttliche unmittelbarer zu erfahren und es den übrigen vermitteln zu können. Diese Bipolarität ist der Bedingungshintergrund für die Entstehung des Herrscherkults (→3.3.4), der zunächst von der breiten Gesellschaft ausging. Den Menschen der hell. Zeit war es zunehmend ein Anliegen, das Göttliche unmittelbar zu erleben und das ihnen zuteil gewordene positive Tun als göttliche Zuwendung wahrzunehmen. Das in das Transzendente „entglittene" Göttliche wurde so für die Menschen gegenwärtig.

Für die Haltung der Griechen hell. Zeit gegenüber den Göttern anderer Völker war diese Sicht folgenreich. Aus der Vorstellung vom Einen, vom Ganzen des Göttlichen ergab sich nahezu zwangsläufig die Auffassung, dass letztlich unter den vielen Namen der Verehrten dieselbe göttliche Macht stehe. Dabei wurden die jeweils vorhandenen Spezifika im Sinne der den Griechen schon immer vertrauten Divergenz der Kulte anerkannt, zugleich aber traten sie in ihrem Gewicht zurück, da es ja die konkreten großen Menschen waren, die das Göttliche den vielen Übrigen vermittelten. So kam es in den vielen hellenisierten Gebieten zu einer freieren Bewegung der Menschen zwischen den religiösen und philosophischen Traditionen, auch zu Übertritten zum Judentum[8], und zu einer wechselseitigen Durchdringung von autochthonen Religionsvorstellungen und denen der hellenischen Welt sowie zu vielfältigen „synkretistischen" Bildungen.[9] Es entstand eine religiöse Koine.

Dies allerdings zog die Religion wiederum sehr konkret ins Politische hinein. Denn da kaum einer der Herrschaftsräume hell. Zeit in sozialer und ethnischer Hinsicht geschlossen war, musste den Herrschern daran gelegen sein, Momente zu entwickeln und zu fördern, die geeignet waren, die heterogene Bevölkerung zu verbinden. Angesichts der Annahme einer Einheit des Göttlichen stellte sich da die Religion ganz zwanglos als ein wesentliches Integrationsmoment dar, freilich nicht als vereinzelter Aspekt, sondern als Teil eines allgemeinen kulturellen Ausgleichs. Am deutlichsten zeigt sich das in Ägypten, wo gefördert von den Ptolemäern unter Rückgriff auf heimische und gr. Vorstellungen mit Serapis ein neuer Reichsgott entstand, der die ägyptische Bevölkerung und die Griechen Alexandrias religiös vereinte und den „heilvermittelnden" Herr-

---

[8] Ein Beispiel ist Nikolaos von Antiochia, den Apg 6,5 erwähnt; nach seinem Übertritt zum Judentum schließt er sich der Jesusbewegung an und wird mit Stephanus einer der ersten Diakone der Christengemeinde.
[9] Vgl. dazu auch die Ereignisse in Lykaonien Apg 14,11–13.

schern eine Sonderstellung bot. Auch die Seleukiden betrieben bald in diesem Sinne eine aktive Religionspolitik, die in Judäa zunächst zu erheblichen inneren Spannungen und dann zum Aufstand traditionalistischer Kreise gegen die Seleukiden und ihre jüd. Sympathisanten führte (1Makk 1,11–15.41–53; 7,5–25; 9,23–25; →1.4.4.2).

Die religio des Imperium Romanum
Als Rom die hell. Reiche als Vormacht im südöstlichen Mittelmeerraum ablöste, war es seinerseits schon zu einem erheblichen Teil hellenisiert. Doch wenngleich in diesem Zuge die Götter Roms mit den gr. Gottheiten verbunden waren, blieb doch der Staatskult, in dem die konkreten Göttergestalten zurücktraten, von der Hellenisierung weitgehend unberührt. Für die *res publica* bildete die *religio* (→1.2.2) das tragende Fundament der Gemeinschaft und ihrer Ordnung, wobei die sozialen und „politischen" Anliegen das Maßgebliche blieben. Ob Priester tätig werden sollten, was sie zu tun hätten (nach Maßgabe ihrer rituellen Regeln) oder welcher Kultpraktiker ggf. herbeizuziehen wäre, entschied – in Nachfolge der Hausväter und Könige der Frühzeit – der Senat, dann auch der Kaiser. So hat das religiöse Tun der Römer für die spätere, von der Ethik und einer inneren Hinwendung geprägte Religiosität etwas eigentümlich Äußerliches. Dies wird dadurch verstärkt, dass in den Geschichtswerken zuweilen ein fast rationales „säkulares" Handeln zu beobachten ist; doch solche Erscheinungen sind nahezu durchweg nur oberflächlich, sind zuweilen auch Ausdruck der Haltung einzelner „aufgeklärter" Personen, seien es nun die politisch Tätigen selbst oder die späteren Former der Überlieferung. Die „religiöse" Grundlegung, die Bindung jeglicher Gültigkeit gemeindlichen Handels an die *religio*, die Notwendigkeit, Macht und Handlungsbefugnis für eine Amtsführung durch rituelle Akte übertragen zu erhalten, und im politischen Handeln nach dessen Maßgabe aufzutreten, war nie in Frage gestellt; sie blieb verpflichtend bis in die Zeit der Kaiser nach Konstantin. Erst die Religionsgesetzgebung Theodosios' I. von 380/381 (Theod. 16,1,2 und 16,10,7) setzte das Christentum an die Stelle der alten *religio*.

Trotz der Götter war die *religio* des röm. Staates wesentlich „numinos" bestimmt. Jedes Handeln im Namen der Gemeinschaft, auch die Kriegführung, musste über spezifische rituelle Akte in seiner Übereinstimmung mit dem Göttlichen erwiesen werden, und es war in den Grundzügen seines Verlaufs und in seiner Örtlichkeit rituell gebunden. Um dies zu gewährleisten, wurden teilweise recht komplizierte Vorrichtungen getroffen, etwa ein aus dem röm. Gemeindeland ausgesondertes fiktives „Feindesland" gebildet, das es erlaubte, auch bei fernen Kriegen die notwendigen Riten durchzuführen, ohne die ein Sieg nicht zu erlangen war. Erst eine besondere, der Person rituell übertragene Qualität, das *imperium*, gab dem hohen Amtsträger Roms das Vermögen zum Handeln, und dieser unterlag, um das aufrechtzuerhalten, gewissen tabuartigen Beschränkungen. Zugleich war jedes amtliche Wirken an rituell gesonderte Bereiche, *templa*, gebunden. Der Senat durfte nur in „inaugurierten" Räumen, in *templa*, tagen, ein solcher war auch die *curia* in Rom. Auch im öffentlichen Auftreten vor dem Volk war der Magistrat mit seinem Handeln an den rituellen Ort gebunden; die *rostra*, die Rednertribüne, waren ein inaugurierter Raum nach Art eines *templum*, die prätorische Gerichtstribüne ebenfalls, und auch das *praetorium* eines militärisch tätigen Imperiumträgers – das aber war der röm. Statthalter in der Provinz – hatte eine sakrale Qualität.[10] So war in Rom das Religiöse und das Politische strikt miteinander verbunden. Emporgestiegen zu seiner machtvollen Größe war Rom nach eigener Überzeugung durch göttlichen Willen (→1.4.1.1), und das war im ständigen Rückbezug des staatlichen Handelns auf das Göttliche aufrechtzuerhalten.

Als nach dem Zerfall der Republik mit Augustus der *princeps* die bestimmende Person im Gemeinwesen wurde, änderte sich nichts an der religiösen Fundierung und rituellen Gebundenheit des öffentlichen Handelns in der *res publica*, die ja fortbestand. Allerdings lag nun beim „Kaiser" die maßgebliche Autorität: Er bestimmte das staatliche Handeln und verantwortete zugleich die Wahrung der religiösen Ordnung: Als der *eine imperator* besaß er das umfassende *imperium*, und wenngleich er in den ihm direkt unterstellten Provinzen den zivilen und militärischen Oberbefehl nachrangigen Männern übertragen hatte, so amtierten diese doch gänzlich in seinem Namen, mit seinem *imperium*. Sie unterlagen damit auch den religiösen und rituellen Beschränkungen des *imperium*-Trägers, waren etwa in ihrem öffentlichen Handeln an die rituell bestimmten, „inaugurierten" Räumlichkeiten gebunden, nur so konnte ihr Handeln gültig sein.

Schon als Träger des umfassenden *imperium*, als *imperator*, war der Kaiser eine sakral bestimmte Gestalt. Darüber hinaus war der Kaiser seit 12 v.Chr. auch *pontifex maximus*, also das Haupt einer der beiden höchstrangigen Priesterschaften Roms, zugleich aber auch *augur*, Mitglied also der zweiten bedeutenden Priesterschaft. Hinzu kamen mit der Zeit weitere priesterliche Befugnisse. In der Erzählung vom „Zinsgroschen" (Mk 12,13–17 parr; →1.3.4.3) sind diese Umstände mit angesprochen, denn der vorgewiesene Denar bietet ja nicht nur das Bild des „Kaisers", der Dargestellte nannte sich darauf auch *pontifex maximus*, ranghöchster Priester der röm. *religio*. Sein Bild in der Hand zu haben, bedeutete für streng religiöse Juden ganz unmittelbar Eintritt in „fremden Dienst". Eben daher galten die „Zöllner", die lokalen Bediensteten der röm. Pachtgesellschaften (→2.3.1), als unrein (z.B. Mk 2,13–17 parr; Mt 11,19; 18,17; 21,31f). Jede negative Äußerung zu Münze und Steuerpflicht aber wäre – röm. gesehen – eine Verletzung der religiösen Gründung des Imperium gewesen, die Herodes Antipas im Namen Roms zu ahnden gehabt hätte. Daher spricht der Text von „Hinterlist".

Wenngleich der Kaiser in der Gesellschaft vermehrt nach Maßgabe hell. Religiosität als göttliche Person verehrt wurde, erfolgte der öffentliche Kult im Herrschaftsbereich Roms doch auf der Grundlage der alten röm. *religio*. Demgemäß war der Amtssitz des Trägers und Vollziehers des kaiserlichen *imperium* in den Provinzen, das *praetorium*, ein nach Maßgabe der röm. *religio* „inaugurierter" Sakralraum, ein *templum*.[11] Dies aber war keineswegs eine

---

[10] Wie *Latte* 1960, 66f.140f. dargelegt hat, ist der älteste und eigentliche Gehalt der Tätigkeit der *augures* nicht die Vogelschau, sondern die Kraftmehrung, dies eben kommt in der auszeichnenden Sonderung des *templum* als Kraftort für das öffentliche Handeln und die Begabung des Magistrat mit dem *imperium* zum Ausdruck. Zum *templum* und seinen Implikationen: *Nissen* 1869; *Rüpke* 2001.

[11] Nach Serv. Aen. 1,466 sind *templa* Örtlichkeiten, *in quibus auspicato et publice res administrarentur et senatus haberi potest*, sie sind, wie Cic. leg. 2,21 sagt, *liberata et effata*.

1.2.3 Politik und Religion

bloß innerröm. bedeutsame Formalie, sondern ein den Untergebenen Roms bewusstes wesentliches religiöses Moment, wie es auch – während der Römerzeit in Palästina verfasst – Mischna und Tosefta bestätigen: Sie untersagten den Juden die Mitarbeit an der Errichtung einer Basilika, die ja gewöhnlicherweise einen sakral definierten Bereich (mit *tribunal*) für die amtlichen Geschäfte und die Rechtsprechung des Imperiumträgers enthielt, und ebenso die Mitarbeit an der gleichfalls sakralen (freistehenden) Richtertribüne (*tribunal*) als „Fremden Dienst" (*avodah zarah*), das heißt als „Götzendienst".[12]

Im NT spiegeln sich diese Umstände im Verfahren gegen Jesus (Joh 18,28f; →1.5.1.4): Pilatus führt es im *praetorium*, das die Juden aber, um nicht – durch „Fremden Dienst" – unrein zu werden, nicht betreten können. So kommt Pilatus zur Anhörung ihrer Anklagen zu ihnen aus dem *praetorium* heraus, um dann innen, auf seinem nach der röm. *religio* inaugurierten Amtssitz innerhalb des *praetorium*, an den er für ein gültiges Handeln rituell gebunden ist, das Verfahren mit der Vernehmung des Angeklagten weiterzuführen und schließlich das Urteil zu sprechen. Sowohl der Römer als auch die Juden sind damit in ihrem öffentlichen Handeln im Prozess gegen Jesus hinsichtlich der Örtlichkeit religiös gebunden. Für beide ist das rechtlich-politische und das religiöse Handeln miteinander verflochten. Die jüd. Führung zieht die röm. Obrigkeit in ihre innerreligiösen Streit um einen „Messias" herein, und der Römer geht darauf ein, weil er von der Verschränkung von Religiösem und Politischem im Judentum weiß, so gilt ihm der messianische Führer als Usurpator eines mit Rom und seiner sakral verankerten Ordnung konkurrierenden Königtums über die Juden.

Gemeinhin suchten die Römer trotz des Festhaltens an der eigenen *religio* den Ausgleich mit den Gottheiten der unterworfenen Völker. Meist wurden diese – dem Grundansatz röm. Religiosität entsprechend – in ihrem Bereich als Wirkmächte anerkannt und im Sinne der hell. Vorstellungen synkretistisch über Ähnlichkeiten mit einem der röm.-gr. Götter gleichgesetzt. Ein bodenständiger Kult konnte so zugleich der Gottheit Roms gelten. Eine „tolerante" Haltung im Religiösen war darüber hinaus für die Amtsträger in den Provinzen ein Gebot politischer Klugheit. Denn dies förderte nicht nur allgemein die Ruhe, sondern beugte auch Beschwerden von Seiten der provinzialen Führungsschicht in Rom vor, waren doch diese – wie die Briefe Ciceros aus seiner Provinzialamtszeit 51–50 v.Chr. zeigen – über vielfältige Beziehungen mit der Führungsschicht in Rom verflochten und konnten einem Provinzstatthalter erheblich schaden.

In den Evv kommt diese mittelbare Abhängigkeit der Statthalter von den ihnen untergebenen Provinzialen während des Prozesses mit Jesus zum Ausdruck, als die Menge zur Durchsetzung ihres – angeblich – von Jesus verletzten Ritualrechts den Pilatus warnte, im Falle der Freigabe des Angeklagten kein Freund des Kaisers (*amicus Caesaris*) mehr zu sein, da

---

Zum religiösen Gehalt des *praetorium* vgl. noch Hyg. mun. castr. 11f in Verbindung mit den Nachrichten in Hyg. grom. p. 135,3f sowie Non. p. 44 Roth.
[12] Vgl. mAZ 1,7; *Neusner* 1985, 151. Bei der Diskussion um die frühchristl. Basilika wird vielfach der Profancharakter der Basilika betont; die angeführten Stellen zeigen, dass den frühen Christen (Judenchristen) der (partielle) Sakralcharakter der röm. Basilika (dazu: *W. Ch. Schneider*: Elemente der römischen Reichsreligion im christlichen Kultraum nach 313, in: Frühes Christentum zwischen Rom und Konstantinopel. Akten des XIV. Weltkongresses für Christliche Archäologie, Wien 1999 – im Druck) bewusst gewesen sein muss.

einer, der sich zum König mache, dem Kaiser widerstehe, und den Statthalter damit zur Aufgabe seines Vorhabens, Jesus zu entlassen, zwingt (Joh 19,12).

Wie aber gerade auch die Anklage Jesu verdeutlicht, war das Judentum im Religiösen in sich zerrissen – teilweise als Folge der Fragen, die die hell. Welt aufgebracht hatte – und die politische Lage aufgeheizt. Es konnte kaum eine das Religiöse berührende Entscheidung des röm. Statthalters geben, die nicht von *einer* Seite des zerklüfteten Judentums Gegnerschaft erfuhr. Gemeinsam war den untereinander religiös zerstrittenen jüd. Fraktionen nur die Frontstellung gegen Rom, die sich schließlich im Aufstand gegen Rom entlud. Die Juden verweigerten sich ihrer unter Pompeius übernommenen Pflicht, nach ihrem Ritus im Tempel zu Jerusalem für das Heil Roms – und dann auch der „Kaiser" – zu opfern. Das aber berührte Rom existenziell: Damit war die Verankerung der *res publica* im Göttlichen in einem Teil des *imperium* gefährdet. Rom musste dem mit aller Härte begegnen.

So wird es verständlich, dass Vespasian im Vorfeld der härteren Kampfhandlungen einen besonderen Kultakt der *religio* vollzogen zu haben scheint: Denn als er, wie Tacitus überliefert, auf dem Karmel zwischen Syrien und Judäa der dortigen bildlosen und tempellosen Gottheit opferte, wohl in einem alten JHWH-Heiligtum, das auch die Tosefta kennt,[13] so stellte dies offensichtlich eine *evocatio* dar, eine „Herausrufung" der Gottheit der Gegner, um sie für sich zu gewinnen und ihr dann in Rom einen Kult zu weihen. So war es – nach Maßgabe der röm. Religionsvorstellung – höchst folgerichtig, wenn nach dem jüd. Krieg und der Zerstörung des Tempels in Jerusalem die (nach Mt 17,24–27 auch von Jesus entrichtete) Tempelsteuer der Juden dem Tempel des Juppiter Capitolinus zugewiesen wurde: Der Aussage der Juden von der einzigartigen übermächtigen Göttlichkeit des JHWH folgend wurde der Gott vom Karmel nach der (erfolgreichen) *evocatio* als eine Erscheinung Juppiters behandelt; alles, worauf JHWH von Seiten seiner Anhänger Anspruch hatte, wurde nach der Zerstörung des Tempels dem höchsten Gott zugeordnet, den das röm. Pantheon kannte und das synkretistische hellenisierte Denken als den universellen Gott sah. Die Überweisung der Tempelsteuer (→2.3.1) an den Juppiter-Tempel bildete also keine willkürliche Zwangsmaßnahme, vielmehr suchten die Römer ihrer Scheu vor allen Gottheiten entsprechend die Fortdauer der Verehrung des hohen Gottes Palästinas zu gewährleisten, der nun freilich im Juppiter-Tempel in Rom Wohnung hatte, damit nicht etwa dieser JHWH angesichts ausbleibenden Kultes dem röm. Reich Schaden zufüge. So ist es höchst folgerichtig, dass das röm. Jerusalem nach der Niederwerfung Bar Kochbas *Aelia Capitolina* hieß und dass bis zum offiziellen Ende des Juppiterkultes in Rom diesem die Tempelsteuer der Juden verblieb.

Für Rom konnte die Religion nie wirklich Mittel oder Ziel des Politischen sein, da Politisches und Religiöses von vornherein verbunden waren.

---

[13] Tac. hist. 2,78; tAZ 6,8. *Neusner* 1981, 334 bezeugt für den Karmel eine Baumkultstätte offensichtlich des alten Jhwh (vgl. 1Kön 18,19–46), die der nachexilischen Konzentration des Kultes auf Jerusalem zum Opfer fiel, aber weiterhin der Verehrung diente.

Literatur

K. Latte: Römische Religionsgeschichte, München 1960. – *G. Löhr*: Religiöse und philosophische Legitimation politischer Macht im antiken Herrscherkult, in: *J.* Mehlhausen (Hg.): Recht, Macht, Gerechtigkeit, Berlin 1996, 745–758. – *J. Neusner*: A History of the Mishnaic Law of Damages 4, Leiden 1985. – *Ders.*: The Tosefta, Fourth Division: Neziqin (The order of the Damages), New York 1981. – *M. P. Nilsson*: Geschichte der griechischen Religion, 2 Bde., München I ^{3}1967, II ^{2}1961. – *H. Nissen*: Das Templum. Antiquarische Untersuchungen, Berlin 1869. – *W. F. Otto*: Die Götter Griechenlands. Das Bild des Göttlichen im Spiegel des griechischen Geistes, Frankfurt a.M. 1934. – *Ders.*: Theophania. Der Geist der altgriechischen Religion, Hamburg 1956. – *J. Rüpke*: Die Religion der Römer, München 2001. – *F. Taeger*: Charisma. Studien zur Geschichte des antiken Herrscherkults, 2 Bde., Stuttgart 1957/1960. – *K. Schefold*: Griechische Kunst als religiöses Phänomen, Hamburg 1959. – *H. Sjövall*: Zeus im altgriechischen Hauskult, Lund 1931. – *G. Wissowa*: Religion und Kultus der Römer, München 1912 (ND 1971). – *A. Wlosok*: Römischer Religions- und Gottesbegriff in heidnischer und christlicher Zeit, AuA 16, 1970, 39–53

1.2.4 Philosophie, Ethik und Religion
(Hartmut Rosenau)

Stellen im NT
Mt 5–7; 11,25; 13,54; 19,16; Mk 6,2; 10,17; 12,14; Lk 2,52; 10,21; 18,18; Joh 1; 18,38; Apg 3,21; 17,16–34; Röm 1,20; 11,25; 1Kor 1,18–31; 2,1–6; 15,46; 2Kor 1,12; 10,4f; Eph 4,14; 5,15–17; Phil 4,8; Kol 2,8–23; 1Tim 1,3–7; 3,5; 6,20f; Jak 1,5–8.17; 1Petr 3,15

Unbeschadet der vielfältigen, auch umstrittenen Möglichkeiten, Philosophie, Ethik und Religion zu definieren (z.B. Philosophie als Erkenntnis des Seienden aus Prinzipien; Religion als Transzendenzerfahrung; Ethik als Theorie menschlich guter Lebensführung hinsichtlich ihrer Motive, Inhalte und Ziele), sind in neuzeitlich-moderner Perspektive, insbes. vor dem Hintergrund einer sich ausdifferenzierenden Wissenschaftssystematik, Philosophie, Ethik und Religion präzise gegeneinander abzugrenzende Möglichkeiten menschlicher Weltauslegung und -gestaltung. Beispielhaft kann hier auf F. D. E. Schleiermacher verwiesen werden, der in seinen „Reden über die Religion" (1799) diese streng von Metaphysik (Philosophie) und Moral (Ethik) unterschieden wissen will, um ihr bestimmten Auflösungstendenzen zum Trotz eine „eigene Provinz im Gemüt" zu sichern (2. Rede). Solche distinkten Ein- und Abgrenzungen lassen sich in ntl. Zeit und ihrer kulturellen Umgebung (Hellenismus[1]) kaum oder gar nicht vornehmen. Hier können Religion, Philosophie und Ethik weder sachlich noch einstellungsmäßig etwa mit Bezug auf bestimmte Vermögen des Menschen (Gefühl, Verstand und Wille) voneinander getrennt werden. Auch darum ist es problematisch, die geistesgeschichtliche Epoche des Hellenismus insgesamt als primär gefühlsbestimmt zu interpretieren.[2] Philosophie, Ethik und Religion sind vielmehr in den ganz elementaren und praktischen Fragen nach einem gelingenden Leben, nach Sinn, Orientierung und

---

[1] Zur Eingrenzung und Charakterisierung der Epoche des Hellenismus vgl. *D. Timpe u.a.*: Hellenismus, RGG 3, ^{4}2000, 1609–1615.
[2] So *C. Schneider*: Geistesgeschichte der christlichen Antike, München 1970, 103–125.

Halt angesichts einer zunehmend komplexer werdenden Welt, die sowohl produktiv, bunt und bereichernd als auch beängstigend und fremd wirken kann, eng miteinander verbunden. Eine Abstraktion von den vielfachen Überschneidungen und Gemeinsamkeiten im Blick auf die gedeutete und gestaltete Lebenswelt wäre Ausdruck eines ganz künstlichen, philosophisch wie dogmatisch befangenen Standpunktes.

Die schon klassische Rede von einer Entwicklung „vom Mythos zum Logos" (W. Nestle), neuerdings ergänzt durch die Annahme einer systematischen Entfaltung der antiken, insbes. platonischen Philosophie „vom Kult zum Logos" (K. Albert) signalisiert ebenso griffig die enge Zusammengehörigkeit von Religion (Mythos; Kult) und Philosophie (*logos*) wie das antike Leitmotiv der *eudaimonia* (Glückseligkeit) das Ineinander von Religion und Ethik hinsichtlich der guten Lebensführung, deren Erfüllung sich bei aller menschlichen Anstrengung letztlich doch einer göttlichen Fügung verdankt. Denn von solchen Entwicklungen kann nur gesprochen werden, wenn die Philosophie auch ethisch-religiöse wie umgekehrt die Religion auch ethisch-philosophische Implikationen und Anlagen hat. Konsequenterweise hat sich das frühe Christentum, sofern es z.B. im Rückgriff auf die Methoden allegorischer Textinterpretation, wie sie nicht nur von Philo v. Alexandria (→1.3.2.5) mit Bezug auf die hebräische Bibel, sondern auch von der philosophischen (stoischen wie epikureischen) Homer-Exegese bekannt waren, apologetische Interessen entwickelt und verfolgt hat, mit einer gewissen Selbstverständlichkeit als „wahre Philosophie" präsentieren können (Origenes). Entsprechend sind auch im Licht des hell. Judentums (→1.3.2.6 Flavius Josephus) z.B. die Differenzen zwischen Pharisäern (→3.1.3.1) und Sadduzäern (→3.1.3.2) als Unterschiede zwischen philosophischen Schulen (*haireseis*) – etwa wie die zwischen Pythagoreern und Stoikern (→3.1.1) – aufgefasst worden. Nicht zuletzt die inner- wie vor- und außerchristl. Gnosis (→3.1.5) mag gerade mit ihrem schillernden Amalgam unterschiedlichster weltanschaulicher Möglichkeiten zwischen Orient und Okzident für dieses In- und Miteinander von Religion, Philosophie und Ethik im kulturellen Kontext des NT repräsentativ sein, ebenso wie schon im Ausgang des Alten und im Übergang zum NT die Theologie der Weisheit (→1.3.2.2) *chokma* mit ihrem Lebensideal zwischen Gottesfurcht und Weltgestaltung angesichts der Erfahrung der Brüchigkeit überkommener religiöser (narrativer, kultischer wie prophetischer) Traditionen. Und nur vor dem Hintergrund solcher Gemeinsamkeiten sind die selbstverständlich auch zu verzeichnenden, z.T. polemischen Abgrenzungsversuche zwischen „Athen und Jerusalem" in ihren unterschiedlichen Ausprägungen (v.a. bei Tertullian) verständlich. Es sind Auseinandersetzungen vor dem Hintergrund gemeinsamer Anliegen, Versuche der Selbstbehauptung und Profilierung gerade im Vollzug einer Inkulturation angesichts der Entfaltung eines angemessenen, tragfähigen Selbst-, Welt- und Gottesverständnisses.

Bezeichnenderweise bleibt die erstmalige philosophische Frage nach der „subjektiven" Seite der Religion, nach dem Wesen (*eidos*) der Frömmigkeit (*eusebeia*) in Platos Frühdialog „Euthyphron" letztlich aporetisch. Eine definitorische Ein- und Abgrenzung will bei diesem merkwürdigen Phänomen menschlicher Existenz zwischen der politischen Tugend der Gerechtigkeit und der Bereitschaft, sich dem auch befremdlich erscheinenden Willen des Gottes jen-

1.2.4 Philosophie, Ethik und Religion

seits aller Gepflogenheiten und Sitten hinzugeben, nicht gelingen. So ist vielleicht aus philosophischer Sicht Frömmigkeit gerade ein beharrliches und konsequentes Aushalten der Fraglichkeit von Grundbestimmungen menschlichen Daseins in bescheidener Anerkennung der Grenzen menschlicher – im Unterschied zu göttlicher – Erkenntnis- und Gestaltungsfähigkeiten. Solche Frömmigkeit warnt vor hybrider Selbstüberschätzung im vorgeblichen Wissen, wo es nur aufrichtiges Fragen geben kann. Entsprechend fehlt im gr. Text des NT ein *terminus technicus* für Religion wie auch für Ethik (Gottesdienst und Paränese wären noch am ehesten als Äquivalente anzusehen). Lediglich Philosophie scheint ein auch im NT konturierter Begriff zu sein (Kol 2,8), obgleich auch hier noch der Inhalt vage bleibt.[3] Und noch der Titel der ersten systematischen Explikation des christl. Glaubens: Origenes' um 220 n.Chr. verfasstes Werk *Peri archōn* (*De principiis*), lässt bewusst einen Deutungsspielraum zwischen Erkenntnistheorie, Ontologie, Kosmologie (→3.2.1), *regula fidei* und *summum bonum* offen, wenn es um die Anfangsgründe (*archai*; *principia*) geht.

Vor diesem hier nur grob umrissenen Hintergrund liegt es nahe, von den bis heute jeweils gängigen neuzeitlichen (theoretisch-wissenschaftlich präzisen, darum aber auch einengenden) Formeln für Philosophie, Ethik und Religion zurückzutreten und vielmehr nach integrativen Bestimmungen zu suchen, um das NT in seinem hell. Kontext mit seinem z.T. antagonistischen, z.T. in Konkurrenz, z.T. in Harmonie und Ergänzung zueinander stehenden religiösen, philosophischen und ethischen Optionen besser verstehen zu können. In dieser immer weiter ausgreifenden, schrankenloser und darum auch politisch, gesellschaftlich und kulturell unübersichtlicher oder verwirrender werdenden Welt, die bei aller Tendenz zur Vereinheitlichung so unterschiedliche Religionen, Kulte, philosophische Schulen und Gemeinschaften kennt, scheint die elementare, praxisorientierte Suche nach Halt gebenden Grenzen bei einer spürbaren Betonung des Individuellen den gemeinsamen Horizont von Philosophie, Religion und Ethik darzustellen. Alle drei sollen hier als gleichursprünglicher Ausdruck eines menschlichen Grenzbewusstseins verstanden werden: sei es im Blick auf die genuine Wortbedeutung von *nomos* als umfriedeter Weideplatz und Gehege menschlicher Weltgestaltung, sei es im Blick auf die erkenntnistheoretische Suche nach dem *horismos*, dem ein- und abgrenzenden *logos* präziser Seinserfassung, sei es im Blick auf den vieldeutigen delphischen Leitspruch des Apollo-Tempels *gnōthi sauton* („erkenne dich selbst") mit seiner Einschärfung der Grenze zwischen Sterblichen und Unsterblichen. Diese Suche nach Maß und Grenze in einer unübersichtlicher werdenden Welt äußert sich stimmungsmäßig in einem Verlangen nach Geborgenheit, Ruhe und Frieden (*schalom*), nach „Meeresstille" der Seele (*galēnē*) und Unerschütterlichkeit (*ataraxia*) zwischen Freiheitspathos und Schicksalsergebenheit, das das frühe Christentum erfolgreich bedienen konnte.

Zwar kennt der Hellenismus auch in ntl. Zeit insgesamt eine Verschiebung der Gewichte zugunsten der Ethik im Sinne der Lebenskunst, die mit Aristoteles nach dem rechten Maß (*mesotēs*) fragt, das letztlich in einem ontotheologischen Ordo-Denken gründet (vgl. auch SapSal 11,20: „Aber du (Gott)

---

[3] Vgl. O. *Michel*: philosophia, philosophos, ThWNT 9, 169–185, bes. 182.

hast alles nach Maß, Zahl und Gewicht geordnet"). Doch kann man daraus keinen Prioritätsanspruch ableiten oder das eine als bloße Form der eigentlichen (ethischen, religiösen oder philosophischen) Substanz unterordnen. Auch in der seit Cicero gebräuchlichen Etymologie von *religio* im Sinne von *religere* (etwas – im Kult – sorgfältig beachten), später von Lactantius variiert durch die Ableitung von *religare* (sich – an eine höhere Macht – zurückbinden),[4] klingt noch das hell. Ineinander von Religion, Philosophie und Ethik hinsichtlich eines elementaren Grenzbewusstseins an, das zuletzt von der soteriologischen Grundintention des die Einheit alles Seienden suchenden Neuplatonismus umfassend aufgenommen wurde und im Verein mit jüd.-christl. Schöpfungstheologie spätere mittelalterliche bis frühneuzeitliche Entwicklungen noch prägen konnte.

Bezug zum NT
Nun ist es im Einzelnen sehr schwer, im Blick auf den ntl. Kanon mit seinen unterschiedlichen Texten von historisch sicher verbürgten Beeinflussungen von oder Auseinandersetzungen mit religiösen, philosophischen und ethischen Positionen des hell. Kontextes zu sprechen. Aber zunächst einmal gibt es auch im NT die lebensweltlich verankerte gemeinsame Leitfrage nach dem gelingenden, guten Leben, nach eingrenzendem Halt und Sinn: Was ist als das Gute (*agathon*) zu tun, um das ewige, erfüllte Leben (*zōē aiōnion*) zu erreichen (Mt 19,16; Mk 10,17; Lk 18,18)? Daneben kann eine Reihe von inhaltlichen Vergleichbarkeiten zwischen ntl. Traditionen und insbes. dem philosophischen Milieu des hell. Kontextes ausgemacht werden, das vornehmlich von Plato und Aristoteles, aber auch von Epikur und der Stoa (→3.1.1), von der akademischen Skepsis und den Sophisten geprägt ist. Diese Bezüge beruhen wohl kaum auf ausdrücklicher Kenntnisnahme, Reflexion und argumentativer Auseinandersetzung, sondern ergeben sich aus dem mehr oder weniger selbstverständlichen vorwissenschaftlichen Sprachgebrauch, der es nicht angezeigt sein lässt, hier nur einseitige Abgrenzungen zu vermuten. Selbst die von Mt stilisierte Bergpredigt Jesu (Mt 5–7) kann z.B. bei allen markanten Spezifika durchaus in weiten Teilen auch mit der provokanten philosophischen Lebenshaltung des Kynismus (→3.1.1) eines Diogenes von Sinope verglichen werden. Und wenn Jesus v. Nazareth – im Unterschied zu „den" Pharisäern und Schriftgelehrten – als der Lehrer mit Weisheit (*sophia*) und Vollmacht (*exousia*) dargestellt wird (Mt 13,54; Mk 6,2; Lk 2,52), so muss dies nicht als ein philosophobisches Ausweichen vor argumentativen Begründungen in bloße Autoritätsbehauptungen (*doxa* statt *epistēmē* im sokratisch-platonischen Sinn) verstanden werden. Auch diese Konzentration auf den Lehrer als Autorität und damit als Argument findet ihre Parallele seit Pythagoras bei fast schon kultisch organisierten Philosophenschulen in hell. Zeit. Schließlich teilt das NT mit der sokratisch-platonischen Tradition die Ehrfurcht vor der Wahrheit (*alētheia*) und einer ungeheuchelten Wahrhaftigkeit (Mk 12,14) bei gleichzeitiger Reserve gegenüber sophistischem Scheinwissen und schaler Weltklugheit (Mt 11,25; Lk 10,21).

---

[4] Vgl. *F. Wagner*: Religion II. Theologiegeschichtlich und systematisch-theologisch, TRE 28, 1997, 523f.

1.2.4 Philosophie, Ethik und Religion

Von seiner Sprache sowie von manchen Vorstellungsgehalten her zeigt sich insbes. Joh als philosophieaffin, und so ist dieses Evangelium auch bis in die Gegenwart hinein rezipiert worden. Vor allem sein durchaus auch kultkritisches Bekenntnis zu Geist (*pneuma*) und Wahrheit (*alētheia*) nach Joh 4,23f vor dem Hintergrund der schon sprichwörtlich gewordenen Pilatus-Frage: *ti estin alētheia* – was ist Wahrheit? (Joh 18,38), hat diese wirkungsgeschichtlich bedeutsame Affinität des Joh begründet. Aber auch seine weit ausgreifende, kritisch gnostische wie weisheitliche Elemente aufgreifende Spekulation über den anfänglichen, göttlichen *logos* im berühmten Prolog (Joh 1,1–18) macht seinerseits nochmals auf die fließenden Grenzen von Philosophie und Religion in hell. Zeit aufmerksam.

Der *locus classicus* für ein dennoch kritisches Verhältnis des NT zur Philosophie ist wohl die in der Apg erwähnte Diskussion des Apostels Paulus mit Epikureern und Stoikern auf dem Athener Areopag (Apg 17,16–34), den bedeutendsten Philosophenschulen in ntl. Zeit. In seiner Rede spielt Paulus (nach Lukas) nicht nur zustimmend auf den Stoiker Kleanthes, sondern auch auf den ebenfalls stoisch geprägten gr. Dichter Aratos an, um vor diesem Hintergrund auf überbietende Weise das Evangelium vom gekreuzigten und auferstandenen Christus zu verkünden. Dass sich die paulinische Deutung des Kreuzes Jesu als durch die Auferstehung gleichsam beglaubigtes Heilsgeschehen allerdings nicht ohne weiteres mit den pan(en)theistischen Überzeugungen der Stoiker von einem alles durchwaltenden, Göttliches und Menschliches verwandtschaftlich verbindenden Geist (*logos*; *pneuma*) vermitteln lässt, zeigt entsprechend die Reaktion der Zuhörer zwischen offenem Spott und höflicher Ablehnung (Apg 17,32). Diese Ablehnung wird erst in dem apokryphen (fiktiven) Briefwechsel zwischen Paulus und Seneca, einem der bedeutendsten Repräsentanten der Stoa in der röm. Kaiserzeit, wieder gutgemacht: Bei beidseitiger Wertschätzung liegt doch der größere Teil der Wahrheit (wenn auch in verbesserungswürdigem Stil) bei Paulus.

Auch im Bereich der ntl. Ethik kann diese Form der Anknüpfung durch Überbietung festgestellt werden: Es kommt der christl. Paränese nicht unbedingt darauf an, etwas spezifisch Neues im Vergleich zur paganen Umwelt zu bieten – vielmehr kann inhaltlich sehr viel v.a. von der stoischen Ethik aufgenommen werden –, aber es kommt darauf an, diesen Idealen besser gerecht zu werden als die „Heiden".[5] In diesem Sinn gilt als urchristl.-ethische Maxime: „was immer wahr, ehrwürdig, rechtschaffen, lauter, liebenswert und erfreulich zu hören ist, was an Tugenden gilt, und was Lob verdient – das lasst euch angelegen sein" (Phil 4,8).

Denn grundsätzlich besteht diese Möglichkeit der Anknüpfung in der für Paulus prinzipiell möglichen allgemeinen Gotteserkenntnis (Röm 1,20), auch wenn sie seiner Überzeugung nach faktisch nicht zur Anerkennung des wahren Gottes, sondern vielmehr zur Idolatrie führt. Nur die daraus entstehende Haltung einer borniertheit Selbstgefälligkeit und vermeintlichen Klugheit wird entsprechend von Paulus angesichts der Offenbarung Gottes in Jesus Christus

---

[5] Vgl. *M. Wolter*: Die ethische Identität christlicher Gemeinden in neutestamentlicher Zeit, in: *W. Härle/R. Preul* (Hgg.): Woran orientiert sich Ethik?, Marburg 2001, 61–90, bes. 79–90.

ad absurdum geführt (Röm 11,25; 1Kor 1,26–31; 2Kor 1,12; 10,4f), ohne damit gleich eine generell paradoxe Stellung des Evangeliums im Verhältnis zur Philosophie zu markieren. Solche Selbstgefälligkeit der Weltklugen mag sich sowohl in heftigen Streitereien als auch in einem bestimmten elitären Gehabe äußern, mit dem Anhänger einiger Philosophenschulen auf Abständigkeit gegenüber der Menge bedacht sind. Beides soll unter Christen (idealiter) nicht sein, auch wenn dieser Hiatus zwischen den Eingeweihten und den Außenstehenden, den Wissenden und den „Vielen", wie er über bestimmte Mysterienkulte (→3.1.2) v.a. in der valentinianischen Gnosis (→3.1.5) sogar zur soteriologischen Klassifizierung (Hyliker, Psychiker, Pneumatiker) aufgenommen worden ist, immer wieder auch in christl. Kreise – besonders vor apokalyptischen Hintergrund – Eingang gefunden hat.

Eine entscheidende Grenze zwischen Philosophie und christl. Glauben ist freilich dann erreicht, wenn im gemeinsamen Fragen nach der Wahrheit diese personifiziert, exklusiv mit der Person und dem Geschick Jesu Christi identifiziert und mit seinem Kreuz und seiner Auferstehung verbunden wird (1Kor 1,18–31). Dieser Exklusivitätsanspruch, der auch in der christl. Verweigerung des Herrscherkultes (→3.3.4) seinen Ausdruck findet, lässt sich kaum weder inhaltlich (gegenüber jüd. Messiaserwartungen) noch formal (gegenüber pagan-philosophischen Gottes- und Heilsvorstellungen) vermitteln. Dennoch: dass mit dieser als „unhellenisch" empfundenen Exklusivität in soteriologischer und eschatologischer Hinsicht (im Unterschied zur Gnosis) gerade keine Ausgrenzungen, sondern im Gegenteil gerade eine heilsuniversale Perspektive verbunden ist, die allen Menschen und Völkern gilt, mag wiederum bis zur Vorstellung einer *apokatastasis pantōn* (Wiederbringung aller Dinge) bei Origenes als eine Einwirkung des hell. Kontextes auf die Entwicklung des christl. Glaubens verstanden werden. So präsentiert sich das junge Christentum in seiner Kritik der Weltweisheit (1Kor 2,1–6) zwar als anders, aber nicht als das unvergleichlich Andere im Verhältnis zu seinem kulturellen Umfeld.

Diese Vergleichbarkeit beruht in philosophischer Hinsicht vor allem darauf, dass das NT einen von Plato und Aristoteles entwickelten und von den Stoikern aufgenommenen erkenntnistheoretischen Grundsatz teilt, dass nämlich Gleiches nur durch Gleiches erkannt werden kann (*idem per idem*), was insbes. von der geistgewirkten Gotteserkenntnis gilt (1Kor 2,10–12). Selbst die für das Spezifikum der christl. Ethik gehaltene *agapē* (Liebe),[6] die auch nach dem gerade genannten erkenntnistheoretischen Grundsatz nur diejenige sein kann, mit der Gott die Menschen in Christus liebt, muss nicht schlichtweg dem platonischen *erōs* (z.B. in der Diotima-Rede des Symposion) entgegengesetzt werden. Die Grundzüge der *agapē*, wie Paulus sie in 1Kor 13,4–12 beschreibt, haben hinsichtlich der Haltung der Selbsthingabe und der Unverfügbarkeit ihrer Erfüllung bei allen Unterschieden durchaus Analogien zum erotisch motivierten Stufengang des Schönen bei Plato. Freilich ist die praktizierte und auch institutionalisierte Liebe schon früh der paganen Umwelt als beeindruckende *nota ecclesiae* aufgefallen.

---

[6] Vgl. dazu *S. Pfürtner* (Hg.): Ethik in der europäischen Geschichte I, Stuttgart 1988, 97–115.

1.2.4 Philosophie, Ethik und Religion

Demgegenüber sind es am ehesten noch Themen der Eschatologie, insbes. die christl. Überzeugung von einer individuellen und somit auch leiblichen Auferstehung (→3.2.5.2), die sich als Fremdkörper im weltanschaulich breit gefassten Rahmen des Hellenismus ausmachen. Dazu gehört auch ein mit der Eschatologie eng verbundenes spezifisch christl. Zeitverständnis (Naherwartung; Parusieverzögerung; Apokalyptik[7] [→1.3.2.3]), das u.a. zu unterschiedlichen Begründungen für ansonsten vergleichbare ethische Überlegungen – z.B. zwischen der stoischen und der pln. Haltung zur Sklavenfrage (→2.2.5.3) – führt.[8] Vielleicht gehört hierzu auch die gelegentlich im NT erwähnte eschatologische Vorstellung von einer Allversöhnung (*apokatastasis pantōn* nach Apg 3,21) – eine Vorstellung, die mehr der Erfahrung grenzenloser göttlicher Liebe als der menschlichen Erwartung und dem irdischen Streben nach Gerechtigkeit entgegenkommt. Gleichwohl gilt gerade hier der auch von Christen übernommene sokratische Grundsatz von der Rechenschaft nach Maßgabe des *logos* (1Petr 3,15). Denn nur so kann sich der Glaube angesichts der schwankenden, unbegründeten Meinungen behaupten, mündig gegen Lug und Trug vertreten und sicher werden (Eph 4,14). Nur so ist eine auf das Wesentliche gerichtete, weise Achtsamkeit der Lebensführung ansprechend dem *carpe diem* („Nutze den Tag!") der Philosophen möglich (Eph 5,15–17).

Die bekannte Warnung des Kol vor der Philosophie (Kol 2,8) angesichts der alles überragenden Herrschaft des Christus Pantokrator – in einem Atemzug genannt mit Dämonen- und Engelverehrung, jüd. Beschneidungs- und Fastenpraxis, astrologischen Observanzen und Einweihung in Mysterienkulte (→3.1.2; Kol 2,8–23) – belegt nochmals auf ihre Weise das lebensweltliche Ineinanderfließen von Religion, Philosophie und Ethik in ntl. Zeit, insbes. dann, wenn eine alles erschütternde Krisensituation (wie das Erdbeben von Kolossae und die Zerstörung der Stadt) bewältigt werden muss. Ob freilich die Warnung des Kol nur bestimmte, abseitige Philosophien oder nicht doch die Philosophie undifferenziert und pauschal (einschließlich der „klassischen") meint, kann vom Textbefund her nicht entschieden werden. Wie dem auch sei: Verderblich wird die Philosophie in den Augen des Kol erst dann, wenn sie die befreiende Wirkung des Christusglaubens verspielt und die Menschen in Selbstsucht auf sich und ihre vermeintliche soteriologische Macht zurückwirft und damit letztlich in Angst und Verzweiflung treibt. Das Gleiche gilt für die Ablehnung gnostischer Spekulationen über Genealogien, wenn sie auf unkontrollierbar hohem Niveau vom Wesentlichen ablenken (1Tim 1,3–7; 6,20f). Das Wesentliche aber besteht hier – wie so oft – im Einfachen und Schlichten: Liebe aus reinem Herzen, gutes Gewissen und ungeheuchelter Glaube (1Tim 3,5).

Diese Einfältigkeit des Glaubens gründet nach Jak 1,17 in der Einfachheit und darum auch Beständigkeit Gottes analog zur Seinsweise der platonischen Ideen und den *ousiai* (Wesenheiten; Substanzen) des Aristoteles. Sie wird aber durch den Spaltpilz des Zweifels gefährdet, und darum schließt der christl. Glaube bei allen Möglichkeiten einer strukturell wie inhaltlich positiven Be-

---

[7] K. *Erlemann*: Zeit IV, TRE 36, 2004 (im Druck)
[8] Vgl. M. *Heidegger*: Einleitung in die Phänomenologie der Religion (WS 1920/21), in: *Ders.*: Phänomenologie des religiösen Lebens, Frankfurt a.M. 1995, 3–126.

ziehung zu anderen religiösen Kulten, Philosophien und ethischen Lebensentwürfen sich nur gegen eine philosophische Strömung des Hellenismus rundweg ab, nämlich gegenüber dem Skeptizismus (→3.1.1.7), vgl. Jak 1,5–8. In dieser zu ntl. Zeit umgangenen, erst mit Augustinus (*Contra Academicos*) einsetzenden Auseinandersetzung mit der Skepsis mag gerade heute eine nicht nur reizvolle, sondern durchaus entscheidende Aufgabe in ansonsten vergleichbarer Situation liegen.

Literatur
K. *Albert*: Vom Kult zum Logos. Studien zur Philosophie der Religion, Hamburg 1982. – *J. Ulrich*: Selbstbehauptung und Inkulturation in feindlicher Umwelt: Von den Apologeten bis zur „Konstantinischen Wende", in: *D. Zeller* (Hg.), Christentum I, Stuttgart u.a. 2002, 223–300.

1.2.5 Individuum, Familie und Gesellschaft (*Marcus Sigismund*)

Stellen im NT
Mt 8,14; 9,18.23; 10,37; 12,46–50; 20,20f; 21,37f; Mk 1,29f; 8,35–37; Lk 1,5f; 12,48; Röm 2,9; 7,24; 8,4; 13,1; 1Kor 6,9.15; 10,16; 11,7; 12,12–26; 15,45; 2Kor 7,5; 13,13; Eph 6,5–9; Kol 3,22–4,1; 1Petr 2,18f

Die Betrachtung der Themenkomplexe Individuum, Familie und Gesellschaft erweist sich für alle historischen Epochen schon alleine deshalb als schwieriges Unterfangen, weil es sich bei diesen Termini um neuzeitliche Begriffe zum einen der Alltagssprache, zum anderen der philosophischen und soziologischen Theorie handelt. Je nach Kontext und Zielinteresse sind die Begriffe daher mit recht unterschiedlichen Definitionen verbunden. Moderne Konzepte von Individuum, Familie und Gesellschaft lassen sich daher i.d.R. nur sehr bedingt auf die antike(n) Kultur(en) anwenden. Indes ist das Verhältnis des Einzelnen zu seinem näheren und weiteren soziologischen Umfeld Epochen übergreifend von hohem Belang.

Um sich der Stellung und der mannigfaltigen Beziehungen des einzelnen Menschen in seinem jeweiligen gesellschaftlichen Umfeld bewusst zu werden, erscheint es sinnvoll, mit der Historischen Anthropologie[1] drei Bereiche menschlichen Lebens zu unterscheiden:
1. Korporalität (primärer Kreis)
2. Sozialität (sekundärer Kreis)
3. Kulturalität (tertiärer Kreis)

Jeder Mensch bewegt sich in allen drei Kreisen, wenngleich die Gewichtung je nach Kultur, in der das Individuum lebt, unterschiedlich ausfallen kann. So mag der Steinzeitmensch sich stärker von dem primären Kreis, der Mensch der Neuzeit stärker von dem Tertiären her definieren. Nichtsdestotrotz muss von Anfang an klar sein, dass die Trennung dieser Bereiche lediglich analytische Bedeutung hat, während sich die Lebenswirklichkeit gerade dadurch cha-

---
[1] Vgl. hierzu ausführlich *Maurer* 2003, 297.

1.2.5 Individuum, Familie und Gesellschaft

rakterisiert, dass ständig alle drei Bereiche ineinanderspielen und sich gegenseitig beeinflussen.

Die Korporalität, d.h. der Mensch als Individuum, Persönlichkeit und Körperwesen, ist die primäre Gegebenheit menschlicher Existenz. Es geht dabei nicht nur um die biologisch-medizinische Existenz, sondern auch um die soziologische Präsenz sowie um die damit verbundenen kulturwissenschaftlichen Aspekte: wie der Mensch sich in unterschiedlichen Lebensstufen entwickelt (→2.2.2), wie er sich kleidet (→2.2.1.8), was er isst (→2.2.1.5), sein technisches und wirtschaftliches Know-how (→2.4) usw. Vielfach ist man sich hierbei der sozialen Interaktionen nicht bewusst, die das Individuum zwangsläufig mitdefinieren. „Das Ich ist zunächst lediglich dadurch bestimmt, dass es dasjenige ist, *für* welches ein anderes da sein kann und gegenwärtig ist. [...] Gegenwärtigkeit zeigt sich also vom Phänomen her als das Verhältnis, worin ein Anderes zu einem Ich steht".[2] Anders formuliert: „Das Ich ist, phänomenal, nicht ohne das gegenwärtige Andere. Ich ist nicht ohne Welt."[3]

Dies führt uns zur Sozialität. Wo mehrere Menschen interagieren, bilden sich i.d.R. sehr schnell hierarchische Beziehungen, soziologische Rollen, politische Bündnisse oder private Beziehungen. Diese fallen in den sekundären Bereich. Auch familiäre Beziehungen sind hierin zu fassen, wie etwa die Beziehung eines Neugeborenen zu seiner Mutter. Schon dieses Beispiel verdeutlicht, dass der Mensch ohne soziale Interaktion nicht zu leben in der Lage ist. Daher sind auch Aspekte, die dieses Zusammenleben regeln und bestimmen, in diesen Bereich hinein zu nehmen. Wenn ein kleines Kind beispielsweise im jüd. Raum beschnitten oder im christl. Kontext getauft wird, so wird die ambivalente Rolle des Ritus als religiöse Form wie als Mittel der Sozialisation deutlich (→1.2.6). Auch die Rechtsvorschriften gehören sicherlich in diesen sekundären Kreis (→1.5). Politisches und soziales Leben bestimmen die Lebensmöglichkeiten und die Möglichkeit der Selbstentfaltung des Menschen genauso elementar wie Nahrung und Lebensalter.

Wie schwer die Trennung der drei Bereiche in der analytischen Praxis ist, wird am deutlichsten im tertiären Kreis, der Weltanschauungen, Existenzauslegungen, Sinnhorizonte, Mentalitäten und Gruppengefühle umfasst, darüber hinaus aber auch Formen und Institutionen des Austausches solcher Gedanken und Gefühle einschließt (→3.2; 3.3). Gerade diese Aspekte des Denkens und Fühlens scheinen vielen Menschen heute als höchst persönliche, durch welche sie ihre Individualität definiert sehen. Jedoch ist diese „Individualität" nur möglich durch ein sich-hinein-Stellen in eine bestimmte Kulturalität.[4] Denn niemand lebt außerhalb von Traditionen und sozialen Kontexten, die ihn verpflichten und einbinden, aber auch Freiräume einräumen und Vorbedingungen

---

[2] *Huber* 1995, 26f.
[3] *Huber* 1995, 27.
[4] Überdies lassen verschiedene sozial-historische Entwicklungen die Trennungen fragwürdig erscheinen. So sprach man beispielsweise häufig (so weit ich sehe erstmals *E. Lacombe*: Déclin de l'individualisme, Paris 1937) von der Auflösung der Individualität in der modernen urbanen Gesellschaft.

schaffen können für neue (aber letztendlich doch immer im Vorher fundamentierte) Denk- und Lebensformen. Kategorien wie „innen" und „außen" sind ebenso wie „traditionsgeleitet" und „freischöpferisch" bei näherer Analyse Konstruktionen, die es im historischen Prozess nicht geben kann.[5] Dessen muss man sich bewusst werden, um die antike Konzeption von Individuum, Familie und Gesellschaft zu verstehen.

Individuum

Die Rede vom Individuum erweist sich zum gegenwärtigen Zeitpunkt als problematischer denn je. „Bloß vom Individuum zu sprechen hat theoretisch wenig Sinn. Als Individuum bezeichnet sich stets etwas in Abgrenzung von etwas, das es nicht ist."[6] Daher definiert sich das Individuum immer in Abgrenzung von der Gesellschaft, was in der modernen Gesellschaftsanalyse zur Sichtweise der Individualität im Sinne origineller Lebensinszenierung oder simplen Egoismus geführt hat.[7] Zudem lassen gesellschaftliche Prozesse wie Individualisierung und Entindividualisierung[8] die klassischen Definitionsversuche der Neuzeit (Hegel, Kierkegaard, Nietzsche, Elias, Plessner) obsolet erscheinen.

Die antike Philosophie versucht das Individuum zunächst aus der Naturphilosophie heraus zu erklären und bleibt in seinen Ausführungen sehr abstrakt, zumal das Ziel nicht eine nähere Bestimmung des einzelnen Menschen ist, sondern das Einzelne-an-sich-Seiende definiert werden soll. Die Überlegungen gehen daher von den Betrachtungen der Atome seitens Leukipp und Demokrit aus und ziehen sich in vielen Variationen bis zum Mittelplatonismus (und darüber hinaus über den mittelalterlichen Thomismus bis in die Neuzeit) hinein.[9] Wahrscheinlich erklärt sich hieraus die bis heute vielfach formulierte These, die Antike habe keinen Begriff vom menschlichen Individuum.[10]

In diesem Kontext ist der wesentliche Begriff *atoma*, der von Cicero mit *individua* übersetzt wird.[11] Erste Ansätze, den Begriff der Individualität auf den Menschen zu beziehen, finden sich bei Plato, der dem vollbestimmten Wesen (*atomon eidos*) einen individuellen Charakter einräumt. Deutlicher wird freilich erst Aristoteles, der das Individuelle (im Sinne des numerisch Einzelnen) als dasjenige ansieht, was als konkretes Einzelwesen durch eine bestimmte Form und den letzten Stoff (met. 1035b 30) konstituiert ist. Als Beispiel führt er (und in seiner Folge die weitere Philosophie) Sokrates an, der auf diese Weise eine bestimmte Form in dem Fleisch und den Knochen hat (met. 1034a 6), und damit ein ganzheitliches (*synholon*) Wesen sei, das als solches (selbstständiges) substanziell ist (met. 1037a 30; 1030a 19) und dem nicht-substanziellen Allgemeinen gegenübersteht. Von hieraus wurde eine Grundan-

---

[5] *Van Dülmen* 2000, 80.
[6] *Meyer-Drawe* 1997, 705.
[7] *Meyer-Drawe* 1997, 705f.
[8] Vgl. allgemein *W. Helsper*: Selbstkrise und Individuationsprozeß. Subjekt- und sozialisationstheoretische Entwürfe zum imaginären Selbst der Moderne, Opladen 1989.
[9] Eine kurze, aber sehr aufschlussreiche Zusammenfassung dieser Entwicklung bietet *Meyer-Drawe* 1997.
[10] So etwa freilich noch fälschlich *Meyer-Drawe* 1997, 698.
[11] Cic. fin. 1,17 u.ö.

1.2.5 Individuum, Familie und Gesellschaft

nahme antiken und mittelalterlichen Denkens, dass seiend im eigentlichen Sinne nur das ist, was von sich selbst her Bestand hat (Arist. met. 1028). Weitaus klassischer erscheint die vom Plotin-Schüler Porphyrios vorgenommene Definition des Individuums: „Individuen aber heißen solche Wesen, weil jedes aus Eigentümlichkeiten besteht, deren Gesamtheit bei keinem anderen jemals dieselbe sein wird."[12] Sehr schön fasst Boethius naturphilosophische und anthropologische Erwägungen zusammen: „Individuum wird genannt, was überhaupt nicht zerschnitten werden kann, wie z.B. Einheit oder Geist; Individuum wird genannt, was wegen der Härte nicht zerteilt werden kann, wie z.B. Stahl; Individuum wird das genannt, dessen Prädikation auf andere ähnliche nicht zutrifft, wie z.B. Sokrates."[13]

Freilich setzte die Beschäftigung mit dem spezifisch menschlichen Individuum schon weitaus früher ein: Bereits die Sophisten hatten nicht mehr über die Struktur des Seins und die Erscheinungswelt der Natur *(physis)*, sondern über den Menschen und die Ordnung der menschlichen Gesellschaft *(nomos)* nachgedacht. Ausgangspunkt war die Beobachtung, dass die Natur eine andere Wirklichkeit zeigt als jene, die sich die Menschen durch Verfassungen und Gesetze geben. So verwies die Natur auf die physiologische Gleichheit aller Menschen, während die soziale und politische Ordnung scharfe Trennungslinien zog. Hieraus entwickelte sich die Tendenz, das individuelle Glück als das eigentliche Ziel eines kraftvollen Lebens zu bestimmen (vgl. etwa Plat. Gorg. 491e–492c; Aristoph. Nub.). Die daraus entstandene und bis weit in die röm. Epoche beliebte Individualethik ist ein klares Indiz, dass der antike Mensch sich als Individuum verstand, wenngleich eine klare Definition des Individuums nicht festgelegt wurde.

Fraglich bleibt überdies, ob philosophische Überlegungen die antike Ansicht über das, was ein Individuum ist, überhaupt wiederzugeben vermögen. Eine institutionelle Fixierung des Individuums finden wir in der röm.-kaiserzeitlichen Epoche (und somit der ntl. Zeit) in der juristischen Terminologie. Dort kann der Begriff *persona*[14] ein menschliches Lebewesen bezeichnen *(homo, singularis persona)*, welches Träger von Rechten und Verbindlichkeiten sein kann (Gaius inst. 1,8,9).[15] Hierin zeigt sich die Ambivalenz der antiken Individualität, da das *ius personarum* (→1.5.1.2.) eine *persona* bzw. sein *caput* in seinem jeweiligen *status*, etwa *libertatis*, *civitatis* oder *familiae*, charakterisiert sieht. So haben denn auch Alter, Geschlecht sowie seine geistliche und sittliche Integrität Einfluss auf seine Stellung, ebenso seine personenrechtliche Position, Familienstand etc.[16] Aspekte, die in der Person selbst liegen, vermischen sich mit denen, welche die Gesellschaft verursacht. Fasst man die philosophischen und die legislativen Indizien zusammen, so scheint die röm. Antike das Individuum als einen Menschen angesehen zu haben, der sich sei-

---

[12] Porph. Isag. 7,21–23.
[13] Boeth. in Porph. comm. 3.
[14] Vgl. hierzu *Düll* 1937, 1038–1041.
[15] Freilich gilt zu beachten, dass *persona* zwar auch den *servus* in seiner Form als *homo* bezeichnen kann, im engeren Sinne aber i.d.R. auf den *homo* als *liber* beschränkt bleibt, da es dem *servus* an *caput*, und damit eines wesentlichen Elementes der *persona*, ermangelt. Vgl. hierzu Inst. 1,16,4; Cassiod. var. 6,8; vgl. ferner Gaius inst. 2,13; Dig. 50,17,32.
[16] Näheres zum *ius personarum* findet sich bei Gaius inst. 1,9–12.

ner selbst als einzelner, denkender und sich-selbst-verantwortlicher Mensch bewusst ist, sich aber gleichwohl durch seine jeweilige soziologische Rolle bzw. Funktion fest im gesellschaftlichen Gefüge verankert weiß. Paradigmatisch wird dieses Verständnis deutlich im Totenkult der Römer (→3.2.5.1). Beim Leichenzug wurden die Wachsmasken der verstorbenen Verwandten mitgetragen. Somit wird der Individuen gedacht, gleichwohl der familiäre Bezug der Verstorbenen verdeutlicht.

Einen Fingerzeig für das jüd. (und in Folge christl.) Verständnis von Individuum ist der hebr. Begriff *näfäsch*, der in jüd.-hell. Schriften mit *psychē* wiedergegeben wird. Die Wurzel *nafasch* hat die Bedeutung atmen, jedoch kommt die Wurzel im AT zumeist in nominaler Bedeutung vor und hat dort u.a. die Bedeutung Leben und lebendiges Wesen. Nicht selten bezeichnet *näfäsch* das menschliche Individuum.[17] Der Terminus ist der übliche Begriff für die ganzheitliche menschliche Natur. Er wird daher verwendet, wenn bezeichnet werden soll, was der Mensch ist, nicht, was er besitzt.[18] Die Ganzheit des Menschen findet sich in Gen 2,7 treffend formuliert. Die Einheit der menschlichen Natur wird nicht durch gegensätzliche Begriffe Körper und Seele, sondern durch sich ergänzende und untrennbare Begriffe Körper und Leben ausgedrückt.[19] Ein Leib-Seele-Dualismus ist dem atl. Denken nahezu durchgehend fremd, findet sich jedoch später in hell. beeinflussten Schriften des Judentums sowie im rabbinischen Schrifttum und dürfte in ntl. Zeit in weiten Teilen des Judentums vertreten worden sein.[20]

Dessen ungeachtet ist jedes Individuum eine *näfäsch*. Daher kann *näfäsch* das Individuellste im menschlichen Wesen bezeichnen, nämlich sein Ich, und zu einem Synonym des Personalpronomens werden (vgl. Gen 27,25). Grundsätzlich sollte beachtet werden, dass die atl. Anthropologie den Menschen in seinem Sein und nicht in seinem Haben betrachtet, zudem gleichermaßen in seiner Autonomie und seiner Abhängigkeit sieht. Niemals aber betrachtet das AT den Menschen als Abstraktum, sondern so, wie er in einer bestimmten Situation erscheint.[21] Sieht man von Urgeschichte und Weisheitsschriften ab, wird der Mensch stets als Individuum oder als Glied eines Volkes in seiner geschichtlichen Rolle gewertet.[22] Darüber hinaus entwickeln die atl. Schriften aber in der Tradition altorientalischer Mythen eine genuin theologische Anthropologie, welche den Menschen radikal auf Gott hingeordnet sieht, den er sich in Schöpfung nach Gottes Ebenbild verbunden weiß (Gen 1; vgl. Hi 10,8–12; Ps 139).

Das NT enthält als Schriften von Menschen an Menschen eine Unzahl anthropologischer Aussagen (vgl. →3.2.4). So betonen beispielsweise die ntl. Schriften die Verantwortlichkeit des einzelnen Menschen (Lk 12,48; 1Kor 6,9).

---

[17] Vgl. *Dihle u.a.* 1973, 614 Anm. 48 sowie 633.
[18] *Näfäsch* lässt sich dann auch sehr treffend definieren als „the living and acting being" (*Murtonen*, entn. aus: *Dihle u.a.* 1973, 614.
[19] Vgl. *Dihle u.a.* 1973, 629.
[20] Vgl. *Frevel/Wischmeyer* 2003, 27f.
[21] Vgl. *Dihle u.a.* 1973, 629.634.
[22] Vgl. *Dihle u.a.* 1973, 629.

1.2.5 Individuum, Familie und Gesellschaft

Wenngleich das Individuum somit oft im Fokus steht, finden sich wenige Reflexionen darüber, was ein menschliches Individuum ausmacht. Grundsätzlich kann man aber von einer Übernahme atl. Vorstellungen sprechen, welche den Menschen vor allem dadurch charakterisiert sehen, dass er von Gott geschaffen und sein Ebenbild ist (Mt 19,4; 1Kor 11,7). Diese Ansicht findet man besonders im pln. Schrifttum. Das äußere und körperliche menschliche Individuum versteht Paulus von der Vollständigkeit und Funktionsfähigkeit seiner Glieder her; dabei sind Körper (*sōma*; 1Kor 6,15; Röm 7,24), Beschaffenheit (*sarx*; 2Kor 7,5; Röm 8,4) und das natürliche Leben (*psychē/psychikos*; Röm 2,9; 13,1;) wichtige Termini (vgl. auch 1Kor 12,12–26; vgl. daneben Mk 8,35–37). In diesem Zusammenhang kann *psychē* für die Person stehen (Röm 2,9; 13,1; 1Kor 15,45) und die etwas engere Bedeutung der Intentionalität des Menschen tragen. Das „Ich" sieht Paulus zwischen die Größen Gesetz, Gebot, Sünde, Leib und Tod gestellt, denen er ausgeliefert ist (Röm 7),[23] die er jedoch durch Christus als neugeborener Mensch nicht zu fürchten braucht.[24] Grundmotiv dieser Anthropologie sind die implizit schon bei Jesus zu erschließenden Vorgaben: 1. der Mensch steht immer als Einzelner vor Gott, 2. Gott erhält den Menschen.[25]

Familie
Familie und Gesellschaft bilden die beiden wichtigsten Bezugspunkte des Individuums im sekundären Bereich. Auch hier sind verschiedene moderne Sichtweisen zu beachten. Als analytische Kategorie betrachtet man Familie als die Zusammengehörigkeit von zwei oder mehreren aufeinander bezogenen Generationen, die zueinander in einer Eltern-Kind-Beziehung stehen.[26] Daneben existiert die Sichtweise der Familie als Institution, die sich nach außen abgrenzt und eine starke Binnenorientierung aufweist.[27] Die antiken Familienkonzepte tragen Elemente beider Definitionen.

Die (Klein-)Familie (*oikos/familia*) war die zentrale Institution der antiken Gesellschaften. Sie ist nur bedingt mit dem zu vergleichen, was wir im alltäglichen Sprachgebrauch unter Familie verstehen. Sie bestand aus dem Familienoberhaupt (*kyrios, pater familias*), seiner Frau (*gynē, uxor*), den Kindern (*paides, liberi*), sowie den Freigelassenen und den Sklaven. Die *familia* umfasst somit den ganzen Haushalt, was sich im gr. Begriff *oikos* trefflich niederschlägt (vgl. Aristot. pol. 1252b).[28]

Ein Leben außerhalb einer Familie war kaum denkbar. Sie sicherte nicht nur dem einzelnen eine zumindest rudimentäre existentielle Absicherung in der Notlage (u.a. im Alter →2.2.2.3 oder bei Behinderung →2.2.3.2), sondern die Familie bildete über die rein soziologische und materielle Bindung hinaus durch den Hauskult auch eine sakrale Einheit (→2.1). Noch in der Spätantike

---

[23] Vgl. hierzu ausführlich *Frevel/Wischmeyer* 2003, 90–93.
[24] Vgl. *Frevel/Wischmeyer* 2003, 102–105.
[25] Vgl. *Frevel/Wischmeyer* 2003, 85–88.
[26] Vgl. *Lenz/Böhnisch* 1997, 9–63.
[27] Vgl. etwa *Kaufmann* 1995; *Hettlage* 1992.
[28] Gerade für den röm. Rechtsraum könnte man daher sagen, dass *familia* alle Personen umfasst, die unter der *potestas* des *pater familias* fallen, dazu der Besitz der Gemeinschaft. Vgl. Ulp. dig. 50,16,195,1.

konnte daher eine Heiligenlegende den gesellschaftstheoretischen Zusammenhang so formulieren: „Der Ehe entspringen Väter, Mütter, Kinder und Familien. Städte, Dörfer und Landwirtschaft sind durch sie in Erscheinung getreten. Ackerbau und Seefahrt und alle Fertigkeit dieses Staates – Gerichte, das Heer, das Oberkommando, Philosophie – beruhen auf ihr. Mehr noch aus der Ehe gehen die Tempel und Heiligtümer unseres Landes hervor." (Vita Theclae 16).

In der gr. Antike wahrte die Familie eine hohe Eigenständigkeit. Feste übergreifende Familienstrukturen (etwa Clan, Sippe) gab es nicht. Die *anchisteia*, ein Kreis von Verwandten, der bis zu den Kindern der Vettern ersten Grades reichte, hatte vorwiegend Belang im Erbrecht, ist aber nicht als fester politisch-sozialer Verband zu verstehen. Auch gibt es keine „Geschlechter" (*genea*) als Organisationsform.
Demgegenüber ist zu beachten, dass im röm. Raum *familia* sowohl die engere (Klein-)Familie als auch die große Gruppe aller Verwandten bezeichnen kann. Zudem ist die Verbundenheit in der *gens*, einem Verband mehrerer Familien gleicher (biologischer, manchmal auch nur geographischer) Herkunft, auch nach Verschwinden ihrer rechtlichen Bedeutung weiterhin als hoch einzuschätzen.

Die Sichtweise der jüd. Welt ist der paganen in diesem Punkt sehr ähnlich. Schon im AT gilt die Familie (*bayit*) als Grundlage der israelitischen Gesellschaft. Wie der gr. *oikos* kann *bayit* sowohl die Familie als auch das Haus bezeichnen. Es verwundert daher nicht, hiermit eine patriarchal ausgerichtete Familie mit dem Vater als Haushaltsvorstand bezeichnet zu finden. Eine derart verstandene Familie kann mehrere Generationen unter einem Dach zusammenschließen (insbes. Frauen der Söhne; Gen 7,1.7; 46,8.26), umfasst aber auch das Gesinde. In dörflichen Kontexten darf man darüber hinaus clanartige Strukturen vermuten. Das Gesetz bildet selbstverständliche Vorgaben für das familiäre Zusammenleben. Die hohe Wertschätzung der Familie im jüd. Denken kommt in rabbinischer Zeit in der Formulierung zum Ausdruck, dass der Mensch erst in der Ehegemeinschaft diesen Namen verdient, da Gott den Menschen als Mann und Frau geschaffen hat (bJeb 63a zu Gen 1,28).

Ob man von einer spezifisch christl. Theorie der Familie sprechen kann, ist mehr als fraglich. Die Evv setzen als Familie die Kleinfamilie voraus, die Eltern und Kinder umschließt (Mt 9,18.23; 10,37; 20,20f; 21,37f; Lk 1,5f). Manchmal werden alte Verwandte als Mitbewohner erwähnt (Mt 8,14; Mk 1,29f). Somit dürfen wir die Organisationsform des *oikos* im hell. Sinne voraussetzen. Gleiches gilt für die Pastoralbriefe, in denen *oikos* explizit als Leitbegriff für den christl. Familienstand genannt wird (1Tim 3,4). Dabei scheint es den ntl. Texten selbstverständlich, dass bei wohlhabenden Familienhäusern auch Sklaven dazugehören (Phlm; 1Petr 2,18f; vgl. schon Eph 6,5–9; Kol 3,22–4,1). Darüber hinaus finden wir viele Vorgaben für das Verhalten der Familienmitglieder zueinander (vgl. dazu →2.2.1.2; 2.2.1.4). Es fällt aber insgesamt auf, dass der hohe Wert der (auf Nachwuchs ausgerichteten) Ehe (und damit der Familie) stets betont wird. Allerdings findet sich die traditionelle antike Familienstruktur zugunsten der Glaubensgemeinschaft in Christo

durchbrochen. Die Glaubenden bilden quasi eine neue Familie (Mt 10,37; 12,46–50).
Schon Aristoteles formulierte (pol. 1253b), dass jede Polis aus Häusern (*oikiai*) zusammengesetzt sei. Daher ist Familie im hell. Raum über den Personenverband hinaus und abgesehen von seiner Rolle als wirtschaftlicher Einheit (Xen. oik. 7,22–43), elementarer Bestandteil der Polis und damit der Gesellschaft im antiken gr. Sinne.

Gesellschaft
Der Terminus Gesellschaft verweist im weitesten Sinne auf bestimmte soziale Gemeinsamkeiten von Lebewesen. Spezifisch menschliche Gesellschaft entwickelt sich jedoch immer mittels soziokultureller Lernprozesse und im Rahmen tradierter kultureller Werte und Vorstellungen.[29] So können Gesellschaften historisch geprägt sein (z.B. Nationen) oder sich auf eine gemeinsame Wertebasis berufen (z.B. Glaubensgemeinschaften). Hauptunterscheidungsmerkmal ist die jeweilige Kultur (was freilich angesichts zeitlich wandelnder Bestimmungen dessen, was Kultur ist, die Operationalisierung von Gesellschaften kompliziert (→1.2.1). So lässt sich Gesellschaft grundsätzlich als eine organisierte Gesamtheit von Menschen verstehen, „die in einem gemeinsamen Gebiet zusammenleben, zur Befriedigung ihrer sozialen Grundbedürfnisse in Gruppen zusammenarbeiten, sich zu einer gemeinsamen Kultur bekennen und als eigenständige soziale Einheit funktionieren."[30] Jedoch betrachten andere Definitionen Gesellschaften nicht mehr als Gesamtheit von Individuen, sondern von sozialen Interaktionen. Gesellschaften werden dann als autarke Sozialsysteme verstanden, in denen die Dichotomie von Individuum und Kollektiv durch die Konzeption standardisierter und integrierter sozialer Rollen überwunden wird.[31]
Vor dem Hintergrund dieser verschiedenen Definitionen[32] ist die ältere These, der Antike sei der Begriff Gesellschaft, so wie wir ihn verstehen, fremd, zu revidieren.[33] Vielmehr lassen sich viele Elemente antiken Gesellschaftsverständnisses aufzeigen, die obige Definitionen auszufüllen vermögen. Da diese Aspekte in einzelnen Artikeln dieses Studienbuches abgehandelt werden (vgl. insbes. →2.2), folgen auch hier nur einige Grundüberlegungen:

Während sich der deutsche Begriff „Gesellschaft" vom althochdeutschen *sal* ableiten lässt und damit Gesellschaft sprachlich-ursprungshaft als räumlich vereint lebende oder zeitweilig vereinte Personen kennzeichnet, verweisen die lat. und gr. Termini auf rechtsprachige Wurzeln. Im lat. Sprachraum findet man *societas* und *communitas* synonym für das gesellschaftliche Leben verwendet. Im gr. Raum benutzt man den Begriff *koinōnia*. Die Definition des Aristoteles für *koinōnia* spiegelt die antike Ansicht hierzu gut wider, wenn er

---

[29] Vgl. *Kaupp* 1974, 459.
[30] Vgl. *Kaupp* 1974, 464.
[31] Vgl. insbes. *Parson* 1985.
[32] Eine Übersicht über die aktuelle Diskussion und die verschiedenen Forschungsansätze bietet *Pongs* 2000.
[33] Vgl. so noch *Thraede* 1978, 837; die ältere Lit. zum Thema findet sich dort gesammelt.

sie definiert als „sowohl die verschiedenen, auf Vertrag beruhenden Formen menschlicher Vereinigungen wie naturwüchsige Grundformen des Zusammenlebens in Haus- und Stammverband."[34] Zu Beginn der „Politik" führt Aristoteles zudem aus, dass *polis* unter allen *koinōniai* jene sei, deren Zweck die Zwecke aller anderen überragt und in sich fasst (Aristot. pol. 1252; vgl. auch eth. Nic. 1145a, wo sich verschiedene Koinonia-Arten aufgegliedert finden). Daher möchte er *koinōnia* nahezu mit *polis* identifizieren.

Dessen ungeachtet kann Gesellschaft im Denken des Aristoteles sowohl die „Natürlichen" des Hauses beinhalten (also die Familie: Mann-Frau; Eltern-Kinder; Herr-Knecht) als auch diejenigen Sozialformen bezeichnen, die zwischen den Bürgern durch Übereinkunft entstehen. Beide Formen bilden zudem keinen selbstständigen Bereich zwischen den Einzelnen und der Polis, sondern sind abhängige Teile der *koinia politikē* (eth. Nic. 1160a). Von hieraus entwickelt Aristoteles die Begriffe *zōon politikon* und *physei koinōnikon* als Zentralsätze seiner Gesellschaftstheorie. Der Mensch ist als Individuum daran interessiert, in einer Gesellschaft zu leben.

Cicero greift das Konzept bürgerlicher Gesellschaft, wie wir es bei Aristoteles finden, auf, und verweist nach seinem Entwurf einer Staatslehre in fin. 4,5 programmatisch auf das gr. Pendant *politikon*. Auch der Römer sieht Gesellschaft als Naturbestimmung des Menschen und zum Dasein des Menschen in der Welt zugehörig an (fin. 3,66; leg. 1,23; off. 1,16f). Er betrachtet aber auch neben der bürgerlichen die menschliche Gesellschaft: *naturalis societas inter homines* (leg. 1,16; off. 1,53f; 3,21f). Vor allem hieran wird deutlich, dass antike Gesellschaft eben mehr ist als eine räumlich vereinte Gesamtheit von Menschen gleicher Kultur, sondern Individuen in sozialer Interaktion. Dabei erscheint eine Trennung in privates und öffentliches Leben nicht mehr möglich, beide Sphären sind vielmehr verknüpft. So wurde beispielsweise in röm. Zeit das gesellschaftliche Leben stark von Patronats- und Klientelverhältnissen (→2.2.5.2) geprägt. Dieses Verhältnis ist dadurch gekennzeichnet, dass eine Person mit Macht und Ansehen (*patronus*) sozial und politisch Schwächere (*clientes*) unter ihren Schutz nahm. Hieraus resultierte eine Reihe von gegenseitigen Verpflichtungen, die nie in einen verbindlichen Katalog zusammengefasst wurden, aber dem sozialen Bereich des Lebens angehörten. Hierzu gehörten beispielsweise Rat und Schutz des Patrons für seinen Klienten bei Gericht und finanzielle Unterstützung in der Not, aber auch Gefolgschaft des Klienten in politischen Auseinandersetzungen. In moderner Terminologie könnte man von einem hierarchisch gebauten Netzwerk sprechen.

Freilich wirkt es sich in der analytischen Praxis erschwerend aus, dass in der röm.-kaiserzeitlichen Epoche unübersehbar viele unterschiedlich organisierte Gesellschaften, d.h. soziokulturelle Einheiten, in Gemeinwesen lebten, die einen kaum vergleichbaren zivilisatorischen Entwicklungsstand hatten.[35]

Höchste und für die Antike typische Sozialisationsstufe ist die Stadtgemeinde, welche vom Imperium Romanum lediglich politisch-administrativ umfasst wird. Während die Frage einer städtisch-bürgerlichen Gemeinschaft für die

---

[34] *Kaupp* 1974, 461.
[35] Vgl. *Vittinghoff* 1990, 168.

1.2.5 Individuum, Familie und Gesellschaft

verschiedenen Städteformen des röm. Raumes (Kolonien, Munizipien) je einzeln bestimmt werden müssen, erweist sich die gr. Polis aufgrund ihrer Verfassungsorgane als chronologisch stabile Erscheinung einer Gesellschaftsform, deren Regeln aufgrund der Gesetze und ethischer Normen fassbar sind. Und genau dort schließt sich der Kreis vom Individuum zur Gesellschaft. Die Gesellschaft ist nichts anderes als die Gesamtheit der Polis-Bewohner mit ihren sozialen Interaktionen. Der Bewohner, das Individuum, stellt sich mit all seinen individuellen Eigenschaften in den Kontext dieser Gesamtheit. Treffend fasst daher Aristoteles die antiken Zusammenhänge in Worte, wenn er zu Beginn seiner Politik das Haus (*oikos*) als soziale Sicherung des Lebenswichtigen betrachtet, in der Polis aber die Natur des Menschen verwirklicht sieht (Aristot. pol. 1253a) und als Krone der gesellschaftlichen Bindungen bezeichnet. Daraus folgt ein Verständnis der Polis als begreifende Normierung: die Polis ist Gemeinschaft in einem guten Leben unter Häusern und Geschlechtern mit der Bestimmung des in sich ruhenden und selbstständigen Lebens (Aristot. pol. 1280b).

Gegen diese eher abstrakte Gesellschaftstheorie steht die jüd. Abgrenzung des erwählten Gottesvolkes. Diese drückt sich aus im Terminus *qahal*, welcher, die Versammlung von Menschen allgemein (1Sam 17,47; Jer 26,17; Esr 10,1) bezeichnen kann, im Speziellen aber die Gemeinde Israels als Kultusgemeinschaft kennzeichnet (Ps 22,23.26; 35,18; Esr 2,64; 10,12 u.ö.). Ebenso findet sich diese semantische Verengung im hebr. Terminus *'am* (LXX *laos*), welcher ursprünglich die Gesamtheit der Bürger einer Stadt mit vollem Bürgerrecht (Rut 4,4.4; 2Chr 32,18; Neh 8,1 u.ö.) oder eine Stammesversammlung (1Sam 10,17.22–24; 1Kön 20,8) bezeichnen konnte, und in offiziellen griechischsprachigen Dokumenten mit *dēmos* wiedergegeben wurde (1Makk 8,29; 14,20; 15,17). Schon früh und mit zunehmender Ausschließlichkeit wird *'am* aber für die religiöse Gemeinschaft der Gläubigen *JHWH*'s verwendet (Ri 20,2; Dtn 7,6; 14,2; vgl. 1QM 3,13; 12,7). Dabei stellt sich die Frage der Ordnung dieser Gesellschaft nicht, da sie als von Gott allumfassend gewährt verstanden wird (*mischpat* [Ex 21,1; Lev 18,4; Dtn 33,10; Jes 51,4 u.ö.]). Das Konzept der jüd. Gesellschaft wird u.a. darin deutlich, dass es mit *jahad* ein eigenes Wort besitzt, mit dem sich das Individuum als dem Judentum als (Kultus)-Gesellschaft zugehörig bezeichnen kann. Primäres Kennzeichen der jüd. Gesellschaft ist somit nicht ein theoretisches Verständnis von Gesellschaft, sondern das Wissen um die Erwählung als Gottesvolk.

Das frühe Christentum nimmt beide Traditionen auf. So findet sich in den ntl. Schriften *koinōnia* als Gemeinschaft verstanden, die durch gemeinsame Teilhabe an etwas zustande kommt und sich in wechselseitigem Empfangen und Geben verwirklicht (vgl. 2Kor 8,23; Gal 6,6; Hebr 10,33). Zwar ist diese Sichtweise der paganen Vorstellung *koinōnia*, die auf Interaktion der Individuen beruht, ähnlich, erhält aber einen ganz eigenen Akzent dadurch, dass sie vor allem im christologischen und ekklesiologischen Zusammenhang erscheint. Die Teilhabe am Leib des erhöhten Christus begründet die Gemeinschaft aller Mitteilhaber im Leib Christi, nämlich der Gemeinde (1Kor 10,16f). Was verbindet, ist die Gemeinschaft im Geiste (2Kor 13,13). Zur Gesellschaft im paganen Sinne, die freilich Rahmenbedingung des täglichen Lebens bleibt, tritt die Gemeinschaft der Glaubenden.

Zusammenfassung
Wenngleich sich die antike Philosophie um eine scharfe Abgrenzung des Individuums bemüht (und damit mittelalterliches und neuzeitliches Denken prägt), wird doch deutlich, dass in der Praxis Individuum, Familie und Gesellschaft auf das Engste verwoben sind. Das Individuum definiert sich von der Gesellschaft her und findet in der Familie Halt, die Gesellschaft besteht aus Familien, die wiederum den Zusammenschluss von Individuen darstellen. Wie oben gezeigt, ist sich die Antike dessen voll bewusst. Das jüd. und christl. Denken bleibt im Rahmen dieser Schematik, fügt dem aber eine radikal auf Gott hingeordnete Anthropologie und eine eigene Ethik hinzu, welche die Verhältnisse der Individuen zueinander im Allgemeinen und den Umgang in der Familie im Speziellen regelt.

Literatur
A. *Dihle u.a.*: psyche, ThWNT 9, 1973, 604–661. – R. *Düll*: Persona, RE XIX.1, 1937, 1038–1041. – Chr. *Frevel*/O. *Wischmeyer*: Menschsein. Perspektiven des Alten und Neuen Testaments, Würzburg 2003. – R. *Hettlage*: Familienreport. Eine Lebensform im Umbruch, München 1992. – G. *Huber*: Eidos und Existenz. Umrisse einer Philosophie der Gegenwärtigkeit, Basel 1995. – F.-X. *Kaufmann*: Zukunft der Familie im vereinten Deutschland. Gesellschaftliche und politische Bedingungen, München 1995. – P. *Kaupp*: Gesellschaft, Hist.Wb.Philos. 3, 1974, 459–466. – Th. *Kobusch u.a.*: Individuum, Individualität, Hist.Wb.Philos. 4, 1976, 300–323. – K. *Lenz*/L. *Böhnisch*: Zugänge zu Familien – ein Grundlagentext, in: *Dies.* (Hgg.): Familien. Eine interdisziplinäre Einführung, Weinheim/München 1997, 9–63. – M. *Maurer*: Historische Anthropologie, in: *Ders.* (Hg.): Aufriß der Historischen Wissenschaft, Bd. 7, Stuttgart 2003, 294–385. – K. *Meyer-Drawe*: Individuum, in: Chr. *Wulf* (Hg.): Vom Menschen. Handbuch Historische Anthropologie, Weinheim/Basel 1997, 698–708. – T. *Parson*: Das System moderner Gesellschaften, Frankfurt a.M. 1985. – A. *Pongs* (Hg.): In welcher Gesellschaft leben wir eigentlich? Gesellschaftskonzepte im Vergleich, 2 Bde., München 2000. – M. *Riedel*: Gesellschaft, bürgerliche, Hist.Wb.Philos. 3, 1974, 466–473. – U. *Schnelle*: Neutestamentliche Anthropologie, Neukirchen-Vluyn 1991. – K. *Thraede*: Gesellschaft, RAC 10, 1978, 837–847. – R. *van Dülmen*: Historische Anthropologie. Entwicklung, Probleme, Aufgaben, Köln u.a. 2000. – F. *Vittinghoff*: Gesellschaft, in: W. *Fischer u.a.* (Hgg.), Handbuch der europäischen Wirtschafts- und Sozialgeschichte, Bd. 1, Stuttgart 1990, 161–374.

1.2.6 Gesellschaft und Ritus
(Wolfgang Christian Schneider)

Stellen im NT
Mt 3,1–10; 9,10; 11,19; 12,1; 15,2; 15,10; 26,61; Mk 2,15.27; 5,25; 7,5.15.20; 15,18; Lk 3,1–10; 5,29; 6,1–5; 6,6; 8,43; 10,25–42; 18,9–14; 19,1–10; Joh 4,7–29; 9,1.21; Apg 6,1; 7,41.48–50; 10,1–11,18; 15,1–29; 1Kor 8

Ritus und Gemeinschaft
Im gesellschaftlichen Leben der antiken Kulturen nahmen Riten einen breiten Raum ein, und sie traten in großer Vielfalt in Erscheinung. Riten sicherten und

1.2.6 Gesellschaft und Ritus

ordneten die Gesellschaft in umfassendem Sinne, sie bestimmten spezifische Identitäten und soziale Zugehörigkeiten, sie strukturierten das Leben des Einzelnen, der Familien und der sie fassenden Gemeinschaft, gaben die Ordnung in Raum und Zeit. Im Hinblick auf ihre gesellschaftliche Bedeutung scheiden sich die Riten in zwei Bereiche, die zwar nicht wirklich getrennt, aber doch in ihrer ersten Ausrichtung, ihrem Bewegungsablauf verschieden gelagert sind: Riten, die unmittelbar im sozialen Leben ansetzen, sich wesentlich auf die Gruppe oder den Einzelnen beziehen, um sie (etwa in „Schwellenriten") sozial – dann auch vor der Gottheit – zu situieren, stehen neben Riten (etwa Kultriten im strengen Sinne), die unmittelbar auf die Gottheiten zielen, deren Ansprüchen an den Spender und dessen Gemeinschaft genügen sollen oder sie zu einer bestimmten Haltung gegenüber diesen bewegen sollen. Bei all dem waren die Riten gleicherweise fest und offen; unter den antiken Kulturen und Gesellschaften gab es einige, etwa Rom, die grundsätzlich streng an den gegebenen Riten festhielten, und andere, deren rituelle Ordnung auf neu Eintretendes schöpferisch antwortete. Zugleich standen innerhalb der einzelnen Gesellschaft neben Bereichen, in denen einmal gefundene Riten bewahrt wurden, andere, in denen die Riten auf die Lebensbedürfnisse beweglich eingingen.

In der gr. Kultur historischer Zeit waren die kultischen Riten verhältnismäßig offen. Denn die polytheistische gr. Gesellschaft dachte von der Epiphanie her: Der besondere Ritus oder die „jetzt" gültige Modellierung der schon geübten, durch eine längere Tradition geronnenen rituellen Formen, ergab sich wesentlich aus dem Modus der Erscheinung des jeweils eintretenden Göttlichen. So blieben die Riten, selbst wenn ihre Formen überkommen waren, doch formbar, neue Erfahrungen konnten, ja mussten eingehen in die alte Form und sie auf das gegenwärtig Geschehende hin wandeln.[1] Beispielhaft zeigt dies die Entwicklung der Tragödie (→1.3.3.2) als ritueller Teil des dionysischen Kultzusammenhangs. Ihre Formung zu verschiedenen Zeiten antwortet auf die Entwicklung der „aufführenden" Gemeinde, ihres Menschenbildes und der ihr entgegentretenden gesellschaftlichen Anforderungen.[2]

Zugleich hatten die für den Einzelnen wie für die Gesellschaft bedeutsamen Kulte verschiedene Ausrichtungen und göttliche Empfänger, sie schlossen einander weder aus, noch waren sie in Modus und Maß der Kultübung und Verehrung unbedingt verpflichtend. Damit ergaben sich Möglichkeiten einer „Modellierung" der rituellen und religiösen Ordnung durch veränderte Gewichtungen im Vollzug der Riten oder durch gezielte Förderung bestimmter Kulte oder Riten. Das erlaubte es leitenden Personen (wie Peisistratos) oder Gruppen, mit dem den einzelnen Kulten oder Riten inhärenten Gehalt eigene Vorstellungen oder auch die eigene Geltung auf spezifische Weise zu akzentuieren und zu popularisieren, Loyalitäten zu gewinnen oder zu verstärken.

---

[1] Dies zeigt sich deutlich bei einer diachronen Betrachtung der Einzelkulte, vgl. etwa zum Kult von Eleusis *Nilsson* I ³1967, 469ff.654ff; reguliert wurden Veränderungen im Kultischen durch das Orakel in Delphi, dazu *Nilsson* I ³1967, 629ff. Freilich gab es immer Bereiche, die einer Veränderung wenig zugänglich waren, etwa auch Bestimmungen, die das Betreten von Tempeln beschränkten oder überhaupt untersagten; dazu *Nilsson* I ³1967, 75ff.

[2] Vgl. *Meier* ³1995.

Den mit den Kulten verbundenen Festen kam daher ein besonderer Rang bei der Herausbildung und Festigung der gr. Poliswelt zu. Solche öffentlichkeitswirksamen Feste, jährlich gefeiert, wie die Anthesterien in Athen und die Mysterien von Eleusis, oder in festen mehrjährigen Abständen begangen, wie in Athen die Panathenäen, lösten umfangreiche Pilgerströme aus, zogen Menschen aus entfernteren Gegenden der eigenen (gebietskörperschaftlichen) Stadt an oder Bürger anderer Städte. Dabei war in der Teilnahme an den prächtigen Festaufzügen und den zugehörigen Spielen wie in deren Betrachtung immer auch das Kultische gegenwärtig: als Gabe an die gefeierten Gottheiten. Politische Vertrautheiten oder Bindungen zwischen den Städten oder Herrschaften fanden bei solchen Feierlichkeiten in wechselseitigen rituellen Festgesandtschaften ihren Ausdruck und wirkten auf ihre Weise Loyalitäten erweckend, bindend oder festigend auf den Sozialverkehr. Schließlich vergegenwärtigten gerade die großen Festriten die ansonsten nirgends „vorstellbare" hellenische Gesamtgemeinschaft. Dies gilt besonders etwa für Olympia oder Delphi, die ursprünglich – und im Rituellen fortdauernd – regional bezogen waren, dann aber eine hellenenweite Bedeutung erhielten und in röm. Zeit sogar auf den gesamten Mittelmeerraum ausstrahlten. Schon bald, besonders aber in hell. Zeit, fanden sich zu solchen Festzeiten bei den Tempeln auch Personen ein, die der versammelten Menge ihre je eigenen geistigen Vorstellungen und Lehren darzulegen suchten, um Anhänger für ihre Sicht zu gewinnen.
In hell. Zeit veränderte sich die religiöse Situation in Griechenland mit erheblichen Folgen für das Rituelle. Seit dem 4. Jh. v.Chr. lässt sich eine zunehmende Ausdünnung der existenziellen Bindungen der Bürger an ihre Stadt beobachten, damit einher geht eine wachsende Individualisierung (→1.2.5) der Menschen. Während bei den alten großen Festen der Gemeinden das Rituelle zunehmend zugunsten einer außerreligiösen Repräsentation zurücktrat, kam es intern, beim Einzelnen, zu einer Umschichtung und Auffächerung: Neben einer – von der Philosophie (→1.2.4) gestützten – Transzendierung des Göttlichen, für die Rituelles nur noch äußere, letztlich unerhebliche „Sitte" war, brach ein individuell gelagertes Zuwendungsverlangen hervor, das seine Verwirklichung gerade in Riten fand, die den Einzelnen unmittelbar erfassten. Kulte, die dafür Ansätze boten, oftmals fremdländische, die zunächst über soziale Unterschichten – etwa auch Sklaven – Eingang in den gr. Kulturzusammenhang erlangt hatten, fanden verstärkt Zulauf. Besonders für die Großstadt Athen, zumal den Hafen Piräus, ist dies belegt, etwa im Eindringen der kleinasiatischen Kybele und des Attis.
Wo diese ursprünglich randständigen Kulte wegen der Übermacht der institutionalisierten Kulte nicht eigenständig durchzudringen vermochten, traten sie über synkretistische Gleichsetzungen in Verbindung mit einem der anerkannten Kulte auf. Kybele etwa verbindet sich teilweise mit Demeter. Damit fächerten sich die rituellen Gegebenheiten auf: Zu den alten Riten kamen neue hinzu, die dann wiederum vielfältige Bindungen mit dem Überkommenen eingingen. Gerade dadurch aber vermochten diese rituell reorganisierten Kulte dem Bedürfnis nach einer individuellen Ergriffenheit Rechnung zu tragen. So ist der Synkretismus als konstruktives Prinzip zu sehen, das – vor dem Hintergrund der Transzendierung des Göttlichen – einen Ausgleich zwischen divergierenden religiösen und kultischen Ansätzen anbahnte. Mitunter kam es auch

1.2.6 Gesellschaft und Ritus

zu gezielten rituellen Vereinheitlichungen, etwa im Fall des Serapis-Kultes, für den Ptolemaios IV. Philopator eine Priesterkonferenz einberief, um die rituellen Übungen an den verschiedenen Kultstätten miteinander abzugleichen.[3] Eine vermehrte Bedeutung erhalten in diesem Zusammenhang Mysterienkulte (→3.1.2), ihre Riten waren von ihrer Struktur her besonders geeignet, individuell bzw. individualisierend „aufgeladen" zu werden. Dabei kommt es auch zu einer inhaltlichen Anreicherung: Aus dem vor Augen geführten unmittelbaren Erleben der Epiphanie – etwa in Eleusis – formten sich allmählich Vorstellungen einer bleibenden Gottesnähe und einer damit verbundenen „Erlösung" von den Bedingtheiten des Irdischen. Angesichts ihrer individuellen Lagerung verbinden sich diese Vorstellungen häufig mit Elementen der philosophischen Spekulation, was dann auch im Sinne einer Neubegründung der überkommenen Götterreligion wirksam wird.

Im Zuge dieser Prozesse veränderten sich auch die Reinheitsvorstellungen und insbes. die Reinheitsgebote, denen seit alters in vielfältigen Erscheinungen Bedeutung zukam. In den überkommenen Riten entsprangen sie zumeist einerseits der Vorstellung der Steigerung des eigenen Vermögens, andererseits Vorstellungen der „Befleckung", der Widrigkeit eines unmittelbaren Kontakts, da dieser eine rituelle Sonderqualität, ein Heiliges, entwerten oder auch verletzen und dann zerstörend wirksam werden lassen konnte. Auch wenn diese alten Reinheitsvorstellungen teilweise weiterlebten, trat – wesentlich getragen von der Verschränkung mit einer philosophischen Ethik (→3.3.1) und dem von dieser beeinflussten Mysterienwesen (→3.1.2) – zunehmend die Frage der je eigenen inneren Reinheit in den Vordergrund.[4] Damit löste sich die Frage der rituellen Reinheit zwar zunächst vom Gesellschaftlichen, doch nur, um sich auf höherer Ebene erneut mit dem Gesellschaftlichen zu verbinden. Denn als Regulativ des sozialen und politischen Handelns des Einzelnen wurde individuelle Reinheit wieder Teil des Gesellschaftlichen.

In der röm. Kultur kam dem Rituellen eine besondere Bedeutung zu. Denn die röm. Religion dachte von einer vielfältig von göttlichen Kräften erfüllten Ordnung her. Noch Augustin gefällt sich darin, die vielen göttlichen Wirkmächte aufzureihen, die in nur einem Getreidespross bis zur Ernte in Erscheinung treten.[5] Das Personale der Gottheit trat hinter der in ihrem Namen gefassten Wirkmacht zurück, weswegen im Kult – etwa bei Mars – lange Zeit anikonische Gotteszeichen gegenwärtig blieben. Auch gab es ursprünglich keine Genealogie der Götter und – anders als in Griechenland – keinen Geburtstag einer Gottheit. Das hohe jährliche Fest war der *natalis templi*, die rituelle Grundlegung von Kult und Ritus durch die Gemeinde.[6] Entscheidend für das Wohl und Wehe der Gemeinschaft war der richtige rituelle Umgang mit den göttlichen Wirkmächten und der sie umfangenden übermenschlichen Ord-

---

[3] *Leipoldt/Grundmann* II ²1970, 82f.
[4] Vgl. zur alten Vorstellung *Nilsson* I ³1967, 75ff.89ff, zur neuen etwa die Bestimmungen der Andania-Mysterien, *Leipoldt/Grundmann* II ²1970, 89f.
[5] Aug. civ. 4,8; ähnlich civ. 6,9 über die im Geschlechtlichen waltenden Gottheiten.
[6] *Templum* meint dabei zunächst nicht das Gebäude (das später hinzutreten konnte), sondern den geweihten Raum.

nung. Die göttliche Macht war sorgfältig zu beachten, durch Riten und Gaben in das Eigene hineinzuziehen und in ihrer Wirksamkeit für das Eigene zu steigern.
So durchzog die Ritualität in vielen Erscheinungen die soziale Welt der Römer: Jeder entscheidende Moment im Leben des Einzelnen wurde rituell bedacht. In gleicher Weise trugen Riten die Gemeinschaft als Ganzes; sie erst machten ein verfasstes soziales Handeln, eine *res publica*, möglich. Nur ein vollgültiger Vollzug der Riten konnte die Einbettung des gemeindlichen Tuns in die übermenschliche Ordnung erreichen und damit Fortdauer und Blüte der Gemeinde gewährleisten. Jedes – auch unabsichtliche – Abweichen vom vorgegebenen Ritus machte den Akt ungültig, weshalb hinsichtlich der röm. Religion historischer Zeit von Formalismus gesprochen wurde.[7] Die religiöse Welt Roms war daher, obwohl sie wie die Griechenlands polytheistisch war, hinsichtlich des eigentlichen Gemeindekultes erheblich weniger offen. Nachdem das rituelle Gefüge in frühröm. Zeit einmal seine Gestalt gefunden hatte, war es nurmehr in beschränktem Umfang für Entwicklungen zugänglich. Mochten auch die Gottheiten mit etruskischen oder gr. Benennungen verbunden und plastisch gebildet worden sein, für die staatlichen Belange hielt Rom im Grundlegenden nahezu unerbittlich am überkommenen Ritus fest. Was – nach Maßgabe der alten Ordnung – neu einzurichten war, wurde sorgsam in die alte Übung eingepasst, „Neues" wurde nur als Ausfüllung des „Alten" zugelassen. Wenn wiederholt neue Kulte eingeführt wurden, etwa die des Apollo oder der Mater Deum Magna Idaea (Kybele)[8], so bedeutete dies lediglich in additiver Mehrung eine Fortführung des Überkommenen und war nicht mit einer strukturellen Veränderung verbunden.
Im öffentlichen Leben traten die Riten der röm. Religion vor allem bei Akten der politischen Einrichtungen und bei Festen in Erscheinung (→1.2.3). Dabei aber waren sie nicht Akte einer „Politik", sondern Ausfluss der notwendigen Einbettung des gemeinschaftlichen Tuns in die übermenschliche Ordnung, die es zu wahren, zu bestätigen und zu erneuern galt. Ein politisches Handeln war nur innerhalb eines rituell bestimmten Raumes und nur mit einer rituell vermittelten Sonderqualität, dem *imperium*, möglich. Der Magistrat trug seinen Handlungsvorsatz rituell gegenüber der Gottheit vor, worauf ihm – im positiven Fall – durch ein Zeichen bestätigend die für das Gelingen notwendige Kraft zukam. Auch zeigten die göttlichen Wesenheiten mitunter von sich aus einen Missstand, ein Fehlverhalten in der Gemeinschaft an, worauf dann die Gemeinde rituell zu reagieren hatte, wiederholt mit der Neubegründung eines Ritus. Mehrfach wurden auf derartige negative Himmelszeichen (*omina*) hin Feste und Festspiele eingerichtet, wobei es wesentlich darum ging, die Gesellschaft in ihrer Ordnung vor dem Übermenschlich-Göttlichen rituell darzustel-

---

[7] *Latte* 1960, 198.
[8] Es führt in die Irre, hinsichtlich der Übertragung der Kybele nach Rom 205/204 v.Chr. von Orientalisierung zu sprechen: Die Gottheit wurde als Gottheit des trojanischen Ursprungs von Rom übertragen und trat in der röm. Ordnung nur als solche auf; die phrygische Kultkomponente war als binnensakral strikt auf Tempel und Tempelbezirk beschränkt und fand – wie die archäol. Befunde zeigen – Teilnahme nur von Seiten der Sklaven aus dem Osten. Erst in der Kaiserzeit treten Römer hinzu.

1.2.6 Gesellschaft und Ritus

len und so in ihrer Verankerung in diesem zu bestätigen und in ihrer Kraft zu erneuern.

Die röm. Religion kannte eine rituelle Sonderung von Arbeitstagen und Feiertagen und ein Arbeitsverbot an Feiertagen. Dies aber wurde, da die Verbote noch ganz aus der agrarischen Lebenswelt stammten und wortwörtlich genommen wurden, in späterer Zeit auf vielfältige Weise durch formalistisch begründete „Erlaubtheiten" in seiner Strenge gemildert. So durften etwa Arbeiten vorgenommen werden, die Bestehendes ausbesserten oder säuberten.[9] Die röm. Pontifikalreligion kannte somit eine rituelle Kasuistik nicht unähnlich der des pharisäischen Judentums (→3.1.3.1).

Wie die Überlieferung zeigt, war die religiöse Ordnung Roms nicht Herrschaftsinstrument einer Oberschicht, sie war vielmehr in der breiten Bevölkerung verankert, die eifrig über die Wahrung der alten Ordnung wachte. Als die republikanische Ordnung im Bürgerkrieg zusammenbrach und die Kultpflege verwahrloste, bedeutete das daher nicht das Ende der traditionellen Riten, vielmehr kam es unter Augustus zu einem Wiederaufbau der kultischen Ordnung Roms bei fortdauernder Akzeptanz. Ermöglicht wurde dies durch die qualitative Zeitauffassung der Römer,[10] die ein Verrinnen der Qualität einer Zeitphase (eines *saeculum*) kannte, worauf aber durch eine rituell vollzogene Reinigung wiederum eine Zeit sakral gültigen gesellschaftlichen Lebens herbeizuführen war. Dies vollzog nach den Wirren der Bürgerkriege Augustus mit seiner Saecularfeier, die aus diesen Zusammenhängen ihr zeitgenössisches Pathos gewann. Auch die Hervorhebung der Geburt Jesu unter Augustus durch Lukas (2,1f) steht noch in ihrem Bann.

Jenseits des rituellen Herkommens war dem Einzelnen ein geringer Spielraum für eine persönliche Religiosität (→3.3.6) gegeben. Privates war nur nach Maßgabe der Riten der Gemeinschaft zugelassen. Damit entfiel die Notwendigkeit einer *inneren* Hingabe des Einzelnen im religiös-rituellen Geschehen. Ansätze einer *inneren* Religiosität, die seit dem 2. Jh. v.Chr. vereinzelt auftraten, wurden – sobald sie gewichtiger in den öffentlichen Raum vordrangen – von der röm. Obrigkeit und der sie tragenden Schicht rigoros ausgeschlossen, etwa 186 v.Chr., als das aus dem gr. Bereich eingedrungene Bacchanalienwesen mit großer Härte unterdrückt wurde. Allerdings wurden den nichtröm. Unterschichten, insbes. den Sklaven, aber auch den zugereisten Fremden, die je eigenen Riten des Herkunftzusammenhangs ungemindert zugestanden, solange sie nicht in die Öffentlichkeit hineinwirkten.

Seit dem 1. Jh. v.Chr. allerdings verlor die alte religiöse Welt in der Oberschicht ihre Verbindlichkeit. Die Gebildeten zogen sich von vielen Teilen der Inhalte und vielfach auch von den rituellen Erfordernissen zurück, traten ein in die hell. religiöse Welt. Immer häufiger suchten Römer den Zugang zu gr. Kulten, Befragungen in gr. Orakelheiligtümern mehrten sich ebenso wie Eintritte in hellenische Mysterienkulte (→3.2.6), etwa den von Eleusis. Darüber hinaus aber lässt sich auch ein Interesse an fremden religiösen Erscheinungen,

---

[9] Vgl. Cato agr. 2,4; Serv. georg. 1,270.
[10] Vgl. dazu *W. Ch. Schneider*: Zur Auffassung der Zeit bei Cicero, in: *P. Defosse* (ed.): Hommages á Carl Deroux, Brüssel 2002, Bd. 2, 409–424.

etwa dem Judentum, beobachten.[11] Begleitet wurde all dies durch eine verstärkte Hinwendung der gebildeten Römer zur Philosophie (→1.2.4), die mit einem inneren Abrücken von den überkommenen rituellen Formen verbunden war.
Seit spätrepublikanischer Zeit erstarkte auch in den unteren Schichten eine private Religiosität, die Mantik, Magie und Mysterien (→3.1.2) einschließen konnte. Damit teilweise verschränkt entwickelte sich in Rom ein Synkretismus, der erheblich auf die überkommenen Riten einwirkte und „hell.-östliche" Momente in die Kultübung hereinzog. In diesem Zusammenhang erwarb sich nicht nur die 205/204 v.Chr. eingezogene Idäische Mutter innerhalb der röm. Bevölkerung in ihrer orientalischen Wesenheit als „Kybele" Anerkennung, sondern es wurden auch andere „orientalische" und „orientalisierende" Kulte attraktiv, etwa der ekstatische Dionysos-Kult. Trotz dieser „Privatisierung" des religiösen Lebens und des „Verschwimmens" der röm. Götterwelt kam es in der sozialen Breite zu keiner Distanzierung vom Staatskult und seinen Riten. Denn dessen Grundlage war ein weitgehend unspezifiziertes Göttliches – das aber war von sehr vielen religiösen Grundhaltungen aus zugänglich. Selbst eine überragende Einzelgottheit henotheistischer oder gar monotheistischer Prägung konnte ihr letzter Träger sein.[12] Eine zusätzliche Stabilisierung erhielten der Staatskult und seine alten Riten, als sie nach Augustus mit dem Herrscherkult (→3.3.4) verschränkt wurden.
Das Leben des Einzelnen in der gr. und röm. Gesellschaft war durchzogen von einer Vielzahl Riten. Letztlich war jeder individuell oder sozial bedeutsame Tag im Leben eines antiken Menschen mit rituellen Vorgängen verbunden. Eine besondere, auch gesellschaftlich bedeutsame Stellung kam Riten zu, die Momente von Identitätswandel oder veränderter sozialer Zugehörigkeit markierten (Schwellenriten). Der Vielfalt der staatlichen Ordnung im Mittelmeerraum entsprechend waren diese Riten schon innerhalb Griechenlands sehr verschieden gestaltet, und diese wiederum hoben sich ab von den in Italien und Rom geübten, und doch besitzen sie gemeinsame Grundzüge. Wegen seiner Konzentration auf die göttlichen Wirkkräfte war Rom besonders detailfreudig, etwa bei der Geburt (→2.2.2.1)

Nach der von mehreren Gottheiten phasenweise überwachten Geburt legte die Hebamme das Kind dem Vater zu Füßen, er hob es auf und nahm es damit rituell in die Familie auf. Während der Zeit des Wochenbetts oblagen ihm im Hause verschiedene Riten, in dieser Zeit war Iuno Lucina, die Iuno der Geburt, auf einem ihr bereiteten Bett gegenwärtig. Der neunte (bei Mädchen der achte) Tag nach der Geburt, mit dem die Wochenbettzeit endete, war der Weihetag (*dies lustricus*), an dem das Kind, lustriert, geweiht und gegen jeden Zauber gefeit wurde und den Namen erhielt. Neben den Festlichkeiten im Haus mit Segenswünschen für das Kind, Geschenken und dem Umhängen der Bulla (einer Kapsel mit Schutz-

---

[11] Vgl. Hekataios v. Abdera (FgrHist Nr. 264) F 6,4; PsHekataios (ebd.) F 21,199; Strabon (der wohl den von Pompeius unterrichteten Poseidonius referiert) 16,2,35ff; vgl. auch den Cornelius, den Hauptmann der italischen Kohorte, Apg 10.
[12] Eine henotheistische Auffassung des Göttlichen bietet schon Xenophanes Frg. 23 nach Clem. str. 5,109; Eus. p.e. 13,13,36.

1.2.6 Gesellschaft und Ritus

zauber) war es üblich, die Kinder anerkannten Personen vorzuführen, um Segenswünsche zu gewinnen und sie in Tempeln den Göttern anzuempfehlen.[13]

Die Schilderung des Lukas (2,21–40) über die Geburt und frühe Kindheit Jesu, mit der Darstellung im Tempel und den Segnungen durch Simon und Anna zeigt viele dieser Dinge. Rituell begangen wurden in Rom danach vor allem, beim Knaben, der Moment des Sprießens des ersten Bartflaums und ungefähr im Alter von 15 Jahren – zumeist am Liber-Fest – das Ablegen von Kindertoga und Bulla, die den Laren geopfert wird, und das Anlegen der *toga virilis*, dann recht früh Verlobung und Heirat, schließlich die Volljährigkeit, die erst mit 25 Jahren eintrat. Im weiteren Leben war jeder bedeutendere Weg, insbes. jede Abreise und „Rückkehr", mit Riten verbunden, etwa die Rückkehr von einer Seefahrt oder einem Kriegszug oder die Genesung von einer Krankheit, da dann die eingegangenen Gelübde (*vota*) erfüllt werden mussten. Bei den Mädchen wurde der Beginn des Schwellens der Brüste rituell begangen, sicherlich jedoch noch weitere Momente. Die rituelle Beendigung der Kindheit fiel bei ihnen unmittelbar mit den Vorbereitungen zur Verlobung und Verheiratung zusammen, die zumeist schon in recht jungen Jahren erfolgte. Am Vortag des Verlobungsfestes opferten die Mädchen ihr Spielzeug den Laren der Familien.

Im Leben des Erwachsenen hielt die rituelle Einbindung an. Es gab, zumal für die Anhänger von Mysterienkulten (→3.1.2), Fastenzeiten, Speise- und Reinheitsgebote, etwa bei den Eleusinischen Mysterien im Zusammenhang mit Festvorbereitungen. Aber auch die als Kultgemeinschaften organisierten Philosophenschulen (→3.1.1) kannten rituelle Einschränkungen. Nicht selten begegnen auch zeitweilige oder dauerhafte Tabuierungen; so konnte, was mit Blut und Tod in Kontakt war, im rituell geprägten Zusammenhang verboten sein. Wie in den Familien und „Häusern" (→3.3.6) war das Rituelle auch im weiteren Sozialleben gegenwärtig. Festzüge der einen oder anderen Festgemeinde, dieses oder jenes Kultes traten auf. Alle wesentlichen Ereignisse und sozialen Akte waren kultisch gefasst, vor allem auch die Märkte, die meist in Tempelfesten (→3.3.2) begründet waren. Vergabungen an die Gemeinschaft und Speisungen oder Spiele, etwa auch Tierhetzen, waren grundsätzlich Teil religiöser Festzusammenhänge und daher innig mit rituellen Akten verschränkt. Öffentlich angebotenes Fleisch war fast immer Opferfleisch (vgl. 1Kor 8). Wer immer an Fest und Markt teilnahm, trat damit auch in einen rituellen Zusammenhang ein. All dies veranlasst die streng in Kategorien ritueller Reinheit denkenden Lehrer der pharisäischen Tradition dazu, ihren Anhängern nicht nur jede Teilnahme und jeden Handel bei diesen Veranstaltungen zu verbieten, sondern sogar das Grüßen der Bewohner auf den öffentlichen Plätzen zu Festzeiten als Mitwirken am Götterdienst zu untersagen.[14]

So war im Alltag der antiken Welt die Grenze zwischen Rituellem und „Profanem" fließend: Zwar gab es Gerätschaften, die dem rituellen Gebrauch vorbehalten waren, doch zugleich wurden alltägliche Geräte ohne weiteres auch

---

[13] Vgl. Suet. Cal. 25,4, zu Caligula und seiner Tochter Julia Drusilla, und Pers. 2,31ff. Möglicherweise greift die spätantike Ikonographie der Geburt Jesu die liegende Lucina auf.
[14] Vgl. tAZ 1,2.5–7.9.13.15–18.

bei Kultübungen genutzt, zugleich gelangten rituell genutzte Geräte häufig wieder in den profanen Bereich. Die Bestimmungen in Mischna und Tosefta (→1.5.3) zum „Fremden Dienst" zeigen, welche Schwierigkeiten sich für das Judentum daraus ergaben. Diese Texte zeigen aber auch, welche Probleme sich daraus für das Sozialleben in den Städten ergeben konnten, wenn einzelne religiöse Gruppierungen sich gegenüber der religiösen und rituellen Koine der mediterranen Welt absonderten.

Religiöse Kritik an Kult und Ritus
Gegen Ende des 6. Jh. v.Chr. setzte im gr. Kulturraum mit Xenophanes (ca. 570–460) eine kritische Wendung gegen Kult und Ritus ein, die sich im Zuge der sophistischen Bewegung zunehmend ausbreitete und seit dem späten 4. Jh. bei Gebildeten eine gängige Erscheinung wurde. Die rituellen Einrichtungen und das Handeln gegenüber den Gottheiten wurden nach rationalen, „aufklärerischen" Gesichtspunkten bewertet und in ihrer Unangemessenheit gegenüber dem entwickelten Menschenbild lächerlich gemacht. Beispielhaft zeigt das Xenophanes' Rede vom negroiden Gottesbild der Aitiopen und der Ochsenähnlichkeit von „möglichen" Göttern der Ochsen[15], die gleicherweise die Vorstellungen von den Gottesgestalten traf wie deren Kultbilder. Sakralbauten konnten das Göttliche nicht fassen, äußerliche Riten es nicht erreichen. Das eine wie das andere wurde als „menschengeschaffen" abgewertet, die Gottheit rückte vom Menschen ab, wurde gestaltlos und transzendent. Im Kultischen traf das besonders alte archaische Riten, sie wurden dem Empfinden fremd. Die blutigen Tieropfer erfuhren zunehmend Ablehnung, an ihre Stelle sollte eine verinnerlichte Hinwendung zur Gottheit treten, die sich in einem ethischen Handeln verwirklichte. Im gr. Bereich vertrat dies schon in der zweiten Hälfte des 4. Jh. v.Chr. Theophrast, der die blutigen Tieropfer an die Götter als „unfromm", als Unrecht an den dem Menschen verwandten Wesen verurteilte und die Ehrung der Götter auf Gaben von Feldfrüchten eingeschränkt sehen wollte.[16] Die Gottheit sehe mehr auf die reine Gesinnung als auf die Menge des Geopferten, die ja nur Zeichen des Wohlstandes, nicht der Gottergebenheit sei.[17] Im röm. Bereich wird diese ethische Wendung aufgenommen, wie Varro zeigt, der sich zugleich gegen Opfer für die Götter und gegen Bilder der Götter wendet, und Persius, der ethisches Handeln als Opfer verlangt.[18]

---

[15] Xenophanes Frg. 16 u. 15 (zitiert von Clem. str. 5,109, der ähnliche Belege anschließt); Eus. p.e. 13,13,36; Thdt. affect. 3,72); Epicharm spricht Frg. 173 im selben Sinne von der Hundsgestalt von Göttern der Hunde (Ochsen, Esel und Schweine); vgl. auch Hor. sat. 1, 8,1ff. Vgl. *Geffcken* 1918, 288ff und bes. 295 zu Poseidonios.
[16] Nur in Fragmenten – vor allem aus Porphyrios' *De abstinentia* – überliefert, vgl. *Bernays* 1866; *Pötscher* 1964.
[17] Vgl. das Excerpt Stob. 3,3,50 (Frg. 10 Pötscher; vgl. auch Frg. 2; 3; 7). Der Verzicht des Judentums auf die Tieropfer beim Wiederaufbau des Judentums nach der Niederlage von 70 n.Chr. und der Zerstörung des Tempels steht somit in der Tradition der hellenischen Diskussion um die Tieropfer, entspringt einem Eingehen des pharisäischen Reformjudentums auf die griechische Philosophie.
[18] Arnob. nat. 7,1 = Varro Frg. 1,30 Agahd; vgl. Cic. nat. deor. 2,71f; Pers. 2,42ff.71ff, der von der verfehlten Übertragung von Menschenbrauch auf die Götter spricht.

1.2.6 Gesellschaft und Ritus

Auch innerhalb des Judentums kam es zu Auseinandersetzungen um das Rituelle, wie gerade das NT zeigt. So zieht sich – in Abkehr von seinem als Priester im Tempel dienenden Vater – Johannes der Täufer vom Tempelkult (→3.3.2) zurück, spricht von Umkehr, Buße und zeigt damit, dass er an die Stelle des Rituellen die innere (ethische) Zuwendung gegenüber der Gottheit setzt. In dieselbe Richtung weist seine Absage an das rituell-religiös Privilegierende der Abrahamabstammung, nicht *sie* ist es, die den Bezug zur Gottheit gewährleistet, sondern die innere Bereitschaft und ein dementsprechendes Tun nach außen, die „Frucht der Buße", ein ethisch begründetes Tun innerhalb der Gesellschaft, das Lk beispielhaft auch für Zöllner und Soldaten erläutert (Lk 3,1–10; vgl. Mt 3,1–10). Die Gottheit wird aus der archaischen, wesentlich rituell begründeten Beschränkung auf das Volk Israel, Abrahams Nachkommen, gelöst. Das folgt aus der Anbindung des jüd. Gottes an die im gr. Denken entwickelte Transzendenz: Ein Gott, der mit der transzendenten Göttlichkeit eins ist, kann nicht auf eine Volkszugehörigkeit und volksspezifische Riten beschränkt werden: „Alles Fleisch soll Gott schauen", lässt Lukas (3,6) die noch auf Israel beschränkte Aussage des Jesaja (40,5) zitierend Johannes d.T. sprechen.

Im Handeln Jesu schildern die Evv dieselbe Distanz zur Ritualität, dasselbe Beharren auf der Notwendigkeit eines ethischen Tuns. Anlass dazu gab die divergierende Bewertung des Sabbats. Jesus befürwortet zwar den Sabbat, er beteiligt sich an der Schriftauslegung am Sabbat in den Synagogen von Nazareth und Kapernaum, doch steht für ihn das Bemühen um eine innerliche Verankerung des Gottesbezugs an erster Stelle, und er zeigt das, indem er die den anderen jüd. Lehrtraditionen wichtige rituelle Heiligung des Sabbats exemplarisch verletzt oder Verletzungen billigt – um eben den Vorrang des Innerlich-Ethischen vor Augen zu führen. Die Szenen des Ährenzupfens der Jünger (Mt 12,1–14; Lk 6,1–5) oder der Heilmittelbereitung für den Blinden am Sabbat (Joh 9,1–23; vgl. auch Lk 6,6–11), sollen dies handgreiflich aufweisen. Der Hinweis auf das 1Sam 21,3–7 berichtete Essen der Schaubrote, eine gewichtige Verletzung der Ritualität, leistet das gleiche im Sinne pharisäischer Argumentation. In Mk 2,27 findet sich dann die Aussage, die jeder Dominanz zeitlicher Ritualität im eigentlichen Sinne den Boden entzieht: „Der Sabbat ist um des Menschen willen gemacht, nicht der Mensch um des Sabbats willen." Die Einhaltung der Riten wird dem ethischen Urteil unterstellt.

Ähnlich verhält es sich mit den Reinheitsgeboten. Dem Vorwurf der Pharisäer (→3.1.3.1), die Unterlassung des schriftgeforderten rituellen Händewaschens bei seinen Jüngern zu dulden, begegnet Jesus mit dem Vorwurf, eine rituell begründete Missachtung des Gebotes, die Eltern zu ehren, zuzulassen und so die von der Schrift eigentlich geforderte ethische Reinheit zu missachten (Mt 15,2–20; vgl. Mk 7,5–23). Daraus ergibt sich die grundsätzliche Stellungnahme zum Verhältnis ritueller und ethischer Reinheit: Nicht was in den Mund hineingeht, verunreinigt den Menschen, sondern was aus dem Munde ausgeht (Mt 15,10; vgl. Mk 7,15), und das wird im Konkreten benannt (Mt 15,18–20; Mk 7,20–23). An die Stelle ritueller Reinheit ist die Ethik getreten.[19] Eine Bes-

---

[19] Zu rhodischen Inschriften der frühen Kaiserzeit die die rituelle Reinheit durch die Forderung nach einer Reinheit des Sinns ergänzen vgl. *Nilsson* II ²1961, 373.

tätigung erhält dies in den absichtsvollen Begegnungen mit rituell Unreinem (Mt 9,10–13.18–26; 11,19; Mk 2,15–17; Lk 5,29–32) oder der Unreinheit Verdächtigten (Lk 19,5–10; Joh 4,7–30) und der Erzählung vom barmherzigen Samaritaner (Lk 10,25–42): Gegen Priester und Levit, die doch als „vollgültige" Gottesverehrer gelten, wird der dem Tempelkult der Juden Fernstehende und daher religiös-rituell „Wertlose" als Vorbild des religiös notwendigen ethischen Handelns vorgestellt. Noch deutlicher wird Jesus im Gleichnis vom Pharisäer und Zöllner (Lk 18,9–14) und im konkreten Tun bei der Heilung der Blutflüssigen und der Erweckung der Tochter des Jairus (Mk 5,21–43; Lk 8,43). Auf dem Weg zum Haus des Synagogenvorstehers wird Jesus von der Blutflüssigen berührt, wodurch er nach den Ritualregeln (in Lev 15,25–30) unrein wurde. Jesus bemerkt es, heilt die Frau und setzt seinen Weg fort, um das Haus des Synagogenvorstehers zu betreten und das Kind zu erwecken. Nach alter jüd. Ritualvorstellung erfasst damit die Unreinheit auch Haus und Person des Synagogenvorstehers, der angesichts seiner Funktion den Pharisäern, die in besonderem Maße über die Reinheitsgebote wachten, nahe gestanden haben muss. Aber auch nach alter Ritualvorstellung vieler Griechen war das Sterbehaus unrein. Bewusst erfolgen Krankenheilung und Totenerweckung im Status der jüd. und gr. Unreinheit, um den Vertretern des alten Ritualrechts die Nichtigkeit der Unreinheitsvorstellungen vor Augen zu führen – und einer der ihren wird als Nutznießer von Jesu „Unreinheit" in den Vorgang einbezogen.

In der Apg setzt sich diese Abkehr von äußerlichem Reinheitsbegriff und Ritualgebot fort, etwa in der „Zumutung" einer Erscheinung an Petrus, unreine Speise zu essen (Apg 10,1–11,18), und dem schließlichen Verzicht auf die rituelle Beschneidung (Apg 15,1–29). Ein weiteres Zeugnis dieser zweifellos schon seit längerem im Judentum vorhandenen Haltung ist Stephanus' Angriff auf den Tempel und mit ihm den Tempelkult,[20] den Mittelpunkt des seit Serubbabel vorherrschenden Judentums: Ganz in der Sprache der Kritik an den „Götzenbildern" nennt er den Tempel als „von Menschenhand verfertigt" (Apg 7,41.48–50). Unter diesem Blickwinkel erst wird der belastende Gehalt der Zeugenaussage gegen Jesus verständlich, dieser habe von der Zerstörung und dem Wiederaufbau des Tempels gesprochen (Mt 26,61), eine Aussage, die im Stephanus-Prozess wiederkehrt: In den Ohren der jüd. Richter musste eine solche Äußerung einen Angriff auf den für sie konstitutiven Tempel samt Tempelkult darstellen,[21] eine Widerlegung seiner als Wohnstatt Gottes. Dass Jesus eine derartige „Herabwürdigung" des Tempels im vollen Sinne vertrat, ist eher unwahrscheinlich, da die Texte ihn bei Auftritten im Tempel zeigen. Gleichwohl enthält die „Reinigung des Tempels" den Hinweis, dass er eine abweichende, offenkundig innerlich-religiös ansetzende Sicht der Ritualität

---

[20] Auch im synagogalen Judentum wird dies wirksam, wenn trotz des (von außen verursachten) Verlusts des – zuvor doch weithin (vgl. 2Makk 3) als konstitutiv angesehenen – Tempels und der Möglichkeit der vorgeschriebenen Opfer die religiöse Gemeinschaft mit dem Gott der Tora fortgeführt und als gültig angesehen wird.

[21] Ähnliches gilt für Jesu Weissagung der Zerstörung des Tempels in Mt 24,1–3; Joh 4,21 und insbes. Mk 13,1–4, dessen Text durch die in einigen Bibel-Hss. und bei Cyprian belegte Ergänzung zu Mk 13,2: „und nach drei Tagen wird ein anderer erstehen ohne Hände" als zur oben erwähnten Aussage als zugehörig erwiesen wird.

1.2.6 Gesellschaft und Ritus

des Tempels vertrat, wie es in Joh 4,21–24 zum Ausdruck kommt. Dies wird Stephanus der Lehre Jesu verbunden haben, er kam offenkundig aus dem Kreis der Apg 6,1 genannten Hellenisten, und tatsächlich spiegelt Stephanus' Rede den Diskussionszusammenhang, der seine „aufklärerische" Haltung prägte: Es ist die Absage an rituelle Dinge zugunsten einer aus der Tradition der gr.-hell. Philosophie stammenden Transzendierung Gottes und eines inneren Gottesbezugs.

Literatur
J. Bernays: Theophrastos' Schrift „Über die Frömmigkeit", Berlin 1866 (ND 1971). – *L. Bruit Zaidman u.a.*: Die Religion der Griechen. Kult und Mythos, München 1994. – *N. D. Fustel de Coulanges*: Der antike Staat. Kult, Recht und Institutionen Griechenlands und Roms, München 1988. – *J. Geffcken*: Der Bilderstreit im heidnischen Altertum, ARW 19, 1918, 286–315. – *K. Latte*: Römische Religionsgeschichte, München 1960. – *J. Leipoldt/W. Grundmann*: Umwelt des Urchristentums, 3 Bde., Berlin I ²1967, II ²1970, III ²1967. – *Chr. Meier*: Die Entstehung des Politischen bei den Griechen, Frankfurt a.M. ³1995. – *M. P. Nilsson*: Geschichte der griechischen Religion, München I ³1967, II ²1961. – *W. Pötscher* (Hg.): Theophrastus, Peri eusebeias, Leiden 1964. – *J. Rüpke*: Innovationsmechanismen kultischer Religionen. Sakralrecht im Rom der Republik, in: *H. Cancik u.a.* (Hgg.): Geschichte, Tradition, Reflexion. FS Martin Hengel, Bd. 2, Tübingen 1996, 265–285. – *G. Wissowa*: Religion und Kultus der Römer, München 1912 (ND 1971).

1.3 Die Quellen und ihr Einfluss auf das NT

1.3.1 Grundsätzliches: Produktion, Rezeption und Interpretation antiker Texte

1.3.1.1 Intertextualität (*Stefan Alkier*)

Das texttheoretische Konzept der Intertextualität
Das Konzept der Intertextualität stellt den Textwissenschaften die Aufgabe, die Beziehungen, die ein Text mit anderen Texten einzugehen in der Lage ist, zu erforschen. Es gibt zu bedenken, dass kein Text isoliert von anderen Texten produziert und rezipiert wird. Die hermeneutische Konsequenz dieser Einsicht besteht in der Dezentrierung und Pluralisierung des Textsinns: Texte *haben* keinen Sinn, sondern sie ermöglichen die Erzeugung von Sinn im Lektüreakt. Diese Generierung von Sinn wird mitbestimmt durch die jeweils aktualisierten Beziehungen des vorliegenden Textes zu anderen Texten. Das hermeneutische, methodische und zugleich ethische Problem des Konzepts wird mit zwei Fragen formuliert: *Welche* Textbeziehungen sollen berücksichtigt werden und *wie* sollen sie untersucht werden? Die höchst unterschiedliche Beantwortung dieser Fragen lässt idealtypisch zumindest die Einteilung in ein begrenztes und ein unbegrenztes Intertextualitätsverständnis zu.

Begrenzte Intertextualität: Nur solche Textbeziehungen werden berücksichtigt, die im auszulegenden Text eingeschrieben sind oder zumindest auf der Basis des vorhandenen Zeichenbestandes des zu interpretierenden Textes postuliert werden können. Diese Beziehungen sollen methodisch kontrolliert untersucht werden, d.h. die Weisen des Zitierens, Markierens, An- und Einspielens anderer Texte im zu untersuchenden Text sollen textwissenschaftlich ausdifferenziert und hermeneutisch fruchtbar gemacht werden.

Unbegrenzte Intertextualität: Ein gegebener Text steht in Beziehung zum gesamten Universum der Texte, auch zu denjenigen, die nach ihm produziert wurden, ja sogar zu denen, die erst noch produziert werden. Ein einzelner Text ist keine autonome Größe, sondern in eine unendliche, unvorhersehbare und damit unbeherrschbare Vielzahl von Verflechtungen mit anderen Texten eingebunden, die seinen Sinn ständig verschieben und unkontrollierbar halten.

Der unbegrenzte Intertextualitätsbegriff stand am Beginn der intertextuellen Theoriebildung. Er wurde von Julia Kristeva[1] geprägt und richtete sich im französischen strukturalistischen Diskurs der sechziger Jahre des 20. Jh. gegen ein einengendes Textverständnis, das Texte als geschlossene Strukturen verstand, die analog zur naturwissenschaftlichen Analyse eines Kristalls unabhängig von seinen Produktions- und Rezeptionsbedingungen analytisch zu erheben seien.[2]

---

[1] *J. Kristeva*: Bachtin, das Wort, der Dialog und der Roman, in: *J. Ihwe* (Hg.): Literaturwissenschaft und Linguistik III. Ergebnisse und Perspektiven, Frankfurt a.M. 1972, 345–375.
[2] Vgl. dazu *U. Eco*: Lector in fabula. Die Mitarbeit der Interpretation in erzählenden Texten, München/Wien 1987, 6ff. Vgl. auch *F. Dosse*: Geschichte des Strukturalismus, 2 Bde., Hamburg 1996.

Während die poststrukturalistischen Impulse des Begriffs der Intertextualität mit seinen kultursemiotischen und ideologiekritischen Anliegen vor allem in den Literaturwissenschaften, der Philosophie und der Bibelexegese der USA und in Frankreich aufgegriffen wurden, motivierte der Begriff Text- und Literaturwissenschaftler gerade auch im deutschsprachigen Bereich dazu, das Konzept im engeren Rahmen universitärer Methodologie auszuarbeiten.[3] Aber auch die Vertreter des begrenzten Intertextualitätsbegriffs ziehen aus dem Konzept hermeneutische Konsequenzen und konstatieren „ein sukzessives Abrücken von einem eher unreflektierten Textbegriff, jenem mehr oder minder autonomen Text, der einem Autor verpflichtet ist und eine einmalige, abgeschlossene und unveränderliche Sinngröße in Kommunikationsakten darstellt".[4] Mit dem Intertextualitätskonzept wird die Autorzentriertheit definitiv verabschiedet.[5] In den Mittelpunkt rückt der Text in seiner Verwobenheit mit anderen Texten.

Das NT und die Textwelten der Antike
Das Paradigma der Intertextualität ermöglicht eine enorme Ausweitung der Fragehinsichten und Forschungsgegenstände bibelwissenschaftlicher Forschung. Wenn Texte nicht nur *einen* Sinn *haben*, den es wieder zu finden gilt, sondern viele Sinnmöglichkeiten *motivieren,* die auch von den herangezogenen intertextuellen Bezügen gespeist werden, so verabschiedet sich damit jede exklusive Einzeichnung eines Textes in nur eine Kultur oder nur einen kulturellen Ausschnitt. Ohne Paulus aus seinem jüd. Kontext herauslösen zu wollen, ist es z.B. dennoch sinnvoll, seine Briefe *auch* im Zusammenhang mit lat. Literatur zu lesen, wie es Dieter Georgi provokativ vorgeführt hat.[6] Ein anderes Beispiel: Die produktionsorientierte Fragestellung, wie arbeitet Mt mit dem Buch Jesaja, wird von dem Paradigma Intertextualität ebenso abgedeckt wie die rezeptionsorientierte Fragestellung, wie ein angenommener röm. Leser der Res Gestae des Augustus das Mt hätte lesen können. Es lässt sich aber auch rein textorientiert fragen, welche Sinneffekte intertextuell erzielt werden können, wenn ein biblischer Text mit einem Text einer späteren Epoche oder auch mit einem Text unserer Gegenwart zusammen gelesen wird. Entschei-

---

[3] Vgl. z.B. *J. Helbig*: Intertextualität und Markierung. Untersuchungen zur Systematik und Funktion der Signalisierung von Intertextualität, Heidelberg 1996. Allerdings dürfen diese kulturellen Vorlieben nicht überbetont werden. So bemüht sich etwa der Franzose *Gérard Genette* um die Strukturierung verschiedener Weisen der Intertextualität, vgl. sein Buch: Palimpseste. Die Literatur auf zweiter Stufe, Frankfurt a.M. 1993.

[4] *W. Heinemann*: Zur Eingrenzung des Intertextualitätsbegriffs aus textlinguistischer Sicht, in: *J. Klein/U. Fix* (Hgg.): Textbeziehungen. Linguistische und literaturwissenschaftliche Beiträge zur Intertextualität, Tübingen 1997, 21–37.

[5] Zu Recht wird die unsachgemäße Verwendung des Begriffs Intertextualität scharf kritisiert von *T. A. Schmitz*: Moderne Literaturtheorie und antike Texte. Eine Einführung, Darmstadt 2002, 93: „Hinter dem Begriff verbirgt sich gelegentlich nicht mehr als eine modisch aufgemotzte Version von Untersuchungen, die schon seit Jahrhunderten geführt werden [...] Tatsächlich haben wir es manchmal mit einem Etikettenschwindel zu tun, insbesondere dort, wo im Vordergrund des Interesses nicht mehr der Text, sondern der Autor steht, also wenn Kategorien wie ‚Einfluss' oder ‚Quellen' ins Spiel kommen."

[6] Vgl. *D. Georgi*: Aeneas und Abraham. Paulus unter dem Aspekt der Latinität, ZNT 10, 2002, 37–43.

dend ist, dass die Einengung auf die Frage nach Genealogien und Analogien durch das Intertextualitätskonzept aufgesprengt wird, ohne diese Forschungshinsichten zu diffamieren. Allerdings wird dann auch für die genealogische Forschung, die an dem historischen Produktionsprozess der Texte interessiert ist, der textwissenschaftliche Maßstab angelegt werden, der die einseitige oder gar ausschließliche Festlegung des Textsinns auf seine Genealogie aus textologischen, rezeptionsästhetischen und letztlich semiotischen Gründen verneint. Die Chancen, die diese Offenheit des Intertextualitätskonzepts ermöglicht, werden aber zum Problem, wenn sie lediglich für ein beliebiges und damit belangloses akademisches Spiel eingesetzt werden. Die wissenschaftliche Kreativität, die vor allem der unbegrenzte Intertextualitätsbegriff freisetzt, darf nicht zum Schaden der realen Gegebenheit der Texte, ihrer Auslegungsgemeinschaft und dem gesellschaftlichen Gemeinwohl missbraucht werden. Gerade an die ideologiekritischen und befreienden Aspekte der Konzeption Kristevas ist an dieser Stelle zu erinnern. Das Ausschöpfen des Sinnpotenzials von Texten gerade durch die Erforschung ihrer historischen, kulturellen und ästhetischen Bezüge zu anderen Texten soll das Zusammenleben in pluralen Gesellschaften fördern. Es ist daher aus ethischen Gründen stets Rechenschaft darüber abzulegen, welche intertextuellen Ebenen und welche konkreten Textbeziehungen in den Blick genommen werden sollen und mit welchem Interesse und Forschungsziel die Untersuchung angegangen wird.[7]

Grundsätzlich sollten zumindest drei intertextuelle Perspektiven unterschieden werden, ohne sie gegeneinander auszuspielen: eine produktionsorientierte, eine rezeptionsorientierte und eine rein textorientierte. Jede Arbeit an einem biblischen Text, die mindestens einen weiteren Text ins Spiel bringt, kann mindestens von einer dieser Perspektiven aus angegangen werden. Damit kann z.B. die synoptische Arbeit an den Evv aus ihrer literarkritischen Engführung befreit werden. Auch die Frage nach dem Verhältnis der pln. Briefe zu den Deuteropaulinen erhält ganz andere Fragemöglichkeiten. Nicht nur ganze Texte, sondern auch Textabschnitte, wie z.B. die Genealogien in Mt und Lk, können unter diesen intertextuellen Perspektiven einen großen Reichtum nachvollziehbarer Sinneffekte erreichen, wenn man sich vergegenwärtigt, welche Textwelten allein durch den Namen Abraham in diesen Genealogien intertextuell eingeschrieben werden. Aber nicht nur diese Weisen *referenzieller* Intertextualität, sondern auch die traditionell in der Formgeschichte behandelten Fragen *texttypologischer* Intertextualität sind zu berücksichtigen.[8] Vor jeder intertextuellen Arbeit muss aber eine intratextuelle Textanalyse der in Beziehung zueinander gebrachten Texte erfolgt sein.

Die *produktionsorientierte* Perspektive fragt im Sinne des begrenzten Intertextualitätskonzepts nach der Verarbeitung benennbarer Texte im zu interpretierenden Text. Sie achtet nicht nur darauf, welche Texte zitiert oder anderweitig eingespielt werden, sondern auch darauf wie das geschieht.[9] Gerade weil es in

---

[7] Vgl. zur Ethik der Interpretation *S. Alkier*: Fremdes Verstehen – Überlegungen auf dem Weg zu einer Ethik der Interpretation Biblischer Schriften, ZNT 11, 2003, 48–59.
[8] Vgl. zu dieser Unterscheidung *Holthuis* 1993.
[9] Vgl. dazu etwa die akribische Arbeit von *F. Wilk*: Die Bedeutung des Jesajabuches für Paulus, Göttingen 1998.

der Antike keine einheitliche Zitierpraxis gegeben hat und von der Formensprache und Ethik gegenwärtigen universitären Zitierens her nicht verstanden werden kann, bedarf es hier eingehender Untersuchungen, wie sie z.b. Daniel Boyarin für die jüd. Midrasch-Literatur bereits unternommen hat.[10] Aber auch die Gräzistik und Latinistik hat auf diesem Gebiet eindrückliche Forschungsarbeit geleistet, die auch für die Bibelwissenschaften von großem Interesse ist, da das ständige Einspielen oder Voraussetzen gr. Literatur in der lat. Literatur in mancher Hinsicht vergleichbar ist mit der vorausgesetzten Kenntnis und Einspielung atl. bzw. frühjüd. Literatur in der ntl. bzw. frühchristl. Literatur.[11]

Die *rezeptionsorientierte* Perspektive, die sich überwiegend einem begrenzten Intertextualitätskonzept verpflichtet weiß, fragt nach den Vernetzungen mindestens zweier Texte in historisch nachweisbaren Lektüren.[12] Wird mit einem eher unbegrenzten Intertextualitätskonzept gearbeitet, werden auch historisch mögliche Lektüren durchgespielt, auch wenn es dafür keine historischen Belege gibt, z.B. wie hätte ein hell. gebildeter Jude in Alexandria in den 70er Jahren des 1. Jh.s n.Chr. die Paulusbriefe gelesen. Letzteres wird freilich immer mit einem hohen Maß an Hypothesen belastet sein, setzt aber anderweitig die viel zu sehr vernachlässigte historische Phantasie in ihr begrenztes Recht.

Die *textorientierte* Perspektive fragt im Sinne des unbegrenzten Intertextualitätskonzepts nach Sinneffekten, die sich aus dem Zusammenlesen zweier oder mehrere Texte ergeben, auch wenn dies nicht genealogisch, analogisch oder rezeptionsgeschichtlich begründet wird. Die Frage dabei lautet etwa, welche Sinneffekte sich z.B. aus dem Zusammenlesen von Ovids Metamorphosen oder Vergils Aeneis und z.B. den Briefen des Apostels Paulus ergeben, unabhängig davon, ob ein antiker oder auch ein späterer Leser einen Zusammenhang zwischen diesen Texten hergestellt hat. Die Möglichkeiten der Konstruktion intertextueller Bezüge werden dabei nicht zeitlich oder kulturell begrenzt. So liest etwa Tina Pippin[13] mit ihrem Interesse an „Jezebel" 2Kön 9, Offb 2 und dem Südstaaten-Drama – wohlgemerkt die Südstaaten der USA! – „Vom Winde verweht" zusammen und kommt zu interessanten Ergebnissen. Dem Paradigma „Intertextualität" entsprechend beansprucht Pippin nicht, 2Kön 9 damit „entschlüsselt" oder hinreichend analysiert zu haben. Vielmehr weisen ihre Untersuchungen mögliche Sinneffekte auch der biblischen Texte auf, die aus der vorgenommenen intertextuellen Verknüpfung resultieren und in der Kulturgeschichte der USA wirksam sind.

Es sei zumindest noch kurz darauf hingewiesen, dass auch die Frage einer Biblischen Theologie mit dem Konzept der Intertextualität angegangen wer-

---

[10] *Boyarin* 1990.
[11] Vgl. *Th. K. Hubbard*: The Mask of Comedy. Aristophanes and the Intertextual Parabasis, Ithaca 1991; *St. Hinds*: Allusion and Intertext. Dynamics of Appropriation in Roman Poetry, Cambridge 1998; *R. F. Thomas*, Reading Vergil and his Texts. Studies in Intertextuality, Ann Arbor 1999; *C. Cusset*: La Muse dans la Bibliotheque. Recriture et intertextualité dans la poésie alexandrine, Paris 1999; *D. Fowler*: Roman Constructions: Readings in Postmodern Latin, Oxford 2000 (Lit.!).
[12] Vgl. z.B. *B. N. Fisk*: Do You not Remember? Scripture, Story and Exegesis in the Rewritten Bible of Pseudo-Philo, Sheffield 2001.
[13] *T. Pippin*: Jezebel Re-Vamped, in: *G. Aichele/G. A. Phillips* (eds.): Intertextuality and the Bible, Atlanta 1995, 221–233.

den kann und sich damit ganz neue und auch befreiende Perspektiven ergeben.[14] Eine intertextuelle Biblische Theologie wird nicht länger nach einer sinnzentrierenden „Mitte" der Schrift suchen, die in exklusiver Überheblichkeit die Anderen immer ausgrenzen muss, sondern nach den vielfältigen Sinnmöglichkeiten Ausschau halten, die das Zusammenlesen biblischer Texte im Rahmen der verschiedenen konkreten Kanones hervorbringt. Gerade für den jüd.-christl. Dialog, aber auch für den innerchristl. ökumenischen Dialog ergibt sich die Chance, die je eigenen Schrifttraditionen zu bewahren, ohne die der anderen zu diffamieren. In christl. Textwelten können die atl. Texte vom NT her gelesen werden, wie auch die ntl. von den atl. her, ohne die Exklusivität dieser Textwelt zu behaupten. Aufgrund der unterschiedlichen Textwelten ergeben sich dann auch zwanglos unterschiedliche Sinnpotenziale der Texte. Jesaja im intertextuellen Bezug einer jüd. Textwelt motiviert andere Sinnerzeugungen als Jesaja im intertextuellen Bezug christl. Textwelten. Damit ist auch die wohlgemeinte Rede vom doppelten Ausgang der Hebräischen Bibel in Judentum und Christentum zugunsten eines pluralen Sinnkonzepts überholt, das nicht nur auch die Brüche und Kontroversen innerhalb jüd. und christl. Glaubensrichtungen einzubeziehen in der Lage ist. Vielmehr können damit auch die islamischen Textwelten gleichermaßen in das Gespräch miteinbezogen werden, Intertextualität zielt auf ein plurales Miteinander, das Traditionen und gewachsenen Identitäten Raum gibt und sich zugleich gegen jeden exklusiven Fundamentalismus wohlbegründet ideologiekritisch zur Wehr setzt.

Aus dieser Vielfalt der Fragemöglichkeiten ergibt sich für die ntl. Forschung die notwendige Aufgabe eines ausgiebigen Quellenstudiums antiker Literatur, und zwar nicht nur der jüd. und gr.-hell., sondern ebenso der röm. Literatur. Sicherlich bieten die Textwelten der Antike nicht die einzige Möglichkeit, das NT im Zusammenhang antiker Kultur zu lesen, wie es zu Recht insbes. die archäologische Forschung nachhaltig betont. Aber welche reichhaltigen literaturgeschichtlichen und -ästhetischen Möglichkeiten intertextuelle Verfahren bieten, das NT bzw. seine Schriften im Zusammenhang mit antiker Kultur wahrzunehmen, sollte deutlich geworden sein. Da dieses Konzept auch von Gräzisten und Latinisten aufgegriffen worden ist,[15] liegen hier auch völlig neue interdisziplinäre Forschungsmöglichkeiten bereit. Selbstverständlich wird das Konzept auch für die atl.[16] und außerkanonische[17] Literatur fruchtbar gemacht.

---

[14] Vgl. *R. B. Hays*: Echoes of Scripture in the Letters of Paul, New Haven/London 1989; *ders*.: Can the Gospels Teach us How to Read the Old Testament?, Pro Ecclesia 11, 2002, 402–418; *H. Hübner*: Intertextualität – die hermeneutische Strategie des Paulus. Zu einem neuen Versuch der theologischen Rezeption des Alten Testaments im Neuen, in: *Ders*.: Biblische Theologie als Hermeneutik. Gesammelte Aufsätze, hrsg. von *A. Labahn/M. Labahn*, Göttingen 1995, 252–271; *ders*: Biblische Theologie des Neuen Testaments, 3 Bde., Göttingen 1990–1995; *G. Steins*: Die Bindung Isaaks im Kanon (Gen 22), Neukirchen-Vluyn 1999.

[15] Vgl. dazu Anm. 11 und die Bibliographie in *Fowler*: Roman Construction (Anm. 10).

[16] Vgl. u.a. *U. Bail*: Gegen das Schweigen klagen. Eine intertextuelle Studie zu den Klagepsalmen Ps 6 und Ps 55 und der Erzählung von der Vergewaltigung Tamars, Gütersloh 1998.

[17] Vgl. *R. F. Stoops/D. R. MacDonald* (eds.): The Apocryphal Acts of the Apostles in Intertextual Perspectives, Atlanta 1997.

Literatur
S. Alkier: Intertextualität – Annäherungen an ein texttheoretisches Paradigma, in: *D. Sänger* (Hg.): Heiligkeit und Herrschaft. Intertextuelle Studien zu Heiligkeitsvorstellungen und zu Psalm 110, Neukirchen-Vluyn 2003, 1–26. – *Ders.*: Zeichen der Erinnerung – Die Genealogie in Mt 1 als intertextuelle Disposition (im Druck). – *Ders. u.a.*: Intertextualität – Auswahlbibliographie, in: *D. Sänger* (Hg.): Heiligkeit und Herrschaft (s.o.), 206–214. – *D. Boyarin*: Intertextuality and the Reading of Midrash, Bloomington 1990. – *S. Draisma* (ed.): Intertextuality in Biblical Writings. Essays in Honour of B. van Iersel, Kampen 1989. – *R. B. Hays*: Echoes of Scripture in the Letters of Paul, New Haven/London 1989. – *S. Hinds*: Allusion and Intertext. Dynamics of Appropriation in Roman Poetry, Cambridge 1998. – *S. Holthuis*: Intertextualität. Aspekte einer rezeptionsorientierten Konzeption, Tübingen 1993. – *S. Moyise*: Intertextuality and the Study of the Old Testament in the New, in: *Ders.* (ed.): The Old Testament in the New. Essays in Honour of J. L. North, Sheffield 2000, 14–41.

1.3.1.2 Pseudonymität und Pseudepigraphie
(*Ruben Zimmermann*)

Pseudepigraphe Schriften im NT
Joh; Eph; Kol; 2Thess; 1Tim; 2Tim; Tit; Jak; 1Petr; 2Petr; 2Joh; 3Joh; Jud

Während die Literatur des Alten Orients überwiegend anonym überliefert wurde, hat sich die Vorstellung einer „individuellen Verfasserschaft" bis hin zum Konzept des „geistigen Eigentums" in der gr. Antike (ca. seit dem 7./6. Jh. v.Chr.) entwickelt. Neben die orthonyme Angabe des tatsächlichen Autors einer Schrift trat hier bald der Gebrauch „pseudonymer" Verfassernamen. Anders als bei der neuzeitlichen Verwendung von Pseudonymen, bei der ein Deckname meist die wahre Identität des Autors verbergen soll,[1] erfüllten die unechten Verfasserangaben in der Antike vielfach eine legitimierende Funktion, d.h. einer Schrift sollte durch den Namen einer Autorität der Vergangenheit Geltung verschafft werden.

Obgleich auch in der Antike Formen der „Echtheitskritik" vorhanden waren und Fälschungen verurteilt wurden,[2] darf das Phänomen der Pseudepigraphie (wörtl. „mit falscher Überschrift") nicht mit den Kategorien eines modernen historischen Bewusstseins bzw. den Maßstäben der Korrespondenzwahrheit beurteilt werden. Gegenüber pauschalen Werturteilen, bei denen die P. entweder als allgemein akzeptiertes Stilmittel historisch verharmlost oder als illegitime literarische Fälschung ethisch verurteilt wird,[3] sind verschiedene Formen der P. mit je unterschiedlichen Entstehungsbedingungen und -begründungen zu differenzieren:

---

[1] Vgl. die Beispiele bei *M. Wolter*: Pseudonymität II. Kirchengeschichte, TRE 27, 1997, 662–670.
[2] So z.B. Porphyrios zu den pythagoräischen Schriften oder Galen zum Corpus Hippocraticum; im Urchristentum etwa der Kanon Muratori, der den ps-pln. Laodizener- und den Alexandrinerbrief als „Fälschungen" verurteilt; vgl. dazu den chronologischen Abriss sowie die Nennung namentlich bekannter Fälscher bei *Speyer* 1971, 112–131; ferner *Baum* 2001, 21–30.
[3] Vgl. zur theologischen Problematik *Zimmermann* 2003, 27f.

Formen der Pseudepigraphie im antiken Schrifttum
Von einer *überlieferungsgeschichtlichen P.* kann man sprechen, wenn im Lauf der Tradierung (ursprünglich anonyme) Schriften an einen bestimmten Personennamen gebunden wurden (z.B. in der gr. Tradition: medizinische Texte an Hippokrates; in der jüd. Tradition: Psalmen an David, Weisheitstexte an Salomo). Bei der *literarischen bzw. gattungsbedingten P.* wurde die pseudonyme Verfasserschaft durch die literarische Perspektive vorgegeben: So wurden z.B. Apokalypsen als Visionsberichte (Hen; OffbMos; OffbJes) oder Testamente als Vermächtnisschriften (TestXII) einer biblischen Gestalt stilisiert. Im gr. Schrifttum wäre hier vor allem an die Arbeiten der Rhetoren zu denken, die in literarischer Fiktion nicht nur Reden und Dialoge, sondern auch Urkunden und Briefe „erfunden" haben. Ein interessantes Beispiel aus dem jüd.-hell. Bereich ist z.B. der Aristeasbrief (→1.3.2.7), bei dem sich der Verfasser als hochgestellter Beamter am Hof des Ptolemaios II. Philadelphos ausgibt, um die gr. Übersetzung (LXX) der hebr. Bibel zu legitimieren (→1.3.2.1). Häufig begegnet ferner eine *imitative P.*, bei der Schriften inhaltlich und stilistisch eng an normative Werke anerkannter Autoritäten angelehnt wurden. Besonders in den antiken Philosophen- und Ärzteschulen war es üblich, dass Schüler nicht nur Schriften des Lehrers herausgegeben, sondern auch eigene Arbeiten in Anerkennung des Lehrers unter dessen Namen veröffentlicht haben (z.B. Ps-Pythagoras, Ps-Heraklit, ps-platon. Briefe etc.). *Zufällige bzw. technisch bedingte P.* liegt dann vor, wenn die falsche Verfasserangabe durch irrtümliche Zuschreibungen (z.B. durch Abschreiber oder bei Namensgleichheit) erfolgte, auf Missverständnissen beruhte (z.B. wenn Stilübungen als „echt" eingestuft wurden) oder durch besondere Umstände der Entstehung einer Schrift (z.B. Sekretärsarbeit; Stellvertretung wegen Gefangenschaft des genannten Autors) verursacht war. Umstritten bleibt, ob man von einer *„echten religiösen bzw. offenbarungstheologischen P."*[4] als eigener Form sprechen kann, bei der ein Autor in innerer Identifizierung, sei es durch Inspiration, Diktat oder Vision die Botschaft eines Gottes niederschrieb (z.B. JHWH-Sprüche der Propheten; Orakel an gr. Heiligtümern). Schließlich kann die *literarische Fälschung* als Sonderfall der P. betrachtet werden, bei der ein Autor aus eigennützigen (z.B. politischen oder finanziellen) Interessen und in bewusster Täuschungsabsicht der Rezipienten die falsche Verfasserangabe einführt. So hat z.B. Anaximenes v. Lampsakos nach dem Zeugnis von Pausanias (6,18,5) eine Schmähschrift unter dem Namen seines Feindes Theopompos veröffentlicht, um dessen Ruf zu schädigen.

Pseudepigraphie im NT und Urchristentum
In der ntl. Tradition finden sich Formen einer *überlieferungsgeschichtlichen P.*, sei es, dass einzelne Logien bzw. Reden Jesus in den Mund gelegt wurden, sei es, dass anonyme Schriften zumindest im Laufe ihrer Wirkungsgeschichte mit dem Namen apostolischer Autoritäten verbunden wurden (Evv, Hebr, 1Joh). Von einer *literarischen P.* könnte man beim joh Schrifttum sprechen, denn auch wenn nicht ausgeschlossen werden kann, dass sich die Verfasseran-

---

[4] So *Speyer* 1971, 35–37, ähnlich *P. Pokorný*: Pseudepigraphie. I, TRE 27, 1997, 645–655, hier 647.

gaben wie „der Jünger, den Jesus liebte" (Joh 21,20.24), „der Alte" (2Joh 1; 3Joh 1) oder „Johannes von Patmos" (Offb 1,9) auf historische Personen beziehen, kann man hier doch aus rezeptionsästhetischer Sicht Pseudonyme erkennen, die eine bestimmte literarische Funktion erfüllen sollten (z.b. der Lieblingsjünger in Joh als idealer Jünger). Größere Relevanz haben zweifellos Formen der *imitativen P.*, wie sie sich bei einigen Briefen des NT zeigen. Aus sprachlich-stilistischen, theologischen sowie zeitgeschichtlichen Gründen muss bei einer Reihe von Briefen, die Paulus als Verfasser nennen, davon ausgegangen werden, dass der Apostel selbst die Briefe nicht geschrieben hat. Während dies für 2Thess und Kol umstritten ist, wird die P. von Eph oder den Pastoralbriefen (1–2Tim, Tit) allgemein anerkannt. Einen ausgeprägt imitativen Charakter tragen 2Thess, der sich formal und inhaltlich eng an 1Thess anlehnt, sowie Kol und Eph, die deutlich in inhaltlicher Kontinuität zur pln. Theologie stehen. Die ausgereifteste Form der ntl. P. zeigt sich bei den Pastoralbriefen, die nicht nur eine „doppelte Pseudonymität"[5] im Blick auf Verf. und Adressaten aufweisen, sondern durch die fingierte Briefsituation (z.B. 1Tim 1,3), „Paulusanamnesen" (z.B. 1Tim 1,12–17) und Personalnotizen (z.B. 2Tim 1,15–18) ein umfassendes Bild pln. Verfasserschaft entwerfen wollen. Im Gewand dieser fiktiven, aber offenbar autoritativen Kommunikationssituation werden dann die gegenwärtigen Probleme der eigentlichen Adressaten verhandelt (z.B. zur Kirchenordnung). Dabei wird sichtbar, dass sich urchristl. Autoren wie hier aus der „Paulusschule"[6], möglicherweise in Auseinandersetzung mit Gegnern ermächtigt sahen, die P. als literarisches und theologisches Mittel einzusetzen, um gleichermaßen die Traditionskontinuität und Aktualität ihrer Botschaft zum Ausdruck zu bringen. Eine gewisse Verselbstständigung der Rückbindung an Apostelnamen zeigt sich bei den katholischen Briefen (1–2Petr; Jud; Jak); zumindest liegen hier keine orthonymen Briefe vor, durch die der Nachweis einer stilistischen und inhaltlichen (Dis-)Kontinuität möglich wäre. Hier bahnt sich vielmehr der Weg an, der dann im 2. und 3. Jh. weitergegangen wird. In dieser Zeit ist die P. eine beliebte Form der Literaturproduktion, die oft jenseits inhaltlich-theologischer Kontinuitätsbemühungen bei unterschiedlichen Textsorten (z.B. EvPetr; ActPaulThecl; ApkPl; Laodizenerbrief), in gegensätzlichen theologischen Gruppierungen (z.B. auch in der Gnosis, vgl. Nag Hammadi-Texte) und unter Heranziehung verschiedenster urchristl. Namen (neben Apostelnamen wie Thomas, Petrus z.B. auch Clemens, vgl. Ps-Clementinen) begegnet.

Literatur
A. D. Baum: Pseudepigraphie und literarische Fälschung im frühen Christentum, Tübingen 2001. – *N. Brox*: Falsche Verfasserangaben, Stuttgart 1975. – *R. Burnet*: La pseudépigraphie comme procédé littéraire autonome: L'exemple des pastorales, Apocrypha 11, 2000, 77–91. – *M. Frenschkowski*: Pseudepigraphie und Paulusschule. Gedanken zur Verfasserschaft der Deuteropaulinen, insbesondere der Pastoralbriefe, in: *F. W. Horn* (Hg.): Das Ende des Paulus, Berlin u.a., 2001, 239–272. – *M. Hengel*: Anonymität, Pseudepigraphy

---

[5] Vgl. dazu *E. Reinmuth*: Zur neutestamentlichen Paulus-Pseudepigraphie in: *N. Walter u.a.*: Die Briefe an die Philipper, Thessalonicher und an Philemon, Göttingen 1998, 190–202, hier 193f.
[6] Vgl. dazu *Frenschkowski* 2001, 253–262.

und „literarische Fälschung" in der jüdisch-hellenistischen Literatur, in: *Ders.*: Judaica et Hellenistica, Tübingen 1996, 196–251. – *O. Hochadel/U. Kocher* (Hgg.): Lügen und Betrügen. Das Falsche in der Geschichte von der Antike bis zur Moderne, Köln 2000. – *M. Janßen*: Unter falschem Namen. Eine kritische Forschungsbilanz frühchristlicher Pseudepigraphie, Leiden u.a. 2003. – *D. G. Meade*: Pseudonymity and Canon, Tübingen 1986. – *W. Speyer*: Die literarische Fälschung im heidnischen und christlichen Altertum, München 1971. – *Ders.* (Hg.): Pseudepigrahie in der heidnischen und jüdisch-christlichen Antike, Darmstadt 1977. – *R. Zimmermann*: Unecht – und doch wahr? Pseudepigraphie im Neuen Testament als theologisches Problem, ZNT 12, 2003, 27–38.

1.3.1.3 Allegorese, Typologie, Midrasch (*Gerhard Sellin*)

Stellen im NT
Mt 13,24–30.36–43; 22,1–14; Mk 4,1–34; 8,14–21; 12,1–12; Joh 6,31–58; Röm 5,12–21; 1Kor 9,9; 10,1–13; 15,21f.45–47; 2Kor 3,7–11; Gal 4,21–31; Hebr 7,1–3; 10,20

Der Gebrauch historisch abständiger Texte macht Interpretation erforderlich. Diese kann zunächst durch Fort- und Umschreibung der Texte geschehen. Sind die Texte jedoch über ihre (mündliche oder schriftliche) Fixierung hinaus kanonisiert, kann Interpretation nur noch metatextlich erfolgen, d.h. als Kommentar.

Allegorese/Allegorie
In der gr. Antike hatten die Epen Homers weitgehend kanonische Geltung. Doch schon im 5. Jh. v.Chr. gebrauchten einige vorsokratische Philosophen (Anaxagoras, Metrodor von Lampsakos) eine Methode, mit der sie die mythischen Aussagen Homers oder Hesiods plausibel zu interpretieren versuchten: die *Allegorese*, eine Methode, die den Umgang mit Mythen bis ins 18. Jh. prägte. Die Allegorese stellt wahrscheinlich den Anfang der Exegese von fixierten und kanonisierten Texten überhaupt dar. Zugleich bezeugt ihr Aufkommen den Anfang eines hermeneutischen Bewusstseins. Sie entstand in einer besonderen Situation: Ihre Voraussetzung ist eine Gesellschaft, die ihre Mythen überwiegend nur noch als schriftliche Epen besitzt. Der lebendige Mythos hatte noch eine unmittelbare soziale Bedeutung (→1.3.3.1). Im schriftlichen Epos aber verliert er seine gesellschaftsfundierende Funktion, und seine Symbole werden zu Chiffren, die auf einen für die Gegenwart akzeptableren („vernünftigen") Sinn *hinter* der manifesten Bedeutung der Wörter verweisen. Als die Schrift dem Mythos seine Unmittelbarkeit genommen hatte, wurde die Interpretation als Auflösung der so entstandenen *kognitiven Dissonanz* (des Widerspruchs zwischen wörtlicher Aussage des Textes und Plausibilitätssystem der Gegenwart des Interpreten) notwendig. In dieser Situation, als der Mythos seine Selbstverständlichkeit verlor, entstand die gr. Aufklärung. Da die von Homer geschilderten Handlungen von Göttern und Helden der Moral und Vernunft widersprachen, wurden sie mittels der Allegorese (um)gedeutet – entweder physikalisch, wobei die Götter als Substitute für die Elemente verstanden wurden (z.B. Hera = die Luft; Poseidon = das Meer, das Wasser), oder ethisch, wobei die Helden bestimmte Tugenden darstellten. In der Stoa wurde diese Methode (als *substitutionelle* Allegorese) systematisiert:

1.3.1.3 Allegorese, Typologie, Midrasch

Die manifesten Bedeutungen der Zeichen eines Textes A werden durch andere Bedeutungen aus einem Text B ersetzt, wobei die beiden Texte eine gewisse strukturelle Analogie haben müssen. Ein Beispiel: Bei Homer Od. 22 wird erzählt, wie die Freier der scheinbar verwitweten Penelope sich einstweilen mit den Mägden abgeben, weil sie an Penelope nicht herankommen. In der stoischen Allegorese werden die Mägde als die enzyklischen (propädeutischen) Wissenschaften (Grammatik, Rhetorik, Dialektik, Arithmetik, Geometrie, Astronomie, Musiktheorie) gedeutet, und die Freier sind deren Schüler. An die wahre Weisheit (Penelope) aber kommen diese nicht heran. Sie ist nur für den dazu Auserwählten wahren Weisen (Odysseus) bestimmt. – Von dieser Art der Allegorese ist eine andere zu unterscheiden, die vor allem von den Neuplatonikern gebraucht wird, die aber schon bei Plutarch und Philo von Alexandria (→1.3.2.5) vorkommt und auf Platos Methode der *Dihairese* basiert (*dihairetische* Allegorese). Sie beruht auf der Ideenlehre. Die Ideen sind hierarchisch wie eine Pyramide geordnet: „Das Intelligible faltet sich über viele Vermittlungsstufen durch analogische Zusammenhänge in das Wahrnehmbare und Vorstellbare aus, so dass eine Rückführung des Ausgefalteten methodisch sicher möglich ist, wenn der Dichter die analogischen Zusammenhänge selbst richtig erkannt und daher die rechten Bilder gefunden hat" (Bernard 1990, 91). Die Ideen sind zugleich als personale Kräfte (Götter, Engel, Dämonen) vorgestellt. Im Prinzip findet sich diese Methode der platonischen Allegorese schon bei Philo, der sie offenbar voraussetzt, doch lassen sich ihre Anfänge vor Philo nicht mehr feststellen. – Im NT gibt es allegorische Interpretationen vor allem im synoptischen Gut der narrativen Gleichnisse und bei Paulus. Was die Gleichnisse betrifft, so ist zunächst zu unterscheiden zwischen Allegorie und Allegorese. Allegorie ist ein nach einem Schlüssel chiffrierter Text (z.B. Mk 12,1–12; Mt 22,1–14), der bei Kenntnis des Schlüssels dechiffriert werden kann. Eine Allegorese ist eine *Interpretation* eines Textes, den der Interpret für eine Allegorie *hält* (so, wie die Neuplatoniker Homers Mythen und Philo die Texte seiner Bibel für allegorisch halten). Mt 13,36–43 stellt eine Allegorese von Mt 13,24–30 dar, eines Textes, der nicht zwingend als Allegorie angesehen werden muss. Mk stellt künstlich alle Gleichnisrede Jesu als nur für Eingeweihte verständlich vor (Mk 4,10–12.33–34). Der Musterfall einer ntl. Allegorese ist Gal 4,21–31, wo ein größerer Erzählzusammenhang (Gen 15–17; 21: Abraham, seine beiden Frauen und seine beiden Söhne) interpretiert wird. In Philos Allegorese war Isaak Typ des Charismatikers. An eine solche allegorische Auslegung kann Paulus anknüpfen: Isaak steht für das „geistliche" Gottesverhältnis, das nicht an die leibliche Abrahamskindschaft gebunden ist.

Typologie
Die *Typologie* (genauer: *Typologese*) ist ein hermeneutisches Modell, das auf den ersten Blick von der Allegorese nicht scharf zu trennen ist. Die *Typologese* im engeren Sinne allerdings ist erst ein christl. Konzept. „Sie besteht in der Zusammenschau zweier Geschehnisse, Einrichtungen, Personen oder Dinge, deren je eines aus dem AT und dem NT gegriffen und zu einem Ereignispaar derart verbunden wird, dass durch die Zuordnung zu einem spiegelnden Sichbeleuchten ein Sinnzusammenhang zwischen den beiden an den Tag gebracht wird ... Das typologische Denken wurzelt im Glauben an die das Alte und das

NT überbindende Einheit der Offenbarung Gottes, deren Geschiedenheit in der Zeit durch ihre Einheit in der Hingerichtetheit auf Christus aufgehoben wird" (Ohly 1988, 22f). Diese korrelierende Methode setzt eigentlich das NT schon voraus (insofern Korrelationen in beiden Testamenten gefunden werden), doch gibt es auch schon im NT selbst Bezugnahmen auf atl. „Vor-Bilder". Von „Typologie" sollte man hier aber erst dann sprechen, wenn zwischen Vor- und Nachbild a) ein zeitlicher Abstand besteht und b) das Nachbild das Vorbild überbietend vollendet. Das heißt: *Typologese* (als hermeneutisches Modell) setzt ein Konzept von Heilsgeschichte voraus. Dadurch unterscheidet sie sich von der Allegorese. Wo der Begriff *typos* im NT begegnet, fehlen aber diese beiden Kriterien (historischer Abstand und Überbietung) überhaupt (Ostmeyer 2000). Eine Typologese als hermeneutische Methode gibt es im NT demnach noch nicht. Auch in Röm 5,14 ist Adam *typos* des „Künftigen" nur insofern, als er (wie Christus) als Stammvater eines Kollektivs fungiert. Auch in 1Kor 10,6.11 geht es nur um die Analogie zwischen den Wüstenvätern unter der Wolke und den korinthischen Getauften. 1Kor 10,11 bringt jedoch einen eschatologischen Aspekt hinzu, der nun hermeneutisch relevant ist: Die Ereignisse in der Wüstenzeit „geschahen an jenen ‚modellhaft' [so übersetzt Ostmeyer *typikōs*], geschrieben aber sind sie zur Warnung für uns, auf die das Ende der Zeiten gekommen ist".

Midrasch
Eine solche eschatologische Aktualisierung ist hermeneutisches Prinzip in der Pescher-Auslegung einiger Kommentare (zu Propheten und Psalmen) unter den Qumranschriften (z.B. 1QpHab). Entstanden ist die Pescher-Methode wohl ca. 100 v.Chr. Sie geht auf die Traumdeutung zurück und setzt dabei eine doppelte Inspiration voraus: Inspiration des Schriftverfassers der kanonischen Texte (entsprechend dem Träumer) und Inspiration des Deuters (entsprechend dem Traumdeuter). Die Aussagen des Textes werden direkt auf die Gegenwart bezogen: „Wenn es heißt: ‚Wegen der Bluttaten an der Stadt und der Gewalttat am Lande' (Hab 2,17), so ist seine Deutung: Die Stadt, das ist Jerusalem, wo der gottlose Priester Gräuel verübte ..." (1QpHab 12,7f). – Davon zu unterscheiden ist die Hermeneutik der Gattung des *Midrasch*, eines Kommentars biblischer (atl.) Schriften. Diese Gattung und ihre Methode haben sich erst im rabbinischen Judentum (ab 100 n.Chr.) herausgebildet, doch liegen ihre Anfänge wohl früher im hell.-synagogalen Judentum. Im Unterschied zur Pescher-Auslegung beruht sie auf einer hermeneutisch reflektierten Methodik, die in den sieben Interpretationsregeln (*Middot*) Hillels, den 13 Middot R. Jischmaels und den 32 Middot R. Eliezers Ausdruck gefunden hat. Der biblische Konsonantentext gilt als buchstäblich inspiriert. Die Deutung aber ist eine kreative Auslegung, die z.B. durch Änderung der Vokalisierung und mittels der Middot zu überraschenden, teils kühnen Interpretationen kommt. In der rezeptionsästhetischen Literaturwissenschaft sowie in der von dieser beeinflussten Exegese der biblischen Schriften hat die Midraschhermeneutik deshalb große Aufmerksamkeit gefunden. – Die Midraschim lassen sich auf zwei Weisen in Untergattungen einteilen: (1.) in *halakhische* Midraschim (Auslegung biblischer Gesetzestexte) und *haggadische* Midraschim (Auslegung überwiegend erzählender und weisheitlicher Texte), (2.) in *Ausle-*

gungs-Midraschim und *Homilien*-Midraschim. Die letztgenannten haben ihren *Sitz im Leben* im Synagogengottesdienst. Auch von ihnen gibt es zwei Arten: das „Proem", das zur Tora-Lesung hinführt und mit einem Zitat aus den *Ketubim* (dem neben Tora und Propheten dritten Teil der jüd. Bibel) beginnt, und die eigentliche Homilie, die auf die Tora-Lesung folgt und deren Anfangsverse zitiert, einzelne Begriffe daraus deutet, Prophetenzitate (*Haftarot*) heranzieht und nach einer Wiederholung des Anfangsverses der Tora-Lesung eine *conclusio* aufstellt. Für diese Form des homiletischen Midrasch, in dem verschiedene Zitate nach einem festen Schema verbunden werden, gibt es Analogien im NT. So entspricht (nach Borgen 1995) Joh 6,31–58 im Aufbau einem homiletischen Midrasch: (1) Zitat bzw. Referat aus der Tora: Ex 16,4.15 (Joh 6,31); (2) Jes 54,13 als *Haftara* (Joh 6,45); (3) Zitate oder Paraphrasen einzelner Elemente aus der Toralesung im weiteren Verlauf; (4) *conclusio*. Insgesamt bezieht sich diese Midraschform mehr auf ganze Textpassagen oder Perikopen als auf einzelne Zitate. – Man erkennt an diesem Aufbau zweierlei: einmal die Nähe zum Aufbau der Traktate Philos im allegorischen Kommentar und in den *Quaestiones*, wo die Lemmata aus den Toratexten durch sekundäre Zitate (oft aus Psalmen oder Propheten) ergänzt und gedeutet werden, zum anderen den Einfluss der gr.-röm. Rhetorik. Auszuschließen ist die Annahme, dass die Allegorese Philos auf eine (proto)rabbinische Midrasch-Exegese zurückgehe.

Literatur
W. *Bernard*: Spätantike Dichtungstheorien. Untersuchungen zu Proklos, Herakleitos und Plutarch, Stuttgart 1990. – P. *Borgen*: Bread from Heaven, Leiden 1965. – D. *Dawson*: Allegorical Readers and Cultural Revision in Ancient Alexandria, Berkeley 1992. – A. *Goldberg*: Formen und Funktionen von Schriftauslegung in der früh-rabbinischen Literatur, in: J. *Assmann/B. Gladigow* (Hgg.): Text und Kommentar. Archäologie der literarischen Kommunikation IV, München 1995, 187–197. – L. *Goppelt*: Typos. Die typologische Deutung des Alten Testaments im Neuen, Gütersloh 1939 (ND 1969). – G. *Kurz*: Metapher, Allegorie, Symbol, Göttingen 1982. – F. *Ohly*: Typologie als Denkform der Geschichtsbetrachtung, in: V. *Bohn* (Hg.): Typologie, Frankfurt a.M. 1988, 22–62. – K.-H. *Ostmeyer*: Typologie und Typos: Analyse eines schwierigen Verhältnisses, NTS 46, 2000, 112–131. – G. *Sellin*: Die Allegorese und die Anfänge der Schriftauslegung, in: H. *Graf Reventlow* (Hg.): Theologische Probleme der Septuaginta und der hellenistischen Hermeneutik, Gütersloh 1997, 91–138. – W. R. *Stegner*: The Ancient Jewish Synagogue Homily, in: D. E. *Aune* (ed.): Graeco-Roman Literature and the New Testament, Atlanta 1988, 51–69. – G. *Stemberger*: Midrasch. Vom Umgang der Rabbinen mit der Bibel. Einführung – Texte – Erläuterungen, München 1989.

1.3.2 Genuin jüdische Literatur

1.3.2.1 Die Septuaginta (LXX) als Übersetzungscorpus
(*Folker Siegert*)

Stellen im NT
Alle Schriftzitate (bei Paulus, Mt und Joh können sie nach dem Hebräischen variiert sein); Apg 8,28 (eine LXX-Jesajarolle); 15,21 (Mose wird in den Synagogen gelesen); ferner Lk

16,16 (*nomos* „Gesetz"); Röm 7 (*nomos*); Joh 5,39 (*graphē* „Schrift"); 2Kor 3,14 („Altes Testament"); 2Tim 3,15f; 2Petr 1,20 (Inspiration der Schrift)

Etwas für die Antike Untypisches eröffnet diesen Abschnitt: heilige Schriften im Umfang von vielen hundert Seiten (oder über einem Dutzend Rollen), nichts davon geheim, sondern je wichtiger, desto bekannter durch synagogale Lesungen, und – alles übersetzt in die damalige Weltsprache Griechisch.

Name, Entstehung und Bezeugung der LXX
Schriftliches Übersetzen war in der Antike etwas Seltenes. Die Verwaltungen mancher Großreiche (Babylonien, Persien, Rom) waren zwar von vornherein zweisprachig, und es gibt mehrsprachige Inschriften (z.B. den Rosetta-Stein) mit jeweils gr. Bestandteilen; doch war es nicht üblich, Bücher oder gar ein Büchercorpus zu übersetzen. Wer als Orientale im Westen gelesen werden wollte, musste in der Sprache und in den literarischen Konventionen der Griechen Neues schaffen: Berosos hat so in hell. Zeit die Geschichte Babyloniens neu geschrieben, ebenso Manetho die Ägyptens. Im 1. Jh. n.Chr. tat Josephus (→1.3.2.6) desgleichen für die jüd. Geschichte – zu spät, um noch von der Offenheit der hell. Epoche für alles Orientalische zu profitieren.
Der Umstand, dass die Tora innerhalb des Judentums als „väterliches Gesetz" in Geltung stand, im Original aber nicht mehr verständlich war, führte dazu, dass man sich im Judentum Alexandrias in frühptolemäischer Zeit zu dem ungewöhnlichen Schritt des Übersetzens entschloss. Die Übersetzungstätigkeit erstreckt sich vom 3. Jh. v.Chr. bis in christl. Zeit. Beim Buch Qohelet ist sie nicht mehr angekommen: Von diesem Buch haben wir nur die Aquila-Fassung.
Die Ursprungslegende der LXX-Übersetzung – sicherlich die wirkungsvollste Legende der westlichen Literaturgeschichte – steht in dem pseudepigraphen *Aristeasbrief* (→1.3.2.7), dem fingierten Schreiben eines Griechen namens Aristeas an seinen Freund Philokrates, der ihm über die ungewöhnlichen Umstände der neuesten Anschaffung der Bibliothek zu Alexandria berichtet. Danach wäre es Ptolemaios II. Philadelphos, zweiter Grieche auf dem Pharaonenthron, höchstpersönlich gewesen, der ein gr. Exemplar der Gesetzgebung, an die die Juden seines Landes sich gebunden fühlten, für die alexandrinische Bibliothek bestellte. 72 (6 x 12) jüd. Weise aus allen zwölf Stämmen hätten, aus Judäa kommend, die Übersetzung auf seine Kosten ausgeführt. Das führte zu der vereinfachten Bezeichnung „Übersetzung der Siebzig", die genau genommen übrigens nur für den Pentateuch gilt, den *nomos*.
Seit Elias Bickermann ist die Forschung gewillt, ein Interesse des Ptolemäers am jüd. Gesetzestext anzunehmen. Von einem seiner Nachfolger, Ptolemaios VI., an den der alexandrinische Jude Aristobulos seine Auslegungen mosaischer Texte richtete, ist dies sogar belegt. Bei alledem ist jedoch der Eingang des übersetzten jüd. *nomos* in die Bibliothek des Musentempels eine fragliche Vorstellung. Der Text war eindeutig *nicht* Literatur; er lief dem Ästhetizismus gerade der Alexandriner diametral entgegen. Auch als Archivstück für die ptolemäische Verwaltung kann man sich den *nomos* nur schwer vorstellen: Sollte seine amtliche Aufbewahrung bedeuten, dass die Juden Alexandrias und Ägyptens nach Sonderrechten leben durften?

1.3.2.1 Die Septuaginta (LXX) als Übersetzungscorpus

Am deutlichsten ist das Interesse der Juden selbst, ihr Gesetz auch in gr. Sprache lesen zu können. In Apg 15,21 gilt der Brauch, „Mose" in den Synagogen vorzulesen und auszulegen, bereits als uralt, und Synagogen sind gerade in Ägypten schon ab dem 3. Jh. v.Chr. bezeugt. Spätere Legende (etwa Philo vita Mos. 2,25–44; im Talmud vgl. Megilla 9a) macht aus der Gemeinschaftsarbeit eine Leistung von 72 Einzelnen, die unabhängig voneinander zu einem wörtlich identischen Ergebnis kommen. 2Tim 3,16f bringt diese Auffassung dann auf den Begriff. Die Übersetzer dürften Leute aus dem Stand der Schreiber (*soferim*, gr. *grammateis*) gewesen sein, und zwar solche, die zugleich in – mündlichem – Dolmetschen geübt waren. Sie haben anfangs *Satz für Satz* gearbeitet, nicht Wort für Wort (wie später bei manchen Hagiographen). Die Arbeit an den Propheten liegt etwa in der Mitte.

Der lange Weg zum LXX-Urtext
Unter „Urtext" versteht die LXX-Forschung das erste *griechische* Übersetzungsergebnis, so wie es aus den Händen der Übersetzer in die der Abschreiber überging. Das Hebräische nennt man „die Vorlage". Beide sind uns nicht mehr im Urzustand erhalten, sondern in Abschriften, deren allmählich wachsende Diversität in den Druckausgaben nach Möglichkeit wieder reduziert wird. Über tausend Jahre einer höchst komplizierten Überlieferung müssen von den modernen Editoren überblickt werden, in deren Verlauf zunächst interpretatorische oder editorische Entscheidungen der Übersetzer, auch deren evtl. Fehler, sodann Übermittlungsfehler im Griechischen und redaktionelle Eingriffe in der weiteren Übermittlung in Anschlag zu bringen sind. Die meisten Bücher sind im Laufe der Zeit an den – jeweiligen – Stand des hebräischen Textes angeglichen worden.
Nachträgliche Eingriffe in den Text, die eine einheitliche Absicht oder Methode erkennen lassen, werden als „Rezensionen" bezeichnet. Nach Emanuel Tovs Meinung sind auch die „Übersetzungen" von Aquila, Symmachos und Theodotion eher als Rezensionen der LXX anzusehen, auf der sie nämlich beruhen.
Jüdische Handschriften von LXX-Texten sind selten, aber doch fragmentarisch für einen Teil der Bücher erhalten, auch in Qumran (Höhle 7). Die Hauptzeugen des ganzen (oder fast ganzen) Textes der LXX sind christl.; es sind die großen pergamentenen Majuskelcodices B (Vaticanus), א[1](Sinaiticus) und A (Alexandrinus). Sie enthalten AT und NT in einem, sind also im christl. Sinne „Bibeln", wenn auch mit einem in beiden Testamenten mitunter etwas abweichenden Kanon. Ihr Wert liegt darin, dass sie großenteils noch unberührt sind von der unter Origenes stattgefundenen Fusionierung der Überlieferungslinien: Origenes hatte in seiner Hexapla – einer Nebeneinanderstellung des Hebräischen und der Konkurrenzübersetzungen des Aquila, Symmachos und Theodotion – eine Fassung des LXX-Textes ediert, die zahlreiche Elemente aus den drei anderen Übersetzungen eklektisch mit aufnahm.

---

[1] Der Codex Sinaiticus wird in den LXX-Ausgaben und der einschlägigen Literatur mit dem Siglum „S" belegt, in NT-Ausgaben hingegen mit Aleph.

Die LXX als Übersetzungsleistung. Sprache und Stil
Zwangsläufig griffen die Übersetzer bei ihrer Wortwahl nicht selten zu einer Art von Interpretation: Sie legen sich, ob gern oder ungern, auf einen bestimmten Textsinn fest, und dieser ist selten deckungsgleich mit dem des Ausgangstextes. Daneben gibt es eindeutige Fälle von *Vermeidung* des Interpretierens beim Übersetzen – um den Preis der Unklarheit (James Barr: „imitative technique of translation"). Die Übersetzer des *nomos* wählten den in der ganzen hell. Völkergemeinschaft verständlichen Mittelwert aus allen gr. Dialekten, die *koinē dialektos*. Wortwahl und Syntax sind nichtliterarisch; nur einige der feierlichsten Texte, etwa in den Großen Propheten, insbes. aber im Psalter, sind für lautes Vorlesen geschaffen, im Stil der „asianischen" Kunstprosa, der zwar keine Sing-Melodie vorsieht, aber verlangsamte, rhythmische Satzschlüsse. Dem lapidaren Latein der Vulgata, das einst der hieratische Stil des Westens werden sollte, wurde vorgearbeitet. *Die LXX ist somit der erste große Text in einer „modernen" Sprache* – modern in dem Sinne, dass ein großes Vokabular kombiniert wird mit einer umso einfacheren Syntax.

Der Umgang mit Namen: Transkription, Übersetzung, Ersatz
„Wer den Namen des HERRn nennt, soll des Todes sterben" (Lev 24,16 LXX). Der nur noch vom Hohenpriester auszusprechende Gottesname, das *tetragrammaton onoma* (Philo, vita Mos. 2,115), wurde im Hebräischen bei lautem Lesen durch *adonai* (mit Plural-Vokalisierung) ersetzt; im Griechischen sagte – und schrieb man dann auch bald – *kyrios* (meist ohne Artikel). Mit dieser Wortwahl vermied man beispielsweise *anax*, was ein Titel des Zeus gewesen wäre. Positiv prägte die Einführung des quasi-Namens HERR das Gottesbild im Sinne einer Ausübung von Herrschaft.
Zunamen oder Titel des Gottes Israels werden ähnlich behandelt. *sabaot* (fast nur im Jesaja-Buch so umschrieben) wird meist übersetzt (oder ersetzt) durch die Neubildung *pantokratōr*, ebenso *sela'* („Fels") durch *antilēmptōr* („der mich aufnimmt"), denn an Steine durfte auf keinen Fall gedacht werden. Unendlich wirkungsvoll war die Wiedergabe von *ehje ascher ehje* in Ex 3,14 mit *egō eimi ho ōn*, „Ich bin der Seiende". Philos gesamte Theologie beruht auf dieser Annäherung des Gottes Israels an das „Sein" Platos (→1.3.2.5).

Übersetzungstendenzen der LXX: Begriffe
Im Wortschatz ist das LXX-Griechisch sehr reich. Er überschreitet bei weitem den der Schulwörterbücher und damit der klassischen Lektüre. Alle Varianten des Übersetzungsverfahrens sind möglich: Vokabelgleichungen (*derek* > gr. *hodos*, „Weg", auch im Sinn von „Lebensweise") ebenso wie solche Wiedergaben, die stärker differenzieren als die Vorlage (so für *dābār* „Wort" acht verschiedene Wiedergaben). In anderen Fällen getraute man sich, in einem umgekehrten, auch auf Begriffsbildung hinauslaufenden Verfahren eine hebräische Vielfalt zu vereinfachen: So entstand z.B. aus einer Vielfalt kultischer, an Opferhandlungen gebundener Begriffe der ethische, einheitliche Begriff *hamartia*, „Sünde", Voraussetzung nicht zuletzt der Theologie des Paulus (Röm 9,3–20 usw.). Philosophische Terminologie wurde fast nur im Bereich der Ethik und der Psychologie aufgenommen, so das häufige, höchst wichtige *dianoia* „Gesinnung".

Von bleibender Wirkung bis heute war die Modifizierung gr. Begriffe. So gibt die LXX *berit* mit *diathēkē* wieder, was nicht „Bund" heißt (das wäre *synthēkē*) und auch nicht „Testament" heißen soll (auch nicht in 1Kor 11,25 etc.), sondern „Verfügung, Anordnung". Die Ableitung ist von *diatithesthai* „verfügen"; vgl. etwa Ps 105(104),8f. Es soll an den einseitigen Charakter des Rechtsverhältnisses gedacht werden. Für *tora*, auch für den gelegentlich stehenden Plural *torot*, setzen die „Siebzig" einheitlich den Singular *nomos*, „Gesetz" schlechthin. Auch dieser wurde, d.h. blieb, ein Grundbegriff paulinischen Denkens (Röm 2,12–3,19; 7 etc.). Der *nomos*, das Nationalgesetz, war nun einmal das umfassendste jüd. Proprium.

Darüber hinaus wurden viele Anthropomorphismen in der Rede von Gott vermieden und überhaupt Metaphern gerne aufgelöst. Zweck war nicht poetische Bildkraft, sondern semantische Genauigkeit.

Neologismen – also Neuprägungen gr. Wörter, um nahe an hebräischen Wortbedeutungen zu bleiben –, sind von der Forschung zu Hunderten festgestellt worden, verringern sich jedoch mit der Zahl der Papyrusfunde (→1.3.4.1), die manchen einfach nur nichtliterarischen Ausdruck nunmehr auch für das Profangriechische belegen. Als gute Beispiele werden weiterhin Wörter gelten wie *thysiastērion* für den Jerusalemer Opferaltar (über 400 mal; heidnische Altäre heißen stattdessen ganz gewöhnlich *bōmos*), *holokautōma* (lat. dann *holocaustum*) für ein „Ganzopfer", *proseuchē* für „Gebet" (auch hier unter Vermeidung pagan-kultischen Vokabulars); *prosēlytos* (mit einer sogar gegenüber dem damaligen hebr. *gēr* neuen Bedeutung) für „Proselyt" u.a., auf ethischem *ho plēsion* „der Nächste" für *rea'*, was erst nur für Mitjuden gegolten hätte. Für „schaffen" hatte man zunächst nur *poiein*, fand dann aber die Metapher *ktizein* (eigtl. „gründen"), daher dann *ktisis* „Schöpfung" als Terminus.

Übersetzen und Edieren. Intertextualität und Biblische Theologie
Die Regel, nichts hinzuzutun und nichts wegzulassen (Dtn 4,2; 12,32) galt im strengen Sinne nur für den *nomos*, in dem sie auch steht. Doch finden sich bereits Anpassungen an die Diasporasituation wie Ex 22,27(28): „Götter (*theous*) sollst du nicht verfluchen" (in Ausnützung des hebr. Plurals *elohim*). Wenn in Ex 15,3 (Moselied) JHWH „wie ein Kriegsmann" eingreift, so wird dies in der LXX regelrecht zensiert zu *syntribōn polemous*: Er ist „Vernichter von Kriegen"; vgl. Jes 42,13. Die Zahlenangaben der Genesis (Lebensalter der Patriarchen; Stammtafeln) werden in der LXX höher gesetzt, anscheinend um Berechnungen gr. Gemeinwesen, die allemal bis zum Trojanischen Krieg hochzugehen trachteten, noch zu übertreffen. Die Perikope über das himmlische Vorbild der irdischen Bundeslade (Ex 36–39), Gegenstand zahlreicher Spekulationen, ist im Hebräischen wie im Griechischen öfters überarbeitet und neu geordnet worden und war der letzte noch nicht fixierte Text im *nomos*.

Implizit wird in Fällen wie dem oben zitierten Jes 42,13 (Rückgriff auf eine LXX-Eigenart in Ex 15,3), die zahlreich sind, *gesamtbiblisches Denken* erkennbar: Die Übersetzer hatten größere Einheiten vor sich, auch im Sinn, als die meisten Verfasser der hebräischen Originale. Sie blickten auf das Ganze beim Übersetzen der jeweiligen Teiltexte in einer „Intertextualität" (→1.3.1.1), wie sie der Hebräischen Bibel so stark nicht eigen ist.

Rezeption und Aktualität der LXX
Philo berichtet aus Alexandrias jüd. Gemeinden, der Tag des Abschlusses der gr. Tora-Übersetzung werde alljährlich als Fest gefeiert (vita Mos. 2,41). Ältester bekannter Benutzer des LXX-Pentateuch ist gegen 200 v.Chr. der Jude Demetrios, gefolgt von Eupolemos, Aristobulos und anderen, meist nicht namentlich bekannten, die auch aus anderen Büchern zitieren.
Philo, dessen Hebräischkenntnis sich auf die Benutzung von Onomastika beschränkt, betrachtet die Übersetzung des *nomos* als eine Gottesgabe an die gesamte Menschheit (vita Mos. 2,35). Die von den Christen von Anfang an (Paulus, Q) für sich beanspruchten heiligen Schriften des Judentums auf Griechisch – damals in ihrem Umfang noch offen – gerieten im rabbinischen Judentum außer Gebrauch, auch wenn die Mischna (mMeg 1,8) sie noch zu kennen scheint. Eine Anzahl von absichtlichen Änderungen der Übersetzer wird verschiedentlich referiert als Anpassung an „König Talmai". Der nachtalmudische Traktat Soferim 1,7 bezeichnet den Tag der Übersetzung des gr. Pentateuchs als Unglückstag; er sei für Israel so schlimm gewesen wie der Tag der Anfertigung des Goldenen Kalbes. Das, was einstmals eine „Tora für den König Talmai" werden sollte, war die Bibel der Christen geworden.

Literatur
J. *Barr*: The Typology of Literalism in Ancient Biblical Translations, Göttingen 1979. – C. *Dogniez*: Bibelübersetzung I.1 RGG I, ⁴1999, 1487–1491. – D. A. *Koch*: Die Schrift als Zeuge des Evangeliums. Untersuchungen zur Verwendung und zum Verständnis der Schrift bei Paulus, Tübingen 1986. – F. *Siegert*: Zwischen Hebräischer Bibel und Altem Testament. Eine Einführung in die Septuaginta, Münster 2001. – *Ders.*: Register zur „Einführung in die Septuaginta", Münster 2002. – E. *Tov*: Die griechischen Bibelübersetzungen, ANRW II 20.1, 1987, 121–189. – *Ders.*: The Greek and Hebrew Bible. Collected Essays on the Septuagint, Leiden 1999.

1.3.2.2 Weisheitsliteratur (*Hermann von Lips*)

Stellen im NT (Auswahl)
Mt 5–7; 8,20; 10,26–31; 11,16–19; 11,25–27.28–30; 12,38–42; 23,34–36.37–39; Mk 2,17.19.21f; 4,2–32; 8,35–37; Lk 6,20–49; 7,31–35; 9,58; 10,21f; 11,29–32; 11,49–51; 12,2–7; 12,22–31; 13,34f; 14,34f; Joh 1,1–18; 3,8.16f.20; 4,10.37.44; 6,35; 7,33f.37f; 8,21; 12,25; 13,16; 15,5.20; Röm 8,3f; 10,6–8; 12,9–21; 1Kor 1,18–2,16; 8,6; 10,1–4; 2Kor 3,17f; 4,4; Gal 4,4f; 5,25–6,10; Eph 1,7–10; 3,4–7.8–11; 4,8–10; 5,15–20; Phil 2,5–11; 4,4–9; Kol 1,15–20.26f; 2,2f; 4,2–6; 1Thess 4,1–12; 5,14–22; 2Tim 1,9–11; Tit 1,2f; Hebr 1,1–4; 13,1–19; Jak (ganz); 1Petr 3,8–17; 4,7–11; 5,5b–9; 1Joh 4,9

Einführung
Jüd. Weisheitsliteratur ist hier im Rahmen des Frühjudentums in den Blick zu fassen, das nach weitgehendem Konsens die Zeit von ca. 200 v.Chr. bis 200 n.Chr. umfasst. Frühjüd. Weisheitsliteratur steht in der Tradition atl. Weisheitsliteratur (Spr, Hi, Koh) und einer damit zusammenhängenden lebendigen Weisheitstradition, die sich z.B. in der Person einzelner Weisheitslehrer konkretisierte (z.B. Jesus Sirach). In frühjüd. Zeit ist auch die hell. Kultur als beeinflussender Faktor mit zu berücksichtigen.

1.3.2.2 Weisheitsliteratur

Ausgangspunkt der Weisheitstradition ist die sog. Erfahrungsweisheit, deren Anliegen es ist, die Welt in ihren Ordnungen und Regeln zu erfassen, um daran die Lebensgestaltung zu orientieren und ein Gelingen des Lebens zu erreichen. Der Niederschlag in Sprichwörtern und Kunstsprüchen, die zu Spruchsammlungen verbunden werden, ist die älteste fassbare Form (Spr 10–30). Eine andere Form ist dann die weisheitliche Mahnrede bzw. Paränese, die statt des Einzelspruchs längere thematische Einheiten umfasst (vgl. mehrfach in Spr 1–9). Eine besondere Traditionslinie sind Weisheitsreflexionen, die sich der Vorstellung der Gestalt oder Person der „Weisheit" widmen, die sich aus der Eigenschaft „Weisheit" entwickelt hat. Die Weisheit kann dabei als den Menschen gegenübertretende Person verstanden werden (Spr 1,20–33), aber auch als göttliches Wesen (Hypostase), das schon bei der Erschaffung der Welt mitgewirkt hat (Spr 8,22–31).

Zur Erfassung der frühjüd. Weisheitstradition, die dann auch ins Urchristentum und so ins NT einwirkte, ist primär die eigentliche Weisheitsliteratur zu berücksichtigen, daneben aber auch die Befunde weisheitlicher Tradition in anderen frühjüd. Schriften.

Als die zwei wichtigsten frühjüd. Weisheitsschriften haben das Buch Jesus Sirach und die Weisheit Salomos Eingang in das gr. AT (LXX →1.3.2.1) gefunden. Das Buch des *Jesus Sirach* hat den traditionellen Charakter der weisheitlichen Spruchsammlung und beinhaltet auch die Form der weisheitlichen Paränese, die verschiedenen Themen der Lebensgestaltung gewidmet ist (Lebensbereich des einzelnen v.a. in Sir 2–23, Leben in der Öffentlichkeit v.a. in 23–50). Besonders charakteristisch ist das Lied von der göttlichen Weisheit in Sir 24, wo deren Weg von der Ewigkeit her zum Volk Israel und nach Jerusalem beschrieben wird und die schließlich mit dem Gesetz des Mose identifiziert wird (24,23). Während das Buch Sirach in Hebräisch geschrieben (Anfang 2. Jh. v.Chr.) und erst später ins Griechische übersetzt wurde (ca. 130 v.Chr.), ist die *Weisheit Salomos* von vornherein in griechischer Sprache geschrieben (1. Jh. v.Chr.). Daher ist diese Schrift stärker von hell. Denken beeinflusst, was sich in der Übernahme des Gedankens der Unsterblichkeit (Weish 2,23; 3,4; 4,1) und des Leib-Seele-Dualismus (8,19f; 9,15) zeigt. In den drei Teilen des Buchs wird zuerst das Streben nach Gerechtigkeit als Voraussetzung für die Gabe der Weisheit thematisiert (1,1–6,21) und dann (6,22–9,18) die erstrebenswerte enge Verbindung mit der göttlichen Weisheit im Bild von Liebe und Ehe formuliert (8,2.9.16–18). Der dritte Teil (10,1–19,22) widmet sich der Geschichte des Volkes Israel, dabei insbes. dem Wirken der Weisheit an Einzelpersonen in dieser Geschichte (9,18–10,21).

Weitere frühjüd. Weisheitsschriften: Die unter dem Namen des gr. Dichters Phokylides (6. Jh. v.Chr.) veröffentlichte, aber wohl erst im 1. Jh. n.Chr. entstandene und daher als *Pseudo-Phokylides* (→1.3.2.7) bezeichnete Schrift ist deutlich jüd. Ursprungs. Im Eingangsteil dieser Spruchsammlung, die biblische Weisheit mit hell. Gnomik verbindet, wird nämlich auf einzelne Gebote des Dekalogs Bezug genommen (3–8). Möglich, aber nicht sicher ist die jüd. Herkunft der Spruchsammlung „Worte des weisen Menander" (*Pseudo-Menander*, ebenfalls nach einem gr. Autor benannt).

In rabbinischer Tradition ist die Spruchsammlung der *Pirke Abot* (Sprüche der Väter) erhalten, und zwar als eigener Traktat der Mischna (dem Grundstock des Talmud als dem zentralen jüd. Lehrwerk). Einzelnen Schriftgelehrten, die in einer langen Traditionsreihe bis auf Mose zurückgeführt werden, werden hier jeweils Einzelsprüche weisheitlicher Art zugeordnet. Insgesamt haben wir für die rabbinische Tradition festzustellen, dass hier die seit Sir verbreitete Gleichsetzung von Weisheit und Gesetz übernommen ist. Verschiedene Weisheitstexte, aber ganz unterschiedlicher Länge, sind in den Schriften der Gemeinschaft von *Qumran* gefunden worden (v.a. in der 4. Höhle, also verschiedene Texte mit der Bezeichnung 4Q). Teilweise sind dies in Qumran entstandene Texte, teilweise aber auch eigenständige Schriften, die in der Bibliothek von Qumran Aufnahme gefunden haben.

Neben eigenständigen Weisheitsschriften sind auch solche frühjüd. Schriften zu erwähnen, die einer anderen Gattung zugehören, aber weisheitliche Texte und Elemente weisheitlicher Tradition enthalten. Hier sind einige griechischsprachige Schriften zu nennen: der *Aristeasbrief* (→1.3.2.7), der die Legende von der Entstehung der gr. Übersetzung der Tora erzählt und in einem großen Dialogteil weisheitliche Tradition aufnimmt. Das mit philosophischem Anspruch auftretende *4. Makkabäerbuch* (→1.3.2.7) bezieht in seine Argumentation auch weisheitliche Terminologie ein (z.B. Definition 4Makk 1,16.17). Das Buch *Baruch* enthält ein wohl nachträglich eingefügtes Lied von der Weisheit (Bar 3,9–4,4), wo diese ebenfalls mit dem Gesetz identifiziert wird und Israel damit als alleiniger Besitzer der Weisheit verstanden wird. Aus der gr. sprechenden Diaspora stammt auch das Buch „*Joseph und Aseneth*" (→1.3.2.7), in dem die Bekehrung der Nichtjüdin Aseneth zum Judentum thematisiert wird, wobei weisheitliche Motive und Begriffe eine Rolle spielen. Mit *Aristobul* und *Philo* von Alexandria (→1.3.2.5) sind zwei jüd. Autoren bzw. Religionsphilosophen zu nennen, in deren Werk die Weisheitstradition deutliche Aufnahme gefunden hat.

Unter den apokalyptischen Schriften (→1.3.2.3) sind herauszuheben: Der *äthiopische Henoch* enthält im Mittelteil (Hen[aeth] 37–73) weisheitliche Terminologie, im Schlussteil weisheitliche Paränesen (93–106). Besonders prägnant ist das Lied von der Weisheit in Hen(aeth) 42, wo deren vergebliche Wohnungssuche auf der Erde und die enttäuschte Rückkehr in den Himmel geschildert wird. Weisheitliche Charakteristika enthalten auch die beiden Apokalypsen *4Esr* und *syrischer Baruch*, wobei die Verbindung von Weisheit und Gesetz auffällt. Weisheitliche Elemente enthält teilweise auch die *Testamentenliteratur*, z.B. paränetische Teile in den Testamenten der 12 Patriarchen (TestXII).

Zu den ntl. Textaussagen
Einfluss der frühjüd. Weisheitsliteratur und Weisheitstradition lässt sich im NT in drei Linien feststellen: in der Jesusüberlieferung, in der Christologie und in den paränetischen Texten.

In der *Verkündigung Jesu*, die die Evv überliefern – vor allem im Stoff der Logienquelle (Q), die von Mt und Lk aufgenommen wurde – lassen sich so-

1.3.2.2 Weisheitsliteratur

wohl weisheitliche Formen als auch Inhalte feststellen: In vielen Jesusworten werden Erfahrungsbezüge aus alltäglichen Sachverhalten angesprochen, wie dies weisheitlicher Art entspricht. Dabei kommen verschiedene Lebensbereiche in den Blick: das menschliche Individuum (Mt 25,1–13 klug und töricht), das zwischenmenschliche Verhalten (Lk 11,11f väterliche Fürsorge), soziale und gesellschaftliche Gegebenheiten (Lk 16,13 Herr und Diener) sowie auch die den Menschen umgebende Natur bzw. Schöpfung (Lk 12,24.27f Pflanzen und Tiere). Sowohl in der Form des einfachen Spruches (Mk 2,17: Kranke brauchen den Arzt) als auch in der ausgeführten Form des Gleichnisses (Mk 4: Saat und Ernte) geschieht dies. Auch die Form des weisheitlichen Mahnspruchs begegnet vielfach, z.B. im Blick auf das Verhältnis zu den Mitmenschen (Lk 6,27–35: Feindesliebe u.a.), zu den eigenen Lebensbedürfnissen (Lk 12,22–31: Sorge um Kleidung und Nahrung), zum Besitz (Lk 12,33f), aber auch das Verhalten gegenüber Gott (als Schöpfer, als Adressat des Gebets Mt 7,7–11). Die Seligpreisungen (Mt 5,3–12) entstammen ebenfalls weisheitlicher Tradition, sind aber im eschatologischen Kontext zu Verheißungen umgeprägt worden. Wichtig ist bei alledem, dass die Aufnahme weisheitlicher Inhalte und Formen durch Jesus darauf gerichtet ist, seine Verkündigung der kommenden und schon nahen Gottesherrschaft zu konkretisieren.

Den weisheitlichen Mahnworten, die wir in der Jesusüberlieferung finden, entsprechen formal die *paränetischen Texte*, die wesentlicher Bestandteil der ntl. Briefliteratur sind. Zwar gilt für die urchristl. Paränese generell, dass sie gleichermaßen auch hell. Einfluss erkennen lässt, doch sind die Analogien zur Weisheitstradition deutlich. In der Spruchparänese, wie wir sie z.B. in Röm 12,9–21 und 1Thess 4,1–12; 5,14–22 finden, zeigen sich viele weisheitliche Motive und Motiv-Zusammenhänge (z.B. Röm 12,10–18: Ehrerbietung, Warnung vor Trägheit, Geduld, Gastfreundschaft, Besonnenheit statt Hochmut, Friedfertigkeit statt Vergeltung des Bösen). Auch für die katalogische Paränese (Haustafeln Kol 3,18–4,2 u.a.; Tugend- und Lasterkataloge Gal 5,19–23 u.a.) gilt, dass sie formal hell. Hintergrund hat, aber inhaltlich auch weisheitliche Tradition erkennen lässt (Tugenden: Güte, Treue, Sanftmut, Geduld usw.; Laster: Neid, Streit, Zorn, Lüge usw.). Eine ntl. Schrift ist ganz der Paränese zuzuordnen und lässt zugleich deutlichen Einfluss der Weisheitstradition erkennen (z.B. enge Beziehung zu Jesus Sirach): der Jakobusbrief.

Ganz anders geartet ist der Einfluss der Weisheitstradition in *christologischen Texten* des NT. Hier geht es darum, dass Attribute der als (göttliche) Person verstandenen Weisheit auf Jesus übertragen werden, um dadurch seine Bedeutung für die Welt und die Menschen auszudrücken. In einigen Texten aus der Logienquelle wird Jesus derart mit der Weisheit in Verbindung gebracht, dass dahinter die Vorstellung von der die Menschen einladenden, aber abgelehnten Weisheit erkennbar wird (Lk 7,35; 11,31; 11,49). Deutlich ist das Moment der Einladung in dem nur bei Mt stehenden Text 11,28–30 festzustellen. Eine Verbindung von Aussagen über Jesus mit dem Begriff Weisheit (Gottes) finden wir auch bei Paulus in 1Kor (1,24.30; 2,7), ohne dass hier eine eigentliche Weisheitschristologie vorliegt.

Eine Weiterentwicklung solcher weisheitschristologischen Ansätze ist in den Bekenntnisaussagen über die Präexistenz und Schöpfungsmittlerschaft Jesu Christi zu sehen: Christus war (wie die Weisheit) von Anfang an, vor der Erschaffung der Welt bei Gott, und er war aktiv an der Schöpfung mitbeteiligt. Derartige Aussagen sind enthalten in Texten wie 1Kor 8,6; Phil 2,6–7; Kol 1,15–18; Hebr 1,2f. Der Präexistente war auch in der Geschichte Israels wirksam (1Kor 10,1–4), er ist von Gott in die Welt gesandt worden (Gal 4,4f; Röm 8,3f; Joh 3,16f; 1Joh 4,9). Konzentriert finden sich Aussagen über Präexistenz und Schöpfungsmittlerschaft Christi mit weisheitlichem Hintergrund im sog. Joh.-Prolog Joh 1,1–18. Insgesamt lassen weitere joh. Aussagen über Christus weisheitliche Motive erkennen (Joh 4,10; 7,33f.37f; 8,21: einladende, aber abgelehnte Weisheit).

Literatur
J. J. Collins: Jewish Wisdom in the Hellenistic Age, Louisville 1997. – *M. Küchler*: Frühjüdische Weisheitstraditionen, Göttingen/Freiburg (CH) 1979. – *H. von Lips*: Weisheitliche Traditionen im Neuen Testament, Neukirchen-Vluyn 1990.

1.3.2.3 Apokalyptik (*Monica Herghelegiu*)

Stellen im NT
Mt 24; Mk 13; Lk 17; 21; Joh 14; Röm 8,18–25; 1Kor 15; 2Kor 4,16–5,10; Phil 2,15; 3,20f; 4,5f; 1Thess 4; 1Tim 4,1–5; 2Tim 3,1–9; 4,1; Hebr 10,35–39; 12,18–29; 2Petr 2,1–11; 3,3–13; 1Joh 2,18–25; 2Joh 7; Offb

Einführung
Der Begriff Apokalyptik wurde 1832 von Friedrich Lücke[1] als Kunstwort für ein literarisches Phänomen geprägt, das, ausgehend vom Titel der Johannesapokalypse (Offb 1,1), charakteristische jüd. und christl. Texte auf Grund ihrer besonderen Sicht von Welt und Geschichte und hinsichtlich bestimmter formaler Kriterien zusammenfasst. In der A. verbinden sich weisheitlich-kosmologische Elemente (z.B. Spekulation über den Aufbau der Welt, Regelmäßigkeit der kosmischen und geschichtlichen Ereignisse, Himmelsreisen) mit prophetischer Zeitansage (z.B. Gerichtsankündigung, Hoffen auf das Eingreifen Gottes) und „moralischer Geschichtsbetrachtung" unter oft deutlich paränetischer Perspektive (Ermutigung an die kleine Schar der „Gerechten"). Manche A. besitzen auch erzählende Teile (Dan).
Ihre Wurzeln hat die jüd. A. vermutlich im späten 4. Jh. v.Chr., ihre Blüte setzt man in der Zeit zwischen der Entweihung des Tempels durch Antiochos IV. Epiphanes (167 v.Chr) und dem Bar Kochba-Aufstand (132–135 n.Chr.; →1.4.4.2) an.[2] Eine besondere Bedeutung hat die A. nicht zuletzt dadurch,

---

[1] *F. Lücke*: Versuch einer vollständigen Einleitung in die Offenbarung Johannis und die gesamte apokalyptische Literatur. Commentar über die Schriften des Evangelisten Johannes IV,1, Bonn 1832. – Zur Begriffsbestimmung *Blasius/Schipper* 2002, 21–27.
[2] A. Texte sind jedoch im jüd. wie christl. Bereich bis ins Mittelalter hinein verfasst worden. Inwiefern bei der Entstehung der A. außerjüdische Faktoren eine Rolle gespielt haben, ist umstritten. Deutlich ist jedoch, dass auch außerhalb des Judentums einzelne aus a. Literatur bekannte Elemente und Motive vorkommen (Ägypten, Persien), ohne dass deren literarischer Kontext unbedingt als „a." im Vollsinn zu bezeichnen wäre. Zu „a." Texten aus Ägypten vgl. die Sammlung bei *Blasius/Schipper* 2002, 21–40.

1.3.2.3 Apokalyptik

dass das frühe Christentum in weiten Bereichen als a. Bewegung im Gefolge jüd. A. verstanden werden kann.

Die bekanntesten jüd.-a. Schriften sind: Dan, Henochapokalypsen (Hen[sl], Hen[gr] und Hen[aeth]), Himmelfahrt des Mose (AssMos), Baruchapokalypse (ApcBar[syr] und ApcBar[gr]), das 4. Esrabuch (4Esr), die A. Abrahams (ApcAbr), die jüd. Sibyllinen (Sib). Als a. Texte gelten weiter: Jes 24–27; 65f; Sach 14; PsSal 17f, a. Elemente enthalten z.B. die Testamente der 12 Patriarchen (TestXII)[3], die „Reste des Buches Jeremia" (ParalipJer), das Leben Adams und Evas (VitAd) sowie zahlreiche Texte aus Qumran.

Merkmale der jüdisch-apokalyptischen Literatur
Angesichts der Komplexität des Phänomens A. ist eine allgemein anerkannte Definition bis heute nicht gefunden worden. Stattdessen ist im Anschluss an das Symposium in Uppsala 1979 auf bestimmte Charakteristika zu achten, die für die Gattung „A." konstitutiv sind, ohne dass sie freilich bei jedem einzelnen Text in gleicher Weise vertreten sein müssen. [4]
1. „Offenbarungsliteratur": Ziel der A. ist die Offenbarung verborgener göttlicher Geheimnisse über die himmlische Welt, über die Entstehung des Bösen oder über die Endereignisse, um dadurch den Menschen Orientierung in der Welt zu geben.
2. Universales Geschichtsverständnis: Die Geschichte von der Schöpfung bis in die Gegenwart wird als Ganzheit gesehen, rekapituliert und periodisiert (Ablauf der Weltreiche in Dan 2). Die Gegenwart ist ethisch dekadent, sündig, hingegen ist die Zukunft die Zeit der gerechten und universalen Herrschaft Gottes.
3. Kontrast zwischen „dieser Welt" und der kommenden: Den gottfeindlichen Mächten der Gegenwart steht das zukünftige Heil (Gottesherrschaft o.ä.) gegenüber, jenseits der unheilvollen Gegenwart wird das neue, paradiesische Heil bzw. die Restitution der Weltschöpfung erwartet. Das, was im Himmel schon gilt (nämlich, dass Gott König ist), setzt er dann auch auf Erden durch. Da Gott bei all dem der Herr über Geschichte und Kosmos bleibt, kennt die A. trotz dieses Kontrastes keinen wirklichen „Dualismus". Indem A. auf die „letzten Dinge" blickt, ist sie „eschatologisch", doch nicht jeder eschatologische Text ist auch sogleich a.
4. „Messianismus" (→3.1.3.4): Die mit kosmischen Umwälzungen verbundene Wende der Geschichte geht stets von Gott aus, kann aber durch einen Repräsentanten vollzogen werden. Dieser kann je nach der ihm zugedachten Funktion mit königlichen oder priesterlichen Zügen ausgestattet sein und verschiedene Namen tragen (Messias, Menschensohn, Davidssohn). Manche Texte kommen jedoch ohne messianische Gestalten aus (1QM).
5. Da die A. die in der Weisheit diskutierte Frage nach der Theodizee (Ps 73; Hi) bearbeitet, indem sie die Einlösung der Gerechtigkeit Gottes in der Zukunft erwartet, ist die kosmische Wende vom Unheil zum Heil oft mit der Vorstellung eines Gerichtes (entweder als einfache Bestätigung der Gerechten

---

[3] Erwähnenswert sind auch christl. bearbeitete Schriften mit jüd. Vorlage, wie z.B. TestAbr, TestAdam, TestIsaak, ApcEl, ApcZeph etc.
[4] *D. Hellholm* (ed.): Apocalypticism in the Mediterranean World and the Near East, Tübingen 1983 (²1989). Zuletzt *Blasius/Schipper* 2002, 21–27.

oder mit doppeltem Ausgang) verbunden. Die Auferstehung der Toten
(→3.2.5.2), die in diesem Kontext oft begegnet, stellt sicher, dass Tote wie
auch Lebende vor dem Gerichtsthron Gottes erscheinen müssen.
6. Pseudepigraphie (→1.3.1.2): A. Schriften werden sehr oft Autoritäten der
Heilsgeschichte zugeschrieben (Adam, Abraham, Henoch, Baruch, Daniel
usw.), da man ihnen besondere Kenntnisse und Gottesnähe zuschreibt.
7. Viele a. Schriften sind als Reaktion auf konkrete politische Ereignisse entstanden, die sie deuten und bewältigen wollen. Dan gilt als Reaktion auf die
Verfolgung durch Antiochos IV. Epiphanes, AssMos auf die blutige Niederwerfung des Aufstands in Judäa durch Varus nach dem Tode des Herodes,
4Esr und ApcBar(syr) reagieren auf die Katastrophe der Tempelzerstörung.
8. Die Sprache der A. ist oft verschlüsselt und bedient sich mythischsymbolischer Bilder, die dekodiert werden müssen. So wird das Gottesvolk als
Land, Löwe oder Weinstock (Offb 13; Hen[aeth] 85; ApcAbr 13; ApcBar[syr]
36f) oder das Alexanderreich als Tier mit eisernen Zähnen und 10 Hörnern
(Dan 7,7f) charakterisiert. Da in a. Literatur sehr oft auch Aussagen des AT
zitiert bzw. kommentiert werden, ist A. zu einem hohen Grad auch Resultat
von Schriftgelehrsamkeit; ihre „Spontaneität" sollte man daher nicht zu hoch
veranschlagen.

Die Apokalyptik im NT
Das Urchristentum entfaltet eine radikale Form von A., die mit Jesu Predigt
von der kommenden Gottesherrschaft und von der zugleich verborgenen präsentischen Gottesherrschaft beginnt. Käsemann stellte die These auf, dass die
A. „die Mutter aller christl. Theologie"[5] gewesen sei. Demnach wurde die urchristl. A. im Sinne der Naherwartung durch die nachösterliche Geisterfahrung
ausgelöst. Spezifisch für die frühchristl. A. ist ihre christologische Rückbindung (der erwartete Menschensohn-Messias ist bereits da gewesen) und die
Verzahnung von präsentischer und futurischer Dimension. So gilt die entscheidende Äonenwende als bereits vollzogen, der „eschatologische Vorbehalt" reduziert sich auf die kosmische Sichtbarwerdung der im Kleinen und
Verborgenen bereits wirksamen neuen Heilswirklichkeit (vgl. Wachstumsgleichnisse; „revelatorische" Heilserwartung[6]). Paulus behandelt typische
Themen der A. innerhalb der Christologie, die von der Gegenwart des Erhöhten in der Gemeinde der Glaubenden ausgeht. Das Christusgeschehen hat Teloscharakter, die gesamte Weltgeschichte bewegt sich darauf zu. Typisch a.
Themen bei Paulus sind: Die neue Schöpfung (2Kor 4,6; 5,17; Röm 8,17), Gerechtigkeit und Gericht (Röm 1,18–25; 1Kor 3,1–4; 6,2; 1Thess 1,9–11), die
Äonenlehre (1Kor 10,11; 2Kor 5,17; Gal 1,4). Die zahlreichen pln. Zukunftsaussagen sind auf die von ihm erwartete Parusie Christi und auf die damit verbundene allgemeine Totenauferstehung bzw. die Verwandlung der Lebenden
und auf das Endgericht zentriert. Angaben darüber sind direkt oder indirekt in
allen Briefen enthalten. Die Paulusbriefe zeugen von einer nahezu konstanten
Naherwartung des Endes.[7] Aussagen über den Ablauf der Endereignisse (sog.

---

[5] E. Käsemann: Anfänge christlicher Theologie, ZThK 57, 1960, 162–185, hier 180.
[6] Zur Begrifflichkeit vgl. *Erlemann* 1995, 392.
[7] *Erlemann* 1995, 188–206.

1.3.2.3 Apokalyptik

„Tagmata") finden sich u.a. in 1Kor 15 (im Rahmen der Argumentationskette über die Auferstehung) und 1Thess 4. Parusie und Totenauferstehung sind nach Paulus noch nicht das völlige Ende, auf sie folgen nach Röm 11,25–32 die Zuwendung von „ganz Israel" zu Christus und die damit verbundene „Fülle" des Heiles für die Welt (Röm 11,12). In 2Kor 5,1–10 beschreibt Paulus in einem eschatologischen Exkurs die Sehnsucht der angefochtenen Christen nach dem Auferstehungsleib und dem Anbruch der Gottesherrschaft. In Phil 3,20f spricht Paulus anhand eines Beispieles „präsentisch-räumlicher Apokalyptik", das sich sprachlich am antiken Stadtideal orientiert,[8] über das Reich Gottes als die wahre Heimat der Christen, dort, wo der erhöhte Kyrios zur Rechten Gottes thront (vgl. Röm 8,34). In einer „a." Szenerie bewegt sich Paulus auch im Parusietext von Röm 8,18–25, wo er die Verherrlichung der endzeitlichen Heilsgemeinde mit dem Schicksal der ganzen Schöpfung Gottes verbindet.

Die Evangelisten haben das Wirken Jesu mehr oder minder in einem „a." Rahmen dargestellt. Zentral ist die Hoffnung auf das Kommen des Menschensohns und die Verkündigung des Reiches Gottes. Mk sieht im Wirken Jesu von der Bußtaufe des Johannes bis zum Kreuzestod die Erfüllung der Prophetie aus Dan 7,13. Die sog. Mk-Apokalypse (Mk 13,28–32) zielt auf die knappe Darstellung der Parusie, welcher die Zeichen der Endzeit vorausgehen (Mk 13,14–27, vgl. 1 Thess 2,3–11; Offb 11,7–15). Auf dem Höhepunkt der Krise der gesamten Schöpfung, inmitten der Finsternis, erscheint im Anschluss an Dan 7,13 der Menschensohn auf den Wolken des Himmels im göttlichen Lichtglanz, begleitet von einem Engelheer (vgl. Hebr 1,14). Mt reflektiert in seinem Evangelium ebenfalls typische Themen der „A.": Das Endgericht, die Messiasthematik, das Verhältnis von Reich Gottes und Reich des Menschensohns (bes. Mt 13,36–43). Von Mk übernimmt er die Darstellung des Kommens des Menschensohns (Mt 24), betont durch Anspielungen auf Sach 12,10–14 die Universalität des Gerichts und spricht von der Sammlung der Erwählten (vergleichbar 1Thess 4,16; 1Kor 15,52). Bei Lk fehlen apokalyptische Details. Aber selbst wenn er das Reich Gottes bereits in der Person Jesu angebrochen sieht (Lk 17,20f), betont er die Zukünftigkeit des Reiches Gottes, das sich mit der Parusie Christi definitiv durchsetzen wird (Lk 17,22–37; Apg 1,6–8). Das Zeugnis des JohEv ist hinsichtlich der a. Bezüge singulär: Zwar werden die Menschensohnüberlieferung und a. Themen wie Gericht, ewiges Leben, Erhöhung oder die Gegensatzpaare Tag – Nacht, Licht – Finsternis, Zorn – Liebe tradiert, doch erscheinen endzeitliche Bezüge nur bedingt und sind durch das „Schon-jetzt" der Gegenwart Christi relativiert.

Die weiteren ntl. Schriften behandeln ansatzweise Themen der A. unter der Erfahrung des Ausbleibens der erhofften Parusie (2Petr 3,3–13; Hebr 10,35–39). Diese Schriften streifen auch das Thema des Endgerichts (Hebr 12,18–29; 2Tim 4,1) und spiegeln Auseinandersetzungen um Naherwartung und Gegenwartseschatologie (1Joh 2,18–25; 1Tim 4,1–5; 2Tim 3,1–9; 2Petr 2,1–11; 2Joh 7). Offb ist das einzige a. Buch im NT und erhebt den Anspruch, unmittelbar im Auftrag des Auferstandenen geschriebene Prophetie zu sein. Die Endge-

---

[8] *A. M. Schwemer*: Himmlische Stadt und himmlisches Bürgerrecht bei Paulus (Gal 4,26 und Phil 3,20), in: *M. Hengel u.a.* (eds.): La Cité de Dieu, Tübingen 2000, 195–245.

schichte erscheint im Licht der Herrlichkeit Gottes und seines Christus, die Gegenwart wird von der Zukunftsperspektive her gedeutet. Im Zentrum der Darstellung steht Christus das Lamm als Retter und Richter, der seiner Gemeinde Trost in der Not vermittelt. Der Seher übernimmt traditionelle jüd. Themen und christologisiert sie: Christus als die Inkarnation des Wortes Gottes (vgl. Sap 18,14f; 4Esr 13,1–4), das endzeitliche Messiasmahl (Ez 39,17–20; vgl 1Q28a), das messianische Friedensreich (Hen[aeth] 38f); die Vorstellung von der doppelten Auferstehung (Hen[aeth] 58,1; ApcBar[syr] 30,1–6); die Erwartung des Endgerichts (Hen[aeth] 58,1; 4Esr 7,26); das Neue Jerusalem (ApcBar[syr] 4,2–5; 4Esr 7,26; 5Q15). Das Buch endet mit der Schau des gemeinsamen Thrones für Gott und das Lamm sowie mit der Erwartung der Ankunft des Kommenden, der niemand anderes als der Gekreuzigte und Auferstandene ist.

Literatur
A. *Bedenbender*: Der Gott der Welt tritt auf den Sinai, Berlin 2000. – *J. J. Collins*: The Scepter and the Star. The Messiahs of the Dead Sea Scrolls and Other Ancient Literature, New York u.a. 1995. – *Ders.* (ed.): The Encyclopedia of Apocalypticism, Bd. I: The Origins of Apocalypticism in Judaism and Christianity, London 1998. – *F. Hahn*: Frühjüdische und urchristliche Apokalyptik. Eine Einführung, Neukirchen-Vluyn 1998. – *K. Erlemann*: Naherwartung und Parusieverzögerung im Neuen Testament. Ein Beitrag zur Frage religiöser Zeiterfahrung, Tübingen 1995. – *Ders.*: Endzeiterwartungen im frühen Christentum, Tübingen 1996. – *M. Hengel*: Judentum und Hellenismus, Tübingen ³1988. – *K. Koch*: Ratlos vor der Apokalyptik, Gütersloh, 1970. – *G. S. Oegema*: Zwischen Hoffnung und Gericht, Neukirchen-Vluyn 1999. – *Ders*: Apokalypsen. Einführung, Gütersloh 2001. – *B. U. Schipper*: „Apokalyptik", „Messianismus", „Prophetie" – eine Begriffsbestimmung, in: *A. Blasius/B. U. Schipper* (Hgg.): Apokalyptik und Ägypten. Analyse der relevanten Texte aus dem griechisch-römischen Ägypten, Löwen u.a. 2002, 21–40. – *J. M. Schmidt*: Die Jüdische Apokalyptik, Neukirchen-Vluyn 1976. – *J. C. VanderKam/W. Adler* (eds.): The Jewish Apocalyptic Heritage in Early Christianity, Assen 1996.

1.3.2.4 Aktualisierende Auslegungen der biblischen Schriften Israels (*Eckart Reinmuth*)

Einführung
Für die Literatur des antiken Judentums war der Bezug zu den biblischen Schriften grundlegend. Diese Tatsache spiegelt sich in ganz unterschiedlichen Texten wider. Für diejenigen Texte, die als überwiegend narrative Neugestalten ihrer biblischen Prätexte entstanden, hat sich als Fachwort die Bezeichnung „*rewritten bible*" durchgesetzt[1] – ein Schlagwort, das im Deutschen kein geeignetes Äquivalent gefunden hat. Es geht dabei nicht um Kopien, sondern um narrative Neugestaltungen biblischer Texte, die auf diese Weise interpretiert und aktualisiert wurden. So konnten zeitgenössische Auseinandersetzungen, Themen und Fragestellungen bearbeitet werden. Jede Analyse dieser Texte muss also das diskursive Potenzial beachten, das ihre narrative Gestaltung enthält. Das Stichwort *rewritten bible* ist ein moderner Hilfsbegriff, mit dem

---

[1] Der Begriff wurde 1961 von Geza Vermes eingeführt. Es geht neben dem *Liber Antiquitatum Biblicarum* (LAB) v.a. um Werke wie das Jubiläenbuch und das Genesisapokryphon.

sehr unterschiedliche Texte des antiken Judentums zu einer Textgruppe zusammengefasst werden.² Ihr gemeinsames Merkmal ist ihre auf biblische Prätexte bezogene Narrativität. Das Wesentliche dieser Schriften kann exemplarisch am Liber Antiquitatum Biblicarum (LAB) verdeutlicht werden.

Ein Beispiel: Der Liber Antiquitatum Biblicarum
Der LAB, der lange Zeit dem Schrifttum Philos von Alexandria (→1.3.2.5) zugerechnet wurde und deshalb den Autornamen „Pseudo-Philo" trägt, bezieht sich auf die biblische Geschichte von der Schöpfung bis zum Tod Sauls. Erzählinhalte werden knapp referiert, dann aber – zumeist mit Hilfe direkter Reden der erzählten Figuren – ausführlich diskutiert und auf diese Weise theologisch gedeutet und bewertet. Der narrative Diskurs des LAB ist also in einem hohen Maße argumentativ durchsetzt. Es handelt sich überdies um eine gezielte Auswahl von Erzählinhalten – auch sie verrät einiges über das theologische Profil und Interesse des Autors. Aber nicht nur das: Ps.-Philo füllt die biblische Geschichte mit Details aus, wo diese im biblischen Stoff nicht enthalten sind; er nennt Gründe für Ereignisse, wo solche Gründe nicht genannt werden oder inakzeptabel erscheinen; er gleicht scheinbare Widersprüche des biblischen Stoffes aus; er nennt konkrete Namen und Zahlen, wo diese im biblischen Vorbild nicht geboten werden; er identifiziert anonyme biblische Figuren mit bekannten; er stellt narrative Verbindungen zwischen aufeinander folgenden biblischen Abschnitten her, die an sich nicht miteinander verbunden sind; er macht Gebrauch von der Gezera-schawa-Regel³.

Über den Autor ist indessen nichts bekannt. Die am meisten überzeugende Vermutung geht dahin, dass er sehr bald nach – oder unmittelbar vor – dem Ende des ersten „jüdischen Krieges", also im letzten Drittel des 1. Jh. n.Chr. gearbeitet hat.⁴ Sein Werk reflektiert, wie und warum es in der Geschichte Israels immer wieder zu Katastrophen kam, ja unter theologischem Gesichtspunkt – auch Pseudo-Philo ist ein später Erbe dtr. Theologie – kommen musste. Der LAB ist eine interpretierende Nacherzählung der Erwählungsgeschichte vor dem Horizont einer unübersichtlichen und beunruhigenden Gegenwart, in der die Identität und Existenz Israels fraglich geworden ist. Auf eine vereinfachte Formel gebracht, kann man sagen: Das Wohlergehen Israels verdankt sich regelmäßig dem Erbarmen Gottes, seine Gefährdung indessen eigenem Ungehorsam.

---

² Als biblische Vorform können die Chronikbücher gelten; so unterschiedliche Texte wie Joseph und Aseneth (→1.3.2.7), die Testamente der zwölf Patriarchen, die „Exagoge" des Tragikers Ezechiel, die Antiquitates des Flavius Josephus (→1.3.2.6) oder einige Passagen aus Werken Philos von Alexandria (→1.3.2.5) sind in ihrer Zugehörigkeit umstritten. *„Rewritten Bible"* ist kein Gattungsbegriff.
³ Gemeint sind Analogieschlüsse, die von der Verwendung desselben Wortes an unterschiedlichen biblischen Textstellen auf einen übereinstimmenden Sachverhalt schließen; vgl. im NT z.B. Röm 4,3.8; 1Kor 3,19f u.ö.
⁴ Es gilt als gesichert, dass der lat. Textform eine gr. Übersetzung zu Grunde lag, die ihrerseits auf ein hebräisches Original zurückging. Zu weiteren einleitungswissenschaftlichen Fragen ist hier auf die Standardwerke zum LAB zu verweisen.

Bedeutung für das NT
Die Bedeutung der Schriften des antiken Judentums, die als aktualisierende Interpretationen seiner biblischen Texte verfasst wurden, ist für ein sachgemäßes Verstehen des NT kaum zu überschätzen. Das gilt u.a. für theologische Voraussetzungen, für wichtige Facetten der Intertextualität (→1.3.1.1), für narrative Techniken und Gestaltungsmomente. Der Schriftbezug des NT kann nur vor dem Hintergrund der zeitgenössischen Interpretation der biblischen Schriften Israels sachgemäß erfasst werden. Jede Beschäftigung mit der biblischen Intertextualität also v.a. mit Schriftzitaten oder -anspielungen im NT, muss diesen Umstand berücksichtigen. Die *rewritten bible* des antiken Judentums bildet einen der wichtigsten Kontexte des frühen Christentums und seiner Schriften.

Im Blick auf den LAB ist z.B. darauf hinzuweisen, dass in LAB 18,5; 32,2–4; 40,2, also dreimal, die „Bindung Isaaks", die sog. *Aqedah* (Gen 22), erwähnt wird; vgl. dazu Hebr 11,17–19, wo es – ebenfalls in Widerspruch zum biblischen Prätext – heißt, dass Abraham Isaak tatsächlich opferte, ihn aber „im Gleichnis" (*en parabolē*) wiederbekam. 1Kor 2,9 findet sich ein Zitat unbekannter Herkunft, für das LAB 26,13 eine Parallele bietet. Für die Kindheitsgeschichten des Mt und Lk sind die des LAB mit ihren z.T. analogen Motiven aufschlussreich. LAB 40,4 zeigt eine verblüffende Ähnlichkeit mit der Überzeugung des Paulus, dass Gott selbst im Kreuzestod Jesu die Weisheit der Weisen zunichte gemacht habe (1Kor 1,18–25). Viele theologische Fragen des NT werden auch im LAB diskutiert, z.B. solche nach der geschichtsmächtigen Rolle der Tora, nach dem Wider- und Miteinander von Barmherzigkeit und Gerechtigkeit Gottes, nach Eschatologie, Auferstehung und Gericht, nach Gottes planendem Handeln, seiner mit den biblischen Verheißungen verbundenen Zeugenrolle. Die Auseinandersetzung mit den aktualisierenden Auslegungen der biblischen Schriften Israels erschließt unabdingbare Voraussetzungen und Perspektiven für eine wissenschaftlich verantwortete Lektüre des NT.

Literatur
H. Jacobson: A Commentary on Pseudo-Philo's Liber Antiquitatum Biblicarum. With Latin Text and English Translation. Vol. I and II, Leiden u.a. 1996. – *C. Dietzfelbinger*: Pseudo-Philo: Antiquitates Biblicae (Liber Antiquitatum Biblicarum), Gütersloh ²1979, 91–271.

1.3.2.5 Philo von Alexandria (*Gerhard Sellin*)

Stellen im NT
Joh 1,1–3; Röm 8,39; 1Kor 1,18.24; 2,6–3,4; 6; 12–14; 15,35–50; Gal 2,15–4,31; Eph 1,4.22; 4,15; 5,23; Kol 1,15–20; 2,10.19; Hebr 6,20–10,39; 1Joh 4,7f.16

Das ntl. Christentum bezieht die Symbole, die seiner Theologie zu Grunde liegen, überwiegend aus dem hell. Judentum. Die Bibel der ersten Christen ist die Septuaginta (→1.3.2.1). Aber auch die theologische Entfaltung, der Diskurs der Jesus-Christus-Erfahrung, wie er erstmals in Antiochia (→2.2.7.3) greifbar wird, bedient sich überwiegend diasporajüd. Topik und Methodik.

1.3.2.5 Philo von Alexandria

Die wichtigste und umfangreichste Quelle solcher gr.-jüd. Theologie ist das umfangreiche Werk Philos von Alexandria.

Biographie
Von Philos Leben ist nur wenig bekannt. Im Jahre 40 n.Chr. leitete er eine Gesandtschaft der alexandrinischen Judenschaft nach Rom zum Kaiser Gaius Caligula, um sich über die Verfolgung durch die gr. Bürger unter dem Präfekten Flaccus zu beschweren. Philo muss damals bereits in höherem Alter gewesen sein. Das Unternehmen scheitert. Der Kaiser hat nur Spott übrig für die Juden, die Delegation kehrt erfolglos zurück (davon berichtet Philo in seiner Schrift *Legatio ad Gaium*). Aufgrund dieses einzigen fixen Datums kann man seine Lebenszeit auf ca. 20 v. bis 50 n.Chr. schätzen. Er war demnach ein älterer Zeitgenosse des Paulus. Seine Familie war wohlhabend und einflussreich. Sein Bruder Alexander und sein Neffe Tiberius Alexander hatten gute Beziehungen zu Rom. Die große Bedeutung Philos beruht auf seinen erhaltenen philosophisch-theologischen Schriften, die freilich verloren wären, wenn sie nicht durch spätere christl. Alexandriner bewahrt worden wären.

Schriften
Der Hauptteil der 49 überlieferten Einzeltraktate lässt sich bis auf einige Einzelabhandlungen auf drei Hauptwerke zurückführen: (a) Die systematische Darstellung der Mosaischen Gesetzgebung (op.; Abr.; Ios.; dec.; spec. leg. I–IV; virt.; praem.). Der Aufbau dieses Werkes folgt der Systematik der stoischen Natur- und Gesetzeslehre: Die Basis ist das in der Schöpfung angelegte Naturgesetz, das jedem kodifizierten Gesetz übergeordnet ist (op.). Die Tora entspricht nämlich der Schöpfung. Dieses Naturgesetz wird von den Urvätern noch vor der Gabe des kodifizierten Gesetzes (vgl. Gal 3,17) intuitiv und vorbildlich gelebt (Abr.; Ios.; die Teile über Isaak und über Jakob sind verloren). Erst dann folgt als Summe und Prinzip des kodifizierten Gesetzes der Dekalog (dec.), darauf schließlich alle Einzelgesetze der Tora (spec. leg. I–IV) sowie – als gr. Pendant – die Tugenden (virt.). Auf niedrigster Stufe stehen die „Belohnungen und Strafen" (praem.) als Sanktionen für jene, denen die sittliche Einsicht völlig fehlt. – Die beiden anderen Hauptwerke sind fortlaufende exegetische Kommentare: (b) Die *Quaestiones et solutiones* („Probleme und Lösungen") sind eine Vers-für-Vers-Kommentierung von Gen und Ex, deren erhaltene Teile (Gen 2,4–28,9 [mit Lücken]; Ex 12,2–28,34 [mit Lücken]) vollständig nur armenisch überliefert sind. Es gibt jedoch zahlreiche griechische Fragmente. Auf das durch eine Frage („Was ist die Bedeutung der Worte ...?") eingeleitete Lemma (die zitierte LXX-Stelle) folgt zunächst eine wörtliche Interpretation, dann oft zusätzlich eine allegorische. Die Form dieser Kommentargattung geht auf die aristotelische Methode der literalen Homer-Interpretation der alexandrinischen Philologenschule (Aristarch von Samothrake) zurück. – (c) Dass Philo dagegen die Allegorese (→1.3.1.3) bevorzugte, zeigt sein drittes, bedeutendstes Werk, der Allegorische Kommentar zur Genesis (all. I–III; Cher.; sacr.; det.; post.; gig.; imm.; agr.; plant.; ebr.; sobr.; conf.; migr.; her.; congr.; fug.; mut.; som. I–II). Einzelne Verse oder Versteile werden Anlass zu ausführlichen Abhandlungen, die das allegorische Potenzial ausschöpfen. Dabei werden auch sekundäre Zitate aus den Propheten oder den

Psalmen als Interpretationshilfen herangezogen. Darin deutet sich die spätere Methodik des rabbinischen Midrasch (→1.3.1.3) an. – (d) Daneben sind einige philosophische und apologetische Einzelschriften Philos erhalten (vita Mos.; prob.; vita cont.; aet.; Flacc.; leg.; prov. I–II; Hypothetica [fragm.]), von denen die Mose-Biographie, die stoisch ausgerichtete Schrift über die „Freiheit des Tugendhaften" (prob.) und die Schrift über die vorbildliche Sekte der Therapeuten (vita cont.) hervorzuheben sind. Die Therapeuten werden von Philo als Vorbild der Frömmigkeit und als Vorläufer seiner Allegorese vorgestellt.

Philos Allegorese
Die Allegorese Philos ist überwiegend von der platonischen Dihairese geprägt, doch verwendet er auch stoische Etymologie. Der Bibeltext liefert ihm die Substanz für die geistliche Interpretation: Moses hat in den „Buchstaben" des Pentateuch nicht nur alle Wahrheit der Philosophen, insbes. Platos, vorweggenommen, sondern auch – verschlüsselt – das wahre Wesen des Menschen und den Weg zu seiner Erlösung mustergültig dargestellt. In der Schrift über die Therapeuten (vita cont.), eine sonst völlig unbekannte Sekte, die in der Nähe Alexandrias ein klösterliches, asketisches und kontemplatives Leben führte, erklärt Philo die Methode der allegorischen Interpretation, die er dieser Sekte zuschreibt, am deutlichsten:

„Die Auslegung der heiligen Schriften geschieht auf die Weise, dass die in Allegorien verborgene Bedeutung erörtert wird. Denn die gesamten Gesetzesbücher gleichen nach Ansicht dieser Männer einem Lebewesen, das als Körper die wörtlichen Anordnungen hat, als Seele aber die in den Worten verborgene unsichtbare Bedeutung besitzt. Hierin besonders beginnt die vernunftbegabte Seele das ihr Verwandte zu schauen. Sie erblickt durch die Worte wie durch einen Spiegel die übermäßige Schönheit der in ihnen sich zeigenden Gedanken; sie faltet die allegorischen Symbole auseinander und entfernt sie und führt die Bedeutung der Worte nackt ans Licht für die, welche nur ein wenig erinnert zu werden brauchen, um das Unsichtbare durch das Sichtbare sehen zu können" (vita cont. 78).

Es gab in Philos Umgebung Exegeten, die diese allegorische Interpretation absolut setzten und die wörtliche Bedeutung der Gebote nicht mehr beachteten und erfüllten (migr. 89). Philo wirft diesen radikalen Allegoristen vor, sie lebten so, als wären sie „körperlose Seelen" außerhalb jeder menschlichen Gesellschaft. Er verlangt nämlich beides: den tieferen Sinn (*hyponoia*) zu erkennen und den Literalsinn zu befolgen (→1.3.1.3).

Philos Theologie
Philos Theologie beruht auf dem Zusammenhang von (a) ontologischer Gotteslehre (als negativer Theologie), (b) einer Soteriologie, die Schöpfung und Erlösung umfasst und ein Wirken Gottes durch Mittlerkräfte voraussetzt, deren Inbegriff der Logos ist, und (c) einer platonischen, aber zugleich ganzheitlichen und dualistischen Anthropologie. – (a) Gott ist das wahrhaft Seiende (Ex 3,14 LXX). Als solches hat er keinen Namen und kein Prädikat außer dem, dass er „ist". Deshalb ist er „unaussprechlich", „unbenennbar", „undenkbar" und „unbegreiflich" (mut. 7–38; som. 1,61–67). Er ist eine Ein- und Allheit, aber keine Vielheit. Philo geht noch weiter: Gott ist sogar dem Sein (als höchster Wesenheit) transzendent: „Jenes Wesen, das noch besser ist als das

Gute, ursprünglicher als die Einheit und reiner als die Eins, kann unmöglich von einem anderen geschaut werden, weil es nur von sich allein begriffen werden darf" (praem. 40; vgl. vita cont. 2). Zu Grunde liegt hier die Ontologie des späten Plato (die Lehre vom Einen = dem Guten als Idee der Ideen). – (b) Die Gutheit Gottes impliziert aber seinen schöpferischen Geber-Charakter – nach Plat. Tim. 29e–30b: Der Schöpfer dieses Weltalls „war gut; in einem Guten erwächst aber niemals Neid. Frei davon wollte er, dass alles ihm möglichst ähnlich werde ...". Philo verwendet die Begriffe „Gutheit" (*agathotēs*) und „Gunst" (*charis*). Die ganze Welt ist so als Schöpfung Gnadengabe Gottes. Schon vor Philo wurde im hell. Judentum von Aristoteles her der *dynamis*-Begriff übernommen (Gott ist als „unbewegter Beweger" zugleich eine wirkende Kraft). Die bewegenden, wirkenden Aspekte Gottes werden bei Philo jedoch von Gott abgehoben: Gott wirkt durch verschieden abgestufte „Kräfte" (mythologisch z.B. Engel), die alle im *logos*-Begriff dihairetisch vereint sind. Der *logos* teilt sich auf in eine schöpferische, gnädige Kraft, genannt „Gott" (*theos*), und eine herrscherliche, strafende Kraft, genannt „Herr" (*kyrios*). Im NT ist die Rede von der „Gutheit Gottes" gesteigert zur Rede von der „Liebe Gottes" (Röm 8,39; 1Joh 4,7f.16; vgl. Eph 1,4: präexistente Erwählung „in Liebe"). – (c) Philo redet im Allegorischen Kommentar von zwei verschiedenen Menschen, dem „himmlischen Menschen" oder „Menschen Gottes" und dem „irdischen Menschen". Das Wesen beider Menschen wird aber von ihrem „Geist" (*nous*) bestimmt: Es hängt davon ab, ob der „Geist" des Menschen vom Irdischen (der Materie, den Begierden) oder vom Himmlischen (der Tugend, der Zuwendung zum Logos) bestimmt ist. Wie bei Paulus ist Philos Anthropologie ganzheitlich, doch wertet er den Leibbegriff (*sōma*) im Unterschied zu Paulus negativ.

Philo und das NT
Ntl. Entsprechungen gibt es vor allem zum *logos*-Begriff und damit in der Christologie. Der *logos* ist die erkennbare Seite Gottes, sein den Menschen zugewandtes Angesicht. Moses, der zum Sinai aufsteigt und zwischen Gott und Volk vermittelt, ebenso wie der Hohepriester, der am Versöhnungstag das Allerheiligste betritt (Lev 16), sind Symbole des *logos*. – (a) Diese Symbolik wird in Teilen des NT für die Christologie verwendet, nicht nur da, wo der Logosbegriff erscheint (Joh 1,1–3), sondern auch in analogen Symbolen: „Bild des unsichtbaren Gottes" (Kol 1,15–20), „*dynamis* Gottes" (1Kor 1,18.24), „Weisheit Gottes" (1Kor 1,24), „Hoherpriester" (Hebr 6,20–10,25). – (b) Auf dem Philonischen *logos*-Konzept beruht auch die paulinische „Christusmystik": „in Christus" (z.B. Gal 2,17) und „Christus in mir" (Gal 2,20) sowie das Motiv von der Einheit in Christus (z.B. Gal 3,28). Der *logos* ist für Philo ein „Ort" (*topos*), ein „Raum", der geistliche Bereich, in den ein Mensch aufsteigen kann (wie Moses auf den Berg). Der *logos* kann aber auch als Geist Wohnung nehmen in einem Menschen (wobei der Menschengeist [*nous*] für diese Zeit abwesend ist [Ekstase als metaphorisches Modell]). – (c) Die paulinische Begründung des Evangeliums vor allem im Gal und Röm hat analoge Züge zu Philos universalistischer Heilslehre: Isaak ist bei beiden Symbol des Charismatikers („geistgemäß": *kata pneuma*), d.h. des aufgrund von Verheißung „Geborenen" (Gal 4,21–31). – (d) Sehr viel näher als Paulus selbst kommen

den philonischen Anschauungen aber die Korinther, was sich indirekt aus der paulinischen Kritik im 1Kor an Weisheit und Pneumatikertum der Korinther erschließen lässt. Hier kommt vor allem die Differenz zwischen philonischer und paulinischer Anthropologie zum Ausdruck: Paulus betont die Leiblichkeit (*sōma*) im Rahmen der Ethik (1Kor 6; 12–14) und der Eschatologie (1Kor 15,35–50), während die Korinther einseitig spiritualistisch denken. – (e) Besonders im Eph und Kol haben die Bezugnahmen auf philonische Motive zugenommen: Die Haupt-Leib-Metaphorik (Eph 1,22; 4,15; 5,23; Kol 1,18; 2,10.19) und die Voraussetzungen des Pleroma-Konzeptes (Eph 1,23; 3,19; 4,13; Kol 1,19; 2,9) gehen auf philonische Ansätze zurück.

Ausgaben und Übersetzungen
1. Gesamtausgaben
L. Cohn u.a. (Hgg.): Philonis Alexandrini opera quae supersunt, 6 Bde. (+ Indexband von *H. Leisegang*), Berlin 1896–1930 (ND 1962). – *L. Cohn u.a.* (Hgg.): Philo von Alexandria. Die Werke in deutscher Übersetzung, I–VI: Breslau 1909–1938 (ND 1962); Band VII, Berlin 1964. – *F. H. Colson/G. H. Whitaker* (eds.): Philo in Ten Volumes (LCL), Cambridge/London 1929–1953 (gr. Text m. engl. Übers.). – *R. Marcus* (ed.): Philo Supplement I–II (LCL), Cambridge/London 1953 (engl. Übers. der armenischen Fragmente). – *R. Arnaldez u.a.* (eds.): Les œuvres de Philon d'Alexandrie, 36 Bde., Paris 1961–1992 (gr. Text m. franz. Übers. und Komm.).
2. Einzelausgaben mit Kommentar
H. Box: Philonis Alexandrini In Flaccum, New York ²1979. – *R. Cadiou*: Philon d'Alexandrie, La migration d'Abraham, Paris 1957. – *D. T. Runia*: Philo of Alexandria, On the Creation of the Cosmos According to Moses, Leiden 2001. – *E. M. Smallwood*: Philo of Alexandria, The Legatio ad Gaium, Leiden ²1970. – *D. Winston/J. Dillon*: Two Treatises of Philo of Alexandria: A Commentary on De Gigantibus and Quod Deus Sit Immutabilis, Chico 1983.

Literatur
P. Borgen: Philo of Alexandria. An Exegete for his Time, Leiden u.a. 1997. – *D. T. Runia*: Philo of Alexandria and the Timaeus of Plato, Leiden 1986. – *D. T. Runia* (ed.): The Studia Philonica Annual (seit 1989). – *S. Sandmel*: Philo of Alexandria: An Introduction, New York 1979. – *G. Sellin*: Eine vorchristliche Christologie. Der Beitrag des alexandrinischen Juden Philon zur Theologie im Neuen Testament, ZNT 4, 1999, 12–21.

1.3.2.6 Flavius Josephus (*Manuel Vogel*)

Einführung
Die Schriften des jüd. Historikers Flavius Josephus sind die wichtigsten außerntl. Quellentexte für die Erforschung der ntl. Zeitgeschichte und des frühen Christentums. Einen Großteil unserer Kenntnisse über die Geschichte des syrisch-palästinischen Raumes im ersten vor- und nachchristl. Jh. verdanken wir seinen Werken, die zugleich ein unvergleichliches Zeugnis jüd. Akkulturation an die gr.-röm. Welt sind. Wird Josephus nicht nur als Informant in zahllosen wichtigen historischen Einzelheiten gewürdigt, sondern auch als eigenständiger antiker Autor, so erschließen sich seine Schriften als Dokumente einer hell.-jüd. Variante rhetorischer und biographischer Geschichtsschreibung (→1.3.3.4).

Leben

Josephus, 36/37 n.Chr. als Joseph ben Matthia in Jerusalem geboren, stammte aus einer Priesterfamilie und wuchs in den Kreisen der gr. gebildeten Jerusalemer Priesteraristokratie auf. Beim Ausbruch des jüd. Krieges 66 n.Chr. zählte der noch nicht dreißigjährige Josephus zu den militärischen und wohl auch ideologischen Köpfen des Aufstandes gegen Rom (→1.4.4.2). Mit dem Kommando über Galiläa betraut, musste er sich schon nach wenigen Monaten den röm. Truppen unter der Führung des späteren Kaisers Vespasian ergeben und geriet im Juli des Jahres 67 n.Chr. in röm. Kriegsgefangenschaft. Zwei Jahre später wurde er freigelassen, angeblich deshalb, weil er Vespasian die Kaiserwürde prophezeit hatte. Auf röm. Seite erlebte er die Eroberung Jerusalems unter dem Befehl von Vespasians Sohn Titus mit und begleitete den siegreichen Feldherrn im Frühjahr 71 nach Rom. Dort verbrachte er als Pensionär der flavischen Kaiser, nun als Flavius Josephus den Gentilnamen seines Patrons Vespasian führend, sein restliches Leben. Er starb wahrscheinlich um das Jahr 100 n.Chr.

Werke

(1) Bellum Iudaicum. Josephus' erstes Geschichtswerk in sieben Büchern, entstanden zwischen 75 und 79, lässt bereits ein klares apologetisches Interesse erkennen: Josephus will zeigen, dass die Juden insgesamt stets ein friedfertiges Volk waren und von einer fanatischen Minderheit in den Aufstand getrieben wurden. Hierbei spart er nicht mit Kritik an den röm. Provinzstatthaltern, die durch ihre Grausamkeit die jüd. Loyalität gegenüber Rom auf eine harte Probe gestellt haben. Als leuchtendes Beispiel für diese Loyalität dient ihm König Herodes d. Gr. (gest. 4 v.Chr.), dessen fast 40jährige Regierungszeit er im ersten Buch des *Bellum* beschreibt.

Die Romfreundlichkeit des *Bellum* ist durchaus pragmatisch. Die Bedeutung Roms wird nicht theologisch überhöht. Indem Josephus zugesteht, dass Gott den Römern gegenwärtig die Weltherrschaft übergeben hat, deutet er (unter Verwendung geschichtstheologischer Konzeptionen des Jeremia- und Danielbuches) zugleich an, dass sich das Blatt der Geschichte auch wieder wenden kann, vor allem aber, dass der Gott der Judäer nicht von den Römern besiegt wurde, dass er vielmehr auch *ihr* Geschick bestimmt. Zur Stellung Roms im lk. Doppelwerk bestehen auffällige Parallelen.[1]

(2) Antiquitates Iudaicae, Vita. In den zwanzig Bücher umfassenden *Antiquitates Iudaicae*, die er zusammen mit einem autobiographischen Anhang (s.u.) 93/94 n.Chr. veröffentlichte, unternahm Josephus eine Darstellung der jüd. Geschichte von der Weltschöpfung bis zum Jahr 66 n.Chr. In Büchern 1–11 diente ihm die LXX (→1.3.2.1) oder eine ihr nahestehende Rezension als Quelle, ab Buch 12 neben zahlreichen anderen hell. Quellen die „Weltgeschichte" des Nikolaos v. Damaskus, eines Gelehrten am Hof Herodes' d. Gr. Das apologetische Gesamtkonzept der *Antiquitates* ist ein anderes als das des *Bellum*: Bezugsgröße ist nicht mehr (nur) das jüd. Volk, sondern nun v.a. das

---

[1] Vgl. dazu G. E. *Sterling*: Historiography and Self-Definition: Josephos, Luke-Acts and Apologetic Historiography, Leiden 1992.

jüd. Gesetz. Josephus stellt die Mosetora als eine Art wahrer Philosophie vor, deren Befolgung Glückseligkeit (*eudaimonia*) verheißt, aber auch als Grundlage einer idealen Verfassung für ein von einer Priesteraristokratie zu führendes Staatswesen. In der Manier biographischer Geschichtsschreibung[2] führt Josephus anhand biblischer und historischer Epochen und Gestalten vor, dass das Mosegesetz dem Einzelnen wie dem Volk zum Glück verhilft, wenn es befolgt wird, dass aber dessen Übertretung unweigerlich in den Untergang führt. An mehreren Stellen arbeitet Josephus zudem (in redigierter Form) projüd. röm. Rechtsurkunden in seine Darstellung ein, die beweisen sollen, dass die Juden von den Römern stets respektvoll behandelt wurden und dass der Aufstand gegen Rom die Ausnahme von der historischen Regel guter jüd.-röm. Beziehungen darstellt.

Den *Antiquitates* hat Josephus die autobiographische *Vita* als Anhang beigefügt. In dieser kleinen Schrift stellt sich der Autor der *Antiquitates* – entsprechend den Erwartungen seines röm. Publikums – als respektabler Charakter vor, der sich in einer frühen öffentlichen und (wenngleich kurzen) militärischen Karriere bewährt und durch Diplomatie und Klugheit in zahlreichen (gewiss zu seinem eigenen Vorteil zurechterzählten) Intrigen seiner Gegner und Neider obsiegt hat.

(3) Contra Apionem. Das zwei Bücher umfassende, um 96 n.Chr. entstandene apologetische Spätwerk, für das sich seit Hieronymus der Titel *Contra Apionem* eingebürgert hat, ist der systematischen Widerlegung antiker antijüd. Klischees gewidmet. Zu Josephus' literarischen Gegnern zählt der alexandrinische Grammatiker Apion, der in der Mitte des 1. Jh. n.Chr. in Rom wirkte und in seiner *Geschichte Ägyptens* gegen die Juden polemisierte. Josephus will gängige Vorurteile gegen das antike Judentum dadurch entkräften, dass er dessen hohes Alter aus ägyptischen und phönizischen Quellen belegt und das hohe Ethos und den philosophischen Rang der jüd. Religion darstellt.

Alte und neue Josephusforschung
Josephus ist im Laufe seiner langen Rezeptionsgeschichte zweifach Unrecht geschehen: Durch die christl. Vereinnahmung des jüd. Historiographen für die Zwecke christl. antijüd. Apologetik und Polemik sowie durch die unsachgemäße Verwendung seiner Schriften als Steinbruch für historisches Faktenmaterial. Kann ersterer Missbrauch heute als überwunden gelten, so stellen doch die Reduktion seiner Werke auf ihren tatsächlichen oder vermeintlichen Quellenwert und der unkritische Rekurs auf isolierte „Daten" bis heute ein methodologisches Problem dar. Die überwältigende Fülle historischer Details macht allzu leicht vergessen, dass Josephus seine Quellen stets planvoll und gezielt seinem eigenen schriftstellerischen Interesse unterordnet. Die rhetorisch-biographische Geschichtsschreibung seiner Zeit ließ ihm die Freiheit, die gleichen Ereignisse und Personen einmal so und im nächsten Werk ganz anders darzustellen, je nachdem, wie es die jeweilige erzählerische Absicht erforderte

---

[2] Josephus gestaltet die biblischen Figuren konsequent nach dem Typus des hell. Helden. Vgl. dazu ausführlich *L. H. Feldman*: Josephus's Interpretation of the Bible, Berkeley u.a. 1998.

(→1.3.3.4).[3] Hat die ältere Quellenkritik hierin die planlose Verarbeitung disparaten Quellenmaterials am Werk gesehen, so versteht die neuere Josephusforschung solche „Widersprüche" als Niederschlag je unterschiedlicher erzählerischer Konzepte. Diese müssen stets ermittelt werden, damit Einzelheiten aus den josephischen Werken für die ntl. Forschung fruchtbar gemacht werden können, ohne dem Kurzschluss einer positivistischen Verwertung scheinbar neutraler Geschichtstatsachen zu erliegen.

Literatur
(1) *Textausgaben und Kommentare*
(1.1) *Gesamtausgaben*
B. *Niese*: Flavii Josephi opera, 7 Bde., Berlin 1885–1895 u.ö. – H. St. J. Thackeray u.a.: Josephus in Nine Volumes (ND in 13 Bdn.), Cambridge 1926ff. (gr. Text und engl. Übers., LCL). – S. *Mason* (ed.): Flavius Josephus. Translation and Commentary, Leiden 1999ff (engl. Übers. und erschöpfender Kommentar, bisher 2 Bde.)
(1.2) *Bellum Iudaicum*
O. *Michel/O. Bauernfeind*: Flavius Josephus, De Bello Judaico – Der Jüdische Krieg. Griechisch und Deutsch, 3 Bde. in 4 Teilen, 1959–1969. (Gr. Text und dt. Übers. mit ausgewählten Anmerkungen).
(1.3) *Antiquitates*
E. *Nodet*: Flavius Josèphe. Les Antiquités Juives, Paris 1992ff (Gr. Text und frz. Übers mit Kommentar; bisher 3 Bde.). – Jüdische Altertümer, übersetzt und mit Einleitung und Anmerkungen versehen von H. *Clementz*, Wiesbaden [8]1989 (z.T. unzuverlässig, jedoch bisher einzige dt. Gesamtübers.).
(1.4) *Vita*
F. *Siegert/H. Schreckenberg* u.a.: Flavius Josephus. Aus meinem Leben (Vita), Tübingen 2001 (revidierter gr. Text, dt. Übers. und ausgewählte Anmerkungen).
(1.5) *Contra Apionem*
F. *Siegert/H. Schreckenberg* u.a.: Flavius Josephus. Contra Apionem, Tübingen 2005 (revidierter gr. Text, dt. Übers. und ausgewählte Anmerkungen).
(2) *Sonstige Literatur*
H. *Schreckenberg*: Josephus, RAC 18, 1998, 761–801 (guter Überblicksartikel). – P. *Bilde*: Flavius Josephus between Jerusalem and Rome. His Life, Works and their Importance, Sheffield 1988 (nützlich für den vertieften Einstieg). – S. *Mason*: Flavius Josephus und das Neue Testament, Tübingen 2000 (empfehlenswerte Einführung speziell für Studierende der biblischen Fächer).

---

[3] Ein Beispiel hierfür ist die völlig unterschiedliche Darstellung Herodes' d. Gr. im *Bellum* („treuer Parteigänger Roms") und in den *Antiquitates* („notorischer Übertreter des Mosegesetzes und Jude zweifelhafter Herkunft"). Vgl. dazu ausführlich M. *Vogel*: Herodes. König der Juden – Freund der Römer, Leipzig 2002.

1.3.2.7 Aristeasbrief, Pseudo-Phokylides, Joseph und Aseneth, 4. Makkabäerbuch (*Dieter Sänger*)

Stellen im NT
Mt 4,10; 6,9; Mk 7,10; 10,19.45; 12,29f; Joh 5,44; Apg 7; 9,1–19a; Röm 3,24f; 4,24f; 1Kor 8,6; 12,5f; 2Kor 5,21; 1Thess 1,9; Kol 3,18–4,1; Eph 5,12–6,9; 6,2f; 1Tim 1,17; 1Petr 2,18–3,7; 2,24; 1Joh 2,2; 4,10; Hebr 2,16f; Offb 15,4

Literarischer Charakter, religiös-kulturelles Milieu, Zielsetzung
Alle vier Werke entstammen dem hell. Diasporajudentum (→1.4.5) und sind in gr.-röm. Zeit verfasst worden.[1] Obwohl sie nach Inhalt, Form und Sprache differieren, verschiedenen literarischen Gattungen angehören und unterschiedliche Absichten verfolgen, ist ihnen eines gemeinsam: Sie orientieren sich jeweils an gr. bzw. hell. Vorbildern. Der angestrebte Wirkungseffekt ist stets der gleiche. Ihre durchweg anonym bleibenden Autoren – gegenteilige Angaben sind fingiert – wollen ihren vorwiegend jüd. Lesern den Eindruck vermitteln, die eigene Kultur sei mit der sie umgebenden ebenbürtig und brauche sich hinter ihr nicht zu verstecken. Die hier zum Vorschein kommende apologetische Tendenz darf freilich nicht überbewertet, geschweige denn verabsolutiert werden. Mindestens ebenso deutlich erkennbar ist das Interesse an einem die ethnischen Grenzen überschreitenden interkulturellen Dialog, ohne dass er programmatisch eröffnet oder offensiv geführt wird.
Besonders *Ps.-Phok* (ca. 50 v.Chr.–50 n.Chr.) ist darum bemüht, jüd. und hell. Denken miteinander zu verschmelzen. Gleich zu Beginn (1f) präsentiert er seine aus 230 Hexametern[2] bestehende Spruchsammlung, deren weisheitlich-moralische Sentenzen vor allem bestimmte Abschnitte der Tora, der Proverbien und des Sirachbuchs in paränetischer Absicht aktualisieren, als ein Gedicht des milesischen Lyrikers Phokylides (7./6. Jh. v.Chr.). Das klassische Metrum und die aphoristische Kürze der einzelnen Verse sollen die Plausibilität der fiktiven Zuschreibung noch erhöhen. Sie zielt darauf ab, den universalen Geltungsanspruch der in das Gewand popularphilosophischer Ethik gekleideten biblisch-jüd. Überlieferung zu bekräftigen und sie als mit zeitgenössischen Vorstellungen kompatibel zu erweisen.
Auch der Verfasser des *Aristeasbriefes* (ca. 150–120 v.Chr.) verschleiert seine wahre Identität, indem er vorgibt, ein Leibgardist des ptolemäischen Königs zu sein (16; 40). In der legendarischen, mit weiteren Informationen angereicherten Rahmenhandlung (1–11; 172–181; 301–322) werden die Motive und näheren Umstände geschildert, die Ptolemaios II. Philadelphos auf Anraten seines Bibliothekars bewogen haben, die Tora ins Griechische übersetzen zu lassen (→1.3.2.1). Dazwischen sind sieben längere Dialogpartien eingeschoben (187–294), in denen der König mit den 72 vom Jerusalemer Hohenpriester

---

[1] Mit Bezug auf JosAs gilt dieser breite Konsens jetzt nicht mehr, vgl. *R. S. Kraemer*: When Aseneth Met Joseph. A Late Antique Tale of the Biblical Patriarch and His Egyptian Wife, Reconsidered, New York/Oxford 1998. Sie datiert die Schrift in das späte 3. oder frühe 4. Jh. (ebd. 225–244). Jüd. Herkunft hält sie für möglich, christl. aber für wahrscheinlicher (ebd. 245–285).

[2] Zum Grundbestand gehören aber nur 219, die übrigen sind sekundär, vgl. *Thomas* 1992, 20f.

für die Übersetzungsarbeit ausgewählten jüd. Weisen philosophische Fragen diskutiert. Der Autor verknüpft in seinem als Brief stilisierten Werk geläufige Stil- und Erzählformen von zumeist lehrhafter Art (Spruchgut, Fürstenspiegel, Tischgespräche) mit gattungstypischen Elementen der antiken Geschichtsschreibung (→1.3.3.4) wie Reiseberichte, amtliche Verlautbarungen, Namenslisten, Korrespondenzen und staatliche Dekrete, um ihm durch die Genauigkeit und Fülle der mitgeteilten Ereignisse den Stempel historischer Glaubwürdigkeit aufzudrücken. Die Kombination verschiedener literarischer Gestaltungsmittel soll zusammen mit den Erörterungen über den verborgenen, aber tiefen und vernünftigen Sinn der mosaischen Gebote deutlich machen, dass sich das religiös-kulturelle Erbe des Judentums vor dem Forum griechischer Bildung behaupten und mit ihr messen kann (vgl. 200; 235).

Im Mittelpunkt der Schrift von *Joseph und Aseneth* steht die Priestertochter und Götzendienerin Aseneth (Gen 41,45, vgl. 41,50; 46,20), die der fromme Jakobssohn Joseph nach ihrer Bekehrung zum Gott der Hebräer heiratet. Vermutlich ist die Schrift kurz vor oder nach der Zeitenwende entstanden, am ehesten in Ägypten.[3] Sie besteht aus zwei geschlossenen, nur locker miteinander verbundenen Teilen. Der erste Teil (1–21) erzählt die Liebesgeschichte zwischen Aseneth und Joseph, in die Aseneths Bekehrung eingelagert ist (10–18), der zweite (22–29) von ihrer Gefährdung durch den eifersüchtigen Kronprinzen und ihrer glücklichen Rettung. Das Werk entzieht sich einer exakten literarischen Einordnung. Einerseits weist es enge Parallelen zu biblischen und außerkanonischen Novellen auf (Est, Ruth, Tob, Jdt), andererseits berührt sich die Liebeshandlung strukturell und motivlich mit dem hell. Roman vom Schlage eines Chariton, Xenophon v. Ephesos, Achilleus Tatios, Heliodor usw.[4] Diese doppelte Affinität zur jüd. Novellistik und antiken Romanliteratur dürfte kein Zufall sein. Die mit ihrer biblisierenden Sprache und Diktion an das Griechisch der LXX (→1.3.2.1) erinnernde, primär für ein jüd. Publikum und seine heidnischen Sympathisanten gedachte Schrift thematisiert unter Verwendung konventioneller Erzählmuster die Probleme von Konversion und Mischehen inmitten einer andersgläubigen Umwelt. Am Beispiel der Proselytin Aseneth will sie exemplarisch zeigen, was das Judentum gibt und nützt.

Das seit Eusebius (h.e. 3,10,6) häufig, aber fälschlich Flavius Josephus (→1.3.2.6) zugeschriebene 4. Makkabäerbuch stellt eine Mischung aus philosophischem Traktat und Märtyrerbericht dar, lässt jedoch auch eine Nähe zur gr. Tragödie und zur Preis- und Gedenkrede (Enkomion/Panegyrikos) erken-

---

[3] D. *Sänger*: Erwägungen zur historischen Einordnung und zur Datierung von „Joseph und Aseneth", ZNW 76, 1985, 86–106 und E. M. *Humphrey*: Joseph and Aseneth, Sheffield 2000, 28–37. Zur Rekonstruktion des ursprünglichen Textes vgl. grundlegend Ch. *Burchard*: Untersuchungen zu Joseph und Aseneth. Überlieferung – Ortsbestimmung, Tübingen 1965. Er liegt jetzt in einer kritischen Ausgabe vor: Joseph und Aseneth. Kritisch hrsg. von Ch. *Burchard* mit Unterstützung von C. *Burfeind* und U. B. *Fink*, Leiden/Boston 2003. Die alternativen Positionen diskutiert *Humphrey* (s.o.), 17–27.

[4] Vgl. dazu S. *West*: Joseph and Asenath. A Neglected Greek Romance, CQ 24, 1974, 70–81; R. I. *Pervo*: Aseneth and her Sisters. Women in Jewish Narratives and in Greek Novels, in: A.-J. *Levine* (ed.): Women Like This. New Perspectives on Jewish Women in the Greco-Roman World, Atlanta 1991, 145–160; C. *Hezser*: "Joseph and Aseneth" in the Context of Ancient Greek Erotic Novels, FJB 24, 1997, 1–40.

nen.[5] Der Verfasser selbst bezeichnet sein Werk als ein „philosophisches Lehrstück" (4Makk 1,1). Darin geht es ihm um den Nachweis, dass die mit den vier Kardinaltugenden identifizierte (4Makk 5,22–24) „fromme Vernunft" (eusebes logismos) Herrscherin über die Leidenschaften ist. Als Beleg führt er neben zentralen Gestalten aus der israelitischen Frühgeschichte (1,13–3,18) die makkabäischen Märtyrer aus der Erzählvorlage 2Makk 6f an, deren Verhalten als vorbildlich gerühmt wird (5,1–14,18). Weder den greisen Priester Eleazar noch die sieben Brüder oder ihre Mutter kann der Tyrann Antiochos IV. Epiphanes dazu bewegen, die Speisevorschriften zu missachten und Schweinefleisch zu essen. Lieber verzichten sie auf die versprochenen Belohnungen und sterben qualvoll, als gegen göttliches Gebot zu verstoßen. Durch ihre Opferbereitschaft, in der die fromme Vernunft über die Affekte triumphiert, bezwingen sie letztlich den Seleukidenkönig. Mit seinem theoretischen Unterbau verfolgt der Autor den Zweck, angesichts wachsender Assimilierungs- und Anpassungstendenzen den verpflichtenden Charakter des atl. Gesetzes einzufordern und die auf ihm beruhende jüd. Lebensweise als ebenso human wie sittlich geboten, rational begründbar und mit gr. Lebensideal vereinbar erscheinen zu lassen.[6]

Ntl. Textaussagen und Bezüge
Keines der genannten Werke hat einen direkten Einfluss auf die Schriften des NT ausgeübt. Die sie verbindenden theologischen, anthropologischen und ethischen Aussagen sind größtenteils durch die gemeinsame biblisch-jüd. Tradition vermittelt. Häufig konvergieren sie aber auch mit gleich lautenden Vorstellungen der heidnischen Umwelt, ohne sich inhaltlich mit ihnen decken zu müssen.
Prominentes Beispiel sind die im NT mehrfach zitierten bzw. anklingenden (Mt 6,9 par; Mk 7,10 par; 10,19 par; Joh 5,44; Eph 6,2f; 1Tim 1,17, vgl. Mk 12,29f par; 1Petr 2,17; Offb 15,4 u.ö.) atl. Gebote, Gott und die Eltern zu ehren (Ex 20,2f.12/Dtn 5,6f.16; Lev 19,3f; Dtn 27,15f; Prov 1,7f). Ihr hoher Stellenwert, den Ps.-Phok (8) und Arist (228; 234) nachdrücklich unterstreichen (vgl. JosAs 9,2; 11,4f; 4Makk 15,10), ist in der gr.-röm. Antike fast unbestritten (Xen. mem. 4,4,198f; Men. sent. 322; Polyb. 6,4,4 u.ö.). Doch im Unterschied zum paganen Bereich, in dem die Verehrung *aller* Götter (→3.2.2) eingeschärft wird,[7] bleibt sie bei den ntl. Autoren ausschließlich auf den in der Schrift bezeugten und von Jesus verkündeten *einen* Gott beschränkt (z.B. Mt 4,10; 1Kor 8,6a; 12,5f; 1Thess 1,9). Das in dieser Reduktion liegende Konfliktpotenzial illustriert der spätere Vorwurf, Christen seien Atheisten (Just. 1 apol. 6; Clem. str. 7,1,1).
Die im NT singulären Haustafeln Kol 3,18–4,1; Eph 5,12–6,9 und 1Petr 2,18–3,7 ordnen das Beziehungsgefüge der im Haus (*oikos*) (→2.2.1) lebenden

---

[5] Zur literarischen Form vgl. *J. W. van Henten*: The Maccabean Martyrs as Saviours of the Jewish People. A Study of 2 and 4 Maccabees, Leiden u.a. 1997, 60–67.
[6] Vgl. *R. Weber*: Das Gesetz im hellenistischen Judentum. Studien zum Verständnis und zur Funktion der Thora von Demetrios bis Pseudo-Phokylides, Frankfurt a.M. u.a. 2000, 215f. 254f.
[7] Dem widerspricht nicht, dass – wie etwa im Fall von Isis – die Göttervielfalt in einem Wesen zusammenfließen konnte.

Gruppen und regeln ihr Verhältnis zueinander. Unter Hinweis auf ihren familiären und sozialen Status werden Männer, Frauen, Kinder und Sklaven ermahnt, es an dem, was sie einander schulden, nicht fehlen zu lassen. Ein solcher auf Wechselseitigkeit angelegter Pflichtenkatalog begegnet in erweiterter Form bei Ps.-Phok (175–227), wenngleich das die Haustafeln kennzeichnende reziproke Moment zurücktritt (195–197; 224). Hier wie dort enthalten die Forderungen der Spruchreihen nichts, was aus dem Rahmen des damals Üblichen herausfällt. Vielmehr reflektieren sie hell., vor allem stoisch geprägtes Gedankengut und spiegeln zudem Grundsätze der antiken Oikonomik (Haushaltekunst).[8] Überhaupt geht der materiale Gehalt ethischer Weisungen im NT ungeachtet ihrer spezifischen Motivierung[9] vielfach mit denen der nichtchristl. Umwelt konform.

Den mit Jesu Kreuzestod verbundenen Sühneaussagen Röm 3,24f; 4,24f; 2Kor 5,21; 1Petr 2,24; Hebr 2,16f u.ö., vgl. Mk 10,45; 1Joh 2,2; 4,10 ist die Interpretation der Märtyrerschicksale in 4Makk 6,28f und 17,20–22 (vgl. 2Makk 6,28; 7,9.37f) an die Seite zu stellen. Jeweils ist von einer Ersatzleistung, d.h. von einem stellvertretenden Sterben zugunsten anderer, die Rede. Wie die kultische Begrifflichkeit verrät, bilden Konzeptionen der atl. Opfertheologie (bes. Lev 4,1–35; 16f) den traditionsgeschichtlichen Hintergrund. Dass einer für etwas oder jemanden stirbt, entspricht aber auch gr. Anschauung (vgl. nur Thuk. 2,43; Eur. Iph. A. 1368–1401; Plat. symp. 179b). Allerdings lassen die in Frage stehenden Texte jegliche theologische Sinngebung vermissen. Trotz ähnlicher Formulierungen unterscheiden sich die ntl. Sühneaussagen von denen des 4Makk vor allem dadurch, dass sie den ursprünglich kultischen Kontext in einen christologischen transformieren und damit das Sühnegeschehen qualitativ neu bestimmen: Es ist ein unwiederholbares eschatologisches Ereignis und besitzt, indem es alle Menschen umfasst, universale Gültigkeit.

Die Stephanuserzählung (Apg 7) hat, was ihre Motivik und dramatische Gestaltung betrifft, eine enge literarische Parallele im Eleazarmartyrium. Redet Eleazar zu Antiochos und seinem Gefolge, ergreift Stephanus vor dem Hohenpriester und dem Synhedrium das Wort (7,2–53). In der negativen Reaktion seitens der Adressaten kündigt sich das spätere Geschick von beiden schon an (Apg 7,54/4Makk 6,1.24). Vor ihrer Steinigung bzw. während ihrer Folterung blicken die Märtyrer zum Himmel auf (Apg 7,55/4Makk 6,6.26), und noch im Sterben wenden sie sich bittend an Gott (Apg 7,59f/4Makk 6,27–29). Eine Todesnotiz bestätigt den Vollzug der Hinrichtung (Apg 7,60b/4Makk 6,30a). Zumeist wird die lk Darstellungsweise mit dem dramatischen Episodenstil der gr. Geschichtsschreibung verglichen, als deren Repräsentanten u.a. Herodot, Dionysios v. Halikarnassos und der Alexanderhistoriker Kleitarchos gelten (→1.3.3.4). Das 4Makk verdient in dieser Hinsicht kaum weniger Be-

---

[8] *Thomas* 1992, 378–391; *A. Standhartinger*: Studien zur Entstehungsgeschichte und Intention des Kolosserbriefs, Leiden u.a. 1999, 256–276.
[9] Vgl. nur *W. Popkes*: Paränese und Neues Testament, Stuttgart 1996; *W. Pratscher*: Grundlinien der Begründung der Ethik im Neuen Testament, in: *Ch. Niemand* (Hg.), Forschungen zum Neuen Testament und seiner Umwelt (FS A. Fuchs), Frankfurt a.M. u.a. 2002, 383–401.

achtung.[10] Ähnliches gilt für die in Apg 9,1–19a geschilderte Bekehrung des Paulus. Sie zeigt nicht nur in Einzelzügen, sondern in ihrer Gesamtstruktur eine deutliche Verwandtschaft zu Aseneths Bekehrung in JosAs 1–21. Ihr dem antiken Roman nachempfundener Handlungsverlauf wie auch der verarbeitete Stoff und seine Topik sind offensichtlich genrebedingt.[11] Der historischen Rekonstruktion des in Apg 9,1–19a Berichteten ist dadurch von vornherein eine Grenze gesetzt. Jeder Versuch, hinter den Text zurückzufragen, hat die gattungsgeschichtliche und kompositorische Eigenart dieses Abschnitts zu berücksichtigen. Lukas dokumentiert einmal mehr, wie bewusst und in welch hohem Maße die inmitten einer multireligiösen Gesellschaft lebenden ntl. Autoren sich auf den zeitgenössischen Erfahrungs-, Denk- und Sprachhorizont eingelassen haben, um das Evangelium in die gr.-röm. Welt zu inkulturieren.

Literatur
J. M. G. Barclay: Jews in the Mediterranean Diaspora. From Alexander to Traian (323 BCE–117 CE), Edinburgh 1996. – *U. Breitenstein*: Beobachtungen zu Sprache, Stil und Gedankengut des Vierten Makkabäerbuchs, Basel/Stuttgart ²1978. – *Ch. Burchard*: The Importance of Joseph and Aseneth for the Study of the New Testament: A General Survey and a Fresh Look at the Lord's Supper, in: *Ders.*: Gesammelte Studien zu Joseph und Aseneth, Leiden u.a. 1996, 263–295. – *J. W. van Henten*: Die Märtyrer als Helden des Volkes, in: *H. Lichtenberger/G. S. Oegema* (Hgg.), Jüdische Schriften in ihrem antik-jüdischen und urchristlichen Kontext, Gütersloh 2002, 102–133. – *J. Thomas*: Der jüdische Phokylides. Formgeschichtliche Zugänge zu Pseudo-Phokylides und Vergleich mit der neutestamentlichen Paränese, Freiburg (CH)/Göttingen 1992. – *L. M. Wills*: The Jewish Novel in the Ancient World, Ithaca/London 1995.

---

[10] Vgl. *B. Heininger*: Der böse Antiochus. Eine Studie zur Erzähltechnik des 4. Makkabäerbuchs, BZ 33, 1989, 43–59, bes. 58f.

[11] *Ch. Burchard*: Der dreizehnte Zeuge. Traditions- und kompositionsgeschichtliche Untersuchungen zu Lukas' Darstellung der Frühzeit des Paulus, Göttingen 1970, 59–105.

1.3.3 Nichtjüdische Literatur

1.3.3.1 Epos (*Alfred Breitenbach*)

„Was hat Vergil mit dem Evangelium zu tun?"[1] So fragt der Kirchenvater Hieronymus im 4. Jh., und er glaubt die Antwort geben zu können: Nichts. Kann man sich dem Schöpfer der *Vulgata* anschließen? Vergil steht bei Hieronymus repräsentativ für das klassische Heldengedicht (Helden-Epos), wie es uns zuerst in den homerischen Epen des 8. vorchristl. Jh., *Ilias* und *Odyssee*, greifbar ist. Aristoteles preist im 4. Jh. v.Chr. in seiner *Poetik* die epischen Dichtungen Homers als vorbildlich. Es werden jedoch schon früh auch historische Ereignisse in epischer Form verarbeitet (Historisches Epos, z.B. Choirilos von Samos im 5. Jh. v.Chr.), und auch „Lehrgedichte" im epischen Versmaß, dem Hexameter, gelten der Antike als „Sach-Epen" (z.B. Hesiod, 8./7. Jh. v.Chr.).[2] In der jüngsten Zeit wächst das Interesse an Bezügen zwischen ntl. Schriften und epischen Texten (→1.3.1.1), wobei man sich hier auf das Historische und das Helden-Epos konzentriert. Dabei werden vor allem der Klassiker Homer und lateinische Epik berücksichtigt. Man beschränkt sich nicht nur darauf, (1) einzelne Parallelen zwischen antikem Epos und NT aufzuzeigen, sondern möchte (2) in Teilen des NT sogar ein neues Epos konzipiert wissen.

(1) Es ist nicht unberechtigt, das Epos als Hintergrund für die Rezeption der ntl. Schriften in den Blick zu nehmen. Die homerischen Dichtungen waren nämlich vermutlich nicht nur den Verfassern der ntl. Schriften, sondern wahrscheinlich auch denjenigen, die das NT *lesen* konnten, bekannt, denn diese Texte bildeten den zentralen Teil des schulischen Lektüre-Kanons für den griechischsprachigen Raum.[3] Epische Schöpfungen des Hellenismus (z.B. Apollonios von Rhodos) konnten die homerischen Meisterwerke nicht von ihrer Spitzenposition verdrängen. Dass sich auch eine jüd. Epik entwickelt hatte, wie Textfragmente zeigen,[4] könnte es den Autoren der ntl. Schriften erleichtert haben, epische Elemente für die Vermittlung ihrer neuen Botschaft in Dienst zu nehmen. Auch Christen späterer Jhh. verbreiteten ihre Botschaft in dieser Gattung (z.B. Iuvencus, 4. Jh.). Insofern hat das Aufzeigen motivischer Parallelen in Epos und NT einiges für sich, besonders da es die Rezeptionshal-

---

[1] Hier. epist. 22,29,7.
[2] Ein solches Sach-Epos, die *Phainomena* des Aratos von Soloi (3. Jh. v.Chr.), zitiert Paulus in seiner Areopagrede (Apg 17,28); vgl. aber auch den 4. Vers im *Zeus-Hymnus* des Kleanthes (Stoicorum veterum fragmenta 1, 121 Nr. 537). Ob das Zitat Tit 1,12 einer *Theogonie* des Epimenides (*E. Diels/W. Kranz* [Hgg.]): Die Fragmente der Vorsokratiker 1 [Berlin ⁸1956] 31f, B1) entstammt, ist völlig unklar, vgl. *Chr. Zimmer*: Die Lügner-Antinomie in Titus 1,12, LingBib 59, 1987, 78–82; *L. Oberlinner*: Die Pastoralbriefe. Titusbrief, Freiburg 1996, 38f.
[3] Vgl. *R. F. Hock*: Homer in Greco-Roman Education, in: *D. R. MacDonald* (ed.): Mimesis and Intertextuality in Antiquity and Christianity, Harrisburg 2001, 56–77. Anders *M. Hengel*: Zum Problem der „Hellenisierung" Judäas im 1. Jh. n.Chr., in: *Ders.*: Judaica et Hellenica 1, Tübingen 1996, 88f, dem zufolge man klassische Bildung bei den ntl. Autoren nicht voraussetzen darf („außer vielleicht Lukas und der Vf. des Hebräerbriefes" ebd.).
[4] *N. Walter*: Fragmente jüdisch-hellenistischer Epik: Philon, Theodotos, in: JShrZ IV 3, 135–371; *G. S. Oegema*: Poetische Schriften, in: JShrZ VI, Supp. 1, 4, 45–62.

tung der gebildeteren Leser oder Hörer des Evangeliums berücksichtigt. Und so ist, unabhängig von einer direkten „literarischen Abhängigkeit", die Frage sinnvoll, wie ein Leser die ihm bekannten Epen mit den ntl. Texten in Bezug setzen konnte.[5] Heute wird jedoch auch eine andere Form intertextueller Beziehung herausgearbeitet, indem man Einzeluntersuchungen anstellt, in denen, um ein Beispiel zu nennen, Seefahrten und Schiffbruch des Paulus (Apg 27f) mit denen des Odysseus (Hom. Od. 5,262–493; 12,399; 13,115) verglichen werden, und man eine direkte Nachahmung Homers postuliert.[6] Bei derartigen Analysen muss stets die Frage nach der Aussageabsicht des christl. Verfassers vorausgehen: Auf der Folie epischer Texte will der ntl. Autor seine „Geschichte" als Steigerung des epischen Vorbildes präsentieren. Man sollte jedoch nicht ohne weiteres alle Parallelen, die sich zwischen Homer und etwa dem Mk herstellen lassen, unbesehen als bewusste Entlehnungen begreifen.[7] Viele Motive sind zwischenzeitlich von anderen Literaturgattungen (im Fall der Apg besonders vom Reise-Roman) aufgenommen worden und quasi literarisches Allgemeingut. Insofern zeigt sich hier eine Problematik, die bereits seit längerem für die ntl. „Zitate" aus der Tragödie oder Komödie untersucht wird (→1.3.3.2). Die Tatsache, dass die Nachfolger des Mk in der synoptischen Tradition dessen Parallelen zum homerischen Epos nicht aufgegriffen haben, zeugt daher nicht zwangsläufig von mangelnder Aufmerksamkeit bei der Lektüre, sondern vielmehr davon, dass die Einzelmotive als nicht mehr spezifisch homerisch angesehen wurden.

(2) Im Hinblick auf die Funktion, die die *Aeneis*, das röm. National-Epos des Vergil (70–19 v.Chr.), für den neu entstehenden Prinzipat hatte, und auf die sich an Vergil anschließende und orientierende, auch historische lateinische

---

[5] *R. Strelan*: A Greater Than Caesar: Storm Stories in Lucan and Mark, ZNW 91, 2000, 166–79 (weitere Lit. 166 Anm. 4f) sagt dies 170 ausdrücklich: „I am not suggesting literary dependency, nor that Mark knew the Lucan epic. ... The question is: If some in an audience knew the storm stories of Homer and Vergil, and if they knew a version of the storm story involving Caesar such as that told by Lucan, how would they hear Mark's story?" Vgl. auch zuletzt *D. Georgi*: Aeneas und Abraham. Paulus unter dem Aspekt der Latinität?, ZNT 5, 2002, 37–43.

[6] *D. R. MacDonald*: The Shipwrecks of Odysseus and Paul, NTS 45, 1999, 88–107; ebd. 95 weitere Literatur. Vgl. auch *P. L. Hofrichter*: Parallelen zum 24. Gesang der Ilias in den Engelerscheinungen des lukanischen Doppelwerkes, in: *Ders.*: Logoslied, Gnosis und Neues Testament, Hildesheim 2003, 235–251 (weitere Literatur ebd. 237 Anm. 11).

[7] *D. R. MacDonald* hat in seiner beeindruckenden, jedoch nicht unproblematischen Arbeit The Homeric Epics and the Gospel of Mark, New Haven/London 2000 eine große Fülle von Parallelen aufgezeigt. Die Arbeit ist jedoch insofern kritisch zu beurteilen (und zu benutzen), als die sprachlichen Parallelen mitunter recht dürftig sind und die Aufdeckung der einzelnen Bezüge zu einem „philologischen Spiel" zu werden droht (vgl. die warnenden Bemerkungen im Abschnitt →1.3.1.1). Ein geschlossenes Konzept wird letztlich nicht aufgezeigt; stattdessen will MacDonald an vielen Stellen (häufig nicht überzeugend) absichtliche „Homer-Imitation" nachweisen. Ein Beispiel: Man fragt sich etwa, welche Konzeption der Autor des MkEv im Kopf gehabt haben soll, wenn er Mk 5,1–20 Jesus sowohl nach dem Odysseus als auch nach der Kirke von Hom. Od. 10,307–347 gestaltet hat; dass etwa die Frage Mk 5,6 „Was habe ich mit dir zu tun, Jesus ...?" mit der Frage Hom. Od. 10,325 „Wer und woher bist du?" (die beiden Fragepronomina *ti* bzw. *tis* werden als Signalwörter für die Homer-Reminiszenz hervorgehoben!) eine Parallele anzeigen soll, ist gänzlich unwahrscheinlich (das Beispiel bei *MacDonald* (s.o.), 63–67).

Epik des 1. Jh. n.Chr. (*Pharsalia* des Lucanus, *Punica* des Silius Italicus), hat man jüngst die These vertreten, das lk Doppelwerk sei als „Prosa-Epos" verfasst, das die Gründungsgeschichte der christl. Gemeinschaft preise.[8] Die Annahme basiert auf der Angabe Senecas (gest. 65 n.Chr.), die *Aeneis* sei von dem Adressaten einer seiner Trostschriften in gr. Prosa übertragen worden.[9] Die angeführten „epischen" Elemente können jedoch nicht überzeugen, denn unübersehbar sind sie einerseits nicht spezifisch episch und/oder andererseits im Rahmen des NT nicht „Eigengut" des Verfassers von Lk und Apg.

Hier eine Auswahl der festgestellten Parallelen.[10] Sowohl in der *Aeneis* als auch im NT finde in der Zeit des Rezipienten die Erfüllung vergangener Orakelsprüche bzw. Verheißungen statt; die Handlung sei jeweils durch göttlichen Auftrag oder Plan motiviert; sowohl *Aeneis* als auch das LkEv begännen mit einer gefahrvollen Situation für den „Helden", und sowohl Lukas als auch Vergil rekurrierten auf Elemente früherer Texte, nämlich die gr. Bibel (→1.3.2.1) bzw. Homer; in beiden Werken spiele das Erscheinen göttlicher bzw. übernatürlicher Wesen (Gottheiten, Engel) eine wichtige Rolle für den Fortgang der Ereignisse, und schließlich sei der Zielpunkt in beiden Werken, dass eine Gruppe der Protagonisten eine ältere Gruppe „ersetzen" bzw. deren Existenz unter neuen Vorzeichen fortführen soll, bei Vergil die Kontinuität Trojas in Rom, bei Lukas die Kontinuität Israels in der christl. Kirche.

Die Idee, dass parallel zur Ausbreitung des vergilischen Epos in seiner Herrschaft begründenden und legitimierenden Funktion der Plan eines christl. Gegenstücks entwickelt worden sei, ist interessant. Ob man aber die Verwirklichung eines solchen christl. Planes, die hier in Lk und Apg stattfinden soll, unter dem Stichwort „Epos" fassen muss, ist fraglich;[11] schließlich ist die Idee eines Prosa-Epos auch deshalb problematisch, weil in der Antike das Metrum, der Hexameter, als gattungskonstituierend empfunden wird. Bewusstes Einsetzen epischer Elemente oder die geplante Konzeption eines „Epos" kann man im NT wohl nur dann finden, wenn man einen modernen, d.h. sehr weiten, Epos-Begriff zu Grunde legt, der der Antike nicht geläufig war. Allerdings werden in der Entstehungszeit der ntl. Schriften auch neue Epen in der Nachfolge Vergils geschaffen, und Vergil und Homer, an dem sich Vergil auf seine Weise orientiert hat, sind einem Teil der Leser durchaus präsent. Man sollte die eingangs zitierte Äußerung des Hieronymus durchaus als Warnung vor zu schnellen Schlussfolgerungen, was das Verhältnis von Epos und NT angeht, Ernst nehmen, auch wenn man seine rigorose Leugnung jeglicher Bezüge nicht in jeder Hinsicht teilen muss.

Literatur
A. *Lesky*: Epos, Epyllion und Lehrgedicht, in: *E. Vogt* (Hg.), Griechische Literatur, Wiesbaden 1981, 19–72. – *H. Neumann u.a.*: Epos, DNP 4, 1998, 10–29. – *W. Schetter*: Das römi-

---

[8] *M. P. Bonz*: The Past as Legacy. Luke-Acts and Ancient Epic, Minneapolis 2000.
[9] Vgl. Sen. dial.11,8,2; 11,5f und dazu den Kommentar von *Th. Kurth*: Senecas Trostschrift an Polybius, Stuttgart/Leipzig 1994, 100.140–142. Die Übersetzung des Polybius ist nicht erhalten, ihr Charakter und ihre Verbreitung sind daher unklar.
[10] Zusammenfassend *Bonz*: The Past as Legacy (Anm. 8), 189–193.
[11] Vgl. *Georgi*: Aeneas und Abraham (Anm. 5), der zu Recht nicht nur das Epos *Aeneis* für seinen Vergleich von Abraham- und Aeneas-Tradition heranzieht.

sche Epos, in: *M. Fuhrmann* (Hg.): Römische Literatur, Wiesbaden 1974, 63–98. – *K. Thraede*: Epos, RAC 5, 1962, 983–1042.

1.3.3.2 Drama (*Alfred Breitenbach*)

Stellen im NT
Möglicherweise Einfluss z.b. auf Mt 7,3 (Lk 6,41); Lk 4,23; Apg 5,39; 12,7; 19,35; 26,14; Röm 7,15.20; 1Kor 15,33

Zweifellos schildert das NT dramatische Ereignisse, Ereignisse, die „bühnenreif" sind. Haben die ntl. Autoren auch Dramen daraus gemacht?

Hintergrund
Vorausgesetzt, diese Schriftsteller rechneten damit, dass ihre Texte auch zur Rezitation im christl. Kult vorgesehen waren, hätten sie, (a) was das Kultische angeht, eine alte, ja die ursprüngliche „dramatische" Tradition aufgegriffen und, (b) was die Rezitation betrifft, einer zeitgenössischen Praxis Rechnung getragen:
(a) Die griechische Tragödie (und auch die Komödie) waren in der gr. Stadt (*polis*) ursprünglich eingebunden in einen religiösen Kult des Vegetations- und Fruchtbarkeitsgottes Dionysos. In Athen wurden jedes Jahr an zwei Festen ausschließlich für den jeweiligen Termin neu geschriebene Tragödien und Komödien aufgeführt. Die als abwechselnde Partien von Schauspielern und Chor gestalteten Theaterstücke hatten künstlerischen Anspruch, jedoch auch politisch-didaktische Funktion, insofern sie den Bewohnern der Stadt kulturelles Erbe und moralische Werte zu vermitteln suchten. Gleichzeitig konnte, besonders in der Alten Komödie (prominentester Vertreter ist Aristophanes, 5.–4. Jh. v.Chr.), die Tagespolitik ins Spiel kommen. Die Wiederaufführung bereits gespielter Stücke setzte sich erst allmählich durch, und zwar zunächst infolge zunehmender Kanonisierung der großen Tragiker (Ende 5./Anfang 4. Jh. v.Chr.) bzw. Komödiendichter (3. Jh.); ab dem 3. Jh. wurde diese Entwicklung auch durch den Rückgang von Neuproduktionen verstärkt, ein Prozess, der letztlich in der Praxis gipfelte, nur noch Teile von Tragödien und besonders populäre Stücke aufzuführen.
(b) In Rom, wo man seit der Mitte des 3. vorchristl. Jh. Dramen nach griechischem Vorbild aufführte, war die große Blüte der Komödie bald wieder vergangen. Vollständige lateinische Komödien sind nur von Plautus (3.–2. Jh. v.Chr.) und Terenz (gest. um 159 v.Chr.) überliefert. Lateinische Tragödien aus vorchristl. Zeit sind lediglich fragmentarisch auf uns gekommen, doch hat im 1. Jh. n.Chr. mit komplett erhaltenen Tragödien des stoischen Philosophen Seneca (gest. 65 n.Chr.) möglicherweise eine Sonderform, nämlich das Rezitationsdrama,[1] seine Spuren hinterlassen. Unter anderem hat diese Form des Dramas, das nicht für eine dramatische Aufführung, sondern für Rezitation

---

[1] Die Klassifizierung der Tragödien Senecas als Rezitationsdramen im oben geschilderten Sinn ist jedoch nicht ohne Widerspruch geblieben; vgl. z.B. zur Aufführung einzelner Szenen *P. L. Schmidt*: Nero und das Theater, in: *J. Blänsdorf* (Hg.): Theater und Gesellschaft im Imperium Romanum, Tübingen 1990, 149–163.

oder private Lektüre geschrieben worden sein könnte und in gewisser Weise philosophische Inhalte zu vermitteln versucht, zu der Überlegung Anlass gegeben, auch die Verfasser der Evv hätten ihre Inhalte als Dramen gestaltet, als Lektüre für die entstehende Christengemeinde. Prinzipielle Berührungsängste von Juden und den aus ihnen hervorgehenden Christen mit der Gattung der Tragödie sind nicht notwendigerweise anzunehmen, denn die Tragödie *Exagoge* des Juden Ezechiel (3./2. Jh. v.Chr.), von der Reste erhalten sind,[2] zeigt, dass dramatische Dichtung mit neuen religiösen Inhalten versehen werden konnte (hier: Ex 1–15). Die Verfasser der ntl. Schriften dürften darüber hinaus, freilich in unterschiedlichem Maße, mit den Texten der kanonischen Dramenautoren bekannt gewesen sein. Auf der einen Seite wurden die Klassikertexte in der Schule gelesen, auf der anderen Seite wurden beliebte Stücke aus den großen Tragödien und Komödien wiederholt als Reprisen aufgeführt[3].

Einfluss
Will man versuchen, den Einfluss dramatischer Texte auf das NT zu eruieren, wird man zweckmäßig zwischen (a) inhaltlicher und (b) formaler Orientierung am Drama unterscheiden, denn anders als beim Epos (→1.3.3.1) lassen sich durchaus nennenswerte inhaltliche Übernahmen nachweisen, die „Zitaten" nahe kommen.
(a) Es ist jedoch nicht leicht zu entscheiden, ob eine Parallele zwischen ntl. Texten und dramatischen Texten bewusste Übernahme bedeutet. Vielfach handelt es sich bei vermeintlichen „Zitaten" um selbstständig gewordene, zumindest bereits in andere literarische Gattungen oder sogar in die Alltagssprache eingeflossene Redensarten und Sprichwörter, die keine Kenntnis einer Tragödie oder Komödie voraussetzen.[4] – An anderen Stellen mag die Erinnerung an einen dramatischen Text im Hintergrund der Formulierung stehen, ist mithin also eine Orientierung an einer bekannten dramatischen Passage nicht unwahrscheinlich; so hat man etwa in den Worten „Wie ein schlechter Arzt, der krank geworden ist, bist du mutlos und weißt nicht herauszufinden, durch welche Medikamente du geheilt werden kannst", die sich im Aischylos zugeschriebenen *Gefesselten Prometheus* die Titelgestalt sagen lassen muss (473–475), ein frühes „Arzt, heile dich selbst" (Lk 4,23) erkannt[5] und in der Apg

---

[2] *E. Vogt*: Tragiker Ezechiel, in: JShrZ IV 3, 113–133; *G. S. Oegema*: Poetische Schriften, in: JShrZ VI 1, 4, 37–44 mit Literatur.
[3] Zu Zweifeln an gr. Bildung, die man bei den Autoren des NT voraussetzt, vgl. *M. Hengel* (zitiert im Abschnitt 1.3.3.1 Epos Anm. 3); zur Aufführung vgl. *G. Heldmann*: Die griechische und lateinische Tragödie und Komödie in der Kaiserzeit, WSt 24, 2000, 185–205.
[4] So hat etwa 1Tim 6,10 (Wurzel allen Übels ist die Geldgier) zwar bei Soph. Ant. 295–300 eine Parallele, gleichzeitig findet man ähnliche Formulierungen jedoch auch in anderen Texten vorchristl. Zeit. Vgl. *R. Renehan*: Classical Greek Quotations in the New Testament, in: *D. Neiman/M. Schatkin* (eds.): The Heritage of the Early Church (FS Georges V. Florovsky), Rom 1973, 17–46, hier 18f.
[5] Vgl. Eur. Frg. 1086 Nauck² und S. Sulpicius Rufus bei Cic. fam. 4,5,5. Ein anderes Beispiel: Zu Mt 7,3/Lk 6,41 (der Balken im eigenen Auge) vgl. etwa Comic. adesp. Frg. 725 (PCG 8, 206 Kassel/Austin), wo der unbekannte Komiker fragen lässt: „Was erkennst Du, verleumderischster Mensch, so schnell das Fremde, übersiehst aber das Eigene?"

manches spezifische Vokabular des Euripides[6] und auch motivische Gemeinsamkeiten[7] zu finden geglaubt. – Ein wörtliches Zitat aus dem gr. Drama findet sich 1Kor 15,33: *phtheirousin ētē chrēsta homiliai kakai* („Schlechter Umgang verdirbt gute Sitten"). Es ist aber unklar, ob diese Worte von dem Tragiker Euripides oder dem Komödiendichter Menander (= Frg. 165 [PCG 6, 2, 124 Kassel/Austin]) stammen oder ob es sich bereits um eine Anlehnung Menanders an Euripides handelt. Schließlich könnte auch dieser Vers schon sprichwörtlich gewesen sein.[8]

(b) Im Wissen, dass antike Dramen in gebundener Sprache verfasst sind, hat man, ausgehend von der Gestalt des hell. Dramas sowie der Dramentheorie, wie sie Aristoteles in seiner *Poetik* und später Horaz in seiner *Ars Poetica* darstellen, eine formale Anpassung ntl. Texte an das hell. Drama diskutiert, und zwar besonders für Mk[9] und Joh.[10] Dabei setzt man voraus, dass derjenige, der lesen kann, sich dramatische Texte etwa zur Zeit der Entstehung des MkEv weniger auf der Bühne als vielmehr durch Lektüre erschließt. Form und Inhalt seien in Anlehnung an die Tragödie entstanden:[11] Die Einteilung der Handlung in eine schwankende Zahl von „Akten" mit Prolog, die inhaltliche Gliederung in Aufbau der Handlung, Umschwung und Lösung[12] sowie das Erwecken von Mitleid und Furcht, was Aristoteles (poet. 1449b) als die Wirkungen der Tragödie ansieht[13]. Aber schon die Tatsache, dass die Einteilung der einzelnen „Akte" bei den verschiedenen Vertretern einer derartigen Kompositionshypo-

---

[6] *W. Nestle*: Anklänge an Euripides in der Apostelgeschichte, Ph. 59, 1900, 46–57; *Renehan*: Classical Greek Quotations (Anm. 4), 21–23 zu Apg 5,39; 12 (z.B. 12,7); 19,35; 26,14.

[7] Vgl. auch *Renehan*: Classical Greek Quotations (Anm. 4), 24–26, der die Worte des Paulus Röm 7,15–20 („Was ich tue, erkenne ich nicht; denn nicht das, was ich will, tue ich, sondern was ich hasse, das tue ich usw.") mit Eur. Med. 1077–1080 („... besiegt werde ich durch Übel; und ich weiß zwar, welches Übel ich im Begriff bin zu tun, doch mein innerer Trieb (*thymos*) ist stärker als meine Absichten (*bouleumata*), dieser Trieb, der für Menschen Ursache der größten Übel ist.") und anderen Euripides-Texten verbindet (Hipp. 380–384, Frg. 220; 841 Nauck²).

[8] Vor allem im Lichte der frühen Entstehung von Sammlungen, in denen markante Sätze aus den Komödien des Menander zusammengestellt wurden, vgl. *H. Chadwick*: Florilegium, RAC 7, 1969, 1132f. Aus byzantinischer Zeit ist eine regelrechte Sammlung solcher Sentenzen erhalten: *S. Jaekel* (Hg.): Menandri Sententiae, Leipzig 1964, unser Vers: S. 79, 808.

[9] *S. H. Smith*: A Divine Tragedy: Some Observations on the Dramatic Structure of Mark's Gospel, NT 37, 1995, 209–231 (weitere Literatur ebd. 209 Anm. 3).

[10] Literatur bei *L. Schenke*: Das Johannesevangelium. Einführung – Text – dramatische Gestalt, Stuttgart 1992, 213 Anm. 23; für die Passion des JohEv als tragische Konzeption plädiert *W. Verburg*: Passion als Tragödie? Die literarische Gattung der antiken Tragödie als Gestaltungsprinzip der Johannespassion, Stuttgart 1999.

[11] Zur möglichen Repräsentation des Chores durch das „Volk" bei Markus vgl. *Smith*: A Divine Tragedy (Anm. 9), 226f; zunächst abgelehnt für Matthäus von *J. R. C. Cousland*: The Crowds in the Gospel of Matthew, Leiden u.a. 2002, 45 Anm. 64, der neuerdings jedoch Parallelen zwischen tragischem Chor und dem „Volk" aufzeigen möchte (The Choral Crowds in the Tragedy According to St. Matthew, noch unveröffentlichtes Manuskript).

[12] Orientierung an Forderungen der aristotelischen *Poetik* hat man in der Gestaltung von Kleinszenen bei Livius beobachtet (peripatetische oder tragische Geschichtsschreibung →1.3.3.4); vgl. *E. Burck*: Die Erzählungskunst des T. Livius, Berlin/Zürich ²1964, 176–195.

[13] Vgl. z.B. *F. G. Lang*: Kompositionsanalyse des Markusevangeliums, ZThK 74, 1977, 1–24, bes. 20f; *Schenke*: Das Johannesevangelium (Anm. 10), 219.

these mitunter erheblich schwankt, lässt Vorsicht bei der postulierten „dramatischen Struktur" der Evv angezeigt sein.[14] Zweifelhaft erscheinen solche Versuche auch insofern, als Aristoteles nicht beschrieben hat, welche Elemente einen Text zum Drama machen, sondern welche Ansprüche man an ein Drama, und das heißt an eine Tragödie oder Komödie in ihrer klassischen Form, stellen darf. Diese enge Bindung an Metrum und notwendige formale Bestandteile lässt letztlich auch hier, ähnlich wie beim Epos, den Hinweis sinnvoll erscheinen, dass man in der Antike unser weites Verständnis von „dramatischen" Ereignissen nicht zu Grunde legen darf.

Literatur
B. M. *Gauly* u.a. (Hgg.): Musa tragica, Göttingen 1991. – J. *Latacz*: Einführung in die griechische Tragödie, Göttingen ²2003. – A. *Lesky*: Die tragische Dichtung der Hellenen, Göttingen ³1972. – H.-G. *Nesselrath*: Komödie, RAC 21, (erscheint 2004).

---

[14] Es ist nebenbei bemerkenswert, dass *Schenke*: Das Johannesevangelium (Anm. 10), der Joh als „Drama" versteht, 205 den Synoptikern insgesamt, und somit auch dem von anderen als „Dramatiker" verstandenen Verfasser des Mk, das „Dramatische" abspricht, wenn er ihre Werke ebd. als „narrative Texte" bezeichnet.

1.3.3.3 Rhetorik (*Ralph Brucker*)

Stellen im NT
Alle Briefe (→1.3.3.6); alle Reden in den Evv (bes. Mt 5–7 par Lk 6,20–49; Mt 10,5–42; 13; 18; 23; 24f; Joh 5,19–47; 6,32–65; 10,1–30; 12,24–36.44–50; 14–16) und in der Apg (bes. 2,14–36; 3,12–26; 7,2–53; 10,34–43; 11,5–17; 13,16–41; 15,7–11.13–21; 17,22–31; 19,25–27.35–40; 20,18–35; 22,1–21; 24,10–21; 26,2–29)

1. Die Bedeutung der Rhetorik als Kunst der Überzeugung durch das Wort kann kaum überschätzt werden. Seit ihrer Ausbildung zur erlernbaren Technik im 5. Jh. v.Chr. (Entstehung der Demokratie) hat sie sich permanent weiterentwickelt und ausdifferenziert; dennoch haben sich bestimmte Grundzüge konstant durchgehalten. Ausgangspunkt der rhetorischen Theorie ist die *Ars rhetorica* des Aristoteles (384–322 v.Chr.), der die Redepraxis seiner Zeit philosophisch reflektiert und in ein System bringt.[1] Hier begegnen bereits die Einteilung der Beredsamkeit in drei Redegattungen (*genē tōn logōn/genera dicendi*) sowie die drei Hauptgesichtspunkte der Rede, nämlich die Beweismittel (*pisteis/probationes*), die sprachlich-stilistische Gestaltung (*lexis/elocutio*) und die wirkungsvolle Gliederung (*taxis/dispositio*).[2] Wichtige theoretische Werke aus hell.-röm. Zeit sind die einschlägigen Schriften Ciceros (*De inventione, De oratore, Brutus, Orator, Partitiones oratoriae, Topica*) und die Cicero zugeschriebene, anonyme *Rhetorica ad Herennium* aus dem 1. Jh. v.Chr. sowie die umfassende *Institutio oratoria* von Quintilian (Ende des 1. Jh. n.Chr.).
Die drei grundlegenden Redegattungen sind die Rede vor Gericht (*genos dikanikon/genus iudiciale*), die (politische) Beratungsrede (*genos symbouleutikon/genus deliberativum*) und die epideiktische – d.h. lobende oder tadelnde – Gelegenheitsrede (*genos epideiktikon/genus demonstrativum*). Als musterhafte Beispiele gelten noch Jhh. später die von Lysias für seine Klienten geschriebenen Gerichtsreden, die politischen Reden des Demosthenes vor der athenischen Volksversammlung und die Lobreden (Enkomien) des Isokrates. Diese drei Redner des 5./4. Jh. v.Chr. werden auch immer wieder als beispielhafte Vertreter unterschiedlicher Stilarten genannt: Lysias vertritt einen „schlichten" Stil, Demosthenes beherrscht alle Tonlagen bis hin zur „Gewaltigkeit", und Isokrates nutzt die rhetorischen Schmuckmittel, wie Parallelismus und Klangfiguren, besonders effektiv.[3] Stilistisches Ideal ist die „Angemessenheit", weshalb auch innerhalb einer Rede Stil und Redegattung mit Rücksicht auf den jeweiligen Redegegenstand wechseln können.

---

[1] Zu vergleichen ist die etwa zeitgleich geschriebene, viel stärker technisch orientierte *Rhetorica ad Alexandrum* eines unbekannten sophistischen Verfassers (wegen des fingierten Widmungsbriefes an Alexander d. Gr. als Werk des Aristoteles überliefert).
[2] Diese drei Gesichtspunkte sind in den späteren Rhetorik-Lehrbüchern durch das Memorieren (*memoria*) und den Vortrag (*pronuntiatio*) zur Fünfzahl erweitert und als Aufgaben des Redners angeführt, wobei die erste als „Auffindung" (*inventio*) bezeichnet wird.
[3] Die „Erfindung" (und exzessive Verwendung) der Schmuckmittel wird meist Isokrates' Lehrer, dem sizilischen Redner Gorgias, zugeschrieben. Wichtige gr. Redner der Kaiserzeit sind Dion von Prusa und Aelius Aristides (1./2. Jh. n.Chr.). Der bedeutendste röm. Redner ist zweifellos Cicero.

1.3.3.3 Rhetorik

Das Grundmuster für den Aufbau einer Rede besteht aus der Eröffnung (*prooimion/prooemium/exordium*), der „Erzählung" (*diēgēsis/narratio*), der Ankündigung des Beweiszieles (*prothesis/propositio*), der Beweisführung (*pistis/probatio/argumentatio*) und einem Resümee (*epilogos/conclusio/peroratio*). Dieses Grundmuster kann jedoch je nach Redesituation und -gattung variiert werden; zudem kann an jeder Stelle der Rede ein vom eigentlichen Thema abschweifender Exkurs (*parekbasis/digressio*) eingelegt werden.

Einflüsse der Rhetorik finden sich in allen Prosatexten, soweit sie „bewegen, belehren und unterhalten" (*movere, docere, delectare*) wollen; die schon von Aristoteles besprochenen Argumentationsverfahren und Stilmittel haben Allgemeingültigkeit. Die Gattung „Rede" im engeren Sinn ist neben ihrer eigenständigen Existenz auch in erzählender Literatur, besonders der Geschichtsschreibung seit Thukydides, anzutreffen, wo den handelnden Personen gern fiktive Reden in den Mund gelegt werden. Aufgrund seines monologischen Charakters kommt der Brief (→1.3.3.6), sobald er über kurze persönliche Mitteilungen hinausgeht, der Rede sehr nahe.

2. Im NT werden v. a. die Briefe unter rhetorischen Aspekten analysiert (bes. seit Betz, kritisch Anderson). Als rhetorische Gattung liegt hier meist das *genus deliberativum* vor, da es um Zu- und Abraten hinsichtlich der Lebensführung der Adressaten geht (s. exemplarisch zum 1Kor Mitchell); dabei sind jedoch oft epideiktische Elemente eingestreut (s. Brucker).

Die im NT angeführten Reden sind, wie in antiker Literatur üblich, keine „Originalmitschriften", sondern literarische Kompositionen. Die Jesus-Reden bei den Synoptikern sind durch Aneinanderreihung von Sprüchen und Spruchgruppen gestaltet; die im Joh kreisen eher „meditativ" um ein Thema und sind oft dialogisch aufgelockert. Die Reden in der Apg folgen (wie Dibelius herausgearbeitet hat) dem Vorbild der antiken Geschichtsschreibung (→1.3.3.4) und kommen auch in ihrer Disposition den Gepflogenheiten gr.-röm. Rhetorik näher (Analogien in der jüd. Literatur sind z.B. 1Makk und Josephus, →1.3.2.6).

Zur Frage der rhetorischen Ausbildung →2.5.6.

Literatur
R. D. *Anderson Jr.*: Ancient Rhetorical Theory and Paul, Kampen 1996 (rev. ed. 1998). – *Ders.*: Glossary of Greek Rhetorical Terms, Löwen 2000. – H. D. *Betz*: Der Galaterbrief. Ein Kommentar zum Brief des Apostels Paulus an die Gemeinden in Galatien, München 1988 (Orig. engl. 1979). – R. *Brucker*: ‚Christushymnen' oder ‚epideiktische Passagen'? Studien zum Stilwechsel im Neuen Testament und seiner Umwelt, Göttingen 1997. – *M. Dibelius*: Die Reden der Apostelgeschichte und die antike Geschichtsschreibung, in: *Ders.*: Aufsätze zur Apostelgeschichte, Göttingen 1951 u.ö., 120–162. – M. M. *Mitchell*: Paul and the Rhetoric of Reconciliation: An Exegetical Investigation of the Language and Composition of 1Corinthians, Tübingen 1991. – S. E. *Porter* (ed.): Handbook of Classical Rhetoric in the Hellenistic Period (330 B.C.–A.D. 400), Leiden 1997.

1.3.3.4 Geschichtsschreibung
(Klaus Scherberich/Axel von Dobbeler)

Stellen im NT
Lk 1,1–4; Apg

Zu der Zeit, als die ntl. Schriften entstanden, blickte die nichtjüd. Historiographie bereits auf eine mehrhundertjährige Tradition zurück, in deren Verlauf sich eine Reihe von unterschiedlichen Untergattungen (z.B. Universalgeschichte, Monographie, Lokalgeschichte) und Richtungen (z.B. „tragische" bzw. „mimetische" und „pragmatische" Geschichtsschreibung) entwickelten.[1] Fragt man nach etwaigen Gemeinsamkeiten zwischen dieser Geschichtsschreibung und den Schriften des NT, so kommt dort hauptsächlich das lk Doppelwerk in Betracht, genauer das Proömium von Lk und die Apg.[2] So weist das Vorwort von Lk (1,1–4) bis hinein in die Wortwahl mehrere Parallelen zu Proömien der G. auf, wovon nur Folgendes genannt sei: der Verweis auf die „Vielen", die vor dem Verfasser das Thema behandelt haben;[3] der implizite Hinweis darauf, dass die eigene Darstellung die der Vorgänger übertreffen wird; der Hinweis auf das Neue der eigenen Darstellung bzw. die Abgrenzung von den Vorgängern: Untersuchung des behandelten Gegenstandes von Anfang an (*anōthen*) und mit Sorgfalt (*akribōs*)[4], ferner die Hervorhebung der eigenen Zuverlässigkeit (*asphaleia*)[5] und die Darstellung der Reihe nach (*kathexēs*).[6]

Eine weitere auffällige Ähnlichkeit zwischen der Apg und der G. stellen die zahlreichen Reden dar (1,16–22 u.ö.), die in der Apg insgesamt ein knappes Drittel ausmachen (bei Thuk. und Sall. Catil. etwa ein Viertel). In der G. gab es eine umfangreiche Diskussion darüber, wie Reden gestaltet werden sollten. Programmatisch zu den Reden in seinem Werk und mit großem Einfluss auf die spätere G. äußerte sich schon Thuk. 1,22,1 im sog. Methodenkapitel. Die Reden in der Apg entsprechen in ihrer Form, ihrer rhetorischen Ausgestaltung durch den Verfasser und ihrer Funktion an wichtigen Punkten der Handlung vielfach den Reden in der G. (z.B. bei Livius).[7] In Hinsicht auf die sog. Missi-

---

[1] *O. Lendle*: Einführung in die griechische Geschichtsschreibung. Von Hekataios bis Zosimos, Darmstadt 1992; *K. Meister*: Die griechische Geschichtsschreibung. Von den Anfängen bis zum Ende des Hellenismus, Stuttgart u.a. 1990; *A. Mehl*: Römische Geschichtsschreibung. Grundlagen und Entwicklung. Eine Einführung, Stuttgart u.a. 2001; *D. Flach*: Römische Geschichtsschreibung, Darmstadt ³1998.
[2] Gemeinsamkeiten zwischen den ntl. Schriften und der gr.-röm. Biographie bleiben hier ausgeklammert, s. dazu →1.3.3.5.
[3] Vgl. z.B. Thuk. 1,21,1; Polyb. 1,4,2f; Diod. 1,3,5; Ios. bell. Iud. 1,1f; ant. Iud. 1,4.
[4] Vgl. z.B. Thuk. 1,22,2; Diod. 1,4,4f; Ios. bell. Iud. 1,9.17.
[5] Zur wahrheitsgemäßen Darstellung vgl. z.B. Thuk. 1,20,3; 1,21,1; 1,22,1; Polyb. 1,14,6; Dion. Hal. 1,1,2; Ios. bell. Iud. 1,16.
[6] Zu Vorworten in der G. vgl. *G. Avenarius*: Lukians Schrift zur Geschichtsschreibung, Meisenheim am Glan 1956; *Herkommer* 1968; *Alexander* 1993, 23–41.
[7] *M. Dibelius*: Die Reden der Apostelgeschichte und die antike Geschichtsschreibung, in: Ders.: Aufsätze zur Apostelgeschichte hg. von *H. Greeven*, Göttingen ⁴1961, 120–162; *Soards* 1994 (insgesamt zurückhaltender).

onsreden (2,14–39 u.ö.) hat man Ähnlichkeiten mit den Reden bei Dionysios von Halikarnassos konstatiert.[8]
Daneben finden sich in der Apg viele Berührungspunkte mit der „tragischen" bzw. „mimetischen" G., zu deren Kennzeichen eine emotionale und spektakuläre Darstellung, Übertreibungen, Peripetien, Erfindungen und Mirakulöses zählen (vgl. z.B. 13,6–12; 16,35–40; 19,23–40).[9] Auch der „dramatische Episodenstil" der Apg findet in dieser Richtung der G., wie sie etwa von Duris von Samos, Phylarch und Kleitarchos repräsentiert wird, seine Entsprechungen.[10]
Aufgrund der angeführten Gemeinsamkeiten wird die Apg heute ganz überwiegend der Gattung der Historiographie zugerechnet, wobei allerdings nach wie vor umstritten ist, um was für eine Art von G. es sich genau handelt (historische Monographie, „general history", „political history", „theological history", „apologetic history", „missionary history", „institutional history"). Daneben werden jedoch auch weiterhin andere Gattungszuweisungen vertreten (z.B. historischer Roman, Philosophengeschichte nach Art des Diogenes Laertios).
Trotz aller Gemeinsamkeiten mit der G. bleibt festzuhalten, dass die Apg ein komplexes Werk darstellt, in das ganz unterschiedliche literarische Traditionen eingeflossen sind und das nicht monokausal von der nichtjüd. Historiographie her erklärt werden kann. Auch die Frage der Glaubwürdigkeit der Apg wird durch die Zuweisung in die Gattung G. nicht von vornherein präjudiziert. Worauf sind die skizzierten Gemeinsamkeiten mit der G. zurückzuführen? Die Antwort auf diese Frage hängt zum einen davon ab, wie man den Bildungshintergrund des Verfassers einschätzt. Kannte er aus eigener Lektüre Historiker oder einen Traktat über die G. nach Art von Lukians Schrift über die Geschichtsschreibung? Oder hatte er vielleicht nur als Zuhörer das Vorlesen von historischen Werken miterlebt und schöpfte daher seine Kenntnisse? Wenn man – der altkirchlichen Tradition folgend – die Identität des Verfassers mit dem aus dem Corpus Paulinum bekannten Paulusmitarbeiter (Phlm 24; 2Tim 4,10f) und „geliebten Arzt" (Kol 4,14) Lukas annimmt,[11] so könnte dies auf einen gewissen Bildungsgrad schließen lassen. Dass Ärzte schriftstellerisch tätig waren und auch als Historiker dilettierten, war in der Antike durchaus nicht ungewöhnlich, wie das Beispiel des Soranos von Ephesos zeigt, aus dessen Feder u.a. ein zehnbändiges Werk über das Leben berühmter Ärzte

---

[8] *E. Plümacher*: Die Missionsreden der Apostelgeschichte und Dionys von Halikarnass, NTS 39, 1993, 161–177.
[9] *E. Plümacher*: TEPATEIA. Fiktion und Wunder in der hellenistisch-römischen Geschichtsschreibung und in der Apostelgeschichte, ZNW 89, 1998, 66–90.
[10] *Plümacher* 1972, 80–136. Weitere Parallelen zu den Usancen der G. bei *H. Steichele*: Vergleich der Apostelgeschichte mit der antiken Geschichtsschreibung. Eine Studie zur Erzählkunst in der Apostelgeschichte, Diss. München 1971 und *W. C. van Unnik*: Luke's Seccond Book and the Rules of Hellenistic Historiography, in: *J. Kremer* (ed.): Les Actes des Apôtres. Traditions, rédaction, théologie, Gembloux/Löwen 1979, 37–60.
[11] Vgl. *A. von Harnack*: Beiträge zur Einleitung in das Neue Testament I: Lukas der Arzt, Leipzig 1906; *M. Hengel/A. M. Schwemer*: Paulus zwischen Damaskus und Antiochien. Die unbekannten Jahre des Apostels, Tübingen 1998, 18–26; *Alexander* 1993; *C.-J. Thornton*: Der Zeuge des Zeugen. Lukas als Historiker der Paulusreisen, Tübingen 1991.

stammt.[12] Allerdings kann die literarische Leistung des Verfassers natürlich auch unabhängig von dieser (umstrittenen) Identifikation erklärt werden. Jedenfalls weisen neben den Prologen Lk 1,1–4 (s.o.) und Apg 1,1[13] auch die in ihrer Bedeutung umstrittenen „Wir"-Stücke der Apg auf eine gewisse Kenntnis der Gepflogenheiten und Regeln der G. hin.[14] Schließlich darf man nicht außer Acht lassen, dass der Verfasser das AT (zumindest zum Teil) sehr gut gekannt hat und dass einige atl. Bücher von der hell. G. beeinflusst worden sind (z.B. 1 und 2Makk). Auf diese Weise könnten Standards der G. auf indirektem Weg vermittelt worden sein. Auch ein Einfluss der sonstigen hell.- jüd. Historiographie ist in gleicher Art denkbar, allerdings wegen ihres fragmentarischen Charakters kaum zu verifizieren.[15]

Literatur
L. *Alexander*: The Preface to Luke's Gospel. Literary Convention and Social Context in Luke 1.1–4 and Acts 1.1, Cambridge 1993. – D. E. *Aune*: The New Testament in its Literary Environment, Philadelphia 1987. – E. *Herkommer*: Die Topoi in den Proömien der römischen Geschichtswerke, Diss. Tübingen 1968. – E. *Plümacher*: Lukas als hellenistischer Schriftsteller. Studien zur Apostelgeschichte, Göttingen 1972. – *Ders.*: Geschichte und Geschichten. Studien zur Apostelgeschichte und zu den Johannesakten, hg. v. *J. Schröter/R. Brucker*, Tübingen 2004. – C. K. *Rothschild*: Luke-Acts and the Rhetoric of History. An Investigation of Early Christian Historiography, Tübingen 2004. – M. L. *Soards*: The Speeches in Acts. Their Content, Context, and Concerns, Louisville 1994. – G. E. *Sterling*: Historiography and Self-Definition. Josephos, Luke-Acts and Apologetic Historiography, Leiden u.a. 1992. – B. W. *Winter/A. D. Clarke* (eds.): The Book of Acts in Its Ancient Literary Setting, Grand Rapids/Carlisle 1993.

---

[12] Vgl. A. E. *Hanson/M. H. Green*: Soranus of Ephesus, *Methodicorum princeps*, ANRW II 37.2, 1994, 968–1075, hier 1007–1018.
[13] Anders *Alexander* 1993, 177, die nur Beziehungen zum Bereich der wissenschaftlich-technischen Literatur sieht und meint, die Vertrautheit des Vf. mit gr. Literatur habe kaum über den Bereich medizinischer Handbücher hinausgereicht.
[14] E. *Plümacher*: Wirklichkeitserfahrung und Geschichtsschreibung bei Lukas. Erwägungen zu den Wir-Stücken der Apostelgeschichte, ZNW 68, 1977, 2–22.
[15] Zum Einfluss des AT und der jüd. Historiographie auf die Apg vgl. *Soards* 1994, 143–161; *Sterling* 1992, 352–365. St. *Mason*: Flavius Josephus und das Neue Testament. Aus dem Amerikanischen von M. *Vogel*: Tübingen/Basel 2000, 270–326 nimmt an, dass der Vf. der Apg die Schriften des Josephus „irgendwie" kannte. Zu Gemeinsamkeiten mit 4Makk vgl. →1.3.2.7.

1.3.3.5 Biographische Literatur (*Dirk Frickenschmidt*)

Zur Geschichte der Textsorte
Bereits in epischen (Beispiel Herakles-Epik, →1.3.3.1) und historiographischen Schriften (Herodot, Thukydides, Polybios; Geschichtserzählungen im AT, →1.3.3.4) finden sich biographische Akzente und Passagen. Bald entstehen Erzählungen, in denen das Biographische dominiert. Isokrates' *Euagoras* „ist das erste bekannte Beispiel dafür, dass die Taten und Tugenden einer nicht lange Zeit zuvor verstorbenen herausragenden Figur des politischen Lebens einer breiten Öffentlichkeit in Prosaform präsentiert worden sind."[1] Xenophon stellt im *Agesilaos* Taten und Tugenden getrennt dar. In der Folgezeit bildet sich eine eigenständige Textsorte antiker Biographien heraus.

Das schnell wachsende Interesse an beispielhaften Lebensläufen entwickelt sich nicht zufällig in einer Zeit politischen Wandels: Gr. Städte verlieren ihre Selbstständigkeit an die Makedonen; später sorgt die röm. Expansion dafür, dass in allen Provinzen herkömmliche Rollen des öffentlichen Lebens relativiert und neu definiert werden. Gleichzeitig kommen offene Fragen einer multikulturellen Gesellschaft auf die Tagesordnung: Sittliche Werte und religiöse Überzeugungen sind nicht mehr selbstverständlich durch heimatliche Prägung vorgegeben, sondern müssen bewusster gewählt und stärker in selbstständig verantwortete Lebensformen eingebracht werden. Neben Herrschern werden Philosophen zu Leitbildern (Sokrates u.a.; vgl. die spätere Sammlung bei Diogenes Laertios, →3.1.1). Vor diesem Hintergrund werden Biographien zu wichtigen Orientierungsschriften.

Für das 5. –2. Jh. v.Chr. sind Titel und Fragmente vermutlicher antiker Biographien belegt, aber kaum Schriften erhalten. Viel besser ist die Quellenlage für die Blütezeit der antiken Biographie in den vier Jhh. um die Zeitenwende. In Werken solcher Autoren wie Cornelius Nepos (Sammlung antiker Biographien nach Kategorien), Nikolaos v. Damaskus (Augustus-Biographie), Philo v. Alexandria (*Vita Mosis*) (→1.3.2.5), Plutarch (berühmte Griechen und Römer in Parallelbiographien sowie einige Einzelbiographien), Sueton (Kaiserbiographien und *De viris illustribus*) und Tacitus (Biographie des Schwiegervaters Agricola) zeigt sich die ganze Bandbreite der Literaturfamilie und die große Vielfalt der in ihr eingesetzten erzählerischen Mittel.[2]

Dreigliedriger Aufbau der Gesamtform und wichtige Topoi
Antike Biographien konnten nicht nur von sehr unterschiedlicher Länge sein, sondern auch je nach Gegebenheiten (vorhandenen Informationsquellen, besondere Interessen des Autors) variieren. Bei aller Vielfalt zeigt der Hauptbestand erhaltener Biographien aber eine erstaunliche Konstanz vergleichbarer Grundzüge quer durch die Variationen.[3] Nur umfangreiche biographische Romane (Xenophons *Kyrupädie*), vor allem in der Spätantike (Alexanderroman,

---

[1] *Sonnabend* 2002, 33.
[2] Stilistische Mittel (wie z.B. Dialogform in Satyros' Euripides-Biographie) und sprachliches Niveau variierten stark, während formbestimmende Faktoren (Gesamtaufbau und konventionelle Topoi an typischen Stellen im Aufbau) vergleichbar blieben.
[3] Vgl. *Frickenschmidt* 1997, 192–348 mit einem ausführlichen Überblick.

Iamblichos' *Pythagoras*, Philostrats *Apollonios v. Tyana*) sprengten den konventionellen Rahmen und bildeten eine eigene Nische von Texten.

Üblich war ein dreigliedriger Grundaufbau mit Anfangs-, Mittel und Schlussteil. Er war nicht trivial, da jeder der drei Teile bestimmte Funktionen wahrnahm, die für eine antike Biographie kennzeichnend waren und die sie von bekannten antiken Gattungen ebenso deutlich unterschied[4] wie von den Konventionen moderner Biographien. Im ersten Teil, der gelegentlich mit Hilfe des Stichwortes „Anfang/anfangen" explizit gekennzeichnet wurde,[5] ging es nicht wie heute um Geburt und Entwicklung, sondern vor allem um die Herkunft (x Sohn des y, evtl. weitere Vorfahren) und die verborgene Identität eines Mannes[6] (was war von Beginn an prägend und wesentlich?).[7] Deshalb konnten auch numinose Vorzeichen, besondere Geburtsumstände, Erzählungen von Gefährdung und Bewahrung in der Kindheit oder frühe Signale eines prägnanten Charakters eine Rolle in diesem Abschnitt spielen. Im Mittelteil, der mit dem Schritt der Hauptperson in eine breitere Öffentlichkeit begann (und auch direkt auf eine Herkunftsangabe folgen konnte), sollte dann ihr Wesen in Taten und Worten, im Verhalten insgesamt erhellend zum Ausdruck kommen. Die Schilderung eines markanten Höhe- und Wendepunktes in der öffentlichen Wirksamkeit mit anschließender Benennung des für eine Person Kennzeichnenden[8] konnte ebenso zum Mittelteil gehören wie die Thematisierung des wechselhaften Rufes bei Freunden und Feinden. Der Schlussteil begann oft mit der Schilderung von Auseinandersetzungen über die besondere Stellung der Hauptperson und Voraussagen oder Vorzeichen eines drohenden Endes. Erstaunlich viele antike Biographien enthalten in gewisser Weise „Passionsgeschichten". Sie schildern nicht nur Auseinandersetzungen um die besondere Stellung der Hauptperson, Intrigen, Flucht und Gefangennahme, To-

---

[4] In Geschichtswerken gab es zwar biographische Tendenzen und Passagen, aber die antike Historiographie (→1.3.3.4) folgte in der Regel dem kontingenten Ablauf von Ereignissen ohne Rücksicht auf Einzelpersonen oder die Einheit der Handlung (s. Aristot. poet. 1449b), während antike Biographen Ereignisse auch gegen die Chronologie zur Kennzeichnung der Hauptperson im Rahmen einer relativ konsistenten Darstellung nutzen konnten (so hat z.B. Plutarch die „Seeräuberepisode" in Caesars Leben in verschiedenen Biographien verschiedenen Lebensabschnitten zugeordnet und damit der jeweiligen Absicht und dem Kontext der Charakterschilderung untergeordnet).

[5] Eine solche Kennzeichnung des ersten Abschnittes stammt aus der antiken Historiographie (vgl. Isokr. or. 5,1; Ios. bell. Iud. 1,18 u. 1,30; Polyb. 1,5,1 u.a.) und bekam in der antiken Biographie spezifische Bedeutung zur Kennzeichnung des ersten Hauptteils, der in der Regel von der Herkunft der Hauptperson bis zu ihrem ersten öffentlichen Auftreten reichte; vgl. *Frickenschmidt* 1997, 241f zu Nep. Epam. 1 u. Them. 1; Nikolaos v. Damaskus vita Aug. 2; Philo vita Mos. 1,2 und Alexanderroman 1,2.

[6] In der damaligen patriarchalen Gesellschaft wurden Frauen nicht zu Hauptpersonen (erhaltener) Biographien.

[7] Vgl. z.B. die einfache Grundform als Einleitungssatz bei Nep. Them. 1; Alc. 1; Thras. 1; Epam. 1; Plut. mor. 832B (Antiphon); Diog. Laert. 6,1 u. 6,2 (Antisthenes u. Diogenes).

[8] Dieses von Plutarch in vielen seiner Biographien verwendete Verfahren findet sich bereits bei Nepos (Timol. 3,5f), daneben in Tac. Agr. 40,4 und sogar in einer biographischen Passage in Ios. ant. Iud. 18,339f (über das Brüderpaar Asinaeus u. Anilaeus).

desurteile, Ermordungen und Selbstmorde, sondern in einigen Fällen auch die Inszenierung eines Pseudo-Prozesses zur Vernichtung der Hauptperson.[9]
Im Mittelteil antiker Biographien zeigen sich zudem Varianten zweier grundlegender Organisationsformen: entweder wurden Taten und Charaktereigenschaften der Hauptperson separat behandelt (so bereits in älteren Enkomien und später z.B. in Rubriken für Tätigkeitsbereiche und Charakterzüge in Suetons Kaiserbiographien), oder die Tugenden sollten im Gesamtverhalten exemplarisch zum Ausdruck gebracht werden (so in vielen antiken Biographien und programmatisch bei Plutarch).

Orientierung am exemplarischen Leben und biographische Symbiose
Neben Unterhaltungs- und Bildungszwecken dienten antike Biographien nach Auskunft ihrer Autoren vor allem dazu, aus den Lebensläufen anderer zu lernen und Exemplarisches für das eigene Leben zu gewinnen. Plutarch geht noch einen Schritt weiter: Wer eine Biographie liest, vergegenwärtigt demnach die Hauptperson so intensiv, dass es zu einer Art Zusammenleben („Symbiose") kommt (Plut. Aem. 1), und Tacitus spricht von einem „Verehren durch Ähnlichwerden" (Tac. Agr. 46).[10] Damit das gelingen kann, soll über die oberflächliche Wahrnehmung einer Person hinaus die sie kennzeichnende verborgene Identität in der Biographie offenbar und so neu wirksam werden.

Evangelien als antike Biographien
Bis heute ist die aus der Zeit der Älteren Formgeschichte (erste Hälfte 20. Jh.) stammende Annahme prägend geblieben, die Evv seien eine aus dem „urchristl. Kerygma", also elementaren Formen von Glaubensverkündigung, entstandene analogielose Form von Volksliteratur (*sui generis*). Diese Annahme geht von einer ganzen Reihe von falschen Voraussetzungen aus[11] und vermischt die formgeschichtliche mit der inhaltlichen Ebene. Die hervorstechende Besonderheit der Evv liegt in ihrer jüd. geprägten religiösen Eigenart auf inhaltlicher Ebene, also darin, dass im Handeln und Reden Jesu ständig auch vom einen Gott die Rede ist, der so beinahe wie eine zweite Hauptperson präsent gemacht wird. Das hat aber nicht zu einer grundlegend eigenen antiken Textsorte geführt. Die vier Evv erzählen durchgehend im konventionellen formgeschichtlichen Rahmen antiker Biographien.

---

[9] In Plut. Eum. 16 wird z.B. geschildert, wie ein Vernichtungsbeschluss direkt aus Ärger und Neid gegenüber der Sonderstellung des Eumenes folgt (vgl. Nep. Dat. 5; Diog. Laert. 2,37 über Sokrates; Plut. Kim. 44f u.a.). Dabei werden niedrige Beweggründe, unter ihnen auch Verrat (z.B. Nep. Eum. 13 oder Plut. Dion. 54), ausdrücklich angesprochen. Nicht nur Prozesse gegen die Hauptperson, wie gleich in den ersten beiden Nepos-Viten (Milt. 7 u. Them. 8: Verratsanklagen mit Gefängnis oder Todesurteil; vgl. die Anklagekombination Landesverrat und Gottlosigkeit bei Diog. Laert. 2,12ff über Anaxagoras), wurden immer wieder geschildert, sondern in einigen Fällen auch Pseudo-Prozesse, bei denen unter Vorwand und bei bloßem Schein eines regulären Verfahrens jemand unter offenkundigem Vorwand ermordet wurde (Nep. Phok. 3f.34–36; Plut. Phok. 38; Agis 19; Aisoproman 127;132; zum Topos s. *Frickenschmidt* 1997, 324–331). Auch das Aufhetzen der Menge gehörte zu den geschilderten Maßnahmen (Plut. Alc. 36).
[10] Vgl. *Frickenschmidt* 1997, 217–224 zum Konzept der Präsenz des maßgebenden Menschen im eigenen Leben.
[11] Im Einzelnen vgl. den Forschungsbericht bei *Frickenschmidt* 1997, 3–75.

Drei Beispiele aus dem Mk sollen das exemplarisch für viele andere Evv-Texte verdeutlichen:
Jedes einzelne Satzglied aus Mk 1,1 „Anfang des Evangeliums von Jesus Christus, Gottes Sohn" ist in seiner Deutung unter Exegeten umstritten: Bezieht sich „Anfang" auf die komplette Erzählung, einen Teil (welchen?) oder statt auf die Erzählung auf Jesu Verkündigung, und ist mit „Evangelium" entsprechend die Schrift oder die mündliche Botschaft gemeint? Steht Jesus Christus im objektiven (Evangelium über Jesus Christus) oder subjektiven (Evangelium des Jesus Christus) Genitiv? Ist „Gottes Sohn" (mit dem besseren Textzeugnis) genuin oder darf man es mit Nestle-Aland unter Verdacht (sekundäre Ergänzung?) und in Klammern setzen? Ein Blick auf antike Biographien klärt jede dieser Fragen, da der Einleitungssatz sich ganz im Rahmen antiker biographischer Konventionen (s.o.) bewegt: „Gottes Sohn" neben Name (Jesus) und Beiname (Christus) ist demnach definitiv nicht sekundär, da eine solche Herkunftsnennung konstitutiv war und hier nur anstelle eines leiblichen Vaters Gott genannt wird (kühne Metapher!). „Anfang" kennzeichnet wie üblich den ersten Hauptteil der Erzählung bis zu Jesu öffentlichem Auftreten (Mk 1,14f). Und „Evangelium" steht hier anstelle von Worten wie sonst „Bios", „Erzählung" u.ä. in historiographischen und biographischen Eingangswendungen und kennzeichnet den Inhalt der biographischen Erzählung als frohe Botschaft.

Nicht nur Mk 6,32–44, sondern alle vier Evv erzählen im Mittelteil von der Brotspeisung (nebst folgenden Geschichten in ihrem Kontext) als Höhepunkt im öffentlichen Auftreten Jesu. Und in allen vier Evv folgt auf diesen Kontext eine Charakterisierung Jesu. Bei Mk leitet die Zeichenforderung der Pharisäer (Mk 8,11; Taten kennzeichnen in antiken Biographien die verborgene Identität der Hauptperson) zur von ihm gestellten Frage nach seiner Identität über (Mk 8,27). Messiasbekenntnis, Leidensweissagung und Verklärung charakterisieren Jesus dann, wie aus anderen antiken Biographien belegt (s.o.), im Anschluss an den Höhepunkt der Wirksamkeit. Derselbe Grundaufbau (bei variablen Mitteln der Charakterisierung) bei Joh und Synoptikern erklärt sich also aus gemeinsamen biographischen Topoi an üblicher Stelle.

Zur Deutung der Passionsgeschichte findet ein Disput zwischen Exegeten statt, bei dem sie einerseits als besonders alter und verläßlicher Teil urchristl. Überlieferungen gilt, andererseits gegen die Darstellung bei Mk eingewendet wird, die Verhandlung gegen Jesus habe jüd. und/oder röm. Prozessrecht so nicht entsprochen und sei daher als mehr oder weniger fiktiv zu beurteilen. Antike Leser hätten dagegen schnell gemerkt, dass Mk (und noch stärker Joh) nicht den Ablauf eines regulären Prozesses, sondern – wie in anderen antiken Biographien (s.o.) – eines Pseudo-Prozesses schildert. Sowohl der hohepriesterliche Hannas/Kaiphas-Clan in Jerusalem als (abgestuft) auch Pilatus und das jeweilige Verhalten werden (soweit erkennbar: völlig zu Recht) aus dieser biographischen Perspektive gekennzeichnet. Es führt daher nicht weiter, gegen diese Erzählintention und das, was in ihrem Sinn bei Mk ausgeführt wird, nach Indizien für oder gegen einen regulären und fairen Prozeß zu suchen. Ein Blick auf antike Biographien hätte den z.T. engagiert geführten exegetischen Disput in diesem Punkt als falsche Alternative erübrigt und käme zu ganz anderen und sachgerechteren Ergebnissen.

Die intensiven Gemeinsamkeiten der Evv mit antiken Biographien zeigen sich also insgesamt auf drei Ebenen:
- eine vergleichbare dreigliedrige Gesamtform mit Einleitungssätzen, die erst im Zusammenhang anderer Biographien verständlich werden;
- eine Fülle vergleichbarer Topoi an vergleichbarer Stelle im Gesamtaufbau und insgesamt vergleichbare Erzählstrategien;
- eine vergleichbare Doppelintention: a) die verborgene Identität eines exemplarischen Lebens deutlich vor Augen treten zu lassen und b) eine Art „Zusammenleben" mit der durch die Erzählung lebendig verinner-

1.3.3.5 Biographische Literatur

lichten Hauptperson zu ermöglichen, durch das das eigene Leben entscheidend bereichert wird.[12]
Diese Intention wirkt bis heute: „Die Biographie der Hauptfigur wird interessant, weil sie eigene biographische Erfahrungen trifft und Impulse für die Idealvorstellung der eigenen Biographie gibt. ... Von den Evv holen sich bis auf den heutigen Tag Christen und Nichtchristen ihre Lebensmodelle."[13] Eine konsequente Einbeziehung des reichhaltig belegten Vergleichs in moderne Evv-Kommentare und ntl. Methodenbücher steht mit wenigen Ausnahmen noch aus.

Literatur
R. A. *Burridge*: What are the Gospels? A Comparison with Graeco-Roman Biography, Cambridge 1992. – A. *Dihle*: Die Evangelien und die griechische Biographie, in: P. Stuhlmacher (Hg.): Das Evangelium und die Evangelien, Tübingen 1983, 383–412. – D. *Dormeyer*: Das Markusevangelium als Idealbiographie von Jesus Christus, dem Nazarener, Stuttgart 1999. – D. *Frickenschmidt*: Evangelium als Biographie. Die vier Evangelien im Rahmen antiker Erzählkunst, Tübingen 1997. – H. *Sonnabend*: Geschichte der antiken Biographie. Von Isokrates bis zur Historia Augusta, Stuttgart/Weimar 2002.

---

[12] Für ausführliche Vergleichsbelege im Blick auf Struktur und Topoi jedes der Evv vgl. *Frickenschmidt* 1997, 351–510.
[13] *Dormeyer* 1999, 66.

1.3.3.6 Briefliteratur (*Ralph Brucker*)

Stellen im NT
Alle Briefe; dazu Apg 15,23–29 (das „Aposteldekret"); 23,26–30; Offb 2f und passim (bes. 1,4–6.9; 22,21)

1. Der Brief war in der ganzen Antike ein verbreitetes Mittel der Kommunikation zwischen räumlich getrennten Partnern. Als Schreibmaterialien (→2.5.4) dienten dünne Holztäfelchen (z.T. mit Wachs ausgefüllt), Plättchen und Tafeln aus Blei, Gold oder Kupfer, für kurze Mitteilungen und Quittungen auch Tonscherben (Ostraka, →1.3.4.1), vor allem aber Papyrusblätter (→2.5.2), die mit Tinte und Schreibrohr beschrieben wurden (vgl. 2Joh 12; 3Joh 13), und zwar nur auf der Vorderseite, woraus sich die Standardlänge antiker Briefe ergibt (im NT nur von Phlm, 2Joh, 3Joh eingehalten). Eigenhändige Abfassung durch den Absender ist die Ausnahme; meist wurden Briefe durch professionelle Schreiber niedergeschrieben,[1] wobei der Briefautor entweder Wort für Wort diktierte oder bloß mehr oder weniger ausführliche Stichworte gab und dem Schreiber („Sekretär") die Ausarbeitung überließ. Besonders bei offiziellen Schreiben dienten eigenhändige Zusätze am Ende der Beglaubigung (vgl. 1Kor 16,21; Gal 6,11; Phlm 19; nachgeahmt Kol 4,18; 2Thess 3,17; ein Gruß des Schreibers steht Röm 16,22).

2. Die Beförderungsmöglichkeiten waren unterschiedlich: Für Staatszwecke bestand schon bei den Persern ein ausgeklügeltes Botensystem (vgl. Hdt. 8,98), das in hell. Zeit von den Nachfolgern Alexanders d. Gr. kopiert und von den Römern (ab Caesar und Augustus) perfektioniert wurde (*cursus publicus*). Privatpersonen konnten diese Staatspost jedoch nicht nutzen und waren auf reisende Verwandte, Freunde, Händler oder andere Fremde angewiesen; das führte oftmals zu verspäteter Zustellung oder gar Verlust eines Briefes (vgl. Cic. fam. 8,12,4; Att. 1,13,1; 2,13,1). Die Briefe zwischen Paulus und seinen Gemeinden wurden durch besonders vertrauenswürdige Gemeindeglieder (1Kor 16,3.17f; Phil 2,25–30; nachgeahmt Kol 4,7f = Eph 6,21f) überbracht, die zugleich mündliche Zusatzinformationen bieten konnten; bisweilen sandte er – mit oder ohne Brief – sogar seine engsten Mitarbeiter (Timotheus: 1Kor 4,17; 16,10f; Phil 2,19–23; 1Thess 3,1–6; Titus: 2Kor 8,16–24).

3. Eine Einteilung antiker Briefe nach der Alternative „unliterarische Briefe oder literarische Episteln", die Deissmann unter dem Eindruck der um 1900 entdeckten Papyri (→1.3.4.1) vorgenommen hat, wird dem Gesamtbefund nicht gerecht, da es fließende Übergänge gibt.[2] Als grobe Einteilung lassen

---

[1] Bei einem ärmeren Briefschreiber konnte dies auch ein schreibkundiger Freund oder Verwandter sein, während wohlhabende Römer (wie etwa Cicero) dafür eigene Sklaven als Privatsekretäre hatten.
[2] Deissmann ging es v. a. darum, die „Briefe" des Paulus von den „Episteln" wie Jak und Hebr abzusetzen. Aber auch Paulus schreibt nicht als Privatmann, sondern als Apostel, und seine Briefe zielen auf Öffentlichkeit: Alle seine (echten) Briefe – auch Phlm – sind an Gemeinden gerichtet (Gal sogar an einen Gemeindeverband), 1Thess 5,27 ordnet ausdrücklich

sich aber die ausschließlich im Original auf Papyrus (zufällig) erhaltenen Privatbriefe – als reine Gebrauchstexte – von solchen Briefen unterscheiden, die der Nachwelt durch Abschriften erhalten worden sind; letztere kann man noch unterteilen in diplomatische Schreiben (offizielle Königs- oder Kaiserbriefe, die auf Inschriften festgehalten oder von Historikern überliefert wurden) und literarische Briefe (in Briefsammlungen oder literarischen Werken überliefert).[3] Innerhalb dieser Gruppen können jeweils weitere Untergliederungen vorgenommen werden.

4. Antike griechische Briefe folgen besonders am Anfang und Ende bestimmten Konventionen des Aufbaus: Am Anfang steht ein dreiteiliges Präskript, bestehend aus dem Namen des Absenders im Nominativ (*superscriptio*), dem Namen des Empfängers im Dativ (*adscriptio*) und einer Grußformel (*salutatio*), i.d.R. dem Infinitiv *chairein* (so im NT Apg 15,23; 23,26; Jak 1,1), in jüd. Briefen jedoch stattdessen einem Friedenswunsch („Friede sei mit dir/euch"). Bei Paulus ist dies zu dem besonderen Gruß „Gnade (*charis* als Wortspiel zu *chairein*) sei mit euch und Friede" verbunden (übernommen in Kol; Eph; 2Thess; Tit sowie 1Petr; 2Petr; Offb 1,4; 1Clem; durch „Erbarmen" [*eleos*] erweitert 1Tim; 2Tim; 2Joh). Alle drei Elemente konnten nach den aktuellen Gegebenheiten erweitert werden (so regelmäßig bei Paulus). – Auf das Präskript folgt in gr. und röm. Briefen oft ein Wohlergehens- oder Gesundheitswunsch für den Empfänger (vgl. 3Joh 2), was durch einen Dank für eigenes Wohlergehen und einen Hinweis auf die Götter erweitert sein kann (Briefproömium). In den Paulusbriefen steht an dieser Stelle meist eine Danksagung, in 2Kor 1,3–11 eine Eulogie (vgl. Eph 1,3–14; 1Petr 1,3–12); nur im Gal drückt Paulus stattdessen seine Verwunderung über das Verhalten der Adressaten aus. – Das eigentliche Corpus des Briefes kann mehr oder weniger ausführlich sein und sich bei größerer Länge dem Aufbauschema antiker Reden (→1.3.3.3) annähern (s.u. 5). – Am Ende eines Briefes (Postskript) stehen Grüße und eine abschließende Grußformel (meist *errōso*, „sei gesund/lebe wohl!", vgl. Apg 15,29), manchmal ein Eigenhändigkeitsvermerk (s.o. 1) sowie eine Datumsangabe (nicht im NT).[4]

Typische Elemente innerhalb des Corpus sind (Selbst-)Empfehlungen, Mitteilungen, Appelle, Mahnungen, Bitten; stehende Wendungen sind z.B. Kundgabeformeln (vgl. Röm 1,13; Gal 1,11; Phil 1,12 u.ö.), der Hinweis auf geistige Anwesenheit trotz körperlicher Abwesenheit (vgl. 1Kor 5,3), Sehnsuchtsäußerungen (vgl. Phil 1,8; 1Thess 3,6.10), Besuchswünsche und -pläne (vgl. Phil 2,24; Röm 15,22–29).

---

die Verlesung des Briefes vor der ganzen Gemeinde an, und in der sprachlichen Gestaltung macht er von zahlreichen literarischen Mitteln seiner Zeit Gebrauch.

[3] Vgl. *Klauck* 1998, 71–73. – Cicero (fam. 2,4,1) unterscheidet Briefe, die der bloßen Informationsübermittlung dienen, von zwei anderen Arten: einerseits den freundschaftlich-heiteren, andererseits den ernsthaft-gewichtigen (meist zu politischen Fragen). Zu den beiden letzteren vgl. Ciceros Zweiteilung in öffentliche und private Briefe (Flacc. 37). Auch Ciceros Freundschaftsbriefe sind natürlich nicht frei von literarischen Kunstmitteln.

[4] Die uns gewohnte namentliche Unterschrift gehört also nicht zum antiken Formular.

5. Die antike Rhetorik hat sich dem Brief nur sporadisch und unter stiltheoretischem Aspekt gewidmet; erst ab dem 3. Jh. n.Chr. sind ausführlichere brieftheoretische Äußerungen überliefert (die wichtigsten Texte bei Malherbe). Als briefliche Tugenden werden meist Kürze und Deutlichkeit sowie ein schlichter Stil genannt; zur Gliederung gibt es keine konkreten Anweisungen. Briefen politischen, philosophischen oder religiösen Inhalts wird jedoch eine größere Nähe zur Rede zugestanden, was sich an Beispielen aus der Praxis (v.a. an Briefen von Rednern und Philosophen) bestätigt. So kann der Briefaufbau am Grundmuster für die Disposition einer Rede orientiert sein; dies wird heute vielfach auch für die Briefe im NT angenommen.

6. Bis zur Entdeckung der Papyri (instruktive Beispiele bei Deissmann und White) waren nur die literarisch überlieferten antiken Briefe bekannt (die gr. fast vollständig gesammelt bei Hercher; kritische Bestandsaufnahme aller antiken literarischen Briefe einschließlich lat. und jüd. Autoren sowie Diskussion ausgewählter Fallbeispiele bei Klauck). Neben eigenständigen Briefsammlungen, die bekannten Rednern und Philosophen zugeschrieben werden (Echtheit oft umstritten), lassen sich auch Briefzitate in der Geschichtsschreibung (Thukydides, Diogenes Laertios; in jüd. Literatur bes. 1–2Makk, Josephus [→1.3.2.6]) finden, bei denen es sich (analog zu den Reden, →1.3.3.3) zumeist um literarische Fiktionen handelt;[5] das gilt erst recht für Briefeinlagen in romanhaften Werken.

7. Von den 27 Schriften im NT sind 21 als Briefe in den Kanon gelangt; hinzu kommen zwei (fingierte) Briefzitate in der Apg (15,23–29; 23,26–30) sowie starke briefliche Elemente in der Offb (die „sieben Sendschreiben" in Kap. 2f; briefliche Rahmung des ganzen Werkes, s. Karrer). Die Paulusbriefe weisen alle Merkmale „echter" Brieflichkeit auf, sind jedoch erheblich länger, als dies für situationsbezogene antike Briefe üblich ist. Bei den deuteropaulinischen Briefen (Kol; Eph; 2Thess; Past) werden, abgesehen von der Imitation der typisch paulinischen Rahmung, in unterschiedlicher Weise Elemente der Paulusbrief-Fiktion eingesetzt (z.B. Kol 1,23–2,5; Eph 3,1–13; 2Thess 2,2; 3,7–10; 1Tim 1,3.12–17; 2Tim 3,10f; 4,6–18). Hebr ist eine anonyme „Lesepredigt" mit brieflichem Ende. Von den sieben „katholischen (d. h. an die gesamte Kirche gerichteten) Briefen" stellen Jak; 1–2Petr; Jud den Bezug zu ihrer historischen Situation (Ende 1./Anfang 2. Jh. n.Chr.) durch briefliche Fiktion im Namen eines Apostels her; 1Joh ist anonym, steht aber dem JohEv nahe, und 2–3 Joh nennen einen „Ältesten" (*presbyteros*) als Verfasser. Hebr hat kein briefliches Präskript, Jak kein Postskript, und beim 1Joh fehlt beides. Zum Sonderproblem der Pseudepigraphie (→1.3.1.2).

Literatur
A. *Deissmann*: Licht vom Osten, Tübingen ⁴1923. – R. *Hercher*: Epistolographi Graeci, Paris 1873 (ND 1965). – M. *Karrer*: Die Johannesoffenbarung als Brief, Göttingen 1986. – H.-

---

[5] Es gibt jedoch Ausnahmen: Wenigstens zum Teil authentisch sind z.B. die bei Diogenes Laertios, Buch 10, mitgeteilten Lehrbriefe des Philosophen Epikur sowie die Briefe im 2Makk (s. dazu *Klauck* 1998, 121–125 bzw. 199–208).

J. Klauck: Die antike Briefliteratur und das Neue Testament, Paderborn 1998. – *A. J. Malherbe*: Ancient Epistolary Theorists, Atlanta 1988. – *S. K. Stowers*: Letter-Writing in Greco-Roman Antiquity, Philadelphia 1986. – *J. L. White*: Light from Ancient Letters, Philadelphia 1986. – Weitere Literatur →1.3.3.3.

1.3.4 Nichtliterarische Quellen

1.3.4.1 Griechische Papyri und Ostraka
(*Joachim Hengstl*)

Stellen im NT
Mt 8,5–13; Lk 7,1–10; Lk 2,1–3; Lk 16,1–8

Einführung
Alltagsurkunden auf Ostraka, Papyri und Leder gibt es aus dem achämenidischen, dem hell. und röm. Palästina sowie aus der nabatäischen Nachbarschaft.[1] Gemessen an der Zahl der gr. Papyri und Ostraka aus dem gr.-röm.-byzantinischen Ägypten handelt es sich um einen kleinen Urkundenbestand. Er besitzt zudem – ohne seinen geschichtlichen und kulturgeschichtlichen Wert verkleinern zu wollen – nur eine beschränkte Aussagekraft zu den Hintergründen des NT.
Mit der Eroberung des persischen Reiches durch Alexander d. Gr. setzte im vorderen Orient und auch in Palästina eine starke und tiefgehende Hellenisierung ein (→1.4.4.1). Wie zuvor das Aramäische und zunächst neben diesem wurde nunmehr das Griechische verbreitet gebraucht. Jüd. Vorstellungen, die Institutionen der Reichsmacht und die gr. Sprache verbanden sich miteinander. Die gr. Urkunden des Archivs der im Zusammenhang mit dem Aufstand des Bar Kochba umgekommenen Jüdin Babatha (Judaea 110 – 132 n.Chr.) machen das deutlich,[2] indem sie röm., gr. und jüd. Elemente enthalten. Materiell liegt jüd. und röm. Recht vor. Spezifisch röm. sind die Datierungsweise nach Konsuln und die Stipulationsklausel sowie die prozessualen und anderen Institutionen. Das Formular hingegen verrät griechische Vorlagen.
Die Begriffswelt wird jedoch von der verwendeten Sprache geprägt. Um überall verständlich zu sein, muss das bei der Niederschrift zur Bezeichnung von Sozialem, Administrativem, Rechtlichem, Fiskalischem und ähnlichen Gege-

---

[1] Siehe z.B. *I. Eph'al/J. Naveh*: Aramaic Ostraca of the Fourth Century B.C. from Idumaea, Jerusalem 1996; Überblick zur röm. Epoche s. *H. Cotton u.a.*: The Papyrology of the Roman Near East: A Survey, JRS 85, 1995, 214–235; sie listen 609 Texte auf (s. auch *L. H. Schiffman* [ed.]: Semitic Papyrology in Context. A Climate of Creativity, Leiden/Boston 2003); s. ferner *H. Cotton*: The Languages of the Legal and Administrative Documents from the Judaean Desert, ZPE 125, 1999, 219–231.

[2] Siehe P. Yadin in: The Documents of the Bar Kokhba Period in the Cave of Letters: Greek Papyri, ed. by *N. Lewis*; Aramaic and Nabatean Signatures and Subscriptions, ed. by *Y. Yadin* and *J. C. Greenfield*, Jerusalem 1989; anschaulich zu Babatha und ihrem Archiv *J. Taylor*: Petra und das versunkene Königreich der Nabatäer, Düsseldorf/Zürich 2002, 172–189.

benheiten verwendete Vokabular der allgemeinen Übung entsprechen.³ Schon deshalb ist es sinnvoll, die gr. Papyri und Ostraka aus Ägypten (→1.4.3) als Alltagszeugnisse heranzuziehen: Der Sprachgebrauch dort erhellt die kulturellen Hintergründe des gr. verfassten NT.

Darüber hinaus waren die Gegebenheiten und damit das Leben der Menschen in der hellenisierten Mittelmeerwelt ungeachtet aller klimatischen, wirtschaftlichen, ethnischen, kulturellen und sozialen Unterschiede in jener Epoche letztlich doch recht ähnlich. Wie bei jedem Vergleich ist zwar Vorsicht am Platze. Dennoch ist es aufschlussreich, die kulturgeschichtlich aussagefähigen Zeugnisse über die unmittelbare Fundregion hinaus auszuwerten. Das NT ist eine vielschichtige Darstellung. Das Alltagsleben ist davon nur ein Teilaspekt. Er aber tritt in den gr. Papyri und Ostraka aus Ägypten anschaulich vor Augen. Die diesbezügliche Sekundärliteratur ist dementsprechend umfangreich.

Zu den Textaussagen im NT

Mit dem Griechischen werden im NT auch die in dieser Sprache üblichen Termini für Verwaltungsorgane, Rechtsinstitute u.s.f. verwendet. Allerdings darf man keinen technischen Gebrauch erwarten. So wird das mehrfach im NT erwähnte Betsaida in Lk 9,10 und Joh 1,44 als *polis* (→2.2.7.1) bezeichnet. Der regionale Herrscher Philippus hat Betsaida tatsächlich um 30 n.Chr. zur *polis* erhoben, um gegenüber den umliegenden Orten ein Mehr an Rechten zum Ausdruck zu bringen. Was über die Bezeichnung hinaus den „*polis*-Charakter" ausgemacht haben könnte, ist ungewiss. Die bislang feststellbaren Einrichtungen decken sich auf jeden Fall nicht mit dem, was an Bürgerrecht, Selbstverwaltungseinrichtungen und städtebaulichen Gegebenheiten die *poleis* Alexandria, Naukratis und Ptolemais sowie später Antinoopolis in Ägypten und erst recht zuvor die *poleis* im gr. Bereich ausgezeichnet hat. Nicht nur der Begriff *polis* bleibt inhaltsleer, sondern Betsaida wird anderwärts auch als Dorf (*kōmē*; Mk 8,22f.26) bezeichnet.

Entsprechendes gilt für den Gebrauch rechtlich signifikanter Termini. Wer immer an den Schriften des NT schrieb tat dies in der Sprache und der Form seiner Zeit; er hatte beim Schreiben nicht eigens Vertragsformulare oder Briefzusteller vor Augen. Eine eigentliche Rechtsterminologie hat es in den außerröm. antiken Rechten nicht gegeben, und deshalb werden solche Begriffe im NT lediglich beschreibend, nicht technisch verwendet: Wer arbeitet, erhält Lohn (*misthos*; Lk 10,7; Jh 4,36); das besagt jedoch nicht, es läge eine *misthōsis*, also ein Vertragsverhältnis nach griechischem Recht, vor.

Gleiche Begriffe beschreiben entsprechende Umstände: Wenn Jesus sich nach Mt 4,12 dem Zugriff der Behörden entzieht, wie dies in Ägypten Menschen vielfältig tun, so sind dafür *anachōrein* bzw. *anachōrēsis* hier wie dort die Be-

---

³ Vgl. dazu beispielsweise *H. Cadell*: Vocabulaire de l'irrigation – la Septante et les papyrus, in: *B. Menu* (ed.): Les problèmes institutionnels de l'eau en Égypte ancienne et dans l'Antiquité méditerranéenne, Kairo 1994, 103–117; *G. Dorival*: «Dire en grec les choses juives». Quelques choix lexicaux du Pentateuque de la Septante, REG 109, 1996, 527–547; *A. Passoni Dell'Acqua*: Il III libro dei Maccabei e l'amministrazione tolemaica, in: *B. Kramer u.a.* (Hgg.): Akten des 21. Internationalen Papyrologenkongresses Berlin, 13.–19.8.1995, Stuttgart/Leipzig 1997, 786–794.

zeichnungen. Demgegenüber stehen die von Jesus bei Lk 11,31–53 gebrauchten Wörter „Urteil" (*krisis*), „verurteilen" (*katakrinein*), „durchsuchen" (*ekzētein*) und „Advokaten" (*nomikoi*) in keinem rechtlichen Zusammenhang und erlauben keinen Rückschluss auf irgendeine Rechtsordnung.

Die Papyri helfen ferner, sonst nicht oder nicht ohne weiteres nachvollziehbare Lebenssachverhalte aufzuhellen, welche den Hintergrund der Aussagen Jesu, seiner Wunder und seiner Gleichnisse sowie der Apostelbriefe bilden. Dem Gleichnis vom barmherzigen Samariter (Lk 10,30–37) lassen sich die Nachrichten von der – mangelhaften – öffentlichen Sicherheit beigesellen (z.b. SB XXIV 15970, →2.2.5.4). Landarbeit, Rechnungswesen und Gutsbetrieb (z.B. Mk 12,1–12) treten in den gräko-ägyptischen Texten plastisch vor Augen;[4] ferner beispielsweise Schulden und Schuldentilgung (Mt 18,21–35), ein in der Antike offenbar allgegenwärtiges Thema.[5] Erst die Papyri erhellen, dass Gott den als *arrha* bezeichneten Geist nicht, wie M. Luther übersetzt hat, als „Pfand", mithin als Haftungsobjekt gegeben hat, sondern als die Abmachung zwischen Gott und Mensch gültig machendes Moment.[6] Nur einige solcher Aspekte können in diesem Rahmen noch erwähnt werden.

Mannigfache Vergleiche lassen sich zwischen den zahlreichen gräko-ägyptischen Briefen und den Apostelbriefen ziehen. Dabei geht es vor allem um Äußerlichkeiten: Anredeform, allgemeine Stilisierung, Darstellung des Briefzwecks, Schlussfloskeln, Transporthinweise. Private Briefe bedurften der Beförderung durch irgendeinen Helfer und enthielten oft entsprechende Adressenangaben. Griechische Briefe begannen gewöhnlich mit einem schlichten „X dem Y zum Gruß" (→1.3.3.6). Sender und Empfänger kannten in aller Regel sich und auch die Zusammenhänge.

Inhaltlich sind antike Briefe heute oft kaum verständlich, denn regelmäßig setzen sie diesen Kenntnisstand voraus. Soweit es nicht um Sachfragen ging, wurden in Privatbriefen vor allem persönliche Grüße und Wünsche ausführlich ausgedrückt.[7] Die Floskeln zeigen freilich nicht mehr als das Anliegen, in einer Epoche meist sporadischer Kontakte die privaten Beziehungen zu halten. Mit diesen, hier nur grob skizzierten Mustern lässt sich die Gestaltung der Apostelbriefe vergleichen. Ein nach Umfang und Inhalt bezeichnendes und wohlbeachtetes Beispiel ist der Brief des Apostels Paulus an Philemon. Paulus folgt darin dem geläufigen Muster des Empfehlungsbriefs; für den heutigen Leser ist er wenig konkret. Schlussfolgerungen erlaubt lediglich die Tatsache, dass er sich zugunsten eines Sklaven (→2.2.5.3) bei dessen Eigentümer einsetzt, und das bietet der Sekundärliteratur hinreichende Gelegenheit zu weiterführenden Erwägungen und Vergleichen.[8]

---

[4] S. z.B. *D. Rathbone*: Economic Rationalism and Rural Society in Third-Century A.D. Egypt, Cambridge 1991.
[5] Vgl. ferner *B. Weber*: Schulden erstatten - Schulden erlassen. Zum matthäischen Gebrauch einiger juristischer und monetärer Begriffe, ZNW 83, 1992, 253–256; *B. Tenger*: Die Verschuldung im römischen Ägypten (1.–2. Jh. n.Chr.), St. Katharinen 1993.
[6] Vgl. *K. Erlemann*: Der Geist als „arrabōn" (2Kor 5,5) im Kontext der paulinischen Eschatologie, ZNW 83, 1992, 202–221; *G. Thür*: Arra, Arrabon, DNP 2, 1997, 23f.
[7] Vgl. dazu z.B. *R. Buzón*: Die Briefe der Ptolemäerzeit. Ihre Struktur und ihre Formeln, Diss. Heidelberg 1984 mit weiteren Nachweisen.
[8] Zuletzt *P. Arzt-Grabner*: Philemon, Göttingen 2003.

Um einen Sklaven geht es auch in der Erzählung vom Hauptmann von Kapernaum (Mt 8,5–13). „Da aber Jesus einging zu Kapernaum, trat ein Hauptmann zu ihm, der bat ihn und sprach: 'Herr, mein Knecht liegt zu Hause und ist gichtbrüchig und hat große Qual'". Das Bild scheint eindeutig und von Jesu Zuwendung und dessen daran geknüpften Gedanken (Mt 8,10–12) abgesehen banal: Ein alter Haudegen im Offiziersrang will sich seinen kranken Burschen erhalten und wendet sich an Jesus – erfolgreich – um Hilfe. Letztendlich geht es nicht um mehr, und dennoch ist der Hintergrund farbiger. Bei dem Erkrankten handelte es sich um den privaten Sklaven des Hauptmanns. Die Parallelüberlieferung Lk 7,1–10 erweist das zweifelsfrei. Solche – freie wie unfreie – Gehilfen hielt man sich in entsprechender Position in ptolemäischer (vgl. P. Ent. 48; Ende 218 v.Chr.) wie in röm. Zeit.[9] Die Zuwendung des Hauptmanns entspringt nicht schnöder Sorge um die Arbeitsfähigkeit eines für Geld erworbenen Sklaven. Die Vorstellung von Sklavenheeren oder dem Spartakus-Aufstand (73–71 v.Chr.) ist ein zu einseitiges Bild vom antiken Sklavenwesen. Die ägyptischen Zensus-Deklarationen verraten demgegenüber, dass Sklaven im Alltag gewöhnlicher Leute ein rarer Besitz waren[10] und, berücksichtigt man die beengten Lebensverhältnisse jener Zeit, buchstäblich „am Tisch ihres Herrn" aßen. Mitunter sind die daraus resultierende Zuneigung und ein echtes Mitgefühl in den Quellen fassbar, wie es der liebevolle Brief einer Sklavin an ihren Herrn P. Giss. I 17 (um 117 n.Chr.) zeigt. In der Eingabe P. Oxy. L 3555 (1./2. Jh. n.Chr.) wird vorgetragen, die dort erwähnte Sklavin sei zur Unterstützung im Alter bestimmt und erhielt deshalb eine Ausbildung. Kapernaum war kein Garnisonsort, und der „Hauptmann" war folglich nicht Angehöriger einer dort stationierten Truppe, sondern offenbar ein *centurio* (in den Papyri vor allem *hekatontarchos*), wie er in den Papyri als örtlicher „Polizeipräfekt" erscheint (→1.4.1.3).[11] Über seine Aufgaben wüsste man gern mehr. Im röm. Ägypten waren solche *centuriones* zugleich Bestandteil der Rechtspflege. Die an sie gerichteten Petitionen[12] und die an sie ergehenden Weisungen in Rechtssachen zeigen dies deutlich. So wendet sich ein am Schulden-Eintreiben gehinderter Priester an einen *centurio* (BGU I 36 = 436; 101–103 n.Chr.), und in der Eingabe P. Mich. VI 425 (198 n.Chr.) erbittet der Petent, einen *centurio* anzuweisen, einen Beschuldigten vorzuführen. Die Hilfe von Verwaltungsorganen in privaten Rechtsstreitigkeiten scheint freilich eine ägyptische Eigenheit gewesen zu sein, von der das neben der ordentlichen Gerichtsbarkeit verbreitete Petitionenwesen des gr.-röm. Ägypten zeugt.[13] Die Juden hielten sich

---

[9] Anschaulich dazu und mit weiteren Nachweisen *M. A. Speidel*: Die römischen Schreibtafeln von Vindonissa, Brugg 1996, 53f.

[10] Vgl. *R. S. Bagnall/B. W. Frier*: The Demography of Roman Egypt, Cambridge u.a. 1994, Index s.v. „slave".

[11] Vgl. dazu *R. Alston*: Soldier and Society in Roman Egypt, London/New York 1995, 86–96.

[12] Liste solcher Eingaben: *Alston*: Soldier and Society (Anm. 11), 88–90; vgl. dazu *D. W. Hobson*: The Impact of Law on Village Life in Roman Egypt, in: *D. Halpern/D. W. Hobson* (eds.): Law, Politics and Society in the Ancient Mediterranean World, Sheffield 1993, 193–219.

[13] Dazu beispielsweise *J. Hengstl*: Petita in Petitionen gräko-ägyptischer Papyri, in: *G. Thür/J. Vélissaropoulos-Karakostas* (Hgg.): Symposion 1995. Vorträge zur griechischen und

an die örtlichen Gegebenheiten. Das bereits genannte „Archiv der Babatha" zeigt, dass das im röm. Palästina der übliche Prozess war, bis hin zur Verwendung röm. Prozessformulare.[14] Im ptolemäischen Ägypten besaßen die Juden neben dem Zugang zum allgemeinen Justizwesen eine Eigengerichtsbarkeit.[15] Für den „Hauptmann von Kapernaum" sind entsprechende Funktionen nicht nachzuweisen. Das in seinen Worten spürbare Selbstbewusstsein macht deutlich, dass er dennoch über hinreichende Aufgaben und Amtsgewalt verfügt. Das Abgabenwesen (→2.3.1) tritt im NT beeindruckend vor Augen bei jener berühmten Schätzung, welche den Anlass zu Jesu Geburt in Betlehem gegeben hat (Lk 2,1–3), und bei dem negativen Bild, welches die „Zöllner" (→2.2.5.4) an die Seite der „Sünder" stellt (z.b. Lk 7,34: „Siehe [Jesus ist] der Zöllner und Sünder Freund."). Papyri und Ostraka belegen vielfältig Steuern und Zölle sowie die Veranlagung dazu und ihre Erhebung; sie veranschaulichen also die technische Seite der Aussagen des NT zu „Schätzung" und „Zöllnern". Eigentumsdeklarationen sind bereits aus dem ptolemäischen Ägypten bestens belegt. Augustus aber war es vorbehalten, aus den einzureichenden Deklarationen ein System regelmäßiger, zunächst in 7-jährigem Rhythmus vorzunehmender „Schätzungen" zu schaffen, von denen die erste wohl 11/10 v.Chr. stattgefunden hat.[16] Neben Zensusbelegen (SB XX 14440; 12 n.Chr. mit Hinweisen auf frühere Schätzungen) ist auch die Anordnung der Rückkehr in den Heimatort zum Zwecke der Schätzung (Edikt des *praefectus Aegypti* in P. Lond. III 904; 104 n.Chr.) belegt. Die Rolle der „Zöllner" in Judäa ist zu komplex und spezifisch, als dass sie sich in den Zeugnissen des gr.-röm. Ägypten angemessen spiegeln könnte.[17] Diese führen aber die Ansprüche des Staates und seine Allgegenwart sowie die seiner Steuereinzieher beeindruckend vor Augen; sie machen verständlich, dass dessen Abgabenvollstrecker und Zöllner auch in Judaea eine gehasste Belastung der kleinen Leute darstellten.

Schließlich verhelfen die Papyri zu einer plausiblen Erklärung des Gleichnisses vom ungerechten Verwalter (Lk 16,1–8): Vom Hinauswurf aus seiner Stellung bedroht, stellt dieser den Schuldnern seines Herrn neue Schuldurkunden aus, mindert darin die Schulden und erlangt damit doch das Lob seines Herrn. Das auf den ersten Blick merkwürdige Geschehen scheint auf der Praxis zu beruhen, Darlehen ausdrücklich als „unverzinslich" zu gewähren, tatsächlich aber den Zins unter Umgehung jeglicher Zinsbegrenzung in die Darlehens-

---

hellenistischen Rechtsgeschichte (Korfu, 1. –5. September 1995), Köln u.a. 1997, 265–289; *Hobson*: The Impact of Law (Anm. 12).

[14] S. z.B. *D. Nörr*: PSI VII 743r fr. e: Fragment einer römischen Prozessformel? Bemerkungen zum vorhadrianischen Edikt und zu den Hermaneumata Pseudodosetheana, ZSRG.R 117, 2000, 179–251, hier 182 mit weiteren Nachweisen.

[15] S. Urkunden des Politeuma der Juden von Herakleopolis (144/3–133/2 v.Chr.) (P. Polit. Iud.), bearbeitet von *J. M. S. Cowey* und *K. Maresch*, Wiesbaden 2001.

[16] *S. R. S. Bagnall*: The Beginnings of the Roman Census in Egypt, GRBS 32, 1991, 255—265, hier 261f; ferner *Bagnall/Frier*: Demography (Anm. 10), 2–5.

[17] Eingehend dazu *F. Herrenbrück*: Jesus und die Zöllner, Tübingen 1990 passim mit weiteren Nachweisen.

summe einzukalkulieren. Erst die Reduzierung macht die Verträge „gerecht", und eben das billigt der rechtlich denkende Herr.[18]

Literatur
A. Deissmann: Licht vom Osten. Das Neue Testament und die neuentdeckten Texte der hellenistisch-römischen Welt, Tübingen ⁴1923. – *J. F. Oates u.a.* (eds.): Checklist of Editions of Greek, Latin, Demotic and Coptic Papyri, Ostraca and Tablets, Oakville ⁵2001 (Vgl. Webedition: http://scriptorium.lib.duke.edu/papyrus/texts/clist.html, danach die hier benützten Abkürzungen). – *J. Hengstl* (Hg.): Griechische Papyri aus Ägypten als Zeugnisse des öffentlichen und privaten Lebens, München 1978 (Neuauflage in Vorbereitung). – *H.-A. Rupprecht*: Kleine Einführung in die Papyrusforschung, Darmstadt 1994. Heidelberger Gesamtverzeichnis der griechischen Papyrusurkunden Aegyptens: http://www.rzuser.uni-heidelberg.de/~gv0/gvz.html.

---

[18] Eingehend dazu *J. Herrmann*: Rechtsgeschichtliche Überlegungen zum Gleichnis vom ungerechtfertigten Verwalter (Luk. 16. 1–8), RHD 38, 1970, 389–402 (= *ders.*: Beiträge zur Rechtsgeschichte, München 1990, 337–350).

1.3.4.2 Inschriften/Epigraphik (*Thomas Corsten*)

Die Epigraphik (Inschriftenkunde) beschäftigt sich hauptsächlich mit dem Teil der schriftlichen Überlieferung des Altertums, der auf Stein und Metall geschrieben ist, daneben bisweilen auch mit Texten auf Holz und Keramik. Der Erkenntniswert der Inschriften beruht vor allem darauf, dass sie (wie auch Münzen →1.3.4.3 und Papyri →1.3.4.1) in den meisten Fällen unmittelbare und zeitgenössische Zeugnisse der Antike sind, die weder durch Missverständnisse noch Verfälschungen auf dem Wege der antiken und mittelalterlichen Textüberlieferung entstellt worden sind, wie es der Literatur widerfahren ist.[1] Der Epigraphiker hat die Aufgabe, das vorhandene Material zu sichern und zu publizieren sowie durch Feldforschungen (Ausgrabungen, Surveys) zu vermehren. Die Sicherung von Inschriften besteht vor allem darin, der Nachwelt den Text, das Aussehen des Inschriftträgers und den Fundzusammenhang durch Notizen, Abschriften, Photographien sowie Abklatsche (Abdrücke aus Papier oder Latex) zu erhalten und der Forschung zugänglich zu machen.

Die epigraphischen Zeugnisse können in den meisten Bereichen der Altertumswissenschaft zu neuen, oft grundlegenden Erkenntnissen führen. Dies ist in besonderem Maße für Fragen historischer Zusammenhänge sowie der Religions- und Literaturgeschichte der Fall. Die in Inschriften erhaltenen Informationen stehen in einer fruchtbaren Wechselwirkung mit der antiken Literatur und bieten oftmals Hintergrundinformationen für in ihr geschilderte Ereignisse oder Zustände. Vor allem aber auf dem Gebiet der Prosopographie sind die Inschriften unersetzlich: die führenden Schichten der gr. Welt und des Römischen Reiches, ebenso die Chronologie der röm. Statthalter und ihre Namen wären ohne Inschriften fast unbekannt.[2]

Die Vielzahl der aus der antiken Literatur bekannten Mythen und Götter(bei)namen wird durch das inschriftlich überlieferte Material um ein Vielfaches übertroffen. Zahlreiche Namen von Gottheiten, die in den Gebieten des östlichen Mittelmeerraumes oder im röm. Westen von der einheimischen Bevölkerung, in zunehmendem Maße aber auch von Griechen und Römern verehrt wurden, kennen wir nur, wenn sie in Inschriften genannt werden. Über die vor allem in der hell. und röm. Zeit beliebten Mysterienkulte (→3.1.2), von denen einige bei den antiken Schriftstellern genannt werden, würden wir nahezu nichts wissen, wenn nicht gelegentlich Inschriften gefunden würden, die z.B. Kultgesetze oder Weihungen wiedergeben, die einen Einblick in die Vorstellungen der Gläubigen geben können und zumindest einen Teil der Vorgänge bei Mysterienfeiern erahnen lassen. Daneben vervollständigen Hymnen, Aretalogien und Heilungsberichte aus Heiligtümern unser Bild von den Vorstellungen der antiken Menschen über die Götter und ihr Wirken, und der „Volksglaube" wird z.B. aus Orakeln (→3.2.7) und aus Fluchformeln auf Grabsteinen deutlich.

Derartige Texte sind von großer Bedeutung für die Beurteilung der Entstehung des Christentums und für das Verständnis der Umwelt, in der es entstand;

---

[1] Vgl. dazu z.B. *H. Wankel*: Die Rolle der griechischen und lateinischen Epigraphik bei der Erklärung literarischer Texte, ZPE 15, 1974, 79–97, hier 80.
[2] Vgl. *Wankel*: Rolle (Anm. 1), 79f.

schließlich wurde die neue Religion von ihren Feinden als eine der vielen Mysterienreligionen angesehen, denen oftmals ein schädlicher Einfluss auf die Bevölkerung nachgesagt wurde. Wenn die Schauergeschichten über die christl. Kultpraxis auch erfunden sind, so ist doch nicht von der Hand zu weisen, dass das Christentum in der Kaiserzeit nur eine von unzähligen Religionen war, die auf dem fruchtbaren Boden der östlichen Mittelmeerwelt von alters her gepflegt wurden bzw. neu entstanden, wie die Inschriften deutlich belegen. Ebenso stellt sich heraus, dass auch die Beichte keine Erfindung der Christen ist: Im westlichen Kleinasien bekannten Menschen ihre Verfehlungen, indem sie Stelen mit Inschriften aufstellten, in denen sie von ihrer Missetat, der Strafe durch eine Gottheit und ihre Sühne berichteten.[3] Diese Verfahrensweise war offenbar im Orient weit verbreitet, und durch die „*Confessiones*" des Augustinus erhält die Praxis Eingang in die Literatur.[4]

Überhaupt spielte die Umwelt des Christentums eine wichtige Rolle für die verschiedenen Ausformungen der neuen Religion, besonders in Kleinasien und dem Vorderen Orient. Während die Auseinandersetzungen zwischen den Anhängern des Johannes und des Paulus um das Problem der „Judenchristen" schon aus dem Ursprungsgebiet des Christentums herstammten, kennen wir aus Kleinasien zahlreiche verschiedene Richtungen, die in den folgenden Jhh. entstanden und sich teilweise gegenseitig bekämpften und verfolgten. Als Beispiel sei hier nur der Montanismus genannt, der im 2. Jh. in Phrygien im Herzen Anatoliens von einem gewissen Montanus begründet wurde; die wenigen und für die Forschung unzureichenden literarischen Bezeugungen werden auf willkommene Weise durch die epigraphische Überlieferung ergänzt.[5]

Andererseits können Inschriften aus dem Umfeld des Christentums Hintergrundinformationen zu Berichten des NT liefern; dabei stellt sich u.a. heraus, dass die Apg in der Schilderung historischer Ereignisse und Zustände durchaus zuverlässige Nachrichten enthält.[6] Ein gutes Beispiel dafür ist der Aufruhr der Silberschmiede in Ephesos (Apg 19,23–40; →2.2.7.3 Ephesos).

Silberschmiede (*argyrokopoi*) sind nämlich in zahlreichen Städten Kleinasiens durch Inschriften bezeugt. Wie die meisten Handwerker waren sie in Gilden organisiert, und eine solche ist neben Ephesos auch in Smyrna bezeugt. Dort hielt die Gilde der Silberschmiede und Goldgießer inschriftlich fest, dass eine Statue der Göttin Athene von ihr repariert worden sei und daher der Stadt wieder zum Kult zur Verfügung stehe. Der sich darin ausdrückende Berufsstolz geht einher mit Ansehen und Einfluss, über den die sicherlich nicht armen Silberschmiede in den Städten verfügt haben müssen. Ihre soziale Stellung findet auch darin ihren Niederschlag, dass im Stadion der pamphylischen Stadt Perge (an der Südküste Kleinasiens) mehrere Sitze durch Aufschriften für Angehörige dieser Berufsgruppe reser-

---

[3] Eine kommentierte Sammlung der Beichtinschriften bietet *G. Petzl*: Die Beichtinschriften Westkleinasiens, Bonn 1994. Nachträge: *ders.*: Neue Inschriften aus Lydien (II), EA 28, 1997, 69–79.

[4] *P. Frisch*: Über die lydisch-phrygischen Sühneinschriften und die „Confessiones" des Augustinus, EA 6, 1983, 41–45.

[5] Die literarischen Zeugnisse bei *R. E. Heine*: The Montanist Oracles and Testimonia, Macon 1989; die (sicheren und vermuteten) epigraphischen Zeugnisse bei *W. Tabbernee*: Montanist Inscriptions and Testimonia, Macon 1997.

[6] Vgl. *F. F. Bruce*: The Acts of the Apostles, ANRW II 25.3, 1985, 2569–2603, hier 2575–2579.

viert waren.[7] In Ephesos selbst sind mehrere Inschriften mit der Erwähnung von Silberschmieden und ihren Gilden gefunden worden, die einen Einblick in ihr Selbstverständnis und ihre Stellung in der Stadt geben. Aus zweien dieser Texte geht hervor, dass die Gilde der Silberschmiede freundschaftliche Kontakte z.B. zu Mitgliedern der röm. Reichsaristokratie pflegte, also keine untergeordnete Rolle in Ephesos spielte.[8] Angesichts solcher Gegebenheiten und weil sich in den Städten des Römischen Reiches politischer Einfluss vor allem auf Reichtum gründete, verwundert es nicht, dass es dem Silberschmied Demetrius ohne Mühen gelang, die Epheser gegen Paulus aufzuwiegeln.

Im Folgenden sollen drei Inschriften exemplarisch besprochen werden, die im NT genannte Personen betreffen oder dort erwähnte Zustände und Geschehnisse erklären helfen.

1. Lateinische Bauinschrift des Pontius Pilatus aus Caesarea Maritima (*C. M. Lehmann/K. G. Holum*: The Greek and Latin Inscriptions of Caesarea Maritima, Boston 2000, Nr. 43; AE 1981, 850):

```
1    [- - -]s Tiberieum
2    [- Po]ntius Pilatus
3    [praef]ectus Iudae[a]e
4    [- - - - - - - -].
```

- - - das Tiberieum - - Pontius Pilatus, Praefect von Iudaea, - - -

Die Inschrift wurde von Pontius Pilatus aufgestellt, der 26–36 Statthalter von *Iudaea* war (→1.4.4.2); neben ihr nennt nur noch ein weiterer epigraphischer Text, die Grabinschrift eines Christen, seinen Namen[9], nicht aber seine Amtsbezeichnung *praefectus*, und darin liegt die Bedeutung der vorliegenden Inschrift. Tacitus (ann. 15,44,3) bezeichnet Pilatus nämlich als *procurator*, weil der Statthalter von *Iudaea* zu seiner eigenen Zeit (um 100) diesen Titel trug.

Die Inschrift ist nicht mit Sicherheit zu ergänzen (die bisherigen Versuche sind bei Lehmann/Holum verzeichnet), aber es wird sich um die Bauinschrift eines Profangebäudes handeln. Nach einer vor kurzem vorgeschlagenen Ergänzung gehörte sie zu einem von zwei Leuchttürmen, dessen anderer „Druseum" (nach dem Bruder des Tiberius) hieß; beide waren ursprünglich von Herodes errichtet worden, und Pilatus hat das Tiberieum wieder herstellen lassen:[10]

---

[7] Smyrna: I. Smyrna 721; Perge: *R. Merkelbach/S. Şahin*: Die publizierten Inschriften von Perge, EA 11, 1988, 97–170, hier 133f Nr. 58.
[8] I. Ephesos 425 und 636. Zu diesen und weiteren epigraphischen Zeugnissen für Silberschmiede in Ephesos s. *G. H. R. Horsley*, NDIEC 4, 1987, 7–10 Nr. 1.
[9] *S. Mitchell*: Regional Epigraphic Catalogues of Asia Minor II, Oxford 1982, Nr. 186. Dort heißt es in Z. 1–7: „(Dies ist das Grab) eines höchst rechtschaffenen Mannes, dem der Herr Jesus Christus, der Zeugnis abgelegt hat vor Pontius Pilatus ..., helfen möge."
[10] *G. Alföldy*: Pontius Pilatus und das Tiberieum von Caesarea Maritima, SCI 18, 1999, 85–108.

1   [Nauti]s Tiberieum |
2   [- Po]ntius Pilatus |
3   [praef]ectus Iudae[a]e |
4   [ref]e[cit].

Für die Seeleute stellte [-] Pontius Pilatus, der Praefect von Iudaea, das Tiberieum wieder her.

2. Brief des Kaisers Claudius aus Delphi mit Erwähnung des Statthalters Gallio (Boffo 1994, 247–256, Nr. 29; F. de Delphes III.4 286; SEG 3, 1927, 389):[11]

Der stark beschädigte griechisch verfasste Brief entstand während der Amtszeit des Gallio als Statthalter der Provinz Achaia (zwischen Juli 51 und 52, vgl. →1.4.6), wobei jedoch die Zahl der tribunizischen Gewalt in der Inschrift selbst ergänzt und die 26. Akklamation nicht genau datiert ist:

1   Τιβέρ[ιος Κλαύδιος Καῖσ]αρ Σ[εβαστ]ὸς Γ[ερμανικός, δημαρχικῆς ἐξου]-
2   σίας [τὸ ΙΒ, αὐτοκράτωρ τ]ὸ ΚΣ π[ατὴρ π]ατρί[δος – ca. 14 – χαίρειν].

Tiberius Claudius Caesar Augustus Germanicus, als er zum 12. Mal die tribunizische Gewalt innehatte und zum 26. Mal zum Imperator ausgerufen worden war ....

In den Z. 5–6 wird der Statthalter L. Iunius Gallio (Annaeanus) erwähnt:

5   ... Λ.' Ἰού]-
6   νιος Γαλλίων ὁ φ[ίλος] μου κα[ὶ ἀνθύ]πατος ...

L. Iunius Gallio, mein Freund und Proconsul ...

Bei ihm handelt es sich um den in Apg 18,12–17 einfach „Gallio" genannten Proconsul von Achaia[12], dem Paulus in Korinth (→2.2.7.3) begegnete. Der Apostel war vor dessen Amtszeit in der Stadt eingetroffen, die wohl der Statthaltersitz der Provinz war, und verweilte 18 Monate dort. Die Inschrift ist daher für die Chronologie der Paulus-Reisen von Bedeutung, wenn die Formulierung in Apg auch immer noch Raum für Unklarheiten lässt. Denn es ist weder klar, ob die in Apg 18,11 angegebene Dauer von Paulus' Aufenthalt in Korinth die Gallio-Episode einschließt, noch ob die Anklage unmittelbar nach dem Amtsantritt des Statthalters erfolgte (Boffo 1994, 252–255 gibt einen Überblick über die Forschung, vgl. auch →1.4.6).[13]

---

[11] Die Zahl der Akklamation ist bei Boffo als „KP" wiedergegeben, auf dem Stein steht jedoch eindeutig „KS", wobei das „S" kastenförmig ist (vgl. das Foto in F. de Delphes III.4 Taf. VII, Frg. 2271).
[12] W. *Eck*: Iunius II 15, DNP 6, 1999, 67.
[13] K. *Haacker*: Die Gallio-Episode und die paulinische Chronologie, BZ 16, 1972, 252–255; vgl. *Boffo* 1994, 253 Anm. 18.

3. Griechische Bauinschrift der Synagoge des Theodotos aus Jerusalem (Boffo 1994, 274–282, Nr. 31; SEG 7, 1937, 170; CIJ 1404):

```
 1  Θ[ε]όδοτος Οὐεττηνοῦ, ἱερεὺς καὶ
 2  ἀ[ρ]χισυνάγωγος, υἱὸς ἀρχισυν[αγώ]-
 3  γ[ο]υ, υἱωνὸς ἀρχισυν[α]γώγου, ᾠκο-
 4  δόμησε τὴν συναγωγ[ὴ]ν εἰς ἀν[άγ]νω-
 5  σ[ιν] νόμου καὶ εἰς [δ]ιδαχ[ὴ]ν ἐντολῶν, καὶ
 6  τ[ὸ]ν ξενῶνα κα[ὶ τὰ] δώματα καὶ τὰ χρη-
 7  σ[τ]ήρια τῶν ὑδάτων εἰς κατάλυμα τοῖ-
 8  ς [χ]ρήζουσιν ἀπὸ τῆς ξέ[ν]ης, ἣν ἐθεμε-
 9  λ[ίω]σαν οἱ πατέρες [α]ὐτοῦ καὶ οἱ πρε-
10  σ[β]ύτεροι καὶ Σιμων[ί]δης.
```

Theodotos, der Sohn des Vettenus, Priester und Synagogenvorsteher, Sohn eines Synagogenvorstehers, Enkel eines Synagogenvorstehers, erbaute die Synagoge für die Lesung des Gesetzes und die Unterrichtung der Vorschriften und das Gästehaus und die Zimmer und die Wasservorrichtungen für die Herberge, die die aus der Fremde nötig haben, die (scil. die Synagoge) seine Väter und die Älteren und Simonides gegründet haben.

Diese im Jahre 1913 in röm. Bauschutt entdeckte Inschrift gehörte zu einer Jerusalemer Synagoge (→3.3.3), deren Reste in der Nähe des Fundorts zu vermuten sind. Die Datierung der Inschrift war immer wieder umstritten; die Mehrheit der Forschung zog die Zeit vor der Zerstörung des Jerusalemer Tempels im Jahre 70 n.Chr. in Betracht, andere plädierten für die Entstehung im 2. oder 3. Jh. n.Chr. Gegen die späte Datierung wurde angeführt, dass Vespasian nach der Zerstörung Jerusalems den Juden verbot, in der Stadt zu wohnen; damit hätte auch kein Bedarf an Synagogen bestanden (obgleich der Kaiser den Kult wohl nicht untersagte).[14] Gegen die frühe Datierung spräche andererseits, dass in der Zeit des Tempels in Jerusalem eine Synagoge mit all ihren aus späteren Perioden bekannten Bestandteilen eigentlich überflüssig gewesen wäre. Inzwischen scheint sich die Frühdatierung jedoch durchgesetzt zu haben, und sie wurde kürzlich noch einmal durch eine gründliche Untersuchung auch der Buchstabenformen gegen neuere Vertreter der anderen Ansicht bestärkt.[15] Aufgrund dieser Datierung ist die Inschrift von höchstem Interesse, weil sie so die frühesten Bezeugungen einiger Ämter und Titel aus dem Umfeld der Synagoge enthält. Denn wenn Theodotos sich in Z. 3 „Enkel eines Synagogenvorstehers" nennt, ist dieses Amt somit schon für das (ausgehende) 1. Jh. v.Chr. belegt, und in Z. 9f liegt die früheste Erwähnung von „Ältesten"

---

[14] Vgl. dazu zuletzt: *T. Rajak*: Synagogue and Community in the Graeco-Roman Diaspora, in: *J. R. Bartlett* (ed.): Jews in the Hellenistic and Roman Cities, London/New York 2002, 28.30.
[15] Zur Spätdatierung zuletzt *H. C. Kee*: Defining the First-Century CE Synagogue: Problems and Progress, NTS 41, 1995, 481–500; dagegen: *K. Atkinson*: On Further Defining the First-Century CE Synagogue: Fact or Fiction? A Rejoinder to H. C. Kee, NTS 43, 1997, 491–502; *J. S. Kloppenborg Verbin*, Dating Theodotos (CIJ II 1404), JJS 51, 2000, 243–280 (vielleicht frühes 1. Jh. n.Chr.).

vor. Des Weiteren ist bemerkenswert, dass die Jerusalemer Synagoge zu diesem frühen Zeitpunkt schon alle Elemente und Funktionen aufweist, die die späteren Gebäude auszeichnen, wie ihre Benutzung für Lesungen und Unterricht (Z. 4f) sowie Herbergsräume (Z. 6–8). Im Übrigen ist es interessant zu beobachten, dass „Synagoge" in Z. 4 das Gebäude bezeichnet, während es in Z. 8f, wieder aufgenommen durch das Relativpronomen, als „Versammlung" zu verstehen ist (vgl. Boffo 1994, 279).

Literatur
Auswahlbibliographie: *F. Bérard u.a.*: Guide de l'épigraphiste, Paris ³2000. Zur Einführung in die griechische Epigraphik: *Th. Corsten*: Inschriftenkunde, griechische, DNP 14, 2000, 588–614; in die lateinische: *M. G. Schmidt*: Lateinische Inschriften, DNP 15/1, 2001, 47–64.
Neufunde und neue Behandlungen griechischer Inschriften: Supplementum Epigraphicum Graecum (SEG), Bulletin épigraphique in: REG; beide jährlich, teilweise kommentiert; für lateinische Inschriften: L'Année épigraphique.
Inschriften mit Bezug zum Christentum: *L. Boffo*: Iscrizioni greche e latine per lo studio della Bibbia, Brescia 1994; daneben die Reihe: *G. H. R. Horsley u.a.* (eds.): NDIEC. – *W. Eck*: Die Inschriften Judäas im 1. und frühen 2. Jh. n.Chr. als Zeugnisse der römischen Herrschaft, in: *M. Labahn/J. Zangenberg* (Hgg.): Zwischen den Reichen. Neues Testament und römische Herrschaft, Tübingen 2002, 29–50.

1.3.4.3 Münzen, Münzsysteme und Münzumlauf im Palästina der frühen römischen Kaiserzeit (*Ruprecht Ziegler*)

Stellen im NT
Mt 5,25f; 10,9; 10,29–31; 17,24–27; 18,23–34; 20,1–16; 21,12–16; 22,15–22; 25,14–29; 26,14–16; 27,3–11; 28,11–15; Mk 6,30–44; 11,15–17; 12,13–17; 12,41–44; 14,3–9; 14,10f; Lk 7,39–43; 10,34f; 12,6f; 12,57–59; 15,8–10; 19,11–27; 20,20–26; 21,1–4; 22,3–6; Joh 2,13–17; 12,3–8; Apg 8,18–20; 19,18f; Offb 6,6

Überblick
Die Münzen legen auf einzigartige Weise Zeugnis ab, einerseits von den wirtschaftlichen Verflechtungen Palästinas mit seiner Umwelt, andererseits aber auch von der kulturellen und politischen Vielfalt, ja Zerrissenheit dieses Landes im 1. Jh. n.Chr. Röm. Statthalter und herodianische Klientelherrscher prägten Münzen, die durchweg gr. Aufschriften trugen und mit Bildern und Legenden ganz bestimmte Ideen propagierten. Daneben zirkulierten röm. Reichsprägungen mit ihren lat. Legenden und rom-orientierten Bildthemen sowie städtische Münzen etwa aus Ptolemais Ake, Dora, Caesarea Maritima, Askalon, Gaza, Nysa Skythopolis, Gadara, Gaba, Sepphoris, Tiberias, Caesarea Philippi und Kanatha mit gr. Legenden und zumeist dem Kaiserporträt.[1] Zusätzlich waren größere Mengen von Silbermünzen aus dem phönikischen Tyros, dem syrischen Antiochia oder gar dem kappadokischen Caesarea (alle ebenfalls mit gr. Aufschriften) im Umlauf. Fast so vielfältig wie die Bilder und

---

[1] Das gesamte hier zur Diskussion stehende östliche Münzmaterial bis zum Ende der flavischen Dynastie ist übersichtlich katalogisiert und ausgezeichnet kommentiert in Roman Provincial Coinage I 1992, 655–685; II 1999, 294–318; zu Details *Meshorer* II 1982.

1.3.4.3 Münzen, Münzsysteme und Münzumlauf im Palästina

Aufschriften waren die Münzbezeichnungen und die Münzsysteme, die den zirkulierenden Geldstücken zu Grunde lagen.[2]

In Palästina umlaufende Silber und Aes-Münzen im Überblick:

1 Tetradrachme/Stater/Schekel/Sala = 4 Denare/Drachmen
Für den Umtausch in lokales Aes-Geld war ein „Agio" zu entrichten. Ein Denar/eine Drachme war also nicht 16 Assaria, sondern 18 Assaria wert.
1 Sesterz/Ma'ah = 2 Dupondien
1 Dupondius/Obolos = 2 Asse/Assaria
1 As/Assarion = 4 Quadranten/Kodrantai/Chalkoi
1 Quadrans/Kodranites/Chalkus = 2 Lepta/Prutah-Stücke

In der röm. Reichswährung galt in der frühen Kaiserzeit reichsweit folgendes recht einfache und übersichtliche Wertverhältnis der Nominale zueinander: 1 *Aureus* (Gold) = 25 Denare (Silber); 1 Denar = 4 Sesterzen (Messing); 1 Sesterz = 2 Dupondien (Messing) bzw. 4 Asse (Kupfer); 1 As = 2 Semisses (Messing) oder 4 Quadranten (Kupfer). In Palästina zirkulierten davon freilich fast ausschließlich *Aurei* und Denare. Reichsmünzen in unedlem Metall waren nur in sehr geringen Mengen im Umlauf. Der Kleingeldbedarf wurde mit dem lokalen Geld gedeckt.
Vor der Besetzung dieses Gebiets durch Pompeius hatte nur das griechische Münzsystem gegolten, das Alexander d. Gr. zur Weltwährung gemacht hatte. Es basierte auf einer Silberdrachme „attischen" Standards. Das am meisten ausgeprägte Nominal in Silber war in diesem Raum noch in der röm. Kaiserzeit die Tetradrachme, das Vier-Drachmenstück unterschiedlicher Herkunft. Werte unterhalb der Drachme wurden zumeist in Bronze ausgebracht. Das Grundnominal war der „Chalkus" (*chalkous*). Reine Recheneinheiten waren das Talent und die Mine, sie hatten den Wert von 6000 bzw. 100 Drachmen.

In Judäa waren unter den Hasmonäern (103/76–63/40 v.Chr.) ausschließlich Kleinmünzen emittiert worden, zweifellos Chalkoi herkömmlicher „attisch-seleukidischer" Art. Viele dieser Münzen trugen als Bild zwei gekreuzte Füllhörner, das in der Region zum Erkennungszeichen des häufigsten, kleinsten, Nominals werden sollte. Unter Antigonos Mattathias (40–37 v.Chr.) kamen zwei größere Nominale, wohl Aes-Hemiobole (Tetrachalka) und Aes-Obole, dazu. Sie standen zu den Chalkoi in einem Wertverhältnis von 1:4:8. Herodes d. Gr. (40–4 v.Chr.) und sein Sohn Herodes Archelaos (4 v.Chr.–6 n.Chr.) ließen Tetrachalka, Dichalka und Chalkoi ausbringen. Wie in Rom ein Dupondius zwei Asse, vier Semisses oder acht Quadranten galt, so sollte hier ein Aes-Obol/Diassarion vier Dichalka/Hemiassaria oder acht Chalkoi/Kodrantai wert sein. Herodes Antipas (4 v.Chr.–39 n.Chr.) folgte mit Aes-Emissionen in Tiberias, einer Gründung zu Ehren des Tiberius.[3] Mit der Aufschrift TIBEPIAC erscheint erstmals ein Stadtname auf einer jüd. Münze. Antipas' Halbbruder Herodes Philippos (4 v.Chr.–34 n.Chr.) passte seine Münzprägung der überwiegend nichtjüd. Herkunft der Bevölkerung seines Herrschaftsgebietes an

---

[2] Einen guten Überblick liefert *Reiser* 2000, dem hier weitgehend gefolgt wird.
[3] Zu den Nominalen siehe vor allem *Weiser/Cotton* 1996, 257.

und brachte in Caesarea Philippi, seiner wiedergegründeten Hauptstadt, Münzen unterschiedlicher Wertigkeit mit dem Kaiserbild (zuerst Augustus, dann Tiberius) aus. Er ließ sich sogar, als erster jüd. Herrscher überhaupt, selbst auf Münzen abbilden. Gleichzeitig, seit 6 n.Chr. und sporadisch bis 59 n.Chr., prägten röm. Statthalter in Jerusalem in gewaltigen Mengen Aes-Geld im Wert von halben Quadranten/Kodrantai mit griechischer Aufschrift, in der der Kaisername aufgeführt wird, auf denen das Kaiserbild aber nicht erscheint, um jüd. Empfindungen nicht zu verletzen. Dieses Hemichalkion (*prutah*) wurde als Lepton bezeichnet (die übliche unspezifische Benennung für die jeweils kleinste Aes-Münze). Die Wertigkeit gibt Mk 12,42f um 70 n.Chr. an. Mit dieser Angabe stimmt die Bemerkung in der Mischna überein, die eine *prutah* zu 1/8 As/Assarion berechnet. Da etwa 10 Jahre später, als Matthäus und Lukas ihre Evv verfassten, diese Kleinstmünzen nicht mehr ausgebracht wurden, wurde als Lepton bereits der Quadrans bezeichnet (Lk 12,59 und Mt 5,26).[4] Nach demselben System wurden die Aes-Münzen des Enkels von Herodes d. Gr., Agrippas I. (37–44 n.Chr.), geprägt, der zeitweise über das ganze Territorium seines Großvaters herrschte. Auf den in Jerusalem emittierten Stücken ließ er in schlichter Form ein orientalisches Königssymbol, den Schirm, sowie drei Ähren abbilden. Die in Caesarea Philippi bzw. Caesarea Maritima geschlagenen Münzen folgten ganz hell. Gepflogenheiten, unter anderem, indem sowohl Angehörige des Kaiserhauses wie auch seiner eigenen Familie abgebildet wurden. Hell. Tradition verpflichtet sind auch die Prägungen Agrippas II. (53–100 n.Chr.).

Ein ganz anderes Erscheinungsbild weisen die Münzen des ersten Jüdischen Aufstandes (→1.4.4.1; 1.4.4.2) auf, sie sind betont jüd. Als Darstellungen erscheinen Kelch, zweihenkeliges Gefäß, Zweig mit drei Granatäpfeln, Palme, Weinblatt mit Ranke, Zitrusfrucht (*etrog*) und Feststrauß (*lulav*, hinweisend auf das Laubhüttenfest). Betont jüd. sind auch die Aufschriften wie „Freiheit Zions" und „Für die Erlösung Zions" auf Aes-Münzen. Erstmals begegnet auch die Bezeichnung „Israel" auf Münzen. In Silber kamen Münzen zur Ausgabe mit der Aufschrift „Schekel", „Halbschekel" und „Viertelschekel". Das hebräische/aramäische Wort „Schekel" bezeichnet im Allgemeinen Vier-Drachmenstücke, womit sich die genannten Münzen auch aufgrund ihrer Gewichte als Tetradrachmen, Didrachmen und Drachmen zu erkennen geben. Das von den Aufständischen geprägte Bronzegeld hatte das gleiche Format und zunächst auch die gleiche Wertigkeit wie die zuvor in diesem Raum in Massen geprägten Aes-Münzen. Im vierten Jahr des Aufstandes (69/70 n.Chr.) wurden Bronzemünzen ausgebracht mit den Wertbezeichnungen „Halb" und „Viertel" sowie unmarkierte Achtel. Nach Formaten und Gewichten entsprachen sie den bisherigen Obolen, Hemiobolen und Dichalka. Früher wurden diese Münzen als Notgeld zu 1/2, 1/4 und 1/8 Schekel eingestuft.[5] Der wahre Grund für die Wertangaben dürfte aber eher eine Änderung des Wertniveaus aller umlaufenden Aes-Münzen aufgrund der Krisenzeit gewesen sein. Die

---

[4] *Weiser/Cotton* 1996, 258–261; vgl. *Reiser* 2000, 478.
[5] Siehe z.B. *L. Kadman*: The Coins of the Jewish War of 66–73 C.E., Jerusalem 1960, 79; *S. Sperber*: The „Bronze Shekel", INJ 2, 1964, 63–67; *Meshorer* II 1982, 115f.

Bezugsgröße war wohl der Aes-Obol bzw. sein Pendant, die Aes *ma'ah*. Das Aes-Geld sollte offenbar mit verdoppeltem Nennwert zirkulieren. Ist diese Auffassung richtig, so wurde jetzt erstmals mit einer (vorerst nur theoretischen) *ma'ah* gerechnet, die zwei Aes-Diassaria/Dupondien entsprach. Tatsächlich wurde die *ma'ah* in diesem Raum zuerst 88/89 n.Chr. in Caesarea Philippi unter Agrippa II. (um 50–59 n.Chr.) ausgebracht. *Ma'ot* zu vier Assaria/*issarim* finden sich auch in rabbinischen Quellen.[6]

Die Tempelsteuer der Juden wurde, abgesehen von Aufstandszeiten, offenbar in Denaren, vor allem aber in tyrischen Silbermünzen bezahlt. So enthält ein am Berg Karmel vergrabenes Depot von Tempelsteuergeldern 3400 tyrische Schekel/Tetradrachmen, 1000 tyrische Halbschekel/Didrachmen und 160 Denare. Die Steuer betrug zwei Drachmen/Denare pro Person (Ex 30,12; vgl. Ios. ant. Iud. 3,194f). Die tyrischen Silbermünzen, die die wichtigsten Silbermünzen in Südsyrien, Phönikien, Judäa und Galiläa darstellten, zeigen auf der Vorderseite den Stadtgott von Tyros, „Baal Melkarth", der von den Griechen mit Herakles gleichgesetzt wurde, auf den Rückseiten ist ein Adler mit der Legende ΤΥΡΟΥ ΙΕΡΑΣ ΚΑΙ ΑΣΥΛΟΥ zu erkennen. Alle Münzen sind datiert, weshalb wir den Ausgabezeitraum genau kennen. Die tyrischen Schekel wurden geprägt von 126/25 v.Chr. bis zum Jahr 191 der lokalen Ära, d.h. 65/66 n.Chr. Gemäß Y. Meshorer wurden die Schekel ab dem Jahre 108 = 18/17 v.Chr. nicht mehr in Tyros, sondern im Auftrag des Herodes d. Gr. in Jerusalem ausgebracht.[7] Herodes hätte gerade für die Tempelsteuer eigene Silbermünzen benötigt, nicht nur die in seinem Namen geprägten Kleinbronzen. Erst mit dem Beginn des Ersten Jüdischen Aufstandes fand die Prägung ihr Ende. Das Silbergeld der Aufständischen ersetzte die in Jerusalem emittierten ‚tyrischen' Münzen. Die Auffassung, dass in Jerusalem durch Herodes d. Gr. Silbermünzen tyrischen Standards mit dem Kopf des Melkarth geprägt wurden, ist kaum zu halten. Wenn in der tKet 13,20 (um 250–300 n.Chr.) steht: „Silbergeld, erwähnt im Pentateuch, ist immer tyrisches Silbergeld. Was ist tyrisches Silbergeld? Es ist Jerusalemitisches", so ist damit keineswegs gesagt, dass die „tyrischen" Silbermünzen in Jerusalem geprägt worden sind, sondern nur, dass dieses Silbergeld in irgendeiner Beziehung zu Jerusalem stand. Diese Beziehung war, dass die Tempelsteuer in gängigem Silbergeld hohen Standards zu entrichten war. Als die tyrische Münzstätte ihre Tätigkeit 65/66 n.Chr. einstellte, wurden weiterhin alle Statere, silberne Tetradrachmen, guten „tyrischen" Standards, als „Tyrioi" bezeichnet, z.B. auch Tetradrachmen aus dem syrischen Antiochia mit dem Porträt des jeweiligen Kaisers auf der Vorderseite. „Tyrisches" Silbergeld bedeutet also gängiges und allgemein akzeptiertes Silbergeld, das in Tetradrachmen aber auch in röm. Denaren entrichtet werden konnte.[8] So konnte zur Zeit der Tosefta die Tempelsteuer in „tyri-

---

[6] *Weiser/Cotton* 1996, 259f.265f. Zu Nennwertveränderungen siehe *R. Ziegler*: Kaiser, Heer und städtisches Geld, Wien 1993, 56; vgl. allgemein *R. Wolters*: Nummi Signati. Untersuchungen zur römischen Münzprägung und Geldwirtschaft, München 1999, 350–410.
[7] *Y. Meshorer*: One Hundred Ninety Years of Tyrian Shekels, in: *A. Houghton u.a.* (Hgg.): Festschrift für Leo Mildenberg, Wetteren 1984, 171–179.
[8] Im Schatzfund von Isfiya, vergraben um 60 n.Chr., lagen 3850 tyrische Tetradrachmen, 110 tyrische Didrachmen und 275 Denare: Coin Hoards 1, London 1975, 32, Nr. 118. Der

schem Silbergeld" entrichtet werden, obwohl diese Münzen längst nicht mehr geprägt wurden. Das Ende der Tyreier-Prägung im Jahre 65/66 n.Chr. fiel zeitlich mit dem Ausbruch des Ersten Jüdischen Aufstandes zusammen. Wahrscheinlich wurde die ohnehin schon nach und nach reduzierte Produktion wegen der risikoreichen Nähe zum Gebiet der Aufständischen eingestellt.[9]

Wie das Geld des Ersten Aufstandes, so sind auch die Aufschriften und das Aussehen der Münzen des sog. Bar Kochba-Aufstandes (132–135 n.Chr.) (→1.4.4.1; 1.4.4.2) nachdrücklich jüd. Die Wiederbelebung des Hebräischen als Umgangssprache gehörte zum Programm der Aufständischen. Als Münzlegenden finden wir unter anderem „Der Erlösung Israels", „Der Freiheit Israels/Jerusalems", „Simeon, Fürst Israels" (Simeon = Simeon bar Kochba), als Münzbilder sind Harfe und Lyra, Traube, Weinblatt, Palmbaum, Lulav und Etrog auszumachen. Ungewöhnlich sind die Tempelfassade und zwei Trompeten, die auf die beabsichtigte Wiederherstellung des Tempels hinweisen. Bar Kochba knüpfte offensichtlich an die Tradition des Ersten Aufstandes an, wahrscheinlich in bewusster Abgrenzung von der hasmonäisch-herodianischen Tradition, die in hell. Manier offiziell von „den Juden" gesprochen hatte. Bei allen Münzen handelt es sich um Überprägungen älterer Münzen (Denaren, Tetradrachmen aus Antiochia, Drachmen aus dem kappadokischen Caesarea, Bronzemünzen unter anderem aus den Städten Gaza und Askalon) mit neuen Stempeln. Wichtig war also die Propagierung der neuen Programme, an den Nominalen änderte sich nichts. Ausgebracht wurden vor allem die „Sala" (Tetradrachme) und eine kleine Silbermünze im Wert einer Drachme oder eines Denars.[10]

Die östlichen Nominale waren in röm. Zeit mit den reichsröm. schon früh kompatibel gemacht worden. Im Gegensatz zu den röm. Nominalen ist für die östlichen Pendants aber eine „Schnittstelle" zwischen Geldstücken aus unedlen und edlen Metallen charakteristisch. Wurde nämlich Bronze- in Silbergeld umgetauscht, war eine Gebühr zu entrichten, ein „Agio". Der röm. Silberdenar oder die Drachme, die dem Denar gleichgestellt war, galt also nicht 16 „Assaria" (die den röm. Assen angeglichenen entsprechenden lokalen Bronzemünzen desselben Nennwerts), sondern 16 Assaria plus 2 Assaria „Agio", also 18 Assaria. Das theoretische Sechzehntel des Silberdenars/der Drachme hieß „Silber-Assarion"; es war eine reine Recheneinheit. Dieses „Agio" war auch dann zu bezahlen, wenn kein Bronzegeld in Silbergeld eingetauscht wurde, Preise oder Abgaben jedoch in Silbergeld gefordert, aber in Bronzegeld bezahlt wurden. 16 Bronzeassaria waren also der Betrag von einem tatsächlich nicht existierenden Bronzedenar/einer Bronzedrachme, ebenfalls einer reinen

---

Fund von Shahariyem (südlich von Hebron), vergraben zwischen 66–70 n.Chr., enthielt 17 tyrische Tetradrachmen, zwei Tetradrachmen des Nero aus dem syrischen Antiochia und sieben Schekel des Ersten Aufstandes: Coin Hoards 8, London 1994, 65, Nr. 553.

[9] W. Weiser/H. Cotton: Neues zum „tyrischen Silbergeld" herodianischer und römischer Zeit, ZPE 139, 2002, 235–243. Die These Meshorers wird von Weiser überzeugend widerlegt. Skeptisch auch schon die Bearbeiter von Roman Provincial Coinage I, 1992, 655f.

[10] Zu den Überprägungen bes. *Mildenberg* 1984, 27; *Reiser* 2000, 466f. Zu den Typen nimmt Mildenberg in seinem Münzcorpus ausführlich Stellung.

Rechengröße. Erst 18 Bronzeassaria entsprachen also einem Silberdenar/einer Drachme.[11] Für den Umtausch waren Geldwechsler zuständig (im NT wird der Wechsler *kollybistēs* genannt); ihre Tische hatten sie in den Tempeln aufgestellt (Joh 2,13–22; Mt 21,12–16; Mk 11,15–17).

Im NT erwähnte Münzen
Fast alle Erwähnungen von Münzen im NT finden sich in den Evv Denare zirkulierten im Palästina des 1. Jh. n.Chr. nicht in großen Mengen; dennoch wird dieses Nominal (*to dēnarion*) am häufigsten genannt. Wahrscheinlich wird mit dem Begriff Denar (aber auch seinen Unterteilungen) zumeist untechnisch umgegangen, z.B. Lk 15,8f oder Mt 20,1–16, wo in einem Gleichnis ein Denar als akzeptabler Tageslohn eines Arbeiters in einem Weinberg angegeben wird, oder Mk 6,37, wo die Jünger Jesus vorrechnen, dass zur Verköstigung von etwa 5000 versammelten Menschen Brot für 200 Denare nötig wäre, pro Person also etwas mehr als ⅔ eines Assarions (das „Agio" mitgerechnet). Die Preise scheinen realistisch zu sein, auch die für Luxusartikel wie das Parfüm für 300 Denare in Mk 14,5; Joh 12,5.[12]

Münzbild und Münzaufschrift spielen eine wichtige Rolle in der berühmten Erzählung von der Steuerfrage (Mk 12,13–17). Auf die Frage, ob dem Kaiser Steuern gezahlt werden sollten, lässt sich Jesus einen Denar geben und fragt nach dem Bildnis und der Aufschrift der Münze, also nach dem Prägeherrn. Es wird sich um einen Denar (diesmal wohl keine Drachme) des Tiberius oder seines Vorgängers Augustus gehandelt haben.

Bei der Didrachme für die Tempelsteuer in Mt 17,24 ist wohl an eine tyrische Didrachme zu denken, bei dem Stater in Mt 17,27 an eine tyrische Tetradrachme, die Tempelsteuer für zwei Personen. Als Stater wurde im gr. Sprachraum das Leitnominal des Großgeldes bezeichnet, in diesem Fall das Vier-Drachmenstück. Diese Münze ist höchstwahrscheinlich auch gemeint mit den „dreißig Silberlingen" (*argyria*), die Judas für seinen Kollaborationsdienst erhielt (Mt 26,15; 27,3.5.6.9); das Geld stammte ja wohl auch aus der Tempelkasse. Die gleiche Aussage gilt vermutlich auch für „Silberlinge" in Mt 28,12. Der As/das Assarion (*to assarion*) erscheint in Mt 10,29/Lk 12,6. Nach diesen Passagen werden zwei Sperlinge für ein Assarion (Mt) bzw. fünf Sperlinge für zwei Assaria verkauft (Lk). Hier ist nicht an reichsröm. Asse zu denken, die in Palästina kaum umliefen, sondern an lokale Münzen dieses Nominals. Der Quadrans (*kodrantēs*) wird in Mt 5,26 erwähnt im Zusammenhang mit dem Lepton (Mk 12,42), das jeweils als kleinstes Nominal des lokalen Währungssystems angesprochen wird (Mk 12,42/Lk 21,2; Lk 12,59). Zeitweise war ein Lepton die dem röm. Quadrans entsprechende lokale Münze (Chalkus), zeitweise, vor allem unter den röm. Statthaltern, der Halbwert desselben. Das beweist die Umrechnung, die Mk 12,42, offenbar für die Leser außerhalb Palästinas, liefert. Die recht häufige Erwähnung von Kleinnominalen im NT kann als Beleg dafür gewertet werden, dass die Evv vor allem die Welt der Unterschichten schildern.

---

[11] *J. R. Melville Jones*: Denarii, Asses and Assaria in the Early Roman Empire, BICS 18, 1971, 99–105; *Weiser/Cotton* 1996, 247f.
[12] *Schwank* 1999, 226–232; *Reiser* 2000, 480–486.

Literatur
S. Alkier: „Geld" im Neuen Testament. Der Beitrag der Numismatik zu einer Enzyklopädie des Frühen Christentums, in: *S. Alkier/J. Zangenberg* (Hgg.): Zeichen aus Text und Stein. Studien auf dem Weg zu einer Archäologie des Neuen Testaments, Tübingen 2003, 308–355. *Y. Meshorer*: Ancient Jewish Coinage, 2 Bde., New York 1982. – *L. Mildenberg*: The Coinage of the Bar Kokhba War, Aarau u.a. 1984. – *M. Reiser*: Numismatik und Neues Testament, Biblica 81, 2000, 457–488. – Roman Provincial Coinage, Bd. I, bearb. *A. Burnett u.a.*: London/Paris 1992. Supplement 1, London/Paris 1998. Bd. II, bearb. *A. Burnett u.a.*, London/Paris 1999. – *B. Schwank*: Das Neue Testament und seine Münzen, EuA 75, 1999, 214–233. – *W. Weiser/H. Cotton*: „Gebet dem Kaiser, was des Kaisers ist…", ZPE 114, 1996, 237–287.

1.3.4.4 Materielle Kultur: Biblische Archäologie der neutestamenlichen Zeit (*Dieter Vieweger*)

Stellen im NT
Mt 5,15; Mk 2,4; 12,1–9; 13,34f; 15,20–47 parr; Lk 11,5–7; 12,42f; 16,1–8; Apg 1,13; 1Thess 4,13–18

Einführung
Es gibt kaum ein Thema, bei dem sich die Interessen von Christen und Juden den Fragen der Archäologie und der Historie so stark annähern wie bei der Suche nach den Orten der großen Traditionen Palästinas. Die Pilger aller Zeiten machten sich auf, um gerade die räumliche Nähe zu den Stätten zu suchen, an denen ihr Glaube seinen Ursprung nahm. Damit standen sie unweigerlich vor dem Problem: Wie und wo sind die Stätten der Bibel aufzufinden?
Aber auch die Frage nach der Zuverlässigkeit der biblischen Aussagen bewegt die Gläubigen mindestens seit der Aufklärung. Ist das alles wahr? Ist es wirklich in Raum und Zeit passiert? Lässt sich die Bibel an Ort und Stelle beweisen?[1]

Pilgerreisen und historische Topografie
Spätestens als der christl. Glaube im Römischen Reich offizielle Anerkennung gefunden hatte,[2] begannen Christen, u.a. zu den Apostelgräbern nach Rom (→2.2.7.3) und zu den heiligen Stätten in Palästina zu pilgern. Dort zog es sie besonders nach Jerusalem (→2.2.7.3), dem Ort der Passion und Auferstehung Jesu, wo man ihn – am Ende der Tage – auch zurückerwartete. Doch es war nicht einfach, die Orte zu lokalisieren, an denen Jesus gelebt und gelitten hatte. Die ersten christl. Gemeinden hatten in der Erwartung gelebt, Christus werde zu ihren Lebzeiten zurückkehren, um das himmlische Friedensreich aufzurichten (z.B. 1Thess 4,13–18). Daher rechnete damals niemand mit dem Problem, heilige Stätten einstmals wieder auffinden zu müssen.
In Jerusalem waren die Probleme besonders groß. Die Stadt war gegen Ende des ersten jüd. Aufstandes (66–70 n.Chr.) schwer zerstört worden und blieb

---

[1] Eine ausführliche Darstellung der Aufgaben und eine Beschreibung der Methoden der Biblischen Archäologie findet man bei *Vieweger* 2003.
[2] Im Jahr 313 n.Chr. erhielt das Christentum im sog. Edikt von Mailand uneingeschränkte Religionsfreiheit durch Licinius und Konstantin d. Gr.

zunächst in Ruinen liegen. Nach der Niederschlagung des Bar Kochba-Aufstandes (132–135 n.Chr.) setzte der Kaiser Hadrian (117–138 n.Chr.) seine Pläne um, aus Jerusalem eine hell.-röm. *Colonia* mit dem Namen *Aelia Capitolina* zu machen (→1.4.4.2). Der von ihm erbauten Stadt verlieh er ein ganz neues Gepräge, das bis heute in Grundzügen erhalten ist. In der Stadt wurden im Bereich der späteren konstantinischen Grabeskirche ein Venustempel und auf dem ehemals jüd. Tempelplatz ein Juppitertempel oder eine -statue errichtet. Am Forum – im Bereich der heutigen Grabeskirche – entstand ein Heiligtum für Aphrodite/Venus.

Das kollektive Gedächtnis hatte im 4. Jh. n.Chr. gerade diese Veränderungen weitgehend verdrängt und suchte die im Jahr 70 n.Chr. zerstörten Stätten des Leidens und Sterbens Jesu mitten in der röm. geprägten Stadt, wie man am Beispiel der *Via dolorosa* sehen kann. Sie führt von Betanien bzw. vom Garten Getsemane bis zur Grabeskirche. Der Verlauf der wohl berühmtesten Straße Jerusalems, die fromme Christen bis heute im Gedenken an den Leidensweg Jesu entlang ziehen, hält historischen Rückfragen nicht stand. Entscheidend für die Rekonstruktion der Streckenführung ist die Frage, wo das *Prätorium*, der Sitz des an der Hinrichtung beteiligten Präfekten Pontius Pilatus, lag. In frühchristl. Zeit wurde die *Via dolorosa* durch den Südteil der Stadt geführt. Nach der Niederlage der Kreuzfahrer kamen die Franziskaner als Hüter der heiligen Stätten in die Stadt. Sie führten nunmehr die lat. Pilger zu den Leidensorten Jesu. Durch die Franziskaner erhielt die *Via dolorosa* bereits im 13. Jh. ihre heutige Route, wobei diese das *Prätorium* an einem recht unwahrscheinlichen Ort – nördlich des Tempelplatzes – annahmen.[3]
Golgata, die Hinrichtungs- und Grablegungsstätte Jesu und damit der Endpunkt der *Via dolorosa*, muss sich z.Z. der Kreuzigung Jesu außerhalb der damaligen Stadtmauern Jerusalems befunden haben (so auch die Mitteilung Mk 15,20–47 parr). Trotz der stetig neu aufflammenden Diskussionen um den Verlauf der sog. 2. und 3. Nordmauer Jerusalems haben die Ausgrabungen von Kathleen M. Kenyon und Ute Wagner-Lux/Karel Vriezen übereinstimmend das Ergebnis erbracht,[4] dass das Gebiet der heutigen Grabeskirche im 1. Jh. n.Chr. noch nicht zum Stadtgebiet gehörte. Es ist außerdem gut vorstellbar, dass die Römer mit dem Bau des der Aphrodite/Venus geweihten Tripelheiligtums im Bereich der heutigen Grabeskirche gerade die christl. Tradition dieses Platzes vergessen machen wollten (Eus. v.C. 3,25–40). So spricht manches für diesen Bereich, nichts jedoch für das spezielle Grab, das erst im 4. Jh. n.Chr. lokalisiert wurde.

Die Identifizierung antiker Ortslagen ist traditionell ein wichtiger Zweig der Palästinaforschung. Die Identifikation schriftlich erwähnter historischer Stät-

---

[3] Zur Wegführung der *Via dolorosa* s. *A. Schönfelder*: Die Prozessionen der Lateiner in Jerusalem zur Zeit der Kreuzzüge, HJ 32, 1911, 578–597; *A. Storme*: The Way of the Cross. A Historical Sketch (The Holy Places of Palestine), Jerusalem ²1984; *A. Facchini*: Le processioni praticate dai fratri minori nei santuari di Terra Santa. Studio storico-liturgico, Kairo 1986 und *B. Pixner*: Die historische Via Dolorosa, in: *Ders.*: Wege des Messias und Stätten der Urkirche. Jesus und das Judenchristentum im Licht neuer archäologischer Erkenntnisse, Gießen 1991, 275–286. – Die frühchristl. Lokalisation des Prätoriums hatte den Hasmonäerpalast in der Nähe des herodianischen Tempels im Blick – eine Möglichkeit, die nicht völlig auszuschließen ist. Nach Flavius Josephus (ant. Iud. 17,254–268; bell. Iud. 2,41–54.277–279) und Philo von Alexandria (leg. 38) ist das Prätorium eher im Herodespalast nahe der sog. Davidszitadelle zu vermuten (Mk 15,1–19 parr). Eine überzeugende Argumentation zur Rekonstruktion des Passionsweges Jesu findet sich bei *Otto* 1980, 148–159.

[4] Grabung 1961f: *K. M. Kenyon*: Digging up Jerusalem, London 1974, 227ff; Grabung 1970–1974: *K. J. H. Vriezen*: Die Ausgrabungen unter der Erlöserkirche im Muristan, Jerusalem (1970–1974), Wiesbaden 1994, 23–52.291–296.

ten, Ortslagen und Landschaften stellt methodisch ein spezielles Problem dar, weil dabei Kenntnisse aus vielen literarischen und archäol. Quellen systematisch auszuwerten sind:
- Texte (z.B. biblische Texte, das Onomastikon des Eusebius, die Berichte von Pilgern und Handelsreisenden, Inschriften usw.),
- historische Karten und Bildträger (z.B. Straßenkarten aus röm. Zeit),
- Ausgrabungs- und Surveybefunde (z.B. Siedlungsabfolgen von Ausgrabungsstätten; Beziehungen von Siedlungen eines Gebietes untereinander) und
- traditionelle arabische Ortsnamen (Pionierarbeit durch E. Robinson).

Diese Aufzählung der wichtigsten zur Verfügung stehenden Quellen zeigt schon im Ansatz, wie problematisch das gesamte Unternehmen sein kann, selbst wenn jede dieser Quellen einer ihr angemessenen Quellenkritik unterzogen wird. Dabei ist auf die Datierung der in den historischen Quellen genannten topografischen Aussagen und deren Zuverlässigkeit Rücksicht zu nehmen. Außerdem muss stets mit der Abwandlung von Ortsnamen gerechnet werden, ebenso mit der Wanderung von Ortsnamen – wenn z.B. Einwohner ihre Siedlung verließen und sich an anderer Stelle neu ansiedelten. Widerstreitende bzw. sich gegenseitig bestätigende Aussagen zu speziellen Lokalisierungsvorschlägen von Ortslagen sind stets innerhalb des großen, historisch-topografischen Hypothesengebäudes miteinander abzuwägen.[5]

Aufgaben der Biblischen Archäologie
Die Biblische Archäologie hat nicht die Aufgabe, alt- oder ntl. Texte durch Ausgrabungen oder Oberflächenforschungen zu beweisen. Sicher hat man das im 19. Jh. anders gesehen. Die ursprüngliche Zielstellung der *American Palestine Exploration Society* lautete bei ihrer Gründung 1870: „... whatever goes to verify the Bible history as real, in time, place and circumstances, is a refutation of unbelief".[6] Und selbst in der zweiten Hälfte des 20. Jh. war die Devise „Forscher beweisen die historische Wahrheit" noch immer sehr populär.[7] Der theologische Gehalt der biblischen Überlieferungen ist jedoch mit den Methoden der Archäologie weder zu untermauern noch zu widerlegen.[8] „Die archä-

---

[5] Folgende Werke sollten bei Fragen nach der Identifikation von biblischen Ortsnamen neben den gängigen Bibelatlanten herangezogen werden: *Abél* ³1967; *Aharoni* 1984; *D. Jericke*: Topographie des Alten Testaments, Wiesbaden (in Vorb.); *Z. Kallai*: Historical Geography of the Bible. Tribal Territories of Israel, Jerusalem/Leiden 1986; *J. Simons*: The Geographical and Topographical Texts of the Old Testament. A Concise Commentary in XXXII Chapters, Leiden 1959 und *G. A. Smith*: The Historical Geography of the Holy Land, Jerusalem ³⁰1966.

[6] Zitat nach *de Vaux* 1970, 67.

[7] *W. Keller*: Und die Bibel hat doch recht. Forscher beweisen die historische Wahrheit, Düsseldorf 1955.

[8] Vgl. die in *F. Crüsemann*: Alttestamentliche Exegese und Archäologie, ZAW 91, 1979, 177–193, hier 177 aufgeführten Hinweise auf theologiegeschichtlich relevante Problemstellungen – u.a. die gegensätzlichen Stellungnahmen von de Vaux 1970 („this spiritual truth can neither be proven nor contradicted") und *F. Delitzsch*: Die große Täuschung. Kritische Betrachtungen zu den alttestamentlichen Berichten über Israels Eindringen in Kanaan, die Gottesoffenbarungen vom Sinai und die Wirksamkeit der Propheten, Stuttgart 1921.

ol. Wahrheit über die Bibel" ist demzufolge durch die Archäologie ebenso wenig zu erheben.[9]

Das Interesse an Palästina und der biblischen Zeit verbindet die exegetische Wissenschaft und die Biblische Archäologie. Methodisch sind aber sowohl die Exegese als auch die Archäologie ihren jeweils eigenen Grundlagen verpflichtet. Die Biblische Archäologie ist keine Hilfswissenschaft der Bibelauslegung.[10] Nicht nur die Verschiedenheit ihrer Hauptquellen, sondern auch die ihres methodischen Instrumentariums machen den Wert und die Bedeutung ihrer jeweils eigenen Forschungen aus. Die übergeordneten Fragestellungen zwingen zur Kooperation.

Für die Bibelleser/-innen und Exegeten/-innen sind die Erkenntnisse der Biblischen Archäologie u.a. dort von besonderer Wichtigkeit, wo die biblischen Mitteilungen auf Vorstellungen basieren, die ihrer Leserschar damals wohlvertraut war. So werden ganz selbstverständlich Vorstellungen vom Ackerbau in ntl. Zeit, von der Viehzucht, vom Handel (→2.3.3 und 2.3.4) und der politischen, kulturellen wie religiösen Situation vorausgesetzt oder in kurzen Worten angedeutet. Heute sind sie den Lesern/-innen nicht nur fremd, sondern die Unkenntnis über die damalige Situation verführt dazu, Vorstellungen und Wertmaßstäbe der modernen Welt fälschlich in die biblische Argumentation mit einzutragen.

Auch die Geographie, Handelswege, Maße und Gewichte sowie der religiöse Festkalender (→3.3.2.1) und die klimatische Jahresfolge sind modernen Vorstellungen nicht geläufig. Aus diesem Grund geht es der Biblischen Archäologie um die Erläuterung der Umwelt der Bibel im weitesten Sinne. Einige ihrer Arbeitsfelder mit Bezug auf das NT sollen im Folgenden kurz angedeutet werden:

1. Ein weites Feld biblisch-archäol. Arbeit bezieht sich auf die Identifikation und Erklärung von Realien (Häuser, Arbeitsgeräte, Maße u.a.) auf deren Beschreibung, Funktion und soziale bzw. gesellschaftliche Bedeutung (→2.2.1.1 und 2.4.1).

Einfache Häuser (bes. auf dem Land) besaßen oft nur einen Hauptraum, der von einem Licht auszuleuchten war (vgl. Mt 5,15) und in dem die ganze Familie nächtigte (vgl. Lk 11,5–7). Solche Häuser waren mit Schilf, Lehm, Heu und Zweigen gedeckt (vgl. Mk 2,4). Repräsentative Stadthäuser hatten häufig ein zweites Geschoss (vgl. Apg 1,13), wie man das auch aus den vom Vesuv verschütteten Städten Herculaneum und Pompeii kennt und in Stadtgrabungen Palästinas nachweisen kann.

---

[9] So der äußerst unglücklich gewählte Untertitel von *I. Finkelstein/N. A. Silberman*: Keine Posaunen vor Jericho. Die archäologische Wahrheit über die Bibel, München 2002.

[10] Die Biblische Archäologie ist grundsätzlich nicht auf die biblische Epoche oder auf biblisch relevante Themen im Sinne einer zweckorientierten „Bibelarchäologie" beschränkt. Sie steht vielmehr für eine egalitäre, interdisziplinäre Zusammenarbeit aller beteiligten Wissenschaften auf der Basis der ihnen je eigenen Methoden und der Maßgabe der Unbegrenztheit ihrer Fragestellungen. Vgl. dazu auch *J. Zangenberg*: Archäologie und Neues Testament, ZNT 13, 2004, 2–10.

2. Die kulturelle Situation wird beleuchtet (z.B. durch Bildträger →2.6.1, Wandmalereien und Schmuck →2.2.1.8).

3. Die ökonomische Situation lässt sich aus verschiedenen Befunden und Funden erklären.

Palästina war seit jeher ein agrarisches Land, in dem Ackerbau und Viehzucht dominierten. Überschussproduktion wurde durch Wein, Öl und in den Ebenen auch mit Getreide erwirtschaftet. Das NT spielt mehrfach auf die vom Großgrundbesitz geprägte Situation der Landwirtschaft (→2.3.4) an (Mk 12,1–9; 13,34f; Lk 16,1–8; 12,42f, vgl. die Zenon-Papyri). Die Landnutzung und die klimatischen Voraussetzungen werden von der Biblischen Archäologie erforscht. Die Osteologie bearbeitet außerdem die Bereiche Tierhaltung, Fischfang und Jagd und untersucht aufgefundene Knochen mit Bezug auf ihre archäol. Kontexte (z.B. Funde in Wohnbereichen oder im rituellen Umfeld).

Außerdem interessieren technische Möglichkeiten, z.B. im Handwerk, beim Bergbau, bei wasserbaulichen Anlagen und im Bereich der Schifffahrt (→2.4.2.1 und 2.4.2.2). Auch Aussagen über den Handel (Exporte) und über das Finanzsystem (→1.3.4.3) werden angestrebt.

Viele handwerkliche Techniken wurden über alle Zeiten hinweg im familiären Kontext ausgeführt, wie z.B. das Spinnen, Nähen, Weben, Korbflechten sowie das Backen und Kochen. Archäologisch werden sie durch Spinnwirtel, Nähnadeln, Webgewichte, Öfen u.a. nachgewiesen. Andere Tätigkeiten legten eine gemeinschaftliche Nutzung von Installationen nahe, z.B. das Worfeln, das Weinkeltern und das Ölpressen. Parallel zur familiär getragenen Arbeit wurden viele Tätigkeiten in städtischen Zentren und im Bereich der Königs- oder Tempelwirtschaft in Werkstätten und Küchen ausgeführt. Beim Gerben und Walken, bei der Tischlerei, Töpferei und der Schmuckherstellung lag aufgrund der zu erwartenden Fertigkeiten und Fähigkeiten sowie der benötigten Arbeitsmittel die Spezialisierung einzelner Gruppen auf ein entsprechend qualifiziertes Handwerk nahe. Ähnliches gilt für die Herstellung von Salben und das Sammeln von Heilkräutern. Die Handwerker verfügten über ein verschieden reproduzierbares *Know-how* und besaßen daher in ihrer Gesellschaft ein unterschiedliches Renommee.

Die erste Beschreibung des Bergbaus in Palästina stammt von Eusebius, der das schreckliche Los der während der Christenverfolgung hier zwangsweise arbeitenden Christen beschrieb.[11]

Zentren der Unterwasserarchäologie Palästinas sind Caesarea Maritima und Dor.

Der zur Zeit Herodes' d. Gr. angelegte Hafen von Caesarea Maritima verdeutlicht die Ausrichtung der Herrscher Palästinas nach Westen. Der Ort wurde inzwischen an wichtigen Stellen, insbes. im Hafenbereich, archäologisch erforscht.

---

[11] Ausführlich zitiert bei *W. Geerlings*: Zum biblischen und historischen Hintergrund der Bergwerke von Fenan in Jordanien, Der Anschnitt 37, 1985, 159f. Dort wird auch die Äußerung von Bischof Athanasius von Alexandria (295–373 n.Chr.) erwähnt, der von der Verbannung des Subdiakons Eutychios in ein Bergwerk berichtet, „und zwar nicht einfach in ein Bergwerk, sondern in das von Fenan, wo auch ein verurteilter Mörder nur wenige Tage leben kann" (ebenda 160). – Das Deutsche Bergbau-Museum in Bochum untersuchte maßgeblich den historischen Bergbau von Fenan (Jordanien) und Timna (Israel).

1.3.4.4 Materielle Kultur: Biblische Archäologie der neutestamenlichen Zeit

Für die nicht nur auf Meere, sondern ebenso auf Seen und Flüsse spezialisierte Unterwasserarchäologie ist in Israel der See Genezareth von besonderem Interesse. Im Kibbuz Ginosar wird der Rumpf eines Fischerbootes (erstes vor- bis nachchristl. Jh.) gezeigt.

Die Technikgeschichte versucht auf der Basis archäol. (Be-)Funde, textlicher Überlieferungen und ethnologischer Vergleiche die Verfahren zur Herstellung von Artefakten in der Prähistorie und der Antike zu ergründen. Die experimentelle Archäologie vollzieht die technikgeschichtlichen Theorien nach und prüft diese auf ihre Plausibilität.

4. Aussagen über die Sozialstruktur einer Gesellschaft sind u.a. aus dem Aufbau von Siedlungen, aber auch aus dem Siedlungsmuster von Landschaften zu erheben. Diese werden durch Informationen aus schriftlichen Quellen der ntl. Zeit (z.B. Flavius Josephus →1.3.2.6) ergänzt.

5. Die politische Situation (zur Zeit Herodes' d. Gr., seiner Söhne und der röm. Prokuratoren) wird eindrücklich durch das Bauprogramm der jüd. Herrscher ausgedrückt: Bet-Schean/Skythopolis, Caesarea Maritima, Samaria/Sebaste, Tiberias am See Genezareth, Caesarea Philippi und Betsaida/Julias zeigen in ihrer Anlage (Theater, Amphitheater, Hippodrome, Foren, Bäder, Tempel für den Kaiser bzw. heidnische Gottheiten) und oft auch durch ihre Namensgebung die Abhängigkeit der Oberschicht Judaeas von den röm. Machthabern, aber auch die selbstverständliche Ausrichtung weiter Teile der Bevölkerung Palästinas auf das röm.-gr. Lebensgefühl, auf Geist und Sitte des *Imperium Romanum* – und dies gewiss nicht allein in den freien Städten der Dekapolis (→2.2.7.3).

Die dem Selbstschutz dienenden Fluchtburgen Herodes' d. Gr. – bes. das Herodeion bei Betlehem, Masada und Machaerus – bezeugen den geringen Rückhalt des Herrschers im eigenen Volk. Mit den röm. Belagerungsbauten um Machaerus und Masada sind Zeugnisse des schicksalhaften Kampfes der Aufständischen des ersten Jüdischen Krieges gegen die röm. Übermacht erhalten (→1.4.4.2).

Der zwischen 22 und 10 v.Chr. gegründete Haupthafen Caesarea Maritima des judäischen Königtums diente als administrative Hauptstadt des Landes. Der Ort war aufgrund seiner Lage (schnelle Verbindung zu Rom und allen Mittelmeerhäfen; Nähe zur *Via maris*, die von Ägypten kommend Palästina mit Syrien und Mesopotamien verband) und seiner reichen Ausstattung auch Sitz der Präfekten der Provinz *Iudaea*. Dieser soziale und religiöse Brennpunkt *Iudaeas* wurde nicht ohne Grund zum Ausgangspunkt der Revolten gegen die Römer im Jahr 66 und 132 n.Chr.

6. Das Bild von der religiösen Situation wird einerseits vom herodianischen Tempel geprägt, der in vielfältiger Weise aus den wenigen erhalten gebliebenen oder erkennbaren Resten (Umfassungsmauer) rekonstruiert wird, als auch durch verschiedene Synagogenfunde und Bildträger (z.B. Mosaikfußböden und Münzprägungen). Zusätzlich haben wir Nachrichten über religiöse Gruppierungen aus dem Umfeld der ntl. Zeit (bes. Flavius Josephus und Philo von Alexandria →1.3.2.5), nicht zuletzt aber durch die unverhofften Funde bei Khirbet Qumran und im Wadi Murabba'at am Westufer des Toten Meeres.

Die Fragmente atl. Schriftrollen aus den Höhlen von Qumran (→3.1.3.3) sind die mit Abstand ältesten Zeugnisse der hebräischen Textüberlieferung und eröffnen einen grundlegenden Zugang zur Textgeschichte des AT vor der Kanonisierung des um etwa 100 n.Chr. in seinem Umfang und Bestand festgelegten atl. Konsonantentextes.

Die Schriften geben einen einzigartigen und vielgestaltigen Einblick in das religiöse Leben und Denken, das Schicksal und die Hoffnungen der jüd. Gemeinschaft in der Zeit vor der und um die Zeitenwende.

Fazit

Durch die Arbeit der Biblischen Archäologie bekommt die Exegese einen Zugang zum Alltag, in dem die Schreiber biblischer Texte lebten und auch ihre Adressaten fanden. Nicht nur herausgehobene Ereignisse, die Schriftsteller uns überlieferten, sondern auch das kulturelle Umfeld des NT wird auf diese Weise greifbar. Das ermöglicht der exegetischen Forschung ein umfassenderes Verständnis der ursprünglichen Aussageabsicht ntl. Texte.

Literatur

F.-M. Abél: Géographie de la Palestine, I. Géographie physique et historique, II. Géographie politique, Paris ³1967. – *Y. Aharoni*: Das Land der Bibel. Eine historische Geographie, Neukirchen-Vluyn 1984. – *R. de Vaux*: On Right and Wrong Uses of Archaeology, in: *J. A. Sanders* (ed.): Near Eastern Archaeology in the Twentieth Century. Essays in Honor of N. Glueck, Garden City 1970, 64–80. – *W. G. Dever*: Biblical Archaeology. Death and Rebirth, in: *A. Biran* (ed.): Biblical Archaeology Today, Jerusalem 1993, 706–722. – *Ders.*: What Did the Bible Writers Know and When Did they Know it? What Archaeology Can Tell Us about the Reality of Ancient Israel, Grand Rapids 2001. – *H. J. Franken*: The Problem of Identification in Biblical Archaeology, PEQ 108, 1976, 3–11. – *S. Hansen*: Anmerkungen zur »Theoriediskussion« in der Prähistorischen Archäologie, in: *S. Altekamp* u.a. (Hgg.): Posthumanistische Klassische Archäologie. Historizität und Wissenschaftlichkeit von Interessen und Methoden, Kolloquium Berlin 1999, München 2001, 113–125. – *P. J. King*: The Contribution of Archaeology to Biblical Studies, CBQ 45, 1983, 1–16. – *E. Otto*: Jerusalem – die Geschichte der Heiligen Stadt. Von den Anfängen bis zur Kreuzfahrerzeit, Stuttgart 1980. – *N. A. Silberman/D. Small*: The Archaeology of Israel. Constructing the Past, Interpreting the Present, Sheffield 1997. – *D. Vieweger*: Archäologie der biblischen Welt, Göttingen 2003. – *G. E. Wright*: Biblical Archaeology, Philadelphia ²1962. – *Ders.*: What Archaeology Can and Cannot Do, BA 34, 1971, 70–76. – *J. Zangenberg*: Archäologie und Neues Testament. Denkanstöße zum Verhältnis zweier Wissenschaften, ZNT 13, 2004, 2–10.

1.4 Historische Kontexte

1.4.1 Das Imperium Romanum von der Republik zum Prinzipat

1.4.1.1 Die äußere Entwicklung (*Karl Leo Noethlichs*)

Stellen im NT
Mt 2; 22,15–22; 27,2.11–26; Mk 15,1–15; Lk 2,1–5; 3,1f; Joh 18,28–19,22.38; Apg 2,9–11; 12,1–23; 18,1f.12.23–26.32; Offb 1,4; 2,1–3,22; 17,1–18

Der ager Romanus vom Ende des 2. Punischen Krieges bis zum Bundesgenossenkrieg (241–89 v.Chr.)
Im Jahr 241 v.Chr., am Ende des 1. Punischen Krieges, erreichte der *ager Romanus*, das eigentliche Staatsgebiet Roms, mit der Schaffung der beiden letzten *tribus* rechtlich seine endgültige Form (Liv. perioch. 19). Jeder röm. Bürger war in eine solche Tribus eingeschrieben, von denen es jetzt 35 gab und deren Zahl künftig nie mehr verändert werden sollte. Die Aufgabe einer Tribus bestand im Einsammeln der Steuern (*tributum*) und in der Durchführung der jährlichen Aushebungen. Tatsächlich vergrößerte sich das Staatsgebiet jedoch auch in der Folgezeit durch die Einbeziehung des Privatlandes (*ager privatus*) in die Tribusorganisation und durch Ausweitung und Teilung bestehender *Tribus*. Dies bedeutete allerdings den Abschied von einem geschlossenen Staatsterritorium. Diese Mischung aus röm. und nichtröm., also peregrinen Gebieten bedingte wohl auch, ebenfalls um 241 v.Chr., die Einrichtung eines besonderen Magistraten für die Rechtsprechung unter Fremden in Rom: Neben den *praetor urbanus*, der die Prozesse unter Römern leitete, trat nun der *praetor peregrinus* für Verfahren, an denen Nichtrömer beteiligt waren (Liv. perioch. 19; Pompon. dig. 1,2,2,28). Erst nach dem Bundesgenossenkrieg 91–89 v.Chr. gewann der *ager Romanus* wieder eine zusammenhängende Form, als man nach größeren Schwierigkeiten um 87 v.Chr. die *socii* in die 35 *Tribus* aufnahm, deren Zahl also auch jetzt nicht erhöht wurde (Liv. perioch. 80; App. civ. 1,53). Bis dahin bestand Mittel- und Süditalien neben dem *ager Romanus* aus Halbbürgergemeinden, d.h. Gemeinden, die in Rom kein Stimmrecht hatten (*civitates sine suffragio*), aus den *municipia* der Verbündeten (*socii*) und peregrinen (u.a. auch gr.) Gemeinden (→2.2.7.1). Die *socii*, die im Inneren Autonomie genossen, aber Heereskontingente zu stellen hatten, waren durch verschiedene Verträge (*foedera aequa* oder *iniqua*) an Rom gebunden bzw. von Rom abhängig, ohne dass es vertragliche Querverbindungen untereinander gab. Innerhalb dieses *ager Romanus* gab es rechtlich nur eine wirkliche *civitas*, nämlich Rom. Die Sicherung der röm. Herrschaft erfolgte hier durch verschiedene Maßnahmen: In Latium und Kampanien durch Anlage von *coloniae* bzw. *municipia civium Romanorum*, also durch die Entsendung röm. Bürger in Städte außerhalb Roms, aber auf röm. Gebiet, wobei der Bezug zu Rom immer erhalten blieb. In den entfernteren Gebieten geschah dies durch sog. „Latinische Gemeinden" (*coloniae Latinae*). Sie stellten die einzige Form des republikanischen Rom dar, so etwas wie Territorialherrschaft zu etablieren.

Hier ging es nicht um ein bestimmtes konkretes Stadtrecht, sondern um ein künstliches, an einen Stadttyp gebundenes. Mit diesen *coloniae Latinae* griff Rom sogar über den Po auf die *Transpadana* über (Mailand, Placentia, Cremona). Bei Übersiedlung solcher Latiner nach Rom lebte das röm. Bürgerrecht wieder auf.

Nach 89 v.Chr. war also die Stadt Rom über ganz Italien vom Po bis Kalabrien vergrößert. Alle freien Bewohner hatten das röm. Bürgerrecht und brauchten keine regelmäßigen Steuern zu zahlen.

Der Beginn römischer Provinzialherrschaft
Die röm. Herrschaftsform der „Provinzialverwaltung" (→1.4.1.2) entstand nach der Eroberung der ersten außeritalischen Gebiete Sizilien und Sardinien/Korsika um 227 v.Chr. (s.u.). Der Begriff *provincia*, eigentlich eine Bezeichnung für den Aufgabenbereich jedes Magistraten, erhielt seine territoriale Bedeutung im Zusammenhang der Neugestaltung dieser außeritalischen Herrschaftsformen. Solche Gebiete ließen sich nicht mehr unmittelbar von Rom aus verwalten. Daher schickte man einen Vertreter des röm. Volkes mit militärischer Befehlsgewalt (*imperium*), einen *praetor*, dorthin. So entstand die Provinzialadministration, die, weil eine Herrschaft über Nichtrömer, von vorn herein auf das Prinzip der *Kollegialität*, d.h. auf die Besetzung eines Amtes mit mindestens zwei Personen, verzichtete. Nach Ende der Amtszeit bestand allerdings für die Provinzialen die Möglichkeit, über einen röm. Patron den ehemaligen Statthalter in Rom anzuklagen. Wenn man die Theorie des Juristen Gaius aus dem 2. Jh. n.Chr. (Gaius inst. 2,7) auch schon auf diese Zeit anwenden darf, so galt eine „Provinz" als Eigentum des röm. Volkes. Die dortigen Bewohner hatten lediglich ein „Besitz"- oder „Nutzungsrecht" (*possessio* bzw. *ususfructus*). So wurden dann die Steuern, das *tributum*, begründet (→2.3.1). Deren Einziehung geschah durch besondere Steuerpächter (*publicani*), deren korruptes Zusammenspiel mit dem Statthalter zu vielfältigen Problemen der Ausbeutung und zu manchem Prozess in Rom gegen ehemalige Statthalter führte. Dabei galt für jede einzelne Provinz eine besondere *lex provinciae*, weil Rom durchaus auf die Besonderheiten einer jeden Region Rücksicht zu nehmen bereit war.

Für die röm. Ausbreitung außerhalb Italiens gibt es kein einheitliches Motiv. Es muss von Fall zu Fall geprüft werden, ob Rom „imperialistisch" handelte, d.h. bewusst darauf aus war, seine Macht zu verbreiten, oder in etwas hineingezogen wurde, dessen Folgen die Römer nicht übersehen konnten. Wir haben es im Folgenden mit einer Mischung aus diesen beiden Motiven zu tun, und nur ein einziges Mal, nämlich 196 v.Chr. mit der „Freiheitserklärung Griechenlands", schien Rom auf weitere Eroberungen dort verzichten zu wollen, wenngleich das nicht lange anhielt.

Für die einzelnen Schritte der Expansion gibt es als besondere Quelle die *fasti triumphales* (A. Degrassi, Inscr. Italiae XIII). An diesem, unter Augustus neu verfassten Verzeichnis der röm. Triumphe lassen sich bequem die Stationen der Ausbreitung ablesen, wenngleich es nur lückenhaft erhalten und der Anfang interpoliert ist. In dieser Sicht erscheint die röm.-republikanische Geschichte als eine dichte Abfolge von Kriegen, von denen einer auf den anderen folgt, z.T. auch mehrere nebeneinander geführt wurden.

Die römische Expansion bis zum Jahr 133 v.Chr.
Nach dem 1. Punischen Krieg, einer Phase relativer Ruhe, gekennzeichnet allerdings durch die Annexion von Sardinien und Korsika, wurde Rom um 229 v.Chr. in den 1. Illyrischen Krieg gegen die Königin Teuta, Tochter des Agron, verwickelt. Dies bedeutete eine erste Orientierung nach Osten. Die Triumphalfasten verzeichnen für 228 einen Seesieg über die Illyrer. Die Römer nutzen die Gelegenheit, Gesandtschaften zu den Ätolern, Achäern, Athenern und Korinthern (→2.2.7.3) zu senden, wobei sie von den letzteren zu den „Isthmischen Spielen" zugelassen werden (Polyb. 2,12). Ab jetzt beginnt die angeblich „trojanische" Abstammung der Römer eine Rolle zu spielen (Polyb. 2,12,8).
Um 227 v.Chr. scheint dann die eigentliche Phase röm. Provinzverwaltung zu beginnen: Sizilien, Sardinien und Korsika kommen unter die Aufsicht von Prätoren und werden *provinciae*: Liv. perioch. 20; Sol. 5,1; Pompon. dig. 1,2,2,32; Zon. 8,19.
Im Norden Italiens taucht inzwischen ein neuer Kriegsgegner auf, die Kelten. Nach Polybios (2,24) verfügte Rom damals mit seinen verschiedenen Bundesgenossen insgesamt über mehr als 700.000 Fußsoldaten und ca. 70.000 Reiter. In den Jahren 228–218 v.Chr. wurde das Gebiet bis zum Po mit Ligurien in wechselvollen Kämpfen schließlich unterworfen, nördlich des Po Städte gegründet und das Gebiet durch die *via Flaminia* erschlossen.
218 v.Chr. bricht dann der 2. Punische Krieg aus, dessen Gründe im Dunkeln liegen: Verletzung des sog. „Ebrovertrages" oder die karthagische Eroberung des südlich des Ebro gelegenen Sagunt? Die Kriegserklärung ging von Rom aus. Der für die Römer zunächst unglückliche Verlauf ist gekennzeichnet durch die Verbindung Hannibals mit Philipp V. von Makedonien. Eine effektive Zusammenarbeit beider wird vor allem durch die Standfestigkeit der röm. Bündner verhindert, so dass es 205 v.Chr. zum Frieden von Phoinike mit Makedonien kommt, wo im Wesentlichen der *status quo* festgeschrieben wird. Die jetzt auf Kleinasien verlagerten Aktivitäten des Makedonenkönigs führen aber erneut zum Krieg mit Rom, der 197 v.Chr. mit der Schlacht von Kynoskephalai und 196 mit der denkwürdigen „Freiheitserklärung Griechenlands" durch T. Quinctius Flamininus und dessen dreitägigem Triumph in Rom 194 endet (Polyb. 18,46,5; Liv. 33,32f; Plut. Flam. 10f; App. Mac. 9,4). In Smyrna wird unterdessen erstmals ein Tempel zur Verehrung der *Roma* eingerichtet (Tac. ann. 4,56).
Eine neue Situation ergibt sich im Osten ab 192 v.Chr. durch den Zug des Antiochos III. nach Griechenland. Er will das dort nach Besiegung der Makedonen entstandene Machtvakuum ausnützen. Nach dem röm. Sieg bei den Thermopylen 191 v.Chr. setzen die Truppen nach Kleinasien über und überwintern erstmals auf kleinasiatischem Boden. Ende 190 oder Anfang 189 v.Chr. siegen die Römer bei Magnesia; die Triumphalfasten nennen für 189 und 188 jeweils Siege über „Asia" und den König Antiochos. 187 v.Chr. sind die Truppen wieder in Italien.
Den verstärkten östlichen Einfluss auf Rom zu dieser Zeit zeigt der „Bacchanalienskandal" vom Jahr 186 v.Chr. mit dem *senatūs consultum de Bacchanalibus*, das die Ausübung solcher Praktiken ganz eng begrenzt (CIL I^2 581; Liv. 39,8–19, →3.1.2).

Zum Jahr 182 v.Chr. findet sich der älteste Beleg für die Römer als „gemeinsame Wohltäter" in einem Beschluss der Amphiktyonen von Delphi (SIG^3 630, Z. 17f).
Ab 171 v.Chr. sind die Römer erneut in Griechenland und kämpfen gegen den Makedonenkönig Perseus, den Sohn Philipps V. Nach dem röm. Sieg bei Pydna 168 v.Chr. wird Makedonien viergeteilt, aber vorerst keine direkte Herrschaft ausgeübt.
Unmittelbar nach Pydna weist der röm. Unterhändler C. Popillius Laenas in Eleusis bei Alexandria den Seleukiden Antiochos IV. Epiphanes in seine Schranken und zwingt ihn, Ägypten zu verlassen, in das er eingefallen war („Tag von Eleusis"). Antiochos wendet sich darauf gegen die Juden, um ihnen ein „Hellenisierungsprogramm" aufzuzwingen, wobei er von bestimmten jüd. Kreisen unterstützt wird. Das löst den Makkabäeraufstand aus (→1.4.4.1).
Ab 154 v.Chr. brechen neue Kriege in Spanien aus, die es dort mit Unterbrechungen seit Beginn des 2. Jh. gab. Die Aufständischen erhalten seit 147 v.Chr. einen effektiven Führer in Viriathus, der allerdings 139 ermordet wird. Die Aufstände gehen aber weiter bis zur Eroberung Numantias 133 v.Chr. Bis ca. 150 v.Chr. gibt es nur vier Provinzen: *Sicilia*, *Sardinia et Corsica*, *Hispania Citerior* und *Hispania Ulterior*. Das restliche Gebiet wird von befreundeten Klientelfürsten indirekt verwaltet.
Das ändert sich 146 v.Chr. mit der Niederschlagung des achäischen Aufstandes und der Zerstörung von Korinth (→2.2.7.3). Im selben Jahr wird der 3. Punische Krieg mit der Vernichtung von Karthago beendet. *Macedonia* und *Africa* werden Provinzen.
In der Folgezeit brechen verschiedene Sklavenaufstände im röm. Reich aus: 143 v.Chr. in Griechenland (Liv. perioch. 53; Eutr. 4,15; Varro rust. 2,4,1), 136–132 und 104–101 v.Chr. auf Sizilien (Liv. perioch. 56; Diod. 34/5,2,18; 36,3,1–7,1), 134/3 in Pergamon, das 133 v.Chr. nach dem Tode des Attalos III. testamentarisch an Rom fällt und als Provinz Asia eingegliedert wird. Zwischen 125 und 121 v.Chr. kommt Gallia Narbonnensis als neue Provinz hinzu. Sie schafft eine Landverbindung von Italien nach Spanien und wird durch die *via Domitia* erschlossen. Nach dem Ende des Jugurthinischen Krieges in Nordafrica (111–105 v.Chr.) durch Marius, der 107 zum ersten Mal Konsul ist, wird dieser in den Jahren 104–100 v.Chr. jährlich zum Konsul gewählt. Grund sind die Kimbern und Teutonen seit der röm. Niederlage bei Arausio 105 v.Chr., die schließlich 102 und 101 besiegt werden können (Liv. perioch. 67; Flor. epit. 1,38,4; Cass. Dio Frg. 91,1–4; Oros. hist. 5,16,1–7). 96 v.Chr. fällt die Kyrenaika durch Testament des Ptolemaios Apion, eines illegitimen Sohnes Ptolemaios' VIII., an Rom, wird 74 v.Chr. als Provinz eingerichtet und zusammen mit Kreta verwaltet.

Die Verschränkung innen- und außenpolitischer Probleme bis zur Ausbildung des augusteischen Prinzipats
Ab 133 v.Chr. gerät die röm. Innenpolitik aus den Fugen. Die prinzipielle Gleichheit der politischen Ziele der Führungsschicht löst sich auf, die Methoden der Durchsetzung ändern sich. Der Senat spaltet sich in die „Optimaten", so die Selbstbezeichnung der einen Gruppe, und die „Popularen", sog. wegen ihrer Methode, sich zur Durchsetzung ihrer Programme des *concilium plebis*,

der Versammlung der Plebs, zu bedienen. Die ursprünglich inhaltlichen Unterschiede gehen dabei gänzlich verloren. Außenpolitisch gibt es erneut Unruhen im Osten: Mithradates VI. von Pontos und sein Schwiegersohn, Tigranes von Armenien, lassen angeblich 80.000 Römer in Kleinasien ermorden (→1.4.2.1). Mithradates besetzt anschließend die ägäischen Inseln und Griechenland. Der gegen ihn eingesetzte Sulla schließt 85 v.Chr. mit ihm einen Frieden auf der Grundlage des *status quo* (Friede von Dardanos), zieht nach Rom und erobert es im Frühjahr 83 v.Chr. Unter dem Titel *dictator legibus scribundis et rei publicae constituendae* führt er eine Reihe verschiedener „Reformen" durch. Für die Provinzverwaltung wird die Anzahl der Prätoren auf 8 erhöht, so dass jetzt für alle 10 Provinzen Statthalter in Form von ehemaligen Prätoren bzw. Konsuln als *proconsules* bzw. *propraetores* zur Verfügung stehen, und zwar für *Sicilia, Sardinia et Corsica, Hispania Citerior, Hispania Ulterior, Macedonia, Africa, Asia, Gallia Narbonensis, Cilicia* und *Gallia Cisalpina.*

Erneute Unruhen gab es ab 75/4 v.Chr. im Osten: Nikomedes IV. Philopator von Bithynien hatte testamentarisch sein Reich den Römern vermacht, eine zunehmend beliebtere Methode, sein Territorium dem Zugriff der Nachbarn zu entziehen. Mithradates und Tigranes waren aber nicht bereit dies anzuerkennen, so dass Rom für sein testamentarisches Erbe zu kämpfen gezwungen war. Hier kam die große Stunde des Pompeius. Sein außerordentliches Kommando zunächst gegen die Seeräuber 67 v.Chr. (*lex Gabinia*) und dann 66 v.Chr. gegen Mithradates (*lex Manilia*) führte zu einer Neuordnung des Ostens. 64 v.Chr. konnte Pompeius die neuen Provinzen *Syria* und *Bithynia et Pontus* einrichten. Die restlichen Gebiete wurden in Form von Klientelstaaten von Rom indirekt beherrscht. Darunter fiel auch Judäa, wo Pompeius als Schiedsrichter in einen inneren Streit hineingezogen wurde. Seitdem war Judäa von Rom abhängig, wenn auch zunächst nur indirekt (→1.4.2.1; 1.4.4.1).

Probleme mit der Veteranenversorgung des Pompeius führten zum sog. 1. Triumvirat mit Crassus und Caesar, der nach seinem Konsulat 59 v.Chr. eine insgesamt 10-jährige Statthalterschaft in Gallien antrat. Inzwischen fiel Crassus 53 v.Chr. im Osten bei Carrhae gegen die Parther, dem Dauergegner Roms an der Euphratfront. Die Wirren um Caesars Status nach Ablauf seiner gallischen Statthalterschaft führten am 7. Januar 49 v.Chr. zu seiner Absetzung, worauf Caesar in der Nacht vom 11. zum 12. Januar den Grenzfluss Rubicon, der den *ager Romanus* von der *Transpadana* trennte, überschritt und damit den Bürgerkrieg eröffnete. Ein Teil des Senats setzte sich mit Pompeius nach Griechenland ab. Caesar unterwarf zuerst Spanien, ging dann nach Osten (Dyrrhachium, Pharsalos) und siegte über Pompeius, der bei seiner Flucht in Alexandria ermordet wurde. Caesar hatte nun gegen Teile Ägyptens zu kämpfen, wobei er effektive Unterstützung vor allem durch die Juden erhielt, was er ihnen bis zu seinem Lebensende gedankt hat. Die damals ausgesprochenen Privilegierungen für Hyrkan II., für dessen Feldherrn Antipater und für die Juden in Judaea generell haben fast alle seine Nachfolger dann prinzipiell übernommen und auf das Diasporajudentum des röm. Reiches ausgedehnt (→1.4.5).

Aus den Bürgerkriegen um Caesars Erbe ging schließlich sein Adoptivsohn Octavianus als Sieger hervor, der am 16. Januar 27 v.Chr. den Beinamen „Augustus" (mit *augere* und *augurium* zusammenhängend) erhielt und damit in die Sphäre des Göttlichen versetzt wurde. Schon vorher konnte er sich als „Sohn des vergöttlichten (Caesar)" (*divi filius*) bezeichnen, nachdem er seinen Adoptivvater (43? 42? 39/8? v.Chr.) hatte divinisieren lassen. Außer Romulus gab es dafür keinerlei Vorbild. Dem entsprechen auch die Anfänge eines „Kaiserkultes" in Kleinasien in Form von Tempeln zu Ehren des Octavianus/Augustus, z.T. gekoppelt mit der Verehrung der Roma (→3.3.4). Außenpolitisch war die Zeit des Augustus im Westen durch Eroberungen in Spanien, Gallien, Germanien und dem Alpenraum gekennzeichnet. *Raetia* wurde direkt von Rom verwaltet, *Noricum* und *Moesia* wurden röm. Klientelstaaten. Die Versuche, die Gebiete östlich des Rheines zu erobern, blieben letztlich erfolglos (Niederlage des Varus 9 n.Chr.).

Von Tiberius bis Traian (14–117 n.Chr.)
Auch unter dem Nachfolger Tiberius (14–37 n.Chr.) stellten sich keine dauerhaften rechtsrheinischen Erfolge ein. Unter Tiberius wurde Jesus von Nazareth gekreuzigt. Neben den Evv berichtet darüber auch Tac. ann. 15,44.
Der Nachfolger des Tiberius, Gaius/Caligula (37–41 n.Chr.), verwandelte einige Provinzen in Klientelkönigtümer zurück: U.a. wurde Agrippa I., der Enkel Herodes d. Gr., König von Judäa. Es ist der in Apg 12 erwähnte „Herodes" (Agrippa I.), der 44 n.Chr. starb.
Claudius (41–54 n.Chr.) hingegen gab zahlreichen Klientelkönigtümern wieder den Provinzialstatus. Auch *Iudaea* erhielt nach dem Tode des Agrippas I. nun einen ritterlichen Statthalter (wie in den Jahren 6–41 n.Chr.), der nun den Titel *procurator* führte (statt *praefectus*) und weiterhin der Provinz Syrien unterstellt blieb.
Nero (54–68 n.Chr.), Nachfolger des Claudius, war kein Eroberertyp. Seine künstlerischen Ambitionen und die Bewunderung für die Griechen führten am 28. November 67 n.Chr. zur „Freiheitserklärung" Griechenlands (SIG³ 814), die im Wesentlichen Abgabenfreiheit bedeutete. Nach einigen Versuchen, das Armenienproblem zu lösen, kam ein Kompromiss zustande: Armenien wurde röm. Vasallenstaat unter einer parthischen Dynastie. Tiridates, Bruder des Partherkönigs Vologaeses I., ließ sich in Rom von Nero krönen, den er als lebenden Gott verehrte (Cass. Dio 62/63,5,2; →3.3.4).
66 n.Chr. brach der jüd. Aufstand los, der zum außerordentlichen Kommando des Vespasian führte und erst 72 oder 73 n.Chr. mit dem Fall von Masada beendet werden konnte.
Kaiser Vespasian (69–79 n.Chr.), dem der jüd. Geschichtsschreiber Josephus (→1.3.2.6) das Kaisertum prophezeit hatte, galt als wundertätig (→3.2.6). Tacitus (hist. 4,81) berichtet von Blinden- und Lahmenheilungen. Vespasian zeichnete sich durch einen rigorosen Sparkurs aus. Drei Spezialkassen zur Erhöhung der Staatseinkünfte wurden eingerichtet, darunter der *fiscus Iudaicus*, in den jeder männliche und weibliche Jude wohl ab 3 Jahren eine Doppeldrachme (= ½ Schekel) pro Jahr zu zahlen hatte (→1.3.4.3). Unter Domitian (81–96 n.Chr.) ist außenpolitisch die Auflösung der Klientelkönigtümer Kommagene und Kleinarmenien bemerkenswert: Kommagene (mit einer neuen *legio XVI Flavia Firma*) wird der Provinz *Syria* zugeschlagen, Kleinarmenien und Galatien (mit der neuen *legio XII Fulminata*) kommen zu *Cappadocia* (→1.4.1.3). Als kaiserliche Provinzen richtete man *Cilicia* und *Lykia et*

Pamphylia ein. In den Jahren 92 und 93 n.Chr. gab es erneut Unruhen an der mittleren Donau durch Jazygen, die die *legio XXI Rapax* vernichtet hatten. Die Probleme an der Donaufront beschäftigten auch Traian (96–117 n.Chr.), der auch an der Euphratfront zu kämpfen hatte. Er konnte sich bedeutender Helfer bedienen, darunter seines Adoptivsohnes und Nachfolgers Hadrian (117–138 n.Chr.). 101/2 und 104/6 n.Chr. führte Traian zwei Dakerkriege gegen Decebalus, im Bild festgehalten auf der „Traiansäule" in Rom. Das Nabatäerland wurde als neue Provinz *Arabia* eingerichtet. Der Partherkrieg von 113/7 n.Chr. führte 114 zur Einrichtung der Provinz *Armenia* (mit Kleinarmenien und Kappadokien) und 115/6 zur Provinz *Mesopotamia*. Als Vasall Roms fungierte der König von Charakene in *Assyria*, einem Gebiet, das für den Indienhandel wichtig war. Das röm. Reich erreicht in dieser Zeit seine größte flächenmäßige Ausdehnung von ca. 10 Mill. qkm.

Das Ende der Regierungszeit des Traian wird überschattet durch den Judenaufstand 115/7 n.Chr. unter einem Andreas bzw. Lukuas mit Schwerpunkten in Ägypten, Syrien und Zypern, der aber auch auf *Iudaea* und *Mesopotamia* übergriff (→1.4.5.2). Es bleibt fraglich, ob hier ein Zusammenhang mit dem Partherzug bestand.

Über die Provinzverwaltung z.Z. Traians (→1.4.1.2) gibt uns der Briefwechsel Plinius' d.J. mit dem Kaiser (Buch 10 der Briefe des Plinius) ein aufschlussreiches Bild. Hier seien die sog. „Christenbriefe" (epist. 10,96f) eigens erwähnt. Es muss allerdings offen bleiben, in wieweit Plinius für eine ziemlich unselbstständige Administration paradigmatisch oder eher eine Ausnahme ist. Bis in die Zeit Traians lebten Verwandte des Jesus von Nazareth; das behauptet jedenfalls Hegesipp bei Eus. h.e. 3,20,6. Um 100 n.Chr. ist Josephus gestorben und um die Wende vom 1. zum 2. Jh. scheint Joh verfasst zu sein. Insofern bildet Traian die zeitliche Obergrenze der Umwelt des NT.

Literatur
E. T. Salmon: Roman Colonization Under the Republic, London 1969. – *K. Christ*: Krise und Untergang der römischen Republik, Darmstadt ⁴2000. – *Ders.*: Geschichte der römischen Kaiserzeit, München ⁴2002.

1.4.1.2 Die römische Provinzverwaltung im Frühen Prinzipat (*Rudolf Haensch*)

Stellen im NT
Neben den Quellen zu den Gerichtsverfahren gegen Jesus (→1.5.1.4) und Paulus (→1.5.1.5) insbes. Lk 2,2; 13,1; Apg 13,6–13; 18,12; 19,38; 22,24–28

Gerade im Osten bot das Römische Reich zur Zeit des NT noch keineswegs das Bild eines geschlossenen, auf der Basis von Provinzen gegliederten Territorialstaates. Vielmehr bestand es dort noch zu einem erheblichen Teil aus kleineren Klientelfürstentümern und -königreichen. Erst allmählich verschwanden diese nominell selbstständigen Staatsgebilde an den Grenzen der drei großen, schon in republikanischer Zeit eingerichteten Provinzen *Asia*, *Pontus et Bithynia* und *Syria*: *Galatia* anscheinend im Jahre 25 v.Chr., *Iudaea* erstmals 6 n.Chr., endgültig 44 n.Chr., *Commagene* erstmals 17 n.Chr. und endgültig 72 n.Chr., *Cappadocia* 17 n.Chr., *Lycia* 43 n.Chr., *Emesa* anscheinend zwischen 72 und 78, das Königreich Agrippas II. im letzten Jahrzehnt des 1. Jh. n.Chr. und *Arabia* schließlich 105/6 – um nur die wichtigsten zu nennen.[1] Auch die aus diesen Gebietszuwächsen gebildeten Provinzen (*Cilicia*, *Galatia*, *Cappadocia*) erlangten erst in flavischer Zeit oder gar erst unter Hadrian die Form, die unsere landläufigen Vorstellungen (und Karten) von diesen Gebieten bestimmen.[2] Manche der Klientelstaaten wechselten sogar zwischen einer unmittelbaren Zugehörigkeit zum Römischen Reich und einer erneuten formellen Unabhängigkeit: so war z.B. *Iudaea* von 41 bis 44 n.Chr. wieder ein eigenes Königreich (unter Agrippa I.); das Gleiche galt auch für *Commagene* in den Jahren 38 bis 72.

Von diesen Klientelkönigen[3] spielen im NT vor allem Herodes d. Gr. und Agrippa II.[4] eine Rolle. Die realen Machtverhältnisse werden allerdings recht deutlich, wenn Agrippa II. in der Weise in die Apg eingeführt wird, dass man berichtet, er sei nach Caesarea gereist, um dem neu eintreffenden Statthalter seine Reverenz zu erweisen (Apg 25,13). Allerdings wird ebenso auch klar, wie wichtig ein solcher Klientelkönig als mit den örtlichen Verhältnissen vertrauter Berater für die Repräsentanten der röm. Herrschaft war (Apg 25,13–26).

Der wichtigste unter den Vertretern der röm. Herrschaft war zweifellos der jeweilige Statthalter. Er hatte das Oberkommando über die in der Provinz stationierten Truppen und sorgte mit ihrer Hilfe für die innere und äußere Sicherheit. Er war prinzipiell allzuständiger Richter, der ab einer bestimmten Streitwerthöhe und in allen Fällen von Kapitalgerichtsbarkeit allein zuständig war. Grundsätzlich konnte er sich mit allen strittigen Fragen in seinem Zuständigkeitsbereich befassen, faktisch wandte man sich vor allem dann an ihn, wenn sich Schwierigkeiten einzelner Provinzialer oder ganzer Gemeinden auf lokaler Ebene nicht befriedigend lösen ließen. Wie jeder hohe röm. Magistrat war der Statthalter auch Vertreter des röm. Staates gegenüber den Göttern. Er hatte also eine Reihe von kultischen Handlungen durchzuführen, die den Schutz der Götter für das ihm anvertraute Gebiet und generell das Römische Reich sicherstellen sollten. Dazu gehörte einerseits, bestimmte, von den Göttern Roms und dem Kaiserkult (→3.3.4) geforderte rituelle Handlungen zu vollziehen,

---

[1] A. *Gebhardt*: Imperiale Politik und provinziale Entwicklung. Untersuchungen zum Verhältnis von Kaiser, Heer und Städten im Syrien der vorseverischen Zeit, Berlin 2002, 21ff; *Haensch* 1997, 396f.404ff. F. *Millar*: The Roman Near East. 31 B.C.–A.D. 337, Cambridge/London 1993, 27ff.; *Sartre* 2001, 497ff.

[2] *Haensch* 1997, 397.405–408; B. *Rémy*: L'évolution administrative de l'Anatolie aux trois premiers siècles de notre ère, Lyon 1986.

[3] Dazu insbes. D. C. *Braund*: Rome and the Friendly King. The Character of the Client Kingship, Berkenham 1984.

[4] Zu ihm jetzt: N. *Kokkinos*: The Herodian Dynasty, Sheffield 1998, 317–340.396–400 und dazu C. P. *Jones*: Towards a Chronology of Josephus, SCI 21, 2002, 113–121; A. *Kushnir-Stein*: The Coinage of Agrippa II, SCI 21, 2002, 123–131 sowie N. *Kokkinos*: Justus, Josephus, Agrippa II and his Coins, SCI 22, 2003, 163–180.

andererseits aber auch, den örtlichen Göttern die schuldige Reverenz zu erweisen.[5]

Grundsätzlich waren die Aufgaben aller Statthalter weitgehend gleich,[6] faktisch gestaltete sich ihre Tätigkeit je nach der speziellen Struktur ihrer Provinz und der Bedeutung der militärischen Komponente ihrer Aufgaben wohl recht unterschiedlich.[7] Unterschiede bestanden auch in der juristischen Form der Vollmachten, den davon abhängigen Titulaturen und den Amtszeiten (und damit den Möglichkeiten, sich mit den zugewiesenen Gebieten vertraut zu machen). Das beruhte auf einem innenpolitisch motivierten Kompromiss des Jahres 27 v.Chr. zwischen Octavianus und dem Senat.[8] Dieser hatte Octavianus als „Dank" für die Niederlegung wesentlicher Teile seiner Macht nicht nur den Beinamen Augustus und andere Ehrungen verliehen, sondern ihm auch eine Reihe von Provinzen – u.a. *Syria* – übertragen. Begründet wurde dies damit, dass diese Provinzen in besonderem Maße durch innere Unruhen oder äußere Feinde gefährdet seien und Augustus alleine sie befrieden könne. Tatsächlich stellte diese Regelung sicher, dass Augustus auch in der neuen Ordnung über einen wesentlichen Teil seiner bisherigen militärischen Macht verfügte.

Da Augustus nicht in allen ihm übertragenen Gebieten – Spanien und Gallien sowie *Illyricum* und *Syria* (noch einschließlich von *Cyprus* und *Cilicia*) – tätig sein konnte, erhielt er gleichzeitig das Recht, Bevollmächtigte im Range eines Prätors (*legati pro praetore*) mit der Machtausübung vor Ort zu betrauen. Da diese Legaten persönliche Beauftragte des Augustus waren, konnte dieser frei über die Zeitpunkte von Einsetzung und Abberufung entscheiden. Im Laufe des Frühen Prinzipats wurden allmählich Amtszeiten von zwei bis drei Jahren üblich. Aber beispielsweise Tiberius war bekannt für die langen Perioden, während derer er seine Bevollmächtigten im Amte ließ.[9] Pontius Pilatus verwaltete *Iudaea* zehn Jahre.[10]

---

[5] *W. Eck*: Die religiösen und kultischen Aufgaben der römischen Statthalter in der Hohen Kaiserzeit, in: *Ders.* II 1997, 203–217.

[6] Dies hat besonders *F. Millar*: „Senatorial Provinces". An Institutionalized Ghost, AncW 20, 1989, 93–97 unterstrichen. So unterstanden z.B. gegen ältere Thesen auch noch im Hohen Prinzipat den *proconsules* einzelne Truppenverbände: *W. Eck*: Prokonsuln und militärisches Kommando. Folgerungen aus Diplomen für prokonsulare Provinzen, in: *Ders.* II 1997, 187–202. Die ritterlichen Statthalter wie z.B. der *praefectus Aegypti* (zum *praefectus Iudaeae* u. bei Anm.18) oder den Präsidialprocuratoren der Hohen Kaiserzeit, waren allerdings mehr in die Finanzverwaltung ihrer Provinz involviert, weil es neben ihnen keinen zweiten hochrangigen, speziell für diesen Bereich der Administration zuständigen Amtsinhaber (wie den Finanzprocurator oder den *quaestor*) gab. Vgl. dazu *W. Eck*: Provinzialverwaltung und Steuern, in: *Ders.* II 1997, 107–145, hier 118–126.

[7] Das übersieht *E. Meyer-Zwiffelhoffer*: Πολιτικῶς ἄρχειν. Zum Regierungsstil der senatorischen Statthalter in den kaiserzeitlichen griechischen Provinzen, Stuttgart 2002, wenn er den Regierungsstil eines bestimmten, außergewöhnlich gut dokumentierten Typs von Statthaltern – der *proconsules* in den seit Jahrhunderten pazifizierten, urbanisierten und kulturell hochstehenden östlichen Provinzen – zum Typ *des* röm. Gouverneurs stilisiert.

[8] Dazu *W. Eck*: Augustus und seine Zeit, München ³2000, 40ff; *D. Kienast*: Augustus. Prinzeps und Monarch, Darmstadt ³1999, 78ff.

[9] Ios. ant. Iud. 18,170; Tac. ann. 1,80, vgl. 4,6,4; Suet. Tib. 41; Cass. Dio 58,23,5f; vgl. dazu *W. Orth*: Die Provinzialpolitik des Tiberius, Diss. München 1970, 71ff.

[10] Ios. ant. Iud. 18,89.

Ebenso frei war der jeweilige Kaiser prinzipiell in der Frage, Senatoren welcher Rangstufe er mit solchen Missionen betrauen wollte. Faktisch dürfte sich allerdings recht schnell eingespielt haben, dass die wichtigeren Kommandos solchen Senatoren vorbehalten blieben, die das Konsulat bekleidet hatten, und für die übrigen Provinzkommanden die Prätur die Voraussetzung war.

Alle Augustus nicht zugesprochenen Provinzen, wie z.B. *Asia* oder *Pontus et Bithynia*, sollten nach der Regelung des Jahres 27 v.Chr. wieder in den Formen verwaltet werden, die in der späten Republik üblich gewesen waren: Senatoren, die das Amt des Prätors oder Konsuls bekleidet hatten, konnten sich fünf Jahre nach Ausübung dieser Magistraturen um eine solche Funktion bewerben (*Africa* und *Asia* waren für Konsulare reserviert, bei den Statthaltern aller übrigen derartigen Provinzen handelte es sich normalerweise um Prätorier). Zwischen den Kandidaten entschied dann das Los. Die Amtsdauer war grundsätzlich auf ein Jahr begrenzt.

Ein nicht ganz unwichtiger Unterschied zu dem in republikanischer Zeit Üblichen bestand nur darin, dass alle Statthalter dieser Provinzen seit 27 v.Chr. den Titel *proconsul* führten – gleichgültig, ob sie das Konsulat bekleidet hatten oder nicht. Wahrscheinlich sollten diese *proconsules* auf diese Weise mit der Befehlsgewalt des Augustus[11] in seinen Provinzen gleichgestellt werden.[12]

An der Seite dieser *proconsules* standen entsprechend der spätrepublikanischen Praxis nicht nur ein zugeloster *quaestor*, sondern auch ein vom *proconsul* ausgewählter und bevollmächtigter *legatus pro praetore* (in *Africa* und *Asia* sogar je drei). Wie republikanische Gouverneure stützten sich *proconsules* bei der Ausübung ihrer Funktion auf eine Reihe von *apparitores*, d.h. in Rom in Dekurien organisierter Amtsdiener, wie z.B. Schreiber (*scribae*), Liktoren etc.

Die *legati* des Kaisers scheinen demgegenüber nur Anspruch auf den Dienst von *lictores* gehabt zu haben. Für alle übrigen Hilfstätigkeiten griff man auf eine neue Gruppe zurück: Soldaten aus den jeweiligen Provinzheeren. Diese abkommandierten Soldaten entwickelten sich im Frühen Prinzipat zu einem administrativen Stab, dem *officium*, des jeweiligen Amtsinhabers.[13]

Ebenso dauerte es einige Jahrzehnte, bis sich in den Provinzen des Kaisers eine neue Form der zentralen Organisation der Verwaltung der staatlichen Einkünfte und Ausgaben herausgebildet hatte. Erst nach einer gewissen Zeit wurde es gängige Praxis, dass diese Aufgabe von einem ritterlichen *procurator* übernommen wurde, der sich bei seiner Tätigkeit auf ein aus der *familia Caesaris*, also den Sklaven und Freigelassenen des Kaisers, rekrutiertes Hilfsper-

---

[11] Dass auch dieser wie spätere Kaiser, wenn er sich in den Provinzen aufhielt, den Titel *proconsul* führt, belegt AE 1999, 915 = 2000, 760 (Februar 15 v.Chr.); grundsätzlich vgl. *I. König*: Der Titel Proconsul von Augustus bis Traian, Gazette numismatique suisse 21, 1971, 42–54.

[12] Dieses Bemühen wurde allerdings schon im Jahre 23 v.Chr. unwichtig, als Augustus zwar auf eine weitere kontinuierliche Bekleidung des Konsulats verzichtete, seine Befehlsgewalt in den Provinzen aber denen der *proconsules* wahrscheinlich als *maius* übergeordnet wurde; dazu *Kienast*: Augustus (Anm. 8), 105f; vgl. *Eck*: Augustus (Anm. 8), 54f.

[13] *Haensch* 1997, 711ff bzw. 713ff.

sonal stützen konnte.[14] So hatten z.B. unter Augustus zumindest in Einzelfällen noch Freigelassene an der Spitze solcher Aufgabenbereiche gestanden.[15] Bis in hadrianische Zeit waren gerade im Osten des Reiches häufig die Aufgabenbereiche solcher *procuratores* größer als eine einzige Provinz.[16]
Da die im Jahr 27 v.Chr. getroffene Regelung zu Lebzeiten des Augustus immer wieder verlängert wurde und bei seinen Nachfolgern zu den Rechten gehörte, die diese bei Herrschaftsantritt übertragen bekamen, wurde sie zum zentralen Organisationsprinzip für die Spitzen der röm. Provinzialverwaltungen. Nachdem Augustus im Jahre 22 v.Chr. – wiederum vor allem aus innenpolitischen Gründen – die Provinzen *Cyprus* und *Gallia Narbonensis* als „befriedet" zurückgegeben hatte, bildete sich im ersten Jahrzehnt n.Chr. die kanonische Zahl von 10 Provinzen – zwei konsulare und acht prätorische – heraus, mit deren Leitung *proconsules* betraut wurden. Die Statthalter aller übrigen Provinzen wurden unmittelbar vom Kaiser ernannt.
Seit langer Zeit umstritten ist, wie unter den ersten Kaisern (bis zu Claudius) die Stellung der ritterlichen Amtsinhaber genau geregelt war, die mit der Leitung kleinerer[17] an das Reich angegliederter Gebiete, wie z.B. *Iudaea* (oder *Raetia*), betraut waren. J.-P. Lémonon hat zuletzt noch einmal die These verteidigt, diese Ritter seien grundsätzlich nur dem Kaiser untergeordnet gewesen und hätten höchstens mit dessen Einverständnis vom Statthalter von *Syria* gemaßregelt oder gar abberufen werden können[18]. Demgegenüber haben insbes. W. Eck und H. Cotton dafür plädiert, dass solche Ritter einem senatorischen *legatus Augusti pro praetore* untergeordnet gewesen seien[19]. Mehreres veranlasst beide Autoren zu solch einer These: die zahlreichen, bis zur Absetzung des jeweiligen *praefectus* gehenden Interventionen der *legati Syriae*, die anderen in der gleichen Region bezeugten ritterlichen Amtsinhaber wie der *procurator* der Dekapolis (→2.2.7.3) oder der von Iamnia (Javne)[20], die zweifelsfrei keine Provinzstatthalter waren, und die bekannte, 1962 gefundene Inschrift

---

[14] H.-G. *Pflaum*: La mise en place des procuratèles financières dans les provinces du Haut-Empire romain, RHDF 46, 1968, 367–388.
[15] Cass. Dio 53,15,3 sowie die Nachrichten über Licinus in Gallien: Cass. Dio 54,21,2–22,1; Sen. apocol. 6,1; Schol. Iuv. 1,109.
[16] Haensch 1997, 396f mit der Diskussion in den Anmerkungen 54.59.63. Im Fall des *procurator Belgicae et II Germaniarum* und des korrespondierenden *procurator Lugdunensis et Aquitaniae* hatte diese Regelung sogar während der gesamten Hohen Kaiserzeit Bestand.
[17] Im Falle der Provinz Aegyptus war durch ein spezielles Gesetz – also auf streng formalem Weg – geregelt worden, dass das *imperium* der *praefecti Aegypti* denen eines *proconsul* entsprach (Dig. 1,17).
[18] J. P. *Lémonon*: Pilate et le gouvernement de la Judée. Textes et monuments, Paris 1981, bes. 59–71.
[19] H. *Cotton*: Some Aspects of the Roman Administration of Judaea/Syria-Palaestina, in: W. *Eck*/E. *Müller-Luckner* (Hgg.): Lokale Autonomie und römische Ordnungsmacht in den kaiserzeitlichen Provinzen vom 1. bis 3. Jahrhundert, München 1999, 75–91, bes. 75–79; W. *Eck*: Rom und die Provinz Iudaea/Syria Palaestina: Der Beitrag der Epigraphik, in: A. *Oppenheimer* (Hg.): Jüdische Geschichte in hellenistisch-römischer Zeit, München 1999, 237–263, bes. 245f; übernommen z.B. von *Sartre* 2001, 472.
[20] IGR I 824 = I. Sestos 53 bzw. AE 1941, 105 und Ios. ant. Iud. 18,158.

des Pontius Pilatus aus Caesarea[21], die für diesen eindeutig den Titel *[praef]ectus Iuda[ea]e* und nicht *procurator*[22] bezeugt (→1.3.4.2). Akzeptiert man diese These, dann kann Judaea unter den ersten Kaisern keine selbstständige Provinz gewesen sein, sondern nur ein Teil der Provinz *Syria*.[23]
Mit einer Ausnahme – dem *proconsul Cypri* Sergius Paullus – sind alle im NT genannten röm. Statthalter auch aus anderen Quellen in dieser Funktion belegt.[24] Diese Gouverneure erscheinen im NT vor allem in ihrer Funktion als Recht sprechender Magistrat.[25] Das dürfte auch nach anderen Quellen die Seite der Tätigkeit eines röm. Statthalters gewesen sein, die die breite Masse der Provinzialen in den pazifizierten Provinzen des Reichsinnern am häufigsten wahrnahm.
Paulus trifft den *proconsul Cypri* Sergius Paullus in Paphos (Apg 13,6f) und den *proconsul Achaiae* L. Iunius Gallio Annaeanus in Korinth (Apg 18; →1.3.4.2). Der *procurator Iudaeae* Felix verließ nach Apg 24,26f Caesarea Maritima während zweier Jahre kaum und sein Nachfolger Porcius Festus unterbrach seinen dortigen Aufenthalt nur für einen kurzfristigen – 8 bis 10 Tage langen – „Antrittsbesuch" in Jerusalem (Apg 25,1–6). Paphos, Korinth und Caesarea Maritima waren auch nach anderen Quellen[26] die Städte, die wir heute Provinzhauptstädte nennen würden.[27] Entgegen der in der angelsächsischen Forschung verbreiteten Vorstellung vom röm. Statthalter als reinem Reisemagistrat[28] ist für den Verfasser der Apg offensichtlich das Verweilen des Gouverneurs in seiner Hauptstadt das Typische – sei es nun, dass die von ihm angeführten Personen tatsächlich einander an diesen Orten begegneten oder dass er möglichst wahrscheinlich erscheinende Schauplätze für das entsprechende Geschehen konstruieren wollte. Das zentrale institutionelle Gerüst der Reisen von Statthaltern in pazifizierten Provinzen – die so genannte Kon-

---

[21] AE 1963, 104 = *L. Boffo*: Iscrizioni greche e latine per lo studio della bibbia, Brescia 1994, Nr. 25 = *C. M. Lehmann/K. G. Holum*: The Greek and Latin Inscriptions of Caesarea Maritima, Boston 2000, Nr. 43 (bei beiden Werken Hinweise zur umfangreichen Literatur) = AE 1999, 1681; vgl. jetzt auch *G. Alföldy*: Nochmals: Pontius Pilatus und das Tiberieum von Caesarea Maritima, SCI 21, 2002, 133–148.

[22] So insbes. Tac. ann. 15,44,3.

[23] Zur Frage, was dies für den bei Lk bezeugten *census* bedeutet, zuletzt: *Cotton*: Aspects (Anm. 19), 78.

[24] Vgl. die Überblicke von *Saddington* 1996, 2419–2421.2426–2429; *B. E. Thomasson*: Laterculi praesidum, Arlöv 1984, 191 Nr. 13; 296 Nr. 10; 304 Nr. 12; 321ff Nr. 5.11.12. S. zu P. Sulpicius Quirinius auch *E. Dabrowa*: The Governors of Roman Syria from Augustus to Septimius Severus, Bonn 1998, 27ff. Zur Frage, ob IGR III 935 = *Boffo*: Iscrizioni (Anm. 21), Nr. 28 dem in der Apg genannten Sergius Paullus zuzuweisen ist, s. insbes. *S. Mitchell*: Anatolia. Land, Men, and Gods in Asia Minor II, Oxford 1993, 7.

[25] Das gilt für alle erwähnten Gouverneure von *Iudaea*: Pontius Pilatus (s.u. bei Anm. 35 und unter 1.5.1.4), Felix (Apg 23f; s. bei Anm. 38), Porcius Festus (Apg 24,27–26,32) sowie für L. Iunius Gallio Annaeanus, *proconsul Achaiae* (Apg 18,12–17), und die namenlosen *proconsules Asiae* in Apg 19,38.

[26] *Haensch* 1997, 263ff.322ff.227ff.

[27] Zur Frage, inwieweit dieser Begriff gerechtfertigt ist: *Haensch* 1997, 18ff.

[28] Insbes. *W. Williams*: Pliny. Correspondence with Trajan from Bithynia (Epistles X), Warminster 1990, 12; *G. P. Burton*: Proconsuls, Assizes and the Administration of Justice under the Empire, JRS 65, 1975, 92–106, hier 92.105f; *Millar*: Near East (Anm. 1), 123; dagegen z.B. auch *Sartre* 2001, 614 Anm. 26.

1.4.1.2 Das Imperium Romanum: Die Provinzverwaltung

ventsordnung –, nach der ein Statthalter im regelmäßigen Turnus an bestimmten Orten seiner Provinz Gerichtstermine anbieten musste, wird demgegenüber nur einmal erwähnt. Anlässlich der von den Silberschmieden von Ephesos ausgelösten Unruhen verweist der *grammateus tou dēmou* dieser Polis[29] die Aufgebrachten auf die Gerichtstage (Apg 19,38), also die Perioden, in denen ein *proconsul Asiae* im Rahmen seiner Rechtsprechung in Ephesos Gericht hielt.[30]

Zwar mag es im Falle von Caesarea eine Rolle gespielt haben, dass der Ausbau dieser Stadt und speziell des dortigen Königspalastes[31] durch Herodes d. Gr. eine Umgebung geschaffen hatte, die auch ein *praefectus Iudaeae* als angenehm, ja vielleicht sogar ungewohnt luxuriös empfinden mochte. Aber im Falle von Korinth oder Paphos dürfte es kein vergleichbares Gefälle zwischen dem, was ein Statthalter von seiner eigenen *domus* gewöhnt war, und dem, was er an seinem Amtssitz vorfand, gegeben haben. Trotzdem bestand in der Sicht des Autors der Apg, eines Bewohners der östlichen Provinzen, offensichtlich ein enger Zusammenhang zwischen den Statthaltern und ihren Amtssitzen. Damit steht er allerdings nicht alleine: auch Josephus (→1.3.2.6) (bzw. besser eine seiner Quellen) erwähnt immer wieder, dass die *legati Augusti pro praetore Syriae* nach Antiochia, der Hauptstadt dieser Provinz, zurückkehrten[32].

Nicht erwähnt werden die Statthalter zweier Provinzen, deren Nennung man eigentlich erwartet. Es ist dies erstens der *proconsul Macedoniae*, an dessen Amtssitz Thessalonike es nach dem Bericht der Apg gegen Paulus gerichtete Unruhen gab (Apg 17,5–9). Zweitens fehlt auch – abgesehen von der kurzen und letztlich nur datierenden, zudem aus einer anderen Schrift des NT stammenden Erwähnung des P. Sulpicius Quirinius (Lk 2,2) – jeder Hinweis auf einen *legatus Augusti pro praetore Syriae*, obwohl der bevorzugte Residenzort der Statthalter dieser Provinz Antiochia war und diese Stadt immer wieder Schauplatz von Ereignissen in der Apg ist.[33] Sogar der Begriff *christianoi* entstand dort (Apg 11,26) und entsprechend der Art der Wortbildung mit dem lat. Suffix *-ianus* kaum zweifelhaft in einem lateinischsprachigen Milieu. Aber die späten 40er und 50er Jahre des 1. Jh. waren eine Zeit, in der die beiden damals amtierenden Statthalter von *Syria* stark von militärischen Aufgaben beansprucht wurden (Spannungen mit dem Partherreich, Überfälle der Cietae auf Kilikien, die unruhige Situation in *Iudaea*). Insofern ist gut vorstellbar, dass sie sich in dieser Zeit häufiger von ihrem bevorzugten Residenzort entfernten,

---

[29] Zu den Schreibern dieser Stadt: *C. Schulte*: Die Grammateis von Ephesos, Heidelberg 1994.
[30] Die Dokumentation zur Konventsordnung in Asia bei *Haensch* 1997, 307ff.748ff.
[31] Zum Königspalast in Caesarea Maritima und zu seiner Nutzung durch die röm. Statthalter: *B. Burrell*: Palace to Praetorium: The Romanization of Caesarea, in: *A. Raban/K. G. Holum* (eds.): Caesarea Maritima: A Retrospective after Two Millenia, Leiden 1996, 228–247; *H. Cotton/W. Eck*: Governors and Their Personnel on Latin Inscriptions from Caesarea Maritima, IASH.P VII.7, 2001, 215–240; *J. Patrich*: A Government Compound in Roman-Byzantine Caesarea, Proceedings of the Twelfth World Congress of Jewish Studies. Division B: History of the Jewish People, Jerusalem 2000, 35–44.
[32] Vgl. die Belege bei *Haensch* 1997, 565f, dazu 245.
[33] Apg 11,19–30; 12,24–13,3; 14,26–15,2; 15,30–35; 18,22f.

als dies ansonsten der Fall war. Auf jeden Fall spricht dieses Schweigen für die Zuverlässigkeit der Nachrichten über die Statthalter anderer Provinzen. Die Apg war keineswegs darum bemüht, ihre Helden unbedingt mit führenden Vertretern der herrschenden Macht zu verbinden.
Im Gegenteil, wenn die besonders von S. Mitchell entwickelte These – nach der die Beziehungen des Paulus zu dem *proconsul Cypri* Sergius Paullus diesen dazu veranlasst hätten, in Antiochia in Pisidien, dem Heimatort des Statthalters, und anderen südgalatischen Städten zu missionieren[34] – zutrifft, dann erstaunt, wie wenig dieser Kontakt herausgestellt wird.
Grundsätzlich äußern sich die Apg und die übrigen Schriften des NT – im Gegensatz zu Josephus und der bei ihm fassbaren Überlieferung – nur sehr zurückhaltend über die Qualitäten der von ihnen erwähnten röm. Statthalter. Wie schwierig ein angemessenes Urteil über diese Vertreter Roms ist, zeigt sich z.B. daran, wie sehr dieses in der modernen Forschung zu Pontius Pilatus schwankt.
Von diesen Statthaltern erfahren wir zumeist nur aus sehr einseitig geprägten Quellen. Sie wurden in *Iudaea* mit einer sehr komplexen Situation konfrontiert, die nicht einmal Herodes d. Gr. trotz seiner lokalen Kenntnisse, seiner politischen Talente und einer vergleichsweise langen Regierungszeit hatte meistern können.
Pontius Pilatus scheint ein recht typischer Vertreter der ritterlichen zivilen Amtsinhaber des Frühen Prinzipats gewesen zu sein.[35] Er kam wohl aus Italien, wenngleich seine präzise Herkunft nicht zu ermitteln ist. Pilatus dürfte wie der in der gleichen Region tätige C. Herennius Capito – für den wir eine Inschrift mit seiner Laufbahn besitzen – zwei bis drei militärische Kommanden innegehabt haben, bevor er mit der Mission in *Iudaea* betraut wurde. Größere administrative oder jurisdiktionelle Erfahrungen dürfte er im Gegensatz zu senatorischen oder auch den ritterlichen Statthaltern des 2. und 3. Jh. vor seiner Tätigkeit in *Iudaea* nicht erworben haben – zumindest nicht im Dienste des röm. Staates, u.U. allerdings als städtischer Magistrat.[36] Seine Tätigkeit in *Iudaea* hat J. P. Lémonon am Ende einer eingehenden Untersuchung wie folgt charakterisiert: „Ni cruel, ni persécuteur, ni à la recherche de profits éhontées ... un gouverneur dépourvu de sens politique".[37] Es habe ihm das politische

---

[34] *Mitchell*: Anatolia II (Anm. 24), 3ff; eher skeptisch zu dieser These: *J. Taylor*: St. Paul and the Roman Empire: Acts of the Apostles 13–14, ANRW II 26.2, 1995, 1189–1231, hier 1207.1225.
[35] Ios. ant. Iud. 20,182.
[36] Capito: AE 1941, 105, vgl. Ios. ant. Iud. 18,158; vgl. ferner die Laufbahnen folgender Ritter – Ignotus: CIL X 7351; Q. Octavius Sagitta: AE 1902, 189 = ILS 9007; L. Volusenus Clemens: CIL XI 6011 = ILS 2691; C. Baebius Atticus: CIL V 1838f. Die von Agrippa (nach Philo leg. 302) getadelten Eigenschaften des Pilatus legen ebenfalls eine militärische Laufbahn nahe.
[37] *J.-P. Lémonon*: Pilate et le gouvernement de la Judée. Textes et Monuments, Paris 1981, 277. Zu Pilatus z.B. auch: *H. K. Bond*: Pontius Pilate in History and Interpretation, Cambridge 1998; *A. Demandt*: Hände in Unschuld. Pontius Pilatus in der Geschichte, Köln u.a. 1999. Zur späteren Überlieferung zu Pilatus jetzt auch *A. Scheidgen*: Die Gestalt des Pontius Pilatus in Legende, Bibelauslegung und Geschichtsdeutung vom Mittelalter bis in die frühe Neuzeit, Frankfurt a.M. 2002. Ähnliches wie für Pilatus dürfte auch für Porcius Festus gegolten haben.

1.4.1.2 Das Imperium Romanum: Die Provinzverwaltung

Fingerspitzengefühl gefehlt, durch das alleine er seine schwierige Aufgabe zur Zufriedenheit aller hätte meistern können.
In mehrfacher Hinsicht eine Ausnahme war der zweite Statthalter Roms in *Iudaea*, der eine vergleichsweise große Rolle im NT spielt: (M. Antonius?[38]) <u>Felix</u>. Schon seine soziale Herkunft – er war Freigelassener – machte ihn zur großen Ausnahme unter den röm. Gouverneuren. Selbst wenn ihm ein kaiserliches Privileg fiktiv eine freie Geburt verliehen hat – wie es zumindest zu erwägen ist – vergaßen Ritter und Senatoren diesen Makel (in ihren Augen) keineswegs. Felix veranlasste diese zwar zu Lebzeiten des Claudius nicht offen vorgetragene, aber doch spürbare Ablehung offensichtlich zu einer Überkompensation. Er rühmte sich wie sein Bruder Pallas, der *a rationibus* des Claudius, nicht nur der Abkunft von arkadischen Königen, sondern auch dessen, dass er mit drei weiblichen Mitgliedern von Herrscherhäusern verheiratet gewesen sei (Suet. Claud. 28). Diese persönliche Situation hat sicherlich mit zu den Spannungen beigetragen (vgl. Tac. hist. 5,9), die wie bei Pilatus letztlich zu seiner Absetzung führten. Nur durch den Einfluss seines Bruders Pallas entging er einer Bestrafung.[39]

Nicht so sehr überrascht, dass im NT kein einziger *procurator* oder *quaestor* genannt wird. Die Tätigkeit dieser Vertreter Roms hat auch in der gesamten sonstigen Überlieferung zu den Provinzen Roms viel weniger Spuren hinterlassen als diejenige der Statthalter.[40] Das ist auch leicht verständlich: Gerade im Frühen Prinzipat war der unmittelbare Einzug der Steuern und Abgaben nicht Sache röm. Repräsentanten, sondern der Städte und ihrer Amtsinhaber bzw. von Steuerpächtern. Der *proconsul* und sein *quaestor* bzw. der *procurator* kontrollierten nur das Vorgehen und die Ergebnisse der Tätigkeit dieser Institutionen und sorgten für die ordnungsgemäße Erledigung der staatlichen Ausgaben, also insbes. die Auszahlung des Soldes an die Soldaten. Wesentliche Teile dieser Tätigkeiten vollzogen sich im administrationsinternen Bereich bzw. auf der Ebene des Kontaktes zu städtischen Amtsinhabern oder Steuerpächtern. Unmittelbare Kontakte zu der breiten Masse der Provinzialen waren bei einem *procurator* eher selten und auf die von diesem Ritter ausgeübte Gerichtsbarkeit beschränkt. Deren Zuständigkeitsbereich und Umfang waren aber zumindest im Frühen Prinzipat offensichtlich viel eingeschränkter als die der Statthalter.[41]

---

[38] So Tac. hist. 5,9,3, was dem Namen seines Bruders Pallas entsprechen würde und sich daraus ergeben würde, dass Felix wie Pallas von Antonia, der Mutter des Claudius, freigelassen worden war. Nach einer im textlichen Befund unsicheren Passage des Josephus hätte er Claudius Felix geheißen (Ios. ant. Iud. 20,137) und wäre dementsprechend von Claudius freigelassen worden. Der Versuch von *N. Kokkinos* (A Fresh Look at the *gentilicium* of Felix Procurator of Iudaea, Latomus 49, 1990, 126–141), diese Version mit AE 1967, 525 = 1987, 950 = *Boffo*: Iscrizioni (Anm. 21), Nr. 30 abzustützen, scheitert schon daran, dass in der Inschrift der entscheidende Namensbestandteil Felix nicht erhalten ist. Grundsätzlich zu Felix z.B. PIR² A 828.

[39] Ios. ant. Iud. 20,182.

[40] Dazu: *R. Haensch*: La gestion financière d'une province romaine: Les procurateurs entre résidences fixes et voyages d'inspection, in: Akten des Kolloquiums „La circulation de l'information dans les structures de pouvoir dans l'Antiquité", Bordeaux 2004 (im Druck).

[41] *P. Brunt*: Procuratorial Jurisdiction, in: *Ders.*: Roman Imperial Themes, Oxford 1990, 163–187.

Literatur
W. *Eck*: Die Verwaltung des Römischen Reiches in der Hohen Kaiserzeit. Ausgewählte und erweiterte Beiträge, 2 Bände, Basel 1995/1997. – R. *Haensch*: Capita provinciarum. Statthaltersitze und Provinzialverwaltung in der römischen Kaiserzeit, Mainz 1997. – F. *Jacques/J. Scheid*: Rom und das Reich in der Hohen Kaiserzeit. Band I. Die Struktur des Reiches, München/Leipzig 1998. – F. *Millar*: The Roman Empire and its Neighbours, London 1981. – D. B. *Saddington*: Roman Military and Administrative Personnel in the New Testament, ANRW II 26.3, 1996, 2409–2435. – M. *Sartre*: D'Alexandre à Zenobie. Histoire du Levant antique, Poitiers 2001.

1.4.1.3 Das römische Heer und die Heere der Klientelkönige im Frühen Prinzipat (*Rudolf Haensch*)

Stellen im NT
Mt 8,5–13; 27,27–37.54.64–66; 28,4.11–15; Mk 6,21.27f; 15,16–24,39; Lk 7,1–10; 23,11.34.36f47; Joh 18,3.12; 19,2f.23f.32–34; Apg 10,1–48; 21,31–40; 22,24–30; 23,15–33; 24,22f; 25,23;27,1–44; 28,16

Die Zeit der julisch-claudischen Dynastie: Eine Übergangszeit für das römische Heer
Unter Augustus und seinen unmittelbaren Nachfolgern wandelten sich wichtige Strukturen des röm. Heeres, z.T. aufgrund bewusster Reformen – insbes. der Kaiser Augustus und Claudius – und z.T. infolge der in vieler Hinsicht geänderten politisch-militärischen Gesamtsituation. Da wir über die militärischen Reformen des Frühen Prinzipats vergleichsweise schlecht informiert sind, lässt sich oft nicht entscheiden, wann es zu den fraglichen Änderungen kam und inwieweit sie das bewusste Ergebnis eines planerischen Willens waren.
Grundlegend änderten sich insbes. die Zusammensetzung und die Dienstmodalitäten der einfachen Soldaten in den röm. Kernverbänden, den Legionen.[1] Augustus legte die Dienstzeit der Legionäre zunächst im Jahre 13 v.Chr. auf 16 Jahre (plus vier Jahre als *veterani sub vexillo*) und dann im Jahre 5 (oder 6) n.Chr. auf 20 Jahre (plus eine zusätzliche Periode von mindestens fünf Jahren) fest.[2] Damit war aus der maximalen Dienstzeit der mittleren Republik[3] die normale Dienstzeit derer geworden, die in einer Legion dienten. Wenn die Legionen dennoch ihren Personalbedarf allem Anschein nach normalerweise aus Freiwilligen decken konnten, dann lag dies erstens daran, dass solche Legionäre regelmäßig und vergleichsweise gut besoldet wurden (brutto 225 Denare/900 Sesterzen pro Jahr). Zudem winkte ihnen am Ende ihrer Dienstzeit ein fester Betrag von 12000 Sesterzen (d.h. ca. 14 Jahresbruttogehältern) – allerdings wohl nicht automatisch, sondern nur nach einer vom Kaiser anzuordnenden und je nach politisch-militärischer Lage unter Umständen herausgezö-

---

[1] Wie stark diese Legionen genau waren, bleibt fraglich, s. *Keppie* 1984, 173.
[2] Cass. Dio 54,25,5f und 55,23,1.
[3] Polyb. 6,19,2.

1.4.1.3 Das Imperium Romanum: Das römische Heer und die Heere der Klientelkönige

gerten *honesta missio*.[4] Zur Auszahlung dieser Entlassungsgelder hatte Augustus im Jahre 6 n.Chr. eine spezielle Kasse, das *aerarium militare*, geschaffen. Feste Voraussetzung für den Dienst in einer Legion war das röm. Bürgerrecht. Allem Anschein nach verlieh man gelegentlich schon in augusteischer Zeit geeigneten Kandidaten dieses Bürgerrecht ggf. bei der Aufnahme in die Legion[5]. Normalerweise dürfte es sich im Frühen Prinzipat jedoch bei den Rekruten für Legionen um Personen gehandelt haben, die seit ihrer Geburt röm. Bürger waren. Gerade im Osten nahm jedoch der Anteil der Italiker unter den Rekruten sehr schnell zugunsten solcher *cives Romani* ab, die aus den Provinzen selbst (d.h. vor allem den dortigen Kolonien) stammten.

Aus den *peregrini*, Reichsbewohnern ohne röm. Bürgerrecht, wurden die sog. Hilfstruppen (*auxilia*) rekrutiert. Es gab allerdings auch vereinzelt aus röm. Bürgern aufgestellte *auxilia*, von denen eine – die *cohors Italica* (dazu u. bei Anm. 25) – in *Iudaea* stationiert war. Aus Infanteristen bestehende *auxilia* wurden als *cohortes* bezeichnet, entsprechende Kavallerieverbände als *alae*, und aus beiden Truppengattungen gemischte Einheiten als *cohortes equitatae*.[6] Lagen die Provinzen nicht an den Reichsgrenzen und warfen sie dem Anschein nach keine größeren militärischen Probleme auf, wie z.B. *Iudaea* vor 66 n.Chr., so setzte sich die Garnison nur aus solchen Einheiten zusammen. Bei den *auxilia* handelte es sich im Gegensatz zu den Legionen in dieser Zeit keineswegs immer um feste, nach röm. Muster durchorganisierte Verbände von einheitlicher Größe. Im Gegenteil gab es bis in flavische Zeit hinein noch nebeneinander ad hoc, für einen bestimmten Feldzug, ausgehobene Verbände, die von Mitgliedern der jeweiligen Stammesaristokratie geführt wurden, und nach röm. Muster durchorganisierte und dauerhafte Einheiten. Letztere wurden unter den ersten Kaisern nicht nur von röm. Rittern, zumeist ehemaligen *tribuni* der Legionen, sondern auch von ehemaligen *centuriones* geführt.[7] Zumindest Soldaten solcher Auxiliareinheiten dürften regelmäßig Sold erhalten haben.[8]

Für die festen *auxilia*[9] wurde offensichtlich sehr bald zu einem erheblichen Teil in den Regionen rekrutiert, in denen sie stationiert waren, und nicht mehr in denjenigen, in denen sie aufgestellt und nach deren Bevölkerung sie oft benannt worden waren. Das trug in anderen Provinzen zum Abbau von Spannungen zwischen den Soldaten und der Zivilbevölkerung bei. In *Iudaea* konnte diese indirekte Wirkung nicht eintreten, weil das Gebiet von ethnisch und religiös unterschiedlichen Bevölkerungsgruppen bewohnt wurde und nur eini-

---

[4] Cass. Dio 55,23,1.
[5] S. *Keppie* 1984, 180 zu ILS 2483.
[6] Ein augusteisches Beispiel für eine *cohors equitata* findet sich in ILS 2690. Als feste Verbände hatten *auxilia* im Hohen Prinzipat folgende Stärken – *cohors*: 480 (schon für die augusteische Zeit relativ sicher; die frühestens seit neronischer Zeit nachweisbaren *cohortes milliariae*: je 800–1000); *ala*: 512; *cohors equitata*: 608(?); s. z.B. *Holder* 1980, 6–9; vgl. *Keppie* 1984, 182f.
[7] *Holder* 1980, 72.75.82f.141; *Keppie* 1984, 182–185; D. *Kienast*: Augustus. Prinzeps und Monarch, Darmstadt ³1999, 325f.
[8] Dazu *Wolff* 1986, 49.
[9] *Wolff* 1986, 97–102 (vgl. auch 48f Anm. 13) versucht nachzuweisen, dass *auxilia* rechtlich spätestens seit Claudius als reguläre Formationen des röm. Heeres anerkannt wurden.

ge dieser Gruppen Rekruten stellten. Der jüd. Bevölkerungsteil hielt einen Dienst im röm. Heer mit den eigenen religiösen Praktiken für unvereinbar und war zudem vom Militärdienst befreit. So wie die *auxilia* im Frühen Prinzipat erst allmählich zu festen Einheiten wurden, so dauerte es bis Claudius, ehe es für Auxiliarsoldaten eine feste Dienstzeit und ein wichtiges Abschlussgeschenk beim Dienstende gab.[10] Erst seit einer Reform dieses Kaisers[11] wurde Angehörigen solcher Einheiten am Ende von 25 (oder mehr!) Dienstjahren regelmäßig das röm. Bürgerrecht und das *conubium* verliehen.[12] Letzteres beinhaltete das einmalige Recht, auch eine Frau zu heiraten, die nicht *civis Romana* war, ohne dass die Nachkommen dem schlechteren Rechtsstatus der Frau gefolgt wären (schon vorhandene Nachkommen aus erst nach Dienstende legitimierbaren Beziehungen erhielten gleichfalls das röm. Bürgerrecht). Wie sehr dieses Entlassungsgeschenk geschätzt wurde, zeigt sich daran, dass Auxiliarsoldaten bis ins 3. Jh. hinein nie eine materielle Abfindung erhielten.[13] Entlassen wurden Auxiliarsoldaten seit Claudius – bis zu den Flaviern – anscheinend erst mit 30 Dienstjahren.[14]

Erst seit einer Reform des Claudius[15] wurde es auch zur ausnahmslos beachteten Regel, dass es sich bei fünf der sechs *tribuni militum* einer Legion – den ranghöchsten Offizieren dieser Einheiten nach dem senatorischen Legionskommandeur (*legatus legionis*) und dem Lagerkommandanten (*praefectus castrorum*) – um Ritter handelte.[16] Davon ausgehend setzten sich seit seinem Nachfolger die sogenannten *tres militiae* als Schema der ritterlichen militärischen Laufbahn durch: *praefectus cohortis* (Kommandeur einer infanteristischen Auxiliareinheit) → *tribunus legionis* → *praefectus alae* (Kommandeur einer berittenen Auxiliareinheit).[17] Als indirekte Konsequenz aus dieser Reform des Claudius, den bewussten (?) Veränderungen in den Laufbahnen der *centuriones*[18] und den Erfahrungen des Bürgerkrieges in den Jahren 68 und 69 ergab sich, dass es sich spätestens seit flavischer Zeit bei den Kommandeuren von Auxiliareinheiten immer um Angehörige des *ordo equester* handelte.

---

[10] Zu Suet. Aug. 49,2 vgl. *Saddington*: 1982, 194f.249 Anm. 32.

[11] *Holder* 1980, 47f.141; *Keppie* 1984, 185; vgl. *Saddington* 1982, 190f.195 (unter Tiberius unter Umständen zumindest mit einer gewissen Regelmäßigkeit nach 30 Dienstjahren).

[12] Zur These von Dušanić (Pre-Severan Diplomata and the Problem of Special Grants, in: W. *Eck/H. Wolff* (Hgg.): Heer und Integrationspolitik. Die römischen Militärdiplome als historische Quelle, Köln/Wien 1986, 190–240), das Bürgerrecht sei nur bei Bewährung auf dem Schlachtfeld verliehen worden, siehe die anderen Beiträge in dem genannten Sammelband und jetzt W. *Eck*: Der Kaiser als Herr des Heeres. Militärdiplome und kaiserliche Reichsregierung, in: *J. J. Wilkes* (ed.): Documenting the Roman Army, London 2003, 55–87.

[13] *Wolff* 1986, 48.

[14] *Holder* 1980, 47.141.

[15] *Keppie* 1984, 177.

[16] Der sechste war ein junger Senator am Beginn seiner Laufbahn.

[17] *Holder* 1980, 75–77.141.

[18] Dazu z.B. *B. Dobson*: Die Primipilares, Köln/Bonn 1978, 7.12f.

1.4.1.3 Das Imperium Romanum: Das römische Heer und die Heere der Klientelkönige

Das römische Heer als Vorbild für die Heere der Klientelkönige?
Wieweit dieses im Fluss befindliche Vorbild[19] von den Armeen der herodianischen Dynastie übernommen wurde, lässt sich nicht sicher bestimmen. Wir finden zwar in Inschriften[20] und literarischen Quellen (wie z.B. dem NT) zu den Heeren dieser Klientelfürsten die gr. Termini, mit denen lat. Titel des röm. Heeres wiedergegeben wurden, wie z.B. *chiliarchos/tribunus (militum legionis), hekatontarchos/kenturiōn/centurio, spekulatōr/speculator*. Aber es fehlt an Anhaltspunkten, um zu entscheiden, wie eng in der Realität die Gemeinsamkeiten waren.[21] Dass auch Offiziere solcher Heere als *chiliarchoi* oder *hekatontarchoi* bezeichnet werden konnten, muss nicht mehr implizieren, als dass die entsprechenden Personen selbstständige Einheiten oder Unterabteilungen solcher Verbände führten. Anders wäre dies, wenn der Scharfrichter des Herodes Antipas tatsächlich den Titel *spekulatōr* geführt hätte, wie es Mk 6,27f behauptet. Das würde bedeuten, dass man sich nicht nur ganz allgemein und in den Grundzügen am röm. Vorbild orientiert hätte, sondern auch spezielle Chargen, wie die des *speculator*, übernommen hätte. Solche *speculatores* gab es seit spätrepublikanischer Zeit im röm. Heer.[22] In der Kaiserzeit gehörten Soldaten, die in einer Legion die Funktion eines *speculator* bekleideten, zu den Stäben senatorischer (nicht ritterlicher) Statthalter kaiserlicher Provinzen. Sie setzten deren juristische Entscheidungen um und führten speziell Hinrichtungen durch. Es ist nicht auszuschließen, dass diese letzte Tätigkeit die *speculatores* so bekannt (und verhasst) machte, dass der Evangelist allein deshalb den gräzisierten lat. Terminus benutzte.[23]

Die römische Armee im Spiegel des NT
Damit ist schon die grundsätzliche Frage angesprochen, wie sich die im NT enthaltenen Angaben zu den in *Iudaea* tätigen Soldaten zu unserem Wissen von der röm. Armee dieser Zeit verhalten. Michael P. Speidel hat in einer Studie gezeigt, dass die beiden präzisesten Angaben in der Apg (und im ganzen NT) allem Anschein nach vorzüglich zu unseren Kenntnissen vom röm. Heer

---

[19] Zu den Änderungen in Bewaffnung und Taktik: *Keppie* 1984, 173f.
[20] Dazu R. *Haensch*: Inscriptions and the History of the Herods, in: Akten des Kolloquiums „The World of the Herods and the Nabataeans. An International Conference held at The British Museum, April 17–19, 2001" (im Druck).
[21] Zur Frage, inwieweit sich die Armee des Herodes an röm. Vorbildern orientierte: *I. Shatzman*: The Armies of the Hasmonaeans and Herod. From Hellenistic to Roman Frameworks, Tübingen 1991, 198–214; vgl. auch *Gracey* 1986, 314.
[22] Zu ihnen insbes. *M. Clauss*: Untersuchungen zu den principales des römischen Heeres von Augustus bis Diokletian, Diss. Bochum 1973 (masch.), 9f.46–54.59–75.
[23] Davon geht z.B. *Clauss*: Untersuchungen (wie Anm. 22), 72 aus; vorsichtiger *Saddington* 1996, 2413. Das liegt auch deshalb nahe, weil Mk der einzige ist, der den gräzisierten lat. Terminus *kenturiōn* und nicht die gr. Übersetzung *hekatontarchos* verwendet. Demgegenüber findet sich nur bei Mt 27,65f; 28,11 der gräzisierte lat.Terminus koustōdia. Zu *officium custodiarum* bzw. *custodiae* als inschriftlich in Caesarea Maritima und Bostra belegte Bezeichnungen für die Abteilungen im Statthalterstab, die Strafgefangene bewachten, s. jetzt *H. Cotton/W. Eck*: Governors und Their Personnel on Latin Inscriptions from Caesarea Maritima, IASH.P VII.7, 2001, 215–240, hier 230–232.

in der Region um die Mitte des 1. Jh. passen.[24] Es ist dies erstens die Nachricht, der von Petrus in Caesarea getaufte *centurio* habe zu einer *cohors Italica* gehört (Apg 10,1), und zweitens die Angabe, der *centurio*, der Paulus nach Rom brachte, sei Soldat einer *cohors Augusta* gewesen (Apg 27,1).[25] Speidel wies gegen Emil Schürer darauf hin, dass es keinen Beleg dafür gibt, dass alle Einheiten der Garnison[26] von *Iudaea* unter den Procuratoren den Beinamen *Sebastena* führten und dass dies auch keineswegs deshalb der Fall gewesen sein müsse, weil für diese Einheiten unter den Bewohnern von Caesarea Maritima und Sebaste rekrutiert wurde.[27] Gerade in der Region – nämlich im Königreich des Agrippa II. – gäbe es auch inschriftliche Belege für eine *cohors Augusta*.[28]

Prinzipiell schwieriger einzuschätzen ist das, was in den Evv bzw. der Apg im Zusammenhang mit der Hinrichtung Jesu bzw. der Gefangennahme des Paulus von der Tätigkeit röm. Soldaten berichtet wird (→1.5.1.4 und 1.5.1.5). Das liegt daran, dass wir aus keiner anderen Quelle – außer den als Quellengruppe mindestens ebenso problematischen Märtyrerakten – so detailliert über die Umstände einer Hinrichtung bzw. eines Gefangenentransportes informiert werden. Führende röm. Militärhistoriker wie Roy Davies oder Michael P. Speidel illustrierten derartige Tätigkeiten röm. Soldaten gerade mit dem NT.[29]

Auf jeden Fall lassen sich eine Reihe von Details durch außerbiblische Quellen bestätigen. Wenn die Soldaten unter dem Kreuz die Kleidung Jesu aufteilen,[30] so passt das zu einer Passage in den Digesten, in der erörtert wird, inwieweit solche *officiales* des Statthalterstabes, die bei der Rechtsprechung Hilfsdienste leisteten, Anspruch auf all das hatten, was sich im persönlichen Besitz eines Verurteilten befunden hatte.[31]

---

[24] *Speidel* 1992 gegen *E. Schürer*: The History of the Jewish People in the Age of Jesus Christ (175 B.C.–A.D. 135) I, Edinburgh 1973, 363f; vgl. *B. Isaac*: The Limits of Empire. The Roman Army in the East, Oxford 1990, 105f Anm. 19.
[25] Es war dies zumindest dem Namen nach keine Kohorte der Sebastener; gegen dieses falsche Verständnis von *speira Sebastē* z.B. *Schürer*: History I (Anm. 24), 364; anders aber z.B. *Saddington* 1982, 51.
[26] Wegen Ios. ant. Iud. 19,356–366 (vgl. Ios. bell. Iud. 2,236; 3,66; ant. Iud. 20,122) geht man generell davon aus, dass es sich um eine *ala* und fünf *cohortes* gehandelt habe.
[27] Ios. ant. Iud. 19,176.
[28] SEG 7, 1934, 970 = 33, 1983, 1306 (aus den Jahren 75/76; so nach der umstrittenen Datierung der Ären des Agrippa II. durch *N. Kokkinos*: Justus, Josephus, Agrippa II and his Coins, SCI 22, 2003, 163–179, hier 174; nach den traditionellen Datierungen dieser Ären würde die Inschrift in die achtziger Jahre des 1. Jh. fallen); derselbe *centurio* auch in SEG 7, 1934, 1110 sowie OGIS 421. Allerdings bleibt die von Speidel an diese Inschriften angeknüpfte These zur Apg – der *centurio* dieser seiner Ansicht nach Agrippa unterstehenden Einheit sei als dessen Vertrauter mit der Überführung des Paulus nach Rom betraut worden – sehr fraglich; denn die Inschriften können keinesfalls belegen, dass schon im Jahre 60 die *cohors Augusta* Agrippa II. zur Verfügung stand. Zwischen den Daten der Inschriften und denjenigen der Geschehnisse der Apg liegen mindestens 15 Jahre und der Jüdische Krieg. Zweifel an dieser These auch bei *Gracey* 1986, 320f.
[29] *Davies* 1989, 57; *Speidel* 1992, 237 („the compelling ring of historical truth"); vgl. auch *J.-U. Krause*: Gefängnisse im Römischen Reich, Stuttgart 1996, 250 (vgl. 253f).
[30] Mt 27,35; Mk 15,24; Lk 23,34; Joh 19,23f.
[31] Dig. 48,20,6.

1.4.1.3 Das Imperium Romanum: Das römische Heer und die Heere der Klientelkönige

Im Falle der für die Apg so wichtigen Garnison von Jerusalem berichtet auch Josephus (→1.3.2.6), dass eine röm. Einheit permanent in der Burg Antonia stationiert war, um bei Unruhen, insbes. im Zusammenhang mit den großen Festen, schnell eingreifen zu können (→2.2.7.3).[32] Ihr Quartier war seinen Angaben nach durch eine Treppe mit dem Tempelberg verbunden.[33] Eine solche Treppe aber wird Paulus hochgetragen (Apg 21,35) und von dort aus spricht er noch einmal zur Menge (21,40). Wenn der Kommandeur dieser Einheit namens Claudius Lysias[34] im Gespräch mit Paulus erwähnt, er habe eine erhebliche Summe für das röm. Bürgerrecht bezahlt (22,28), so passt dies zu dem, was wir aus Cassius Dio über die Bürgerrechtsverleihungen des Kaisers Claudius erfahren (und das *nomen gentile* dieses Truppenbefehlshabers verweist auf diesen Kaiser als demjenigen, dem Lysias sein Bürgerrecht verdankte).[35]

Wenn Paulus nach der Apg (23,23) von zwei *centuriones*, 200 Soldaten, 70 Reitern und 200 *dexiolaboi* aus Jerusalem heraus gebracht wurde, so erscheint der Umfang dieses Schutzkommandos auf den ersten Blick unglaubwürdig groß. Fast die Hälfte der einzigen in Jerusalem stationierten Auxiliareinheit[36] hätte ihn begleitet. Andererseits geleiteten ihn nur die Reiter bis nach Caesarea Maritima. Die übrigen Soldaten kamen zwar in einem Nachtmarsch bis nach Antipatris mit,[37] um dann aber nach Jerusalem zurückzukehren (23,32). Damit war der überwiegende Teil des Schutzkommandos nach einem Tag an seinem Standort wieder verfügbar. Es war auch militärisch durchaus sinnvoll, durch eine solch starke Bedeckung jeden Widerstand im Keim zu ersticken. Für die Zuverlässigkeit ist aber vor allem wichtig, dass die erwähnten *dexiolaboi* ein *hapax legomenon* darstellen. Es gibt in der gesamten übrigen kaiserzeitlichen Überlieferung keine Parallele für die von der Apg benutzte Bezeichnung.[38] Das

---

[32] Ios. bell. Iud. 5,244.
[33] Ios. bell. Iud. 5,243.
[34] Zu ihm *S. Demougin*: Prosopographie des chevaliers romains Julio-Claudiens (43 av. J.-C.–70 ap. J.-C.), Rom 1992, 444f; *H. Devijver*: Prosopographia militiarum equestrium quae fuerunt ab Augusto ad Gallienum, Löwen 1976 s.v. C 154, vgl. Suppl. I, 1987; II, 1993.
[35] Auch nach Cassius Dio wäre zumindest in den ersten Jahren des Claudius das röm. Bürgerrecht nur gegen erhebliche Zahlungen zu erlangen gewesen (60,17,6; dazu *B. Levick*: Claudius, London 1990, 164f).
[36] *Saddington* 1996, 2416 (*ders.* 1982, 110.210 Anm. 113; vorsichtiger *Schürer*: History I [Anm. 24], 366) erwägt deshalb sogar, ob die in Jerusalem stationierte Kohorte eine *milliaria* (o. Anm. 6) gewesen wäre. Das kann man aber auf jeden Fall nicht mit der Bezeichnung *chiliarchos* für ihren Kommandeur stützen, da dies im NT die übliche Bezeichnung für einen höheren Truppenkommandeur ist (z.B. Mk 6,21; Apg 25,23). Der eigentlich zu erwartende Begriff *eparchos* findet sich nirgends, vgl. *W. Bauer*: Griechisch-deutsches Wörterbuch zu den Schriften des Neuen Testaments und der frühchristlichen Literatur, Berlin/New York ⁶1988, 574.
[37] Eine durchaus vorstellbare Geschwindigkeit, s. Veg. mil. 1,9; dazu *A. Kolb*: Transport und Nachrichtentransfer im Römischen Reich, Berlin 2000, 311.
[38] *Saddington* 1996, 2416 (ausführlicher *ders.* 1982, 210 Anm. 113, vgl. 110) denkt entsprechend den beiden spätantiken bzw. byzantinischen – also unter Umständen erst durch Interpretationen des NT beeinflussten – Belegen (*Bauer*: Wörterbuch [Anm. 36], 349) an Bogenschützen; *Schürer*: History I (Anm. 24), 366f aufgrund der gleichen Zeugnisse: „a particular kind of light-armed soldiery (javelin-throwers or foot-soldiers using other missiles)". Beide Quellen lassen aber präzise militärische Charakteristika solcher *dexiolaboi* nicht erkennen und sind zudem durch mehrere Jhh. von der Apg getrennt. Die übliche Stärke und

spricht für eine sehr gut informierte, mit den lokalen Verhältnissen und Bezeichnungen vertraute Quelle.

Zumindest ein wenig überrascht, wie das NT die *centuriones* zeichnet. *Centuriones* (*hekatontarchoi*) werden immer wieder als diejenigen hochrangigen Vertreter der röm. Armee dargestellt, die den Forderungen der jüd. Religion, aber auch den Gedanken Jesu und seiner Anhänger gegenüber besonders aufgeschlossen sind.[39] Diese Aufgeschlossenheit gegenüber religiösen Gedanken, die kaum mit röm. Religion vereinbar waren, überrascht gerade bei einer Personengruppe, von der antike Quellen und heutige wissenschaftliche Literatur ein ganz anderes Bild zeichnen. Dies hat Lawrence Keppie wie folgt zusammengefasst: „They provided continuity of standards and traditions. Equally however they must have been bastions of conservatism, averse to innovation and change".[40]

Man bezieht sich bei solchen Aussagen immer in erster Linie auf die *centuriones* der Legionen, während es sich bei den *centuriones* des Heeres von *Iudaea* um solche von *auxilia* gehandelt haben muss (in *Iudaea* stand ja vor dem Ausbruch des jüd. Aufstandes keine Legion).[41] Aber man würde auch solchen *centuriones* unterstellen, dass sie zu den entschiedensten Vertretern röm. Religion im Heer gehört haben. Doch kann es auch nicht einfach das Bemühen der Autoren des NT gewesen sein, die Gedanken des neuen Glaubens von möglichst hochrangigen Vertretern des röm. Heeres anerkannt zu sehen; dann müssten die Kommandeure der Auxiliareinheiten (d.h. *chiliarchoi*) häufiger erwähnt worden sein als dies tatsächlich geschieht – nur Claudius Lysias spielt in dieser Hinsicht eine Rolle. Unter Umständen war es vor dem jüd. Krieg und den ersten Hinrichtungen von Christen auch für solche Angehörige des röm. Heeres, die durch ihren Dienst besonders von röm. Kulten geprägt wurden, noch möglich, sich für die Gedanken des Judentums und verwandter religiöser

---

die einheitliche Zusammmensetzung solcher *auxilia* legen vielmehr nahe, in den *dexiolaboi* Reitknechte und ähnliche Diener zu sehen, die nach Josephus mit den regulären röm. Truppen trainierten und insofern durchaus als Teil der Kampftruppe zu betrachten seien (bell. Iud. 3,69f); grundsätzlich zu solchen Dienern: *M. P. Speidel*: The Soldiers' Servants, jetzt in: *Ders*.: Roman Army Studies, Volume Two, Stuttgart 1992, 342–352.

[39] Mt 8,5–13; Lk 7,1–10 bzw. Mt 27,54; Mk 15,39; Lk 23,47 bzw. Apg 10 und 27, bes. 27,3.42–44 (vgl. allerdings 27,11).

[40] *Keppie*: Making, 179. Sehr ähnlich *Dobson*: Primipilares (Anm.18), 128: „Es zeigt Männer mit Mut, Loyalität, dem Alten, ja Altmodischem zugetan".

[41] Bei *Holder* 1980, 86–90 (vgl. *Saddington* 1982, 188f) finden sich eine Reihe von Beispielen von *peregrini*, die als *centuriones* oder *decuriones* von Auxiliarverbänden Dienst taten. Er kann nachweisen, dass diese zumeist aus der gleichen Gegend stammten wie die jeweilige Einheit und mutmaßlich in ihr aufgestiegen waren. Aber auch dies würde auf ein ethnisches Milieu hinweisen (vgl. bei Anm. 9), das dem Judentum eher feindlich gegenüberstand. – Ich sehe gegen *Saddington* 1996, 2413 keinen zwingenden Grund, warum der *centurio* von Kapernaum zur Armee des Antipas gehört haben soll. Sein Aufenthalt in Kapernaum ließe sich auch damit erklären, dass er nicht mehr im aktiven Dienst war (Kapernaum ist nie als Truppenstützpunkt in röm. Zeit fassbar: *Isaac*: Limits [Anm. 24], 137.434, der aber die Anwesenheit des *centurio* als Beleg für eine Garnison wertet). – Zur Garnison von *Iudaea* nach dem jüd. Aufstand jetzt *H. Cotton* u.a.: A Newly Discovered Governor of Iudaea in a Military Diploma from 90 CE, Israel Museum Studies in Archaeology 2, 2003, 17–31; zur *legio X Fretensis*: *E. Dabrowa*: Legio X Fretensis. A Prosopographical Study of its Officers (I–III c. A.D.), Stuttgart 1993.

Strömungen zu interessieren. Sich überhaupt nicht mit den Göttern der Region zu beschäftigen, in der man tätig war, das hätte nun auch nicht röm. Religiosität entsprochen (→1.2.3).

Literatur
R. W. *Davies*: Service in the Roman Army, Edinburgh 1989. – M. *Gracey*: The Armies of the Judaean Client Kings, in: *Ph. Freeman/D. Kennedy* (eds.): The Defence of the Roman and Byzantine East, Part I, Oxford 1986, 311–323. – P. A. *Holder*: Studies in the Auxilia of the Roman Army from Augustus to Traian, Oxford 1980. – L. *Keppie*: The Making of the Roman Army. From Republic to Empire, London 1984. – D. B. *Saddington*: The Development of the Roman Auxiliary Forces from Caesar to Vespasian (49 B.C.–A.D. 79), Harare 1982. – *Ders*.: Roman Military and Administrative Personnel in the New Testament, ANRW II.26,3, 1996, 2409–2435. – M. P. *Speidel*: The Roman Army in Judaea under the Procurators, jetzt in: *Ders*.: Roman Army Studies. Volume Two, Stuttgart 1992, 224–232. – H. *Wolff*: Die Entwicklung der Veteranenprivilegien vom Beginn des 1. Jahrhunderts v.Chr. bis auf Konstantin d. Gr., in: *W. Eck/H. Wolff* (Hgg.): Heer und Integrationspolitik. Die römischen Militärdiplome als historische Quelle, Köln/Wien 1986, 44–115.

1.4.1.4 „*Pax Romana*" im NT (*Jürgen Zangenberg*)

Stellen im NT
Mt 10,34 par Lk 12,51; Mk 10,41–44; Lk 2,19; Joh 14,27; 18,36f; Apg 22,27–29; Röm 13,1–7; 14,17.19; 15,33; 1Kor 14,33; 16,20; 2Kor 11,23–33; Gal 4,26; Eph 2,11–22; Phil 2,20; 1Thess 5,3; 1Petr 1,1f.17; 2,11–17; Offb 6,4; 13; 18

Pax Romana: Ideal und Wirklichkeit
Als die röm. Republik im Chaos eines langen, blutigen Bürgerkriegs zu Grunde gegangen war und Augustus mit der Erneuerung der politischen, kulturellen und wirtschaftlichen Grundlagen den Bewohnern des Imperiums Sicherheit nach außen und Frieden nach innen zurückgab, brach eine Ära an, die man als *Pax Augusta* (augusteischer Friede) oder *Pax Romana* (römischer Friede) bezeichnet. Für die nächsten zweieinhalb Jhh. sahen sich röm. Caesaren in der Nachfolge des Augustus, wobei *Pax Romana* zugleich als ehrgeiziger Maßstab imperialen politischen Handelns als auch als Schlagwort geschickt inszenierter Propaganda fungierte. In seinem politischen Testament hatte Augustus selbst auf programmatische Weise verdeutlicht, was *Pax Romana* bedeutet (R. Gest. div. Aug.).[1] Sie bringt keineswegs das Ende aller militärischen Eroberungen, sondern erfüllt sich dort, wo Völker unter das Dach röm. Zivilisation mit militärischer Sicherheit, unparteiischer Justiz und auf das Gemeinwohl bedachter Verwaltung unter dem einigenden Band des Kaisers gestellt werden (vgl. etwa R. Gest. div. Aug. 3). *Pax Romana* ist somit eng verbunden mit dem imperialen „Sendungsbewusstsein" Roms, der Vorstellung eines gerechten, weil Frieden unter den Völkern (*pax gentium*) erst ermöglichenden Krieges und der Sicht des Staates als organisches Ganzes unter der wohlwollend-sorgenden

---

[1] Es sollte nach Augustus' Tod im Senat verlesen und am Eingang zu seinem Mausoleum in Rom öffentlich angebracht werden. Es ist in zahlreichen Fragmenten erhalten, von denen das vollständigste und berühmteste, das *Monumentum Ancyranum*, in gr. und lat. Sprache am Tempel der Roma und des Augustus in Ancyra (Ankara) erhalten geblieben ist.

Herrschaft des Besten (vgl. Leibmetaphorik). Bereits zu Augustus' Zeiten verkündeten zahlreiche Bauten (*Ara Pacis* und *Forum Augusti*, zur *Ara Pacis* vgl. R. Gest. div. Aug. 12),[2] kultisch-symbolische Handlungen (das Schließen der Tore des Janus Geminus-Tempels, R. Gest. div. Aug. 13; die Einrichtung eines Kultes der *Pax*), Statuen und Münzen das politische Programm, das die in Erfüllung gegangenen Hoffnungen und das kulturelle Lebensgefühl einer ganzen Ära ausdrückte. Von herausragender Bedeutung war aber die publizistische Untermauerung des Programms durch von Augustus gezielt geförderte Literaten wie Vergil (Aeneis, vgl. die berühmten Passagen 1,280–290; 6,793.851–853; ecl. 4); Livius (1,4,1) oder Horaz (carm. saec.), die bewusst mit mythischen Stoffen (Goldenes Zeitalter) und politischer Prophetie (Aeneas-Sage) operierten. Auch außerhalb dieses Zirkels wurde die Kulturleistung des Augustus als Friedenswächter (*eirēnophylax*) gerühmt (Philo leg. 147). Das röm. Ideal einer friedlich geordneten Völkergemeinschaft führte man auf Alexander d. Gr. zurück (Plut. Alex. 1,6), doch allein Rom bzw. Italien seien befähigt, zur gemeinsamen Wohnung aller Menschen zu werden (Plut. mor. 317A; Plin. nat. 3,39f *una cunctarum gentium in toto orbe patria*). Gut 100 Jahre später preist Aelius Aristides in seiner berühmten Romrede die Ideale der *Pax Romana*. Christl. Autoren maßen der Tatsache, dass Jesus unter der *Pax Augusta* geboren war, tiefere Bedeutung zu und ermöglichten die Anknüpfung an das pagane Friedensideal und zugleich Distanzierung von dessen weltlichem Charakter (Aug. civ.).

Neben solcher Panegyrik finden sich auch Stimmen, die die brutalen Auswirkungen röm. Herrschaftswillens mit dem idealisierten Anspruch der *Pax Romana* kontrastieren. Besonders berühmt ist die Rede des Kaledoniers Calgacus, die ihm der Historiker Tacitus in den Mund gelegt hat (Agr. 30,3–31,2; vgl. auch die des Galliers Critognatus in Caes. Gall. 7,77,14–16). Freilich sollte man daraus keine grundsätzliche Kritik an röm. Machtpolitik ablesen, eher schon das Lob der altröm. *virtus*, die Tacitus im Handeln des Agricola verwirklicht sah. Immerhin macht Tacitus eine richtige Beobachtung: Die schärfste Kritik an der „real-existierenden" *Pax Romana* kommt erwartungsgemäß aus dem Munde von Provinzialen, wobei philosophische Motive ebenso eine Rolle spielen können (vgl. Epikt. 3,22,53–57) wie religiös und kulturell motivierte Ablehnung (etwa in der jüd. Apokalyptik [→1.3.2.3] z.B. 4Esr 11,37–46; Sib 3,175–195) oder der breite Strom geistigen Widerstandes des Ostens gegen die Fremdherren (Hoffnung auf den „Herrscher aus dem Osten"; vgl. „Nero redivivus" in Tac. hist. 2,8f; ägyptische Apokalyptik).[3]

Formen und Auswirkungen
Je nach den lokalen und zeitlichen Umständen wirkte sich die *Pax Romana* vor Ort ganz unterschiedlich aus. Während Kleinasien und Griechenland als Provinzen nach dem Ende des Bürgerkriegs dank der Hilfe des Augustus einen deutlichen Aufschwung nahmen, war Palästina aufgrund des weit gefä-

---

[2] Vgl. die Errichtung eines *Templum Pacis* durch Vespasian nach der Niederschlagung des Jüdischen Aufstandes (Plin. nat. 36,102; Ios. bell. Iud. 7,158).
[3] Dazu *Blasius* 2002 und die in *Blasius/Schipper* 2002 gesammelten und kommentierten Texte.

cherten, v.a. religiös motivierten inneren Widerstandes gegen hell. Kultur und röm. Herrschaft ein dauernder Problemfall (→1.4.4.2). In ntl. Zeit konkretisierte sich *Pax Romana* in Palästina zunächst durch die politische Dominanz lokaler, meist hellenisierter und mit Rom liierter Eliten (Herodes und seine Entourage), dann durch den strukturellen Schwierigkeiten der Situation oft nicht gewachsene Statthalter. Spürbar war vor allem die Eintreibung von Steuern (→2.3.1) und die Anwesenheit von Militär zur Aufrechterhaltung der inneren Sicherheit, da die Stabilität der palästinischen Landbrücke zwischen Syrien und Ägypten im strategischen Interesse Roms lag. Josephus (→1.3.2.6) berichtet immer wieder von Übergriffen röm. Autoritäten gegen die lokale Bevölkerung und vom tiefen gegenseitigen Unverständnis.

NT: Vielfältige Reaktion
Angesichts ihrer vielfältigen Auswirkungen auf den Alltag der Menschen findet die *Pax Romana* auch höchst unterschiedlichen Niederschlag im NT. Zum einen förderte die *Pax Romana* durch Bewegungsmöglichkeiten und stabile politische Verhältnisse v.a. während des 2. Jh. die Ausbreitung des Christentums, zum anderen sahen sich viele Christen durch die ideologisch-religiöse Konnotationen der *Pax Romana* offen herausgefordert. Die Spanne reicht von nahezu kritikloser Akzeptanz ihrer Segnungen (Apg, vgl. 22,27–29) und einer gewissen weltzugewandten „Bürgerlichkeit" im gesellschaftlichen Leben (Past; 1Clem) bis hin zu offener Ablehnung (Offb, v.a. 13; 18).[4] Zentral für die christl. Stellung zur *Pax Romana* ist die Überzeugung, dass der Gott Israels einziger Herr und Friedensbringer ist (in Lk 2,19 mit der Geburt Jesu verknüpft). Zahlreiche ntl. Texte sind daher durch einen grundsätzlichen Vorbehalt gegen die Institutionen der „Welt" und ihre irdischen Heilsversprechungen gekennzeichnet, der jedoch in unterschiedlicher Weise ausgedrückt wird. Paulus rekurriert auf die atl. Basisvorstellung mehrfach und zieht daraus – ganz analog zur politischen Funktion der Rede vom Frieden in der staatlichen Ideologie – praktische Konsequenzen für das Leben in der Gemeinde (Röm 14,17.19: Reich Gottes ist Gerechtigkeit und Friede; 1Kor 14,33; Röm 15,33; 16,20: Gott ist ein Gott des Friedens). Obwohl Paulus trotz eigener übler Erfahrungen (2Kor 11,23–33) zum Gehorsam gegenüber dem Staat auffordert (Röm 13,1–7), sieht er sein eigentliches Bürgerrecht „im Himmel" (Phil 2,20; Gal 4,26). Die Proklamation von „Friede und Sicherheit" – sicher nicht ohne politische Konnotationen – täuscht nur über das nahe Verderben hinweg (1Thess 5,3). Bei Joh werden Jesu Reich und Jesu Friede mit der „Welt" kontrastiert (Joh 14,27; 18,36), Jesus wird in der Passion als wahrer König Israels stilisiert (Joh 18,37). Die Kritik an irdischer Herrschaft, die zudem noch den Gottessohn ans Kreuz bringt, ist unüberhörbar. In der Jesusüberlieferung hat das Stichwort „Reich Gottes" seinerseits durchaus politische Konnotationen. Es fungiert nicht nur als Kriterium für Herrschaftskritik, sondern trägt zumindest bei Jesus in der Gemeinschaft der Jünger Züge einer bewusst gelebten Gegenwelt (Dienen etc.; vgl. Mk 10,41–44). Die Zugehörigkeit zur Gemeinde und damit die Teilhabe an den Verheißungen und Normen des christl. verstandenen Gottes Israels kompensiert in späteren Schriften ebenso die als „Fremd-

---

[4] Vgl. dazu die Beiträge in *Labahn/Zangenberg* 2002.

heit" erfahrene gesellschaftliche Marginalität vieler Christen (Eph 2,19; 1Petr 1,1f.17; 2,11–17). Besonders der Eph macht Anleihen bei politisch gefärbter Sprache, um die Spannungen zwischen Juden und Heiden in der christl. Adressatengemeinde zu überwinden.*

Literatur
A. *Blasius*: Zur Frage des geistigen Widerstandes im griechisch-römischen Ägypten – die historische Situation, in: *A. Blasius/B. U. Schipper* (Hgg.): Apokalyptik und Ägypten. Eine kritische Analyse der relevanten Texte aus dem griechisch-römischen Ägypten, Löwen 2002, 41–62. – *J. E. Bowley*: Pax Romana, in: *C. A. Evans/S. E. Porter* (eds.): Dictionary of New Testament Background, Downers Grove/Leicester 2000, 771–774. – *E. Faust*: Pax Christi et Pax Caesaris. Religionsgeschichtliche, traditionsgeschichtliche und sozialgeschichtliche Studien zum Epheserbrief, Göttingen/Fribourg (CH) 1993. – *R. v. Haehling* (Hg.): Rom und das himmlische Jerusalem. Die frühen Christen zwischen Anpassung und Ablehnung, Darmstadt 2001. – *M. Labahn/J. Zangenberg* (Hgg.): Zwischen den Reichen. Neues Testament und Römische Herrschaft. Vorträge auf der ersten Konferenz der European Association of Biblical Studies, Tübingen 2002. – *D. Mendels*: The Rise and Fall of Jewish Nationalism. Jewish and Christian Ethnicity in Ancient Palestine, New York 1992. – *I. Shatzman*: The Armies of the Hasmoneans and of Herod. From Hellenistic to Roman Frameworks, Tübingen 1991. – *L. L. Thompson*: The Book of Revelation. Apocalypse and Empire, New York/Oxford 1990. – *K. Wengst*: Pax Romana. Anspruch und Wirklichkeit. Erfahrungen und Wahrnehmungen des Friedens bei Jesus und im Urchristentum, München 1986.

---

* Der Verf. dankt Herrn PD Dr. Rudolf Haensch für zahlreiche wertvolle Hinweise bei der Abfassung dieses Artikels.

1.4.2 Kleinasien in römischer Zeit

Stellen im NT
Das NT kennt einen Begriff „Kleinasien" (K.) nicht[1] und nimmt (bes. Apg; Offb; Briefe) stattdessen auf kleinasiatische Regionen und Städte Bezug:
Asia (meint in der Regel die römische Provinz *Asia*): vor allem Apg 18,19–21.24–27; 19,1–20,1; 20,14–21,1; Offb 1,4–3,22; vgl. weitere Hinweise auf *Asia* in Apg 2,9; 6,9; 16,6; 20,4; 21,27; 24,19; 27,2.7; Röm 16,5; 1Kor 16,19; 2Kor 1,8; 2Tim 1,15; 1Petr 1,1; die Adressierung des Eph nach Ephesos (→2.2.7.3) ist textkritisch unsicher. Im einzelnen: *Troas*: Apg 16,8–11; 20,5–14; vgl. 2Kor 2,12; 2Tim 4,13. *Mysia*: Apg 16,7f. *Bithynia*: Apg 16,7; 1Petr 1,1. *Galatia*: Apg 16,6; 18,23; 1Kor 16,1; 2Tim 4,10; 1Petr 1,1; Gal, bes. 1,2; 3,1. *Cilicia*: Apg 6,9; 15,23.41; 21,39; 22,3; 23,34; 27,5; Gal 1,21. *Cappadocia*: Apg 2,9; 1Petr 1,1. *Lycaonia*: Apg 13,51–14,23; 16,1–5. *Lycia*: Apg 27,5f. *Pamphylia*: Apg 13,13f; 14,24–26; vgl. ferner Apg 2,10; 15,38; 27,5. *Phrygia*: Apg 2,10; 16,6; 18,23; vgl. auch Kol, bes. 1,2; 2,1; 4,13–16. *Pisidia*: Apg 13,14–51; 14,21–24. *Pontus*: Apg 2,9; 1Petr 1,1. *Sonstige Regionen*: 1Petr und 2Petr sind an christl. Gemeinden im nördlichen und westlichen K. gerichtet, vgl. 1Petr 1,1; 2Petr 3,1

1.4.2.1 Geographische, historische und politische Gegebenheiten (*Wolfgang Orth*)

Einführung in die Thematik
Der spätantike Autor Orosius bestimmt K. als Land, das im Norden vom Schwarzen Meer, im Süden vom Mittelmeer und im Westen vom Marmarameer und der Ägäis umgeben ist; im Osten reicht es bis Kappadokien und Syrien (Oros. hist. 1,2,26). Damit ist ein geographischer Raum bezeichnet, der im Wesentlichen dem Staatsgebiet der heutigen Türkei entspricht. Die politische und kulturelle Bedeutung K.s im Altertum ist über Jahrtausende hin kaum zu überschätzen; im Blick auf die frühe Entwicklung des Christentums hat das Land eine entscheidende Rolle gespielt. Die Erforschung des antiken K. wird heute in mehreren altertumswissenschaftlichen Spezialdisziplinen (Alte Geschichte, Epigraphik [→1.3.4.2], Numismatik [→1.3.4.3], Altorientalistik, klass. Archäologie [→1.3.4.4], historische Geographie des Altertums u.a.) intensiv betrieben. Die Grundlage bilden dabei weniger literarische Quellen,[2] als vielmehr – in z.T. jahrhundertelanger Tradition – archäol. Untersuchungen, Auswertung von Inschriften, Deutung von Münzen und neuerdings auch geo-

---

[1] Der Begriff *Asia Minor* ist erstmals im 5. Jh. n.Chr. bei Orosius belegt (hist. 1,2,26). Der Sache nach findet sich eine geographische Einheit K. gelegentlich auch schon früher angedeutet, z.B. beim älteren Plinius (nat. 5,102).

[2] So reich die Literatur des Altertums (seit Homer) an einzelnen Hinweisen ist, die Aufschluss geben können über die verschiedensten auf K. bezogenen Aspekte, so ist doch die Zahl der gr. und lat. Texte, die als ganze oder zu einem erheblichen Teil K. zum Thema haben, nicht groß; für die frühe röm. Kaiserzeit liegt vor die geographisch-historische Beschreibung des aus Arsameia im Pontosgebiet stammenden Schriftstellers Strabon (B. 12–14; vgl. dazu auch die eher listenartige Zusammenstellung zur Geographie K.s bei Plin. d. Ä., nat. 5,20,83–6,8,24); Bilder aus dem inneren Leben einzelner Städte bietet Dion (Chrysostomos), geboren um 40 n.Chr. in Prusa in *Bithynia*, in einer Reihe von Reden (or. 33–35; 38–51). Probleme röm. Verwaltungspraxis werden diskutiert im berühmten Briefwechsel des jüngeren Plinius (seit ca. 110 n.Chr. *legatus Augusti* in *Bithynia*) mit Kaiser Traian (Plin. epist. 10).

graphisch-historische Surveys, wobei das Fundmaterial – gerade im Hinblick auf die röm. Kaiserzeit – in laufender Vermehrung begriffen ist.

Geographische Grundlagen
Die Landmasse der kleinasiatischen Halbinsel wird stark von ihrer orographischen Natur her geprägt; zwei Drittel des türkischen Staatsgebiets liegen über 1000 m hoch. Das vielfach gekammerte anatolische Hochland (größere und kleinere Beckenlandschaften zwischen Gebirgsstöcken und -ketten) wird eingerahmt von Serien von Küstengebirgen (pontische Gebirge an der Schwarzmeerküste, Taurus-Gebirge an der Mittelmeerküste). Tektonik (Erdbebenhäufigkeit), stark differenzierte regionale Binnengliederung (Gebirge als Verkehrsbarrieren, wobei die West-Ost-Flusstäler im westlichen K. eine Ausnahme bewirken), zum Teil extreme Klimaunterschiede und Witterungsanomalien sind Faktoren, durch die die menschliche Zivilisation in allen historischen Epochen mit bestimmt wurde. Dabei ist nur ein kleiner Teil des Landes ganz ungeeignet für landwirtschaftliche Nutzung (und damit unbewohnbar); die Vegetation wurde durch menschliche Eingriffe im Laufe der Zeit allerdings entscheidend verändert.

Geschichtliche Entwicklung
Für die zivilisatorisch-technische Entwicklung des Menschen bietet der kleinasiatische Raum seit mindestens 8000 v.Chr. Anschauungsmaterial von erstrangiger Bedeutung. Vielfältig sind dabei die Beziehungen zu den anderen Kulturregionen des Vorderen Orients. Seit ca. 1650 v.Chr. tritt das Hethiterreich als dominierende Macht hervor. Nach seinem Untergang ca. 1200 v.Chr. können immer wieder auswärtige Völker und Mächte Einfluss über Teile Anatoliens erringen: so etwa die balkanischen Phryger (Blütezeit ihres Reiches: 8. und 7. Jh.), die vom Kaukasus her eindringenden Kimmerier, die gr. Kolonisten an der Westküste (bald nach 1000 v.Chr.), vor allem aber die Perser, die nach Zerstörung des Reichs der alt-kleinasiatischen Lyder (547/6 v.Chr.) ganz K. unter ihre Oberhoheit bringen. Alexander d. Gr. unterwirft seit 334 v.Chr. das Perserreich; er schafft damit die Grundlage dafür, dass sich in K. hinfort all das verdichten kann, was wir als hell. Weltkultur bezeichnen. Diese Prägung besteht auch in der Römerzeit fort; den Römern fällt das westliche K. durch Erbverfügung des letzten Königs von Pergamon (→2.2.7.3), Attalos III., (gest. 133 v.Chr.) zu; die 129 v.Chr. konstituierte röm. Provinz erhält den Namen *Asia*. Später kommen noch weitere Provinzen hinzu: Bei der Schaffung von *Cilicia* (um 80 v.Chr.) ist Sicherung gegen Piraten ein wichtiger Gesichtspunkt; Pompeius erweitert die Provinz 63 v.Chr. noch durch Hinzufügung der *Cilicia Pedias*. Derselbe richtet im gleichen Jahr die Provinz *Bithynia et Pontus* ein (→1.4.1.1).
Die Ausbeutung der unterworfenen Gebiete, vor allem der Provinz *Asia*, wird von den Römern mit solcher Rücksichtslosigkeit betrieben, dass die blühende Region mehr und mehr ruiniert wird.[3] Schwere Belastungen bringt die Triumviratsepoche (seit 43 v.Chr.) durch maßlose Geldforderungen der rivalisieren-

---

[3] Der Hass der Unterdrückten entlädt sich in *Asia* in der Ermordung von wohl 80000 Römern und Italikern (88 v.Chr.).

1.4.2.1 Kleinasien: Geographische, historische und politische Gegebenheiten 171

den Kommandeure und eine Invasion der Parther (40–38 v.Chr.). Erst die Friedenszeit unter Augustus verschafft K. Erholung; segensreich wirken sich v.a. die Reform des Steuersystems (→2.3.1), ein Urbanisierungsprogramm (→2.2.7.1)[4] und karitative Initiativen aus. Der Dank der Bewohner *Asias* spiegelt sich u.a. darin, dass man die augusteische Zeit als Epoche der *euangelia* („Frohbotschaften") preist.[5] Im 1. Jh. n.Chr. gelangen vor allem die Städte K.s – trotz verschiedener Naturkatastrophen, administrativer Fehlgriffe[6] und partieller Misswirtschaft[7] – zu Wohlstand und kultureller Blüte. Auch das zentrale und östliche Anatolien wird in dieser Zeit mehr und mehr in die röm. Reichsverwaltung einbezogen: Nach dem Tod des galatischen Tetrarchen Amyntas wird sein Königreich – gelegen an der Hauptroute von *Asia* nach *Syria* – 25 v.Chr. als neue röm. Provinz *Galatia* organisiert. Kaiser Tiberius wandelt im Einvernehmen mit dem röm. Senat das Königreich *Kappadokien* in eine röm. Provinz um, nachdem im Jahre 17 n.Chr. der unfähige König Archelaos verstorben war (vgl. u.a. Strab. 12,1,4 und Tac. ann. 2,42,4; 43,1 und 56,4). Der große Reichtum des Landes macht es möglich, dass im ganzen röm. Reich die einprozentige Konsumsteuer auf die Hälfte herabgesetzt werden kann. Lykien mit seinem Städtebund wird 43 n.Chr. von den Römern annektiert; die neue Provinz *Lycia et Pamphylia* umfasst auch die Landschaft Pamphylien, die zuvor durch die Statthalter von *Asia*, *Cilicia* oder *Cappadocia* kontrolliert worden war, und einen Teil von Pisidien (soweit es nicht zu *Galatia* gehörte).

Verwaltung in römischer Zeit
Die Verwaltung der kleinasiatischen Provinzen (→1.4.1.2) erfolgte wie überall im Imperium unter Einsatz eines Minimums an Personal. Dem röm. Senat unterstanden *Asia* (Hauptstadt Ephesos: vgl. Apg 19,30f, →2.2.7.3) und *Bithynia et Pontus* (dieses bis in traianische Zeit; Hauptstadt wohl Nikaia). Verwaltet wurden sie durch einen in der Regel jährlich wechselnden *proconsul*. Kaiserliche Provinzen waren im 1. Jh. n.Chr. *Lycia et Pamphylia* (Hauptstadt wohl Perge), *Galatia* (Hauptstadt Ankyra), *Cappadocia* (Hauptstadt wohl Caesarea) und *Cilicia* (Hauptstadt wohl Tarsos). Der *princeps* herrschte hier durch von ihm bestimmte *legati Augusti pro praetore*.
Soweit es möglich schien, gestattete die röm. Herrschaft den Fortbestand gewachsener traditioneller Strukturen, wobei sich die organisatorischen Standards im Raum K. weit voneinander unterscheiden konnten. Die an klassischen Vorbildern orientierte, sich selbst verwaltende Bürgerschaft in gr. geprägten *poleis* stellte dabei eine wichtige Stütze für das Imperium dar; ihre Elite gewann mehr und mehr auch Bedeutung als Personalreservoir, das für die Übernahme von Aufgaben in der Verwaltung des Reichs in Betracht kommen konnte. Dagegen dominierten in dünner besiedelten Regionen noch vielfältige, z.T. recht einfache Formen einer Stammes- oder Dorforganisation (→2.2.6.1).

---

[4] Die Gründung der aus der Apg bekannten Kolonien Ikonion in Lykaonien und Antiochia in Pisidien gehört in diesen Zusammenhang.
[5] Vgl. das Edikt des Prokonsuln Paullus Fabius Maximus und Beschlüsse des Landtags von Asia, in: *U. Laffi*: SCO 16, 1967, 1–99.
[6] Vgl. z.B. Sen. dial. 2,5,5; Tac. ann. 2,54,1; 3,66–68; 4,15,2f.
[7] Vgl. die Reden des Dion von Prusa, Plin. epist. 10 und auch das Edikt des Prokonsuls Paullus Fabius Persicus, ca. 44 n.Chr., I. Ephesos 17–19.

Röm. Herrschaft verfolgte im 1. Jh. im Blick auf K. drei Hauptinteressen: die Aufrechterhaltung der Inneren Sicherheit (→1.4.2.3), die Absicherung gegenüber den Parthern im Osten und die Wahrung des Wohlstandes der Bewohner als Basis für den Zufluss an Steuern. Der Sicherheits- und Kontrollaspekt fand seinen Niederschlag in großen Straßenbauprojekten[8] und in der Organisation des *cursus publicus* (→2.4.1), in der Stationierung von Legionen und in der Schaffung von Veteranenkolonien und anderer Neugründungen. Hervorzuheben sind etwa die *colonia Alexandria Augusta Troas*, die von Paulus mehrere Male besucht wurde (Apg 16,8.11; 20,5–12), oder auch eine ganze Anzahl von Siedlungen, die 25 v.Chr. oder später in *Galatia* neu geschaffen wurden. Wohlstand und Zufriedenheit der Bewohner K.s zu fördern war schon Augustus ein Anliegen;[9] mehrfach wurden in der frühen Kaiserzeit durch Erdbeben geschädigte Städte finanziell großzügig unterstützt (Tac. ann. 2,47; 4,13,1).

Bevölkerung/Gesellschaft/Wirtschaft
Weder die starke Akzeptanz, die die gr. Schriftkultur seit dem 4. Jh. v.Chr. in fast allen Gebieten K.s fand, noch die röm. Verwaltungsorganisation haben tiefer gehende Uniformierung zur Folge gehabt. Die von der Landesnatur und von den jeweiligen historisch-kulturellen Traditionen her bedingte Vielfalt prägte die Region auch in der Kaiserzeit. Man unterscheidet zahlreiche Völkerschaften und Stämme, was sich vor allem auch im Nebeneinander der Sprachen spiegelt (Mysisch, Lydisch, Phrygisch, Lykisch, Keltisch und viele andere; zum Lykaonischen vgl. Apg 14,11). Obwohl sich in K. um 100 n.Chr. nahezu 300 *civitates* nachweisen lassen, prägt Stadtkultur mit ihren komplizierten Strukturen nur einen vergleichsweise sehr kleinen Raum, zum allergrößten Teil ist K. ländliches Gebiet. So ergeben sich in sozialer und wirtschaftlicher Hinsicht enorme Kontraste zwischen einzelnen *poleis*, die durch blühendes Gewerbe und regen Handel hervorragen und deren Bildungseinrichtungen berühmt sind (vgl. dazu etwa Apg 18,24–28 zu Ephesos und 21,39 zu Tarsos, der Heimat des Paulus[10]), und der Rückständigkeit vieler Landstriche im Inneren Anatoliens. Ein in der Fassung vom 9. Juli 62 n.Chr. überliefertes großes Zollgesetz lässt die Provinz *Asia* als geschlossenen Binnenmarkt erscheinen.[11] Auf dem Land kommt den Heiligtümern besondere gesellschaftliche und wirtschaftliche Bedeutung zu.[12]

---

[8] Straßenbaumaßnahmen sind vor allem für die Regierungszeit der Kaiser Claudius und Nero belegt: I. Smyrna 825 (von Smyrna nach Tralleis); ILS 215 (in *Pamphylia*); CIL III 346 (in *Bithynia*); ILS 5883 (in *Paphlagonia*).
[9] Vgl. dazu Cass. Dio 54,7,5. Schon vor 27 v.Chr. wird beispielsweise den Städten Ephesos und Pergamon die Wiederaufnahme der Münzprägung gestattet.
[10] Den Bildungseifer der Bürger von Tarsos hebt Strab. 14,5,13 hervor.
[11] Vgl. *H. Engelmann/D. Knibbe* (Hgg.): Das Zollgesetz der Provinz Asia, Bonn 1989.
[12] Dass sie auch in einzelnen Städten nicht zu unterschätzen ist, zeigt Apg 19,23–41 (Artemis-Tempel in Ephesos).

1.4.2.2 Religiöses Leben (*Wolfgang Orth*)

Kulte
Die Religionsgeschichte Anatoliens, die sich bis in prähistorische Zeit zurückverfolgen lässt, ist immer wieder durch Prozesse der Vermischung und Überlagerung gekennzeichnet. Unter der Oberfläche einer hellenisch geprägten Kultorganisation, die beispielsweise in der verbreiteten Verehrung der Götter Zeus, Apollo, Artemis, Leto oder Hermes zum Ausdruck kommt (vgl. dazu Apg 14,12f; 19,27–28.35), leben in K. vor allem im Binnenland auch in der röm. Kaiserzeit zahlreiche regionale und lokale Traditionen fort. Götterkulte werden von Bundesorganisationen und Städten gepflegt; darüber hinaus gibt es für Vereine (→2.2.4.2) und Individuen viele Möglichkeiten, religiösen Ritus (→1.2.6) nach eigenem Dafürhalten zu gestalten. Das Festwesen blüht in dieser Zeit wie in den Jhh. davor und wird gerade von städtischen Gemeinwesen als zentrale Aufgabe angesehen.[1] Eine Sonderstellung nimmt der Kaiserkult (→3.3.4) ein. Kultische Verehrung von Herrschern war in K. seit dem Beginn der hell. Zeit weit verbreitet. Schon vor der Prinzipatsepoche kam es vor, dass man auch herausragenden Repräsentanten der röm. Herrschaft Kultehren zuerkannte (z.B. in Lykien seit dem 2. Jh. v.Chr.). Augustus fördert den Kaiserkult in K. seit 29 v.Chr. unter der Bedingung, dass auch „Roma" in die Verehrung miteinbezogen wird,[2] Pergamon (→2.2.7.3) und Nikomedia werden zu den ersten Zentren des Augustus-Kultes, für dessen Durchführung jeweils der provinziale Landtag Verantwortung trägt.[3] In *Galatia* übernimmt sehr bald *Ankyra* diese Rolle. Für soziale Eliten, aber auch für ganze Städte ist die Ausgestaltung des Kaiserkults stark mit dem eigenen Prestigeanspruch verbunden (vgl. Tac. ann. 4,55).

Jüdische Bewohner
Schon in hell. Zeit hatten sich jüd. Gemeinden (→1.4.5.5) in vielen Regionen K.s ausgebreitet (vgl. Philo leg. 281). Die Juden wurden von einigen Herrschern gefördert (z.B. von Antiochos III.); in die städtischen Gesellschaften waren sie in der Regel gut integriert; dabei ist auch eine Neigung zum Synkretismus verhältnismäßig häufig nachweisbar.

Ausbreitung des Christentums
Für die Ausbreitung des Christentums in K. ist die Tatsache bedeutsam, dass seit Jhh. verschiedene kultische Traditionen nebeneinander existierten. Zudem waren gerade in K. religiöse Tendenzen lebendig, die den Boden für die christl. Botschaft bereiten konnten: Hinzuweisen ist auf die Theos-Hypsistos-Verehrung, die einen Zug zum Monotheismus aufweist, auf Kulte mit Erlö-

---

[1] Dazu *M. Wörrle*: Stadt und Fest im kaiserzeitlichen Kleinasien, München 1988.
[2] Cass. Dio 51,20,7–9; vgl. Tac. ann. 4,37,3. Auch sein Nachfolger Tiberius kann sich trotz seiner ablehnenden Haltung entsprechenden städtischen Regelungen nicht entziehen (vgl. u.a. Tac. ann. 4,15,3 und 55f: Tempel für Tiberius, Livia und den Senat in Smyrna); Caligula fordert, dass ihm in Milet ein Tempel geweiht werde (Cass. Dio 59,28,1).
[3] Dem Beispiel sind im Laufe der Zeit alle anderen kleinasiatischen Provinzen gefolgt: *koina* (Landtage) gab es am Ende des 1. Jh. in *Asia, Bithynia et Pontus, Lycia, Galatia, Cappadocia* und *Cilicia*.

sungsverheißungen und auf Ausprägungen individueller (→3.3.6) Frömmigkeit (vgl. z.B. die sog. Beichtinschriften aus dem östlichen Lydien[4]→1.3.4.2). Die Mission des Paulus nimmt ihren Ausgang in den jüd. Synagogen (vgl. u.a. Apg 13,14f; 14,1; 19,8). Die drei Reisen des Paulus[5] orientieren sich in ihrem Verlauf an großen Verkehrsrouten über Land (zwischen Tarsos und Ephesos); Schifffahrt (→2.4.2.2) entlang der west-k. Küste (Troas–Milet) spielt im Rahmen der dritten Reise eine Rolle (Apg 27,2). Um 100 n.Chr. sind christl. Gemeinden in vielen Teilen K.s fest etabliert, vor allem auch im Westen (vgl. die Sendschreiben der Apokalypse, Offb 1,11) und im Nordwesten (vgl. Plin. epist. 10,96: es gebe Christen „in großer Zahl" *omnis aetatis, omnis ordinis, utriusque sexus*; von der neuen Religion seien Stadt und Land gleichermaßen erfasst).

---

[4] Textedition: *G. Petzl* (Hg.): Die Beichtinschriften Westkleinasiens, Bonn 1994.
[5] Zum Problem der Chronologie (→1.4.6) siehe die kritische Sichtung der Forschung durch *A. Suhl*: Paulinische Chronologie im Streit der Meinungen, ANRW II 26.2, 1995, 939–1188.

1.4.2.3 Religiosität und Innere Sicherheit im römischen Kleinasien
(*Michael Alpers*)

Einführung
Wenn auch Rom mit der seit 133/129 v.Chr. einsetzenden Provinzialisierung des kleinasiatischen Raumes die oberste Verantwortung für die Garantie sowohl der Äußeren als auch der Inneren Sicherheit[1] trug, so lag doch naturgemäß die konkrete Durchsetzung oftmals bei den städtischen und ländlichen Gemeinden vor Ort. Delikte wie Mord, Raub oder Diebstahl, Betrug, Sklavenflucht oder Sachbeschädigung, aber auch Grabschändung oder Unruhestiftung wurden in den einzelnen Kommunen begangen, mussten dort aufgeklärt sowie auf lokaler, provinzialer oder ggf. gar Reichsebene gerichtlich verfolgt und bestraft werden. Bestimmte Formen praktizierter Religiosität konnten in diesem Zusammenhang sowohl als sicherheitsstabilisierend als auch als sicherheitsgefährdend eingestuft werden. So vermochten etwa die für den ländlich strukturierten Raum im westlichen K. inschriftlich dokumentierten Formen einer Art von „Tempelgerichtsbarkeit" auch bei Delikten profaner Natur zur Aufklärung und ggf. Sühnung von Straftaten beizutragen.[2] Zum Schutz einer Grabanlage (→3.2.5.1) vor Beschädigung oder Missbrauch finden sich in zahllosen Inschriften Klauseln, in denen Einrichtungen ganz unterschiedlicher Art (z.B. die „kaiserliche Kasse") benannt werden, an die im Falle einer Grabschändung Strafgelder in unterschiedlicher Höhe gezahlt werden sollten.[3]
Als potenziell sicherheitsgefährdend hingegen konnte sich – jedenfalls aus der Sicht der röm. Ordnungsmacht – die Einrichtung des sakralen Asylrechts lt. Tacitus erweisen:[4] Straftäter wie entlaufene Sklaven (→2.2.5.3),[5] Schuldner, die vor ihren Gläubigern Schutz suchten, und sogar Personen, die eines Kapitalverbrechens verdächtigt wurden, hielten sich in asylrechtlich geschützten

---

[1] Zum politikwissenschaftlichen Hintergrund des Begriffes vgl. *E. Blankenburg*: Innere Sicherheit, in: *M.G. Schmidt* (Hg.): Lexikon der Politik, Bd. 3: Die westlichen Länder, München 1992, 162–169.
[2] Vgl. dazu *G. Petzl*: Die Beichtinschriften Westkleinasiens, Bonn 1994; Ders.: Ländliche Religiosität in Lydien, in: *E. Schwertheim* (Hg.): Forschungen in Lydien, Bonn 1995, 37–48; *M. Ricl*: The Appeal to Divine Justice in the Lydian Confession-Inscriptions, ebd., 67–76; *A. Chaniotis*: „Tempeljustiz" im kaiserzeitlichen Kleinasien. Rechtliche Aspekte der Sühneinschriften Lydiens und Phrygiens, in: *G. Thür/J. Vélissaropoulos-Karakostas* (Hgg.): Symposion 1995. Vorträge zur griechischen und hellenistischen Rechtsgeschichte, Köln u.a. 1997, 353–384.
[3] Zum Sachverhalt insgesamt vgl. *G. Klingenberg*: Grabrecht (Grabmulta, Grabschändung), RAC 12, 1983, 590–637. Zu den Empfängerinstitutionen in Nikomedia und Umgebung vgl. *F. K. Dörner*: Tituli Asiae Minoris. Paeninsula Bithynica praeter Chalcedonem: Nicomedia et ager Nicomedensis cum septentrionali meridianoque litore sinus Astaceni et cum lacu Sumonensi, Wien 1978, 101f (Index: *multae violati sepulchri*). – Auch Grabflüchen wurde eine derartige Schutzfunktion zugemessen; vgl. dazu *J. H. M. Strubbe*: APAI ΕΠΙΤΥΜΒΙΟΙ. Imprecations against Desecrators of the Grave in the Greek Epitaphs of Asia Minor. A Catalogue, Bonn 1997.
[4] Vgl. Tac. ann. 3,60–63 z.J. 22 n.Chr.; 4,14 z.J. 23 n.Chr. mit ausdrücklicher Bezugnahme auf die Verhältnisse in der Provinz *Asia* – erwähnt werden u.a. die Städte Ephesos, Pergamon (→2.2.7.3), Smyrna, Sardes und Milet.
[5] Zum Delikt der Sklavenflucht vgl. im NT auch den Philemonbrief.

Heiligtümern (*templa*) auf. Keine Amtsgewalt (*imperium*) sei dann noch durchsetzungsfähig genug, aufrührerische Bestrebungen des Volkes einzudämmen (*coercere seditiones populi*), das sich unter dem Deckmantel religiöser Handlungen (*ut caeremoniae deum*) schützend vor die Verbrechen von Menschen stelle (*flagitia hominum protegere*).[6] Dennoch wurde der sakralrechtlich fundierte Anspruch von Übeltätern, die sich in ein Heiligtum geflüchtet hatten, auf Unverletzlichkeit ihrer Person (Asylie) nie auch nur ansatzweise in Frage gestellt.[7] Der Respekt vor althergebrachter Religiosität erwies sich gegenüber lediglich utilitaristischen Erwägungen wie solchen einer möglichen Beeinträchtigung der Inneren Sicherheit als vorrangig.

Zu den Textaussagen im NT
Schon im Verlauf der ersten Missionsreise war es in K. zu Konflikten zwischen christl. Missionaren und Vertretern jüd. Gemeinden (Gottesfürchtige →3.1.3.7) und ihres Umfelds (Antiochia: Apg 13,13–52; Ikonion: Apg 14,1–7) sowie Anhängern alter gr. Kulte gekommen (Lystra: Apg 14,8–20). Bei den Unruhen im pisidischen Antiochia griffen – angesichts aufgewiegelter Menschenmassen und der damit verbundenen Beeinträchtigung der Inneren Sicherheit nur konsequenterweise – vermutlich kommunale Amtsträger ein, indem sie die Missionare auswiesen.[8] Die Ereignisse in (→2.2.7.3) Ephesos (Apg 19,23–20,1) spiegeln am deutlichsten die Gefährdungen wider, welche die Ausbreitung des Christentums aus der Sicht staatlicher Amtsträger für den Bereich der Inneren Sicherheit bilden konnten. Beim Aufstand der Silberschmiede führte ein explosives Gemisch aus unterschiedlichen religiösen Auffassungen und wirtschaftlichen Interessen zu einer massiven Beeinträchtigung der Inneren Sicherheit. Mit dem ephesischen Schreiber (*grammateus*), dem Inhaber der obersten Amtsgewalt der Polis,[9] gelingt es schließlich durch eine Rede Ruhe und Ordnung wiederherzustellen; sein Hinweis darauf, man laufe angesichts der Tumulte Gefahr, wegen Aufruhrs (*stasis*) gerichtlich belangt zu werden, bringt ebenso dezent wie wirkungsvoll die Kompetenzen des röm. Provinzialstatthalters auf dem Gebiet der Inneren Sicherheit – hier konkret: der Jurisdiktion – zum Ausdruck.[10] Bemerkenswert bleibt die vom Verfasser der Apg wohl kaum beabsichtigte Darstellung der religionspolitischen Neutralität kommunaler wie röm. Amtsträger: Nicht die religiöse Auffassung eines Einzelnen oder einer Glaubensgemeinschaft war für mögliche Reaktionen der Behörden maßgebend, sondern allein das mit Bezug auf die Aufrechterhaltung

---

[6] Vgl. zu dieser Problematik bes. *P. Herrmann*: Rom und die Asylie griechischer Heiligtümer: Eine Urkunde des Dictators Caesar aus Sardeis, Chiron 19, 1989, 127–164.

[7] Vgl. Dion Chrys. 31,87–89; 31,80–82 über Missstände bei den Bewohnern der Insel Rhodos.

[8] Zu den Konflikten zwischen den christl. Missionaren und Teilen der einheimisch-kleinasiatischen Bevölkerung während der ersten paulinischen Missionsreise vgl. bes. *Molthagen* 1991, 46–49.

[9] Zum Amt des *grammateus* vgl. *C. Schulte*: Die Grammateis von Ephesos. Schreiberamt und Sozialstruktur in einer Provinzhauptstadt des römischen Kaiserreiches, Stuttgart 1994, 73. – Der ephesische *grammateus* aus Apg 19,35 kommt in dieser Arbeit erstaunlicherweise nicht vor.

[10] Vgl. zum Aufstand der Silberschmiede insgesamt *Molthagen* 1991, 65–71.

1.4.2.3 Kleinasien: Religiosität und Innere Sicherheit

von Sicherheit und Ordnung an den Tag gelegte Verhalten. Entscheidendes Kriterium blieb die Gefährdung der Inneren Sicherheit.[11] Unklar bleibt hingegen, ob die Tötung des Christen Antipas in Pergamon (Offb 2,13) auf staatliche Maßnahmen zurückgeht.

Literatur
B. *Alavi/M. Alpers*: Vormoderne interkulturelle Gesellschaft als Unterrichtsgegenstand: Religiosität und gesellschaftliche Stabilität in den kleinasiatischen Provinzen des römischen Kaiserreichs, in: *A. Körber* (Hg.): Interkulturelles Geschichtslernen. Geschichtsunterricht unter den Bedingungen von Einwanderung und Globalisierung. Konzeptionelle Überlegungen und praktische Ansätze, Münster u.a. 2001, 175–192. – *M. Alpers*: Städte – Dörfer – Heiligtümer: Kleinasiatische Kommunen und Innere Sicherheit unter römischer Herrschaft [erscheint demnächst]. – *F. M. Ausbüttel*: Die Verwaltung des römischen Kaiserreiches. Von der Herrschaft des Augustus bis zum Niedergang des Weströmischen Reiches, Darmstadt 1998, 47–68. – *C. Breytenbach*: Paulus und Barnabas in der Provinz Galatien. Studien zu Apostelgeschichte 13f; 16,6; 18,23 und den Adressaten des Galaterbriefes, Leiden u.a. 1996. – *D. Magie*: Roman Rule in Asia Minor to the End of the Third Century after Christ, Princeton 1950. – *S. Mitchell*: Anatolia. Law, Men and Gods in Asia Minor, 2 Bde., Oxford 1993. – *Ders.*: The Administration of Roman Asia from 133 BC to AD 250, in: *W. Eck* (Hg.): Lokale Autonomie und römische Ordnungsmacht in den kaiserzeitlichen Provinzen vom 1. bis 3. Jahrhundert, München 1999, 17–46. – *J. Molthagen*: Die ersten Konflikte der Christen in der griechisch-römischen Welt, Historia 40, 1991, 42–77. – *S. R. F. Price*: Rituals and Power. The Roman Imperial Cult in Asia Minor, Cambridge ²1994. – *H. Temporini/W. Haase* (Hgg.): ANRW II 7.2, Berlin/New York 1980 und II 18.3, Berlin/New York 1990.

---

[11] Auch in der Korrespondenz zwischen dem Statthalter der kleinasiatischen Provinz *Bithynia et Pontus*, dem jüngeren Plinius, und Kaiser Traian (Plin. epist. 10,96f) heben die von Plinius befragten Renegaten bei der Schilderung ihrer vormals geübten Religionspraxis hervor, dass sie sich eidlich verpflichtet hätten, gerade kein Verbrechen (*scelus*) zu begehen, sondern sich im Gegenteil von strafwürdigen Delikten, wie etwa Diebstahl (*furtum*) oder Raub (*latrocinium*), fern zu halten; auch das von Traian verfügte Vereinsverbot hätten sie nach Bekanntwerden eingehalten (10,96,7). In der Betonung dessen, was die Renegaten zur Verteidigung der einstmals auch von ihnen ausgeübten Religionspraxis anführen – der Zweck ihrer Zusammenkünfte war nicht krimineller Art, war keine Beeinträchtigung der Inneren Sicherheit – wird die ausschließlich ordnungs- und sicherheitspolitische Herangehensweise von zentral- und provinzialröm. Seite an ein Problem religiösen Ursprungs deutlich. Weiterhin bekennenden Christen nützte der Hinweis darauf, dass sie sich gerade nicht an konkreten Verbrechen beteiligten und auch das kaiserliche Vereinigungsverbot beachteten, freilich nichts; als Angehörige einer von Rom kriminalisierten Vereinigung (vgl. dazu F. *Vittinghoff*: „Christianus sum" – das „Verbrechen" von Außenseitern der römischen Gesellschaft, Historia 33, 1984, 331–357) waren sie in jedem Falle schuldig und wurden demzufolge hingerichtet. – Zum Briefwechsel über die rechtliche Behandlung von Christen vgl. bes. *J. Molthagen*: Der römische Staat und die Christen im zweiten und dritten Jahrhundert, Göttingen ²1975, 13–21.

1.4.3 Ägypten und Nordafrika in römischer Zeit
(Anne Kolb)

Stellen im NT
Mk 15,21; Lk 2,1–3; Apg 2,10; 11,20; 13,1; Offb 11,8

Ägypten
Als Geschenk des Nils bezeichnet der griechische Historiker Herodot das Kernland Ägyptens, das sich als Flussoase am Unterlauf des Nils vom ersten Katarakt (11km lange Stromschnelle) bei Assuan bis zum Mittelmeer erstreckt (Hdt. 2). Den Lebensraum der Menschen dort bildete eine ca. 1000 km lange oft nur wenige Kilometer breite Zone entlang des Flusses, die Wüsten im Westen und Osten beschränken. Verantwortlich für die enorme Fruchtbarkeit dieses Gebiets war die alljährliche Nilschwemme, die schwere Monsunregenfälle von Juni/Juli bis August/September im äthiopischen Bergland auslösten. Der im Hochwasser mitgeführte Schlamm düngte das Ackerland daher regelmäßig auf natürliche Weise und ermöglichte dadurch eine hohe Produktion an Getreide, Obst und Gemüse. Somit richtete sich das Leben der Menschen am Nil vor der Errichtung des Assuan-Staudammes am Rhythmus der Flusswasserstände aus und der Kalender kannte gemäß den landwirtschaftlichen Bedingungen drei Jahreszeiten: Überschwemmung (Juli–Sept.), Aussaat (Okt.–Feb.) und Ernte (Feb.–Juni).

Als Ägypten im Jahr 30 v.Chr. in das röm. Reich eingegliedert wurde, konnte das Land am Nil bereits auf eine *historische Entwicklung* von 3000 Jahren zurückblicken. So markiert das Einsetzen der Schriftlichkeit zu Beginn des 3. Jahrtausends v.Chr. den Anfang der ägyptischen Hochkultur, die dann für rund zweieinhalbtausend Jahre ihre politische Eigenständigkeit wahrte. Die dauerhafte Etablierung der Fremdherrschaft setzt mit der Eroberung durch die Perser im Jahr 525 v.Chr. ein. Dieser folgt nach wieder gewonnener Selbstständigkeit von rund 50 Jahren (404–343) der endgültige Verlust der Freiheit bis hinein in die Neuzeit. Eine zweite Perserherrschaft (343–332), die Eroberung durch Alexander d. Gr. 332 v.Chr. und nach dessen Tod (323) die rund 300 Jahre dauernde Herrschaft der makedonischen Ptolemäerdynastie gingen der Provinzialisierung durch den röm. Kaiser Augustus voran. Erst die Araber beendeten diese Phase 639–641.

Schon lange vor der Eroberung des Landes durch die Römer bestanden Beziehungen zwischen Ägypten und Rom. Denn bereits 273 v.Chr. war eine Gesandtschaft von Ptolemaios II. zur diplomatischen Kontaktaufnahme nach Rom gereist. Ägyptisches Getreide unterstützte die Römer 210 v.Chr., nachdem Hannibal Italien verwüstet hatte. Seit dem Jahr 168 v.Chr. nahm Roms Einfluss in Ägypten stetig zu. Damals hatten die Römer den Bestand des Ptolemäerreiches gesichert, indem sie den Rückzug der seleukidischen Armee erwirkten. In der Folgezeit vermittelte der röm. Senat immer wieder bei Thronstreitigkeiten am ptolemäischen Hof. Je schwächer die Könige, desto stärker Roms Einfluss. Die Verpfändung der Staatseinnahmen durch Ptolemaios XII. (80–58 und 55–51 v.Chr.), um röm. Politiker, wie Caesar, zu bestechen, schwächte zusätzlich die abnehmende Wirtschaftskraft Ägyptens.

1.4.3 Ägypten und Nordafrika in römischer Zeit

Den persönlichen Verbindungen zwischen Kleopatra VII. und Caesar sowie später Marcus Antonius entsprangen Nachkommen, die jedoch nicht mehr auf den ptolemäischen Thron gelangen sollten, da das Ptolemäerreich nach Caesars Tod mit in den Strudel des röm. Bürgerkriegs hinein geriet. Seine nur noch scheinbare Eigenständigkeit verlor es letztlich mit der Einnahme Alexandrias (→2.2.7.3) am 1. August 30 v.Chr. durch Octavianus/Augustus, der dabei seinen letzten Rivalen um die Alleinherrschaft in Rom, Marcus Antonius, besiegte.

Der neue Herrscher Roms trat in Ägypten die Rechtsnachfolge der ptolemäischen Könige an und richtete das Land als Provinz ein, die nicht dem Senat – dessen Angehörigen prinzipiell der Zugang zur Provinz untersagt wurde – unterstand, sondern seit 27 v.Chr. seiner eigenen *Verwaltung*. Dort übertrug er einem Praefekten aus dem Ritterstand die Statthalterschaft als *praefectus Aegypti*, der militärische und zivile Kompetenzen in einer Hand vereinigte. Damit gehörte *Aegyptus* zu den Provinzen unter kaiserlicher Verwaltung, die über eine Besatzungsmacht von drei Legionen verfügte.

Der *praefectus Aegypti* stand am Kopf der Provinzialverwaltung eines Landes, das traditionell über eine organisatorisch stark gegliederte und hierarchisch aufgebaute Administration verfügte, die von den Römern weitgehend übernommen wurde. Den bereits vorhandenen Organen der Zentral- und Lokalverwaltung, durch die das Land in 3 bzw. 4 Epistrategien und diese insgesamt in rund 40 Gaue aufgeteilt war, wurde eine neue Spitze aus röm. Funktionsträgern hinzugefügt, die wie der Verwaltungsapparat des Präfekten vor allem in der Zentrale in Alexandria und dort im Bereich des Finanzwesens tätig waren. Von den dezentral tätigen Amtsträgern wurden die Epistrategien mit Römern besetzt. Die Strategen, die die Spitze der Gauverwaltung stellten, wurden ebenfalls vom Präfekten bestimmt, stammten aber aus den Reihen der einheimischen Bevölkerung.

Außerhalb der administrativen Gliederung des Landes in Epistrategien und Gaue standen die gr. *poleis* Alexandria, Naukratis, Ptolemais und seit 130 Antinoopolis als autonome Einheiten, die von den für griechische Städte üblichen Organen (Volksversammlung, Rat, Funktionsträger) gelenkt wurden; in Alexandria wurde der Rat (*boulē*) allerdings erst 199/200 eingerichtet. Die Bürger der *poleis* gliederten sich in Phylen und Demen.

Im Gau stand dem Strategen der königliche Schreiber (*basilikogrammateus*) zur Seite. Unterabteilungen der Gaue bildeten die Toparchien, die von *topogrammateis* geleitet wurden. Die kleinste Verwaltungseinheit bildeten die Dörfer mit *kōmogrammateis* an der Spitze, unterstützt von einer repräsentativen Versammlung der Dorfbewohner (*presbyteroi kōmēs*). Auch die Metropolen der Gaue hatten bis 199/200 den Rechtsstatus von Dörfern. Sie bildeten den Sitz der Gauverwaltung und waren auch dieser unterstellt, obwohl die städtischen Angelegenheiten von eigenen Amtsträgern geregelt wurden (Kollegium von *archontes*, Kassenverwalter, Epimelet). Die Metropole und ihre Bevölkerung gliederte sich in Viertel (*amphodoi*), die von *amphodogrammateis* geleitet wurden. Indem Septimius Severus (193–211 n.Chr.) in den Metropolen jeweils einen Rat aus 100 Mitgliedern einrichten ließ, erhielten diese den Rang von Städten, die aber nicht den gr. *poleis* gleichgestellt waren, da sie Teil ihrer Gaue blieben. Trotz der Ausdehnung von Kompetenzen auf den Gau bei Beamten im Steuer- und Liturgienwesen wurden dadurch kaum die Rechte der Metropoliten im Sinne einer größeren Selbstständigkeit der Stadtbewohner erweitert, sondern vielmehr ihre Pflichten im Hinblick auf eine effizientere Verwaltung, da staatliche Beamte von Lokalaufgaben entlastet wurden.

Die *Bevölkerung* Ägyptens (3–5 Mio.) gliederte sich dem Rechtsstatuts nach in Römer und Ägypter, wodurch die Griechen (mit Ausnahme der eine Sonderstellung genießenden Alexandriner) ihre traditionelle Vorrangstellung als soziale, wirtschaftliche und kulturelle Elite einbüßten. Sie blieben dennoch eine privilegierte Bevölkerungsgruppe unter den *Aigyptioi*, da die Römer den Einwohnern der gr. *poleis* sowie bestimmten Angehörigen der Gaubevölkerung – wie der sozialen Elite der Metropolen (*hoi apo tou gymnasiou*) – steuerliche Vergünstigungen einräumten. Mit dem Erlass des Caracalla im Jahr 212 (*constitutio Antoniniana*) erhielten wie in allen Provinzen auch in Ägypten alle freien Reichsbewohner das röm. Bürgerrecht.

Die Forderungen des röm. Staates an seine Bevölkerung manifestierten sich in *Steuern*, Abgaben und Dienstleistungen. Von den Ägyptern wurden neben Naturalsteuern, die in erster Linie auf dem Grundbesitz lasteten, auch diverse Geldsteuern erhoben, von denen die Kopfsteuer (*laographia*) die wichtigste der Personensteuern darstellte. Abgesehen von den röm. Bürgern und den Bürgern der gr. *poleis* zahlten alle Männer (Freie wie Sklaven) im Alter von 14 bis 62 Jahren ihren Kopfsteuersatz, der regional variierte. Die Veranlagung zur Kopfsteuer basierte auf Erklärungen (*apographai*) der Familienoberhäupter, die alle 14 Jahre in ihrem Heimatort einzureichen waren. Darin wurden Angaben über das Wohnhaus, alle Personen des Haushalts, ihr Alter, Verwandtschaftsgrad und ihren Beruf gefordert. Dies entspricht dem Provinzialzensus, der auch in anderen Provinzen des röm. Reiches durchgeführt wurde. Davon berichtet die berühmte Passage Lk 2,1–3, die von einer weltweiten Schätzung der Bevölkerung auf Befehl des Augustus spricht (→1.4.1.2, 2.3.1). Somit musste sich Joseph mit seiner Frau in seine Heimatgemeinde begeben, um seine Steuerdeklaration abzugeben. Angehörige der privilegierten Bevölkerungsgruppen, die eine reduzierte Kopfsteuer zahlten, hatten die Rechtmäßigkeit ihres Status durch Abstammungsnachweise zu erbringen. Die Überprüfung der Ansprüche (*epikrisis*) und ggf. Eintragung in ein spezielles Register fand im 14. Lebensjahr der jungen Männer auf Antrag der Eltern hin statt.

Personensteuern zahlten außerdem die Juden nach der Zerstörung des Tempels in Jerusalem im Jahr 70. Vespasian wandelte damals die traditionelle Tempelsteuer der Juden in eine Abgabe zugunsten des Kultes von Iuppiter Capitolinus um. Für diese Beiträge, die von allen Juden im röm. Reich erhoben wurden, schuf Domitian dann eine eigene Kasse, den *fiscus Iudaicus*.

Gewerbesteuern lasteten auf bestimmten Berufszweigen, wie dem der Weber oder Handwerkern. Weitere Abgaben waren als Zoll und Transitsteuern auf Güter, aber auch für Menschen und Tiere an Landes- oder Binnengrenzen (Epistrategien, Oasen) zu entrichten.

Unentgeltliche Dienstleistungen (*munera, leitourgiai*) gegenüber dem Zentralstaat und der Gemeinde gehörten ebenfalls zu den Belastungen der Reichsbewohner. In Ägypten zählten dazu neben körperlichen Arbeitsdiensten (wie der jährliche fünftägige Frondienst zur Erhaltung des Bewässerungssystems) lokale Amtsaufgaben in Verwaltung und Steuererhebung, die von den Römern

eingeführt und systematisch ausgebaut wurden. Die Heranziehung zu diesen Diensten wurde nach dem Vermögen bemessen. Die Auswahl erfolgte im Losverfahren.
Durch die Eroberung des Landes ging sämtlicher Grundbesitz in das Eigentum des röm. Staates über und wurde somit abgabenpflichtig. Neben dem sog. königlichen oder öffentlichen Land entstanden auch einige große Privatdomänen, die vor allem im Besitz des Herrscherhauses waren. Der Klein- und Mittelbesitz an Land dehnte sich langsam aus. Für die agrarische Produktion sorgten Kleinbauern, die über langfristige Pachtverträge an diese Tätigkeit gebunden waren. Blieb Land unbearbeitet – wie im Fall von Steuerflucht – konnten einzelne Bauern oder Gemeinden zur Bebauung gezwungen wurden.
Die Wirtschaftskraft des Landes beruhte in der Hauptsache auf seinen reichen landwirtschaftlichen Erträgen an Getreide, das ein Drittel des Jahresbedarfs der Hauptstadt Rom deckte. Daneben wurden Mineralien und Baustoffe sowie das Schreibmaterial Papyrus (→2.5.2) exportiert.
In Ägypten existierten in röm. Zeit drei unterschiedliche *Rechtssysteme* eigenständig nebeneinander: röm., gr. und ägypt. Recht, wobei die beiden letzteren in zunehmendem Maße durch Änderungen im Prozessrecht zurückgedrängt wurden. Die oberste provinziale Instanz der Rechtspflege mit umfassenden Befugnissen war der Statthalter, der (abgesehen vom *iuridicus Alexandriae* und *idios logos*) allein über eigenständige jurisdiktionelle Kompetenzen verfügte, diese aber auch delegieren konnte. Er übte seine Rechtsprechung am Amtssitz in Alexandria sowie auf der jährlichen Konventsreise durch die Provinz aus. Die nachgeordneten Funktionäre hatten nur beschränkte richterliche Gewalt, wie der Stratege höchstens als Untersuchungsrichter in Strafdelikten fungieren konnte. Vor ägyptischen Gerichten wurden lediglich noch bis ins 2. Jh. hinein Bagatellfälle verhandelt, bevor sie verschwanden. Dennoch wurden einheimische Rechtspraktiken auch nach 212 geduldet. Das röm. Recht erscheint in den Quellen als Reichsrecht, das für alle röm. Bürger verbindlich war, und als Provinzialrecht, das spezielle Erlasse von Kaisern und Statthaltern für die Bewohner der Provinz Ägypten umfasste.
Von den heidnischen *Religionen* wurden ägypt., gr. und röm. Kultus nebeneinander praktiziert. Dabei sind einerseits die Eigenständigkeit der Kulte, aber ebenso synkretistische Tendenzen, wie auch die Gleichsetzung ägyptischer Gottheiten mit gr. und röm., zu konstatieren. Eine bes. in Alexandria zahlreiche jüd. Diaspora (→1.4.5.1; Apg 2,10) bewahrte auch in religiösen Angelegenheiten ihre Eigenständigkeit. In röm. Zeit ersetzt der Kaiserkult den hell. Herrscherkult (→3.3.4) und schließt sich an die Tradition des Pharaonenkultes an. Für die Verwaltung der ägyptischen Tempel wurde ein röm. Funktionär aus dem Ritterstand in der Zentrale in Alexandria eingesetzt (*archiereus*), der vor allem über die Finanzen und die Besetzung der Priesterämter, die nun keinen politischen Einfluss mehr hatten, wachte. Zahlreiche Baumaßnahmen und unter anderem auch das traditionelle Bestattungswesen belegen die große Bedeutung der ägyptischen Religion im Leben des kaiserzeitlichen Provinz. Erst allmählich fand eine Hinwendung der Bevölkerungsmasse zu anderen Religionsformen statt, wodurch sich die ägyptische Religion in der späteren Kaiserzeit zu einer Art Kultus für Eingeweihte entwickelte. Als Wesensmerkmale der ägypt. Religion galten bes. Astrologie und Mantik, die auch von Christen

praktiziert worden sein soll (Hist. Aug. quatt. tyr. 7,4–8,3), wodurch die Assoziation von Ägypten mit Zauberei und Götzendienst in Offb 11,8 verständlich wird. Das Christentum war bereits um die Mitte des 1. Jh. in Alexandria bekannt, von wo aus die Verbreitung im 2. und 3. Jh. zunächst nur langsam vorangeschritten zu sein scheint.

Literatur
A. K. Bowman: Egypt, CAH 10, 1996, 676–702. – *D. Frankfurter*: Religion in Roman Egypt: Assimilation and Resistance, Princeton 1998. – *N. Lewis*: Life in Egypt under Roman Rule, Oxford 1983.

Nordafrika
Nachdem Rom in drei Punischen Kriegen (264–241 v.Chr., 218–201 v.Chr., 149–146 v.Chr.) Karthago endgültig besiegt hatte, entstand sukzessiv eine Gruppe von Provinzen, deren Gebiet (bestehend aus einem schmalen Küstenstreifen, zum Teil recht fruchtbaren Bergregionen und Flusstälern sowie dem Steppen- und Wüstensaum nördl. der Sahara von Marokko, Algerien, Tunesien und Libyen) im Westen südl. des *municipium* Sala (südl. Rabat) reichte und im Osten bis Arae Philenorum (Graret Gser et-Trab). Bei der Teilung des röm. Reiches 395 fiel Nordafrika an Westrom, dessen Herrschaft dort mit der Besetzung durch die Vandalen (429) und der späteren Entstehung zahlreicher berberischer Fürstentümer endete.

Die Provinz *Africa* (*vetus*) mit der Hauptstadt Utica entstand 146 v.Chr. nach der Zerstörung Karthagos. Im Jahr 46 v.Chr. annektierte Caesar das Königreich Numidien, in das sich seine politischen Gegner geflüchtet hatten, und richtete dort die Provinz *Africa nova* ein. Bereits seit 40 v.Chr. lag die Verwaltung beider Provinzen in einer Hand, beim Triumvirn Lepidus, und wurde dann 36 v.Chr. von Octavianus/Augustus zu einer Provinz *Africa proconsularis* mit einem konsularen Statthalter und der neuen Hauptstadt Karthago vereinigt. Dem Prokonsul unterstanden zunächst zwei, dann eine Legion (*legio III Augusta*), die ihm aber Caligula entzog und einem *legatus Augusti pro praetore* prätorischen Rangs unterstellte, der unabhängig vom Prokonsul in Numidien agierte. Erst Septimius Severus wandelte diesen Militärbezirk in die Provinz *Numidia* um. Nach erfolgreichen Kämpfen gegen den aufständischen Numider Tacfarinas (17–23) ermordeten die Römer auf Befehl des Caligula Ptolemaios, den König von Mauretanien, der sie maßgeblich in den Kämpfen unterstützt hatte, und annektierten sein Reich. Dort richtete Claudius kurz nach dem Krieg gegen die aufständischen Mauren unter Ptolemaios' Freigelassenem Aidemon (42) die beiden Provinzen *Mauretania Caesariensis* und *Mauretania Tingitana* ein. Zahlreiche Aufstände und Raubzüge nomadischer Stämme, die in den Steppen und Halbwüsten eine dieser Umgebung angepasste Lebensweise führten (im Gegensatz zur sesshaft agrarischen der Römer), riefen in den afrikanischen Provinzen immer wieder militärische Aktionen und Sicherungsmaßnahmen der Römer hervor. Den Abschluss der Eroberungen vollzog Kaiser Traian (98–117 n.Chr.) durch Okkupation Südnumidiens und die Fixierung des Limes im Süden des Aurès-Gebirges. Die insgesamt 1120 km Luftlinie umfassende südl. Grenzlinie des röm. Nordafrika, die Kaiser Severus durch Vorposten in der Sahara zusätzlich sicherte, blieb dann bis ins 5. Jh. hinein stabil.

Durch röm. Einwanderungen, starke Urbanisierung und Ausbau der Infrastruktur setzt die Romanisierung früh ein, scheint während des 1. Jh. zu stagnieren und erreicht ihre größte Dynamik in den östlichen Provinzen Afrikas während des 2. Jh., obwohl auch einheimische (punische und berberische) Traditionen, z.B. in der Lokalverwaltung, lange erhalten blieben. Seit Hadrian wurden systematisch neue agrarische Anbaugebiete erschlossen, die den Städten zu enormem Reichtum verhalfen. Bewässerungssysteme förderten besonders den Anbau von Getreide und die Herstellung von Öl. Diese Güter produzierten provinziale Landbesitzer und bes. Kleinpächter auf den sehr ausgedehnten Kaiserdomänen. Auch gesetzliche Regelungen, wie die hadrianische *lex Manciana*, durch die auch neuer Privatbesitz entstand, trieben die Urbarmachung des Landes voran. Afrikanisches Öl verdrängte im 2. Jh. das hispanische von seiner Vorrangstellung. Neben diesen Hauptprodukten ist außerdem als bedeutender Zweig die reiche Gewinnung von Marmor zu nennen. Weitere Gewerbearten, wie die Luxuskeramik- und Lampenherstellung, Purpurgewinnung sowie die Kleiderproduktion, scheinen von geringerer Bedeutung.

Die ökonomische Prosperität ermöglichte zahlreichen Afrikanern den Aufstieg in die röm. Reichselite als Ritter und Senatoren. Der erste afrikanische Konsul ist bereits im Jahr 80 bezeugt (Q. Pactumeius Fronto). Während der 2. Hälfte des 2. Jh. stammten vermutlich ungefähr 15% der Senatoren aus den afrikanischen Provinzen. Im Jahr 193 gelangten mit Kaiser Septimius Severus (193–211 n.Chr.) und dem Usurpator Clodius Albinus zwei Afrikaner an die Spitze des röm. Staates.

Die kulturelle Blüte fällt als Folge der wirtschaftlichen in das 2. und 3. Jh., als Literaten wie M. Cornelius Fronto, Apuleius oder auch Tertullian wichtige Impulse liefern. Besonders seit dieser Zeit fand eine rasche und starke Verbreitung des Christentums statt, wobei in Nordafrika und Kyrene schon wesentlich früher eine jüd. Diaspora mit Kontakten nach Jerusalem existierte (Apg 2,10; 11,20; 13,1; Mk 15,21; →1.4.5.2). Die christl. Kirche Nordafrikas brachte dann zahlreiche bedeutende Vertreter hervor wie Cyprian, Arnobius v. Sicca, Lactantius, Augustinus, Fulgentius v. Ruspe, war aber häufig von inneren Auseinandersetzungen geprägt.

Literatur
C. *Lepelley*: Afrika, in: *Ders.* (Hg.): Rom und das Reich in der Hohen Kaiserzeit 44 v.Chr.–260 n.Chr. II, Die Regionen des Reiches, München/Leipzig 2001, 79–120. – *G.-Ch. Picard*: La civilisation de l'Afrique romaine, Paris ²1990.

1.4.4 Palästina unter römischer Herrschaft

1.4.4.1 Die römische Eroberung von Syrien und Palästina und die Kämpfe Roms bis zum Bar Kochba-Aufstand
(Wolfgang Christian Schneider)

Seit dem frühen 1. Jh. v.Chr. rückte die syrisch-palästinische Landbrücke ins Blickfeld der Römer und behielt bis zum Ende des Imperiums als Bindeglied zwischen Mesopotamien und Ägypten und als Südostsaum des Mittelmeerraums große strategische Bedeutung. Diese geographische Lage bedingte es auch, dass Rom Syrien-Palästina immer wieder gegen Konkurrenten aus dem Osten verteidigen musste. Zugleich nötigten Spannungen zwischen Juden und Nichtjuden sowie zwischen unterschiedlichen jüd. Gruppen innerhalb Palästinas Rom mehrmals zu militärischem Vorgehen.

Anlass für ein aktives Eingreifen Roms im syrisch-palästinischen Raum lieferte der Krieg gegen Mithradates von Pontos. Dieser hatte jahrzehntelange Thronwirren im Seleukidenreich ausgenutzt, um bis nach Syrien hinein auszugreifen. Im Süden des alten seleukidischen Herrschaftsraumes hatten sich gleichzeitig mehrere regionale Herrschaften gebildet und ihre Machtbereiche ausgeweitet, so vor allem die transjordanischen Nabatäer, die Ituräer im Libanon und Nordgaliläa, die jüd. Hasmonäer (→1.4.4.2) sowie einige Stadtstaaten.

Als die Kriegsführung Roms gegen Mithradates stagnierte, übernahm 66 Pompeius den Oberbefehl und konnte den König kurz darauf am Euphrat besiegen. Nach erfolgreichen Feldzügen im Kaukasus und gegen Armenien suchte Pompeius den Raum am oberen Euphrat gegen die Parther zu sichern und schuf unter Beseitigung der Seleukiden die neue Provinz *Syria*. Als Pompeius' Quaestor Scaurus nach Süden zog, sah er sich dem eben ausgebrochenen Thronstreit zwischen Hyrkan II. und Aristobul II. gegenüber, den Rom wegen des damit verschränkten Konflikts mit dem Nabatäerkönig Aretas und ständigen innerjüd. Spannungen mit militärischen Mitteln entschied. Nach dreimonatiger Belagerung eroberten Pompeius und Hyrkan 63 den Tempelberg. Pompeius besichtigte den Tempel samt dem Allerheiligsten, ließ Tempelgerät und Schatz aber unberührt; er befahl die Reinigung des Tempels und die Fortführung des Kultes. Das Hasmonäerreich wurde in die Neuordnung des südsyrischen Raumes einbezogen und verkleinert, der Herrschaftsraum auf das tatsächlich von Juden bewohnte Gebiet beschränkt: Samaria wurde wiederhergestellt, die von den Hasmonäern unterworfenen nicht-jüd. Städte wurden wieder selbstständig und der Provinz Syrien zugeordnet. Einige davon bildeten die Dekapolis (→2.2.7.3). So wurden weitgehend die vor dem Zerfall der Seleukidendynastie bestehenden Verhältnisse wiederhergestellt. Die Lage in Palästina blieb jedoch instabil. Gabinius, der 58–54 Syrien verwaltete, hatte nicht nur Mühe, Hyrkan in seiner Klientelherrschaft zu halten, sondern musste auch erneut gegen die Nabatäer vorgehen, die auf Kosten der Hasmonäer ihr Gebiet erweitern wollten. Diese Unsicherheiten ermunterten die Parther zum Angriff auf Syrien-Palästina. Die Lage wurde so ernst, dass 54 der Consul Licinius Crassus die Provinz Syria übernahm, um gegen die Parther vorzugehen.

1.4.4.1 Palästina: Die römische Eroberung

Judäa wurde zum Aufmarschgebiet, Crassus erzwang die Auslieferung des Tempelschatzes in Jerusalem, was die Juden veranlasste, seinen Tod und die Niederlage gegen die Parther bei Carrhae 53 als Gottes Strafe zu feiern. Trotz der vernichtenden Niederlage gelang es Cassius, von Kilikien her durch Cicero unterstützt, Syrien samt Judäa für Rom zu halten.
In der Folge wurde Judäa in die Kämpfe des röm. Bürgerkriegs hineingezogen. Während dieser Jahre schob sich der Idumäer Antipater zunehmend in den Vordergrund und bot sich den Römern als „Starken Mann" in Judäa an. Für 48 ist für ihn der Titel eines *epimelētēs* (= Verwalter und Befehlshaber) der Juden bezeugt. Als Antipater nach Pompeius' Tod Caesar bei seinem Zuge gegen das Ptolemäerreich half, erhielt er 47 das röm. Bürgerrecht und wurde zum *epitropos* (= Aufseher und Statthalter) Judäas ernannt, Hyrkan II. wurde aber im Hohepriesteramt bestätigt. Auf Vermittlung Caesars verlieh der Senat den Juden die Bundesgenossenschaft und das Recht, die (zur Provinz Syria gehörenden) Mittelmeerhäfen zu nutzen.
Nach der Ermordung Caesars (44) suchte Cassius Syrien und die dort stehenden Truppen für den Kampf gegen die Caesar-Rächer in die Hand zu bekommen. Zu ihrer Finanzierung musste auch Judäa beitragen, was dort die inneren Spannungen mehrte, während deren Antipater vergiftet wurde. In den daraufhin aufflackernden Kämpfen vermochten sich jedoch Antipaters Söhne durchzusetzen, besonders Herodes, der bereits im Jahre 47 von seinem Vater zum Strategos von Galiläa ernannt worden war.
Obwohl Herodes und der nabatäische König Malichus Cassius und die anderen Caesarmörder in der Schlacht von Philippi 42 unterstützt hatten, gelang es beiden schnell, mit den siegreichen Triumvirn zum Ausgleich zu kommen. Antonius nämlich plante 41 einen Kriegszug gegen die Parther und benötigte dafür die Unterstützung der beiden mächtigen Männer des südsyrischen Raumes, insbes. deren Bogenschützen. Antonius ernannte 41 Herodes und seinen Bruder Phasael zu Tetrarchen im südlichen Syrien. Während Antonius' Legat Ventidius, der Statthalter Syriens, noch Kriegsvorbereitungen traf, überrannten 40 die Parther Syrien und Palästina und setzte Antigonos (Mattathias) als Klientelkönig in Judaea (40–37) ein. Herodes konnte nach Rom fliehen, wo er auf Betreiben des Antonius durch den Senat das Königtum in Judäa und Idumäa erhielt. Nachdem Ventidius 38 die Parther in Syrien entscheidend schlagen konnte, vermochte Herodes 37 Jerusalem zu erobern, Antigonos wurde gefangen und enthauptet.
Während Herodes nach außen den Status eines röm. Klientelkönigs besaß, dem er mit der Umbenennung der ausgebauten Tempelburg von Jerusalem in „Antonia" Rechnung trug, und auch von Rom wirtschaftlich abhängig blieb, da die wichtigen Mittelmeerhäfen Phönikiens alle zur röm. Provinz *Syria* gehörten, herrschte er im Inneren seines Reiches weitgehend autonom. Nur einen kleinen Teil davon bildete *Iudaea*, in dem der jüd. Priesterschaft begrenzte Vorrechte zukamen und Rücksichten auf die jüd. Religion galten, jedoch hart gegen messianische Umtriebe (→3.1.3.4) vorgegangen wurde (s. die Legende vom Kindermord Mt 2,1–22). Den größeren, hell. geprägten übrigen Herrschaftsbereich regierte Herodes als typischer hell. Klientelkönig, unter Förderung des Kaiserkultes (→3.3.4) und weit in den gr. Kulturraum (Antiochia,

Rhodos, Athen, wo er für die Wiedererrichtung des Apollo-Tempels sorgte) hineinwirkend.

Ausgelöst von Kleopatras Versuch, über Antonius ehemals ptolemäische Gebiete des Nahen Ostens wieder in die Hand zu bekommen, kam es 33–31 zu Kämpfen zwischen dem Nabatäerkönig Malichus und Herodes, die dieser 31 durch den Sieg bei Philadelphia für sich entschied und sich so die Herrschaft über Peräa (das Ostjordangebiet) sicherte. Im Bürgerkrieg zwischen Octavianus und Antonius vermochte Herodes rechtzeitig zu Octavianus (Augustus) überzugehen, der ihm dafür als „königlichem Freund Roms" seine Herrschaft bestätigte, da er Herodes wohl zu Recht als zuverlässige Stütze zur Sicherung der palästinischen Landbrücke für Rom ansah.

Im Konflikt mit Rom hatte das Ptolemäerreich seine Machtmittel im Mittelmeer konzentriert. So war es den Nabatäern gelungen, nach dem Niederbrennen der ptolemäischen Flotte im Roten Meer tief in den Süden der arabischen Halbinsel vorzustoßen. Nach der Beendigung des Bürgerkriegs und der Inbesitznahme Ägyptens schlichtete Augustus die latente Konkurrenz zwischen den beiden röm. Klientelkönigen Herodes und Malichus, was nicht zuletzt der Stabilisierung der Lage gegenüber den Parthern diente: Herodes wurde im südsyrischen Raum gestärkt, die Nabatäer im Norden der arabischen Halbinsel, wo sie den Fernosthandel in die Hand bekamen. Unter Beteiligung von Truppen des Herodes und des Nabatäerkönigs Obodas III. (30–9 v.Chr.) drang dann 24 v.Chr. ein röm. Heer nach Südarabien vor und erreichte den Jemen (Strab. 16,780; Cass. Dio 53,29,3–8). Doch sicherte Rom seine Fernost-Handelsinteressen auf Dauer nicht über den Landweg, sondern – in ptolemäischer Tradition – mit Hilfe einer eigenen Flotte im Roten Meer. Allerdings blieb die Lage zwischen den beiden Klientelkönigen gespannt, insbes. als es 12 v.Chr. in der Trachonitis (Südsyrien) zu einem Aufstand gegen Herodes kam, der dafür die Nabatäer mitverantwortlich machte. Nach Verhandlungen in Rom stellte Augustus den Frieden wieder her. Die Nabatäer verstärkten in der Folge die röm. Truppen, die unter dem Statthalter von *Syria* Quintilius Varus (6–4 v.Chr.) die Herodianer gegen aufständische Juden unterstützte.

Als Herodes 4 v.Chr. starb, erkannte Rom zwar die von ihm verfügte Aufteilung seines Reiches unter seine Söhne an, nahm deren Gebiete aber Schritt für Schritt unter direkte Kontrolle. *Iudaea* wurde bereits 6 n.Chr. ein Teil von *Syria* und einem Präfekten unterstellt. Innerjüd. religiöse Spannungen jedoch und ein religiös untermauerter Widerstand gegen Rom ließen Palästina in den folgenden Jahrzehnten nicht zur Ruhe kommen. Nachdem es im Frühjahr 66 in Alexandria zum Aufruhr der Juden gekommen war, den der Statthalter Ägyptens, Tiberius Alexander, ein Neffe Philos (→1.3.2.5), blutig unterdrückte, brachen im Sommer auch in Jerusalem Unruhen aus, in deren Verlauf die Römer aus der Stadt blutig vertrieben wurden. Im September 66 griff der Statthalter von *Syria* Jerusalem an, wurde aber zurückgeschlagen. Jerusalem fiel den Aufständischen zu, viele, die mit ihnen nicht übereinstimmten, verließen die Stadt (vgl. Mt 24,15ff). Nero übertrug 67 Vespasian die Kriegführung, der sehr bald Galiläa eroberte. Entkommene Zeloten (→3.1.3.1) übernahmen 67/68 die Macht in Jerusalem, der Hohepriester Ananus, der 62 Jakobus (den Bruder Jesu) hatte steinigen lassen, wurde mit weiteren Personen der alten Oberschicht ermordet. Vespasian unterwarf das Küstenland und das Jordantal, schließlich *Iudaea* (zum Akt auf dem Karmel →1.2.6). Zur gleichen Zeit rebellierten in den röm. Provinzen die Truppen gegen Nero, der im Juni 68 Selbstmord beging. Unter Mitwirkung von Tiberius Alexander riefen die Legionen des Ostens im Juli 69 Vespasian zum Kaiser aus, der den Oberbefehl an seinen Sohn übergab. Titus schloss Jerusalem ein und nahm im Spätsommer d.J. 70 die Oberstadt und den Tempel ein. Ein Teil der Sikarier floh nach Ägypten, wurde aber gefasst. *Iudaea* wurde von *Syria* abgetrennt und Provinz unter dem Legaten der X. Legion. Es kam zur Anlage mehrerer röm. Veteranenkolonien, darunter Caesarea Maritima und Emmaus (Nikopolis), Sichem wurde als Flavia Neapolis (heute Nablus) neu begründet. Damit wurde die Romanisierung der Region vorangetrieben.

Neue Bedeutung erhielt der Südosten des Imperiums unter Traian. Der Kaiser war mit dem syrischen Raum vertraut; sein Vater hatte als Legat der X. Legion im Jüdischen Krieg Galiläa und Peräa unterworfen und dafür von Vespasian 70 das Konsulat und danach 75/76 die Statthalterschaft in Syrien erhalten, wohin ihn der junge Traian als Legat begleitete und an den Kämpfen gegen die Parther teilnahm. Nach seinem Sieg in Dakien wandte sich Traian diesem alten Gegner Roms zu. Schon 106 hatte er den Statthalter von Syria das durch die Verlagerung des Handels nach Alexandria wirtschaftlich angeschlagene Nabatäerreich besetzen und als Provinz Arabia einrichten lassen. Neue Militärstraßen waren angelegt worden. Eingriffe der Parther in Armenien lösten dann den Krieg aus, in raschem Erfolg eroberte Traian 113 große Teile Mesopotamiens, das Provinz wurde. Allerdings kam der Kaiser in Konflikt mit den dortigen Juden (→1.4.5.4), die der parthischen Herrschaft positiv gegenüberstanden. Gleichzeitig kam es im Rücken der röm. Heere in Alexandria zu Kämpfen mit den Juden, was sich, mitbedingt durch die Ausdünnung der röm. Besatzungstruppen, zwischen 115 und 117 zu einem allgemeinen Aufstand in Mesopotamien, Syrien, Zypern, Ägypten, Judäa und in der Kyrenaika entwickelte. Die damit verbundene Schwächung der Römer nutzten die Parther zu weitflächigen Rückeroberungen. Dies veranlasste Hadrian, der von dem erkrankten Traian den Oberbefehl gegen die Parther und kurz darauf nach dem Tod des Kaisers auch die Herrschaft übernommen hatte, sich annähernd auf die früheren Grenzen Roms zurückzuziehen. Nach der Konsolidierung der Verhältnisse in Rom kam Hadrian im Zuge seiner großen Ostreise 130 erneut nach Syrien und Palästina. Seine Maßnahmen erregten in *Iudaea* heftige Gegenwehr, die sich nach 132 unter Simon Bar Kochba zu einem Aufstand auswuchs, der nach harten Kämpfen 135 niedergeschlagen wurde. Jerusalem wurde als Aelia Capitolina (→1.2.6) röm. Kolonie, ihr Betreten war Juden untersagt.

Literatur

U. *Baumann*: Rom und die Juden. Die römisch-jüdischen Beziehungen von Pompeius bis zum Tode von Herodes 63 v.Chr.–4 v.Chr., Frankfurt ²1986. – M. *Hengel*: Die Zeloten. Untersuchung zur jüdischen Freiheitsbewegung in der Zeit von Herodes I. bis 70 n.Chr., Leiden ²1976. – W. *Horbury*: The Beginning of the Jewish Revolt under Traian, in: *H. Cancik u.a.* (Hgg.): Geschichte, Tradition, Reflexion. FS Martin Hengel, Bd. 1, Tübingen 1996, 283–304. – M. *Lindner* (Hg.): Petra und das Königreich der Nabatäer, München ³1980. – F. A. *Lopper*: Trajan's Parthian War, London 1948. – M. *Pucci*: La rivolta ebraica al tempo di Traiano, Pisa 1981. – M. *Vogel*: Herodes, König der Juden, Freund der Römer, Leipzig

2002. – *F. Weber*: Herodes, König von Roms Gnaden. Herodes als Modell eines römischen Klientelkönigs in spätrepublikanischer und augusteischer Zeit, Berlin 2003. – *M. Wheeler*: Rome beyond the Imperial Frontiers, London 1953.

1.4.4.2 Innerjüdische Ereignisabläufe bis zum Bar Kochba-Aufstand (*Markus Sasse*)

Stellen im NT
Lk 2,2; Apg 12,1–17

Von Alexander d. Gr. bis zu den letzten Hasmonäern
Seit dem Auftreten Alexanders d. Gr. im Vorderen Orient nach der Schlacht bei Issos (333 v.Chr.) und den Diadochenkriegen (323–276 v.Chr.) geriet auch der Kleinstaat Judäa immer mehr unter gr. Einfluss. Nach einem insgesamt ruhigen Jh. unter ptolemäischer Herrschaft wurde Judäa nach der Schlacht bei Paneion (200 v.Chr.) unter Antiochos III. d. Gr. Teil des Seleukidenreiches. Die von Antiochos gewährten Privilegien der eigenständigen Lebensweise (nach der Tora) wurden im 2. Jh. v.Chr. durch dessen Sohn und zweiten Nachfolger Antiochos IV. massiv bedroht (167 v.Chr.). In Zusammenarbeit mit prohellenischen jüd. Kreisen wurde der Versuch unternommen, Jerusalem in eine griechische Stadt mit Polisverfassung statt der Tora als juristischer Grundlage der Lebensweise umzuwandeln. Die zunächst unkoordinierten Aufstandsbewegungen mündeten nach stärker werdender Verfolgung schließlich in einen Bürgerkrieg. Führer dieser Bewegung waren die Makkabäerbrüder Judas (166–160 v.Chr.), Jonathan (160–143 v.Chr.) und Simon (143–134 v.Chr.). In dieser Zeit des sog. Makkabäeraufstandes ging es um die Frage, ob die in der exilischen und frühnachexilischen Zeit entwickelten religiösen und kulturellen Normen erhalten bleiben konnten oder ob sich die jüd. Religion unter den neuen Bedingungen der Vorherrschaft der hell. Lebensweise öffnen bzw. anpassen sollte. Das Ergebnis dieser Aufstandszeit war schließlich die Niederlage des Seleukidenherrschers und ein faktisch autonomes Judäa, das im Niedergang des Seleukidenreiches seine Unabhängigkeit behaupten und festigen konnte. Die mit dem Makkabäerbruder Jonathan beginnende Hasmonäerdynastie vereinigte die Funktionen des Hohenpriesters (obwohl die Hasmonäerfamilie nicht aus hohenpriesterlichem Geschlecht stammte!) und des politischen Anführers in einer Person. Den Hasmonäern Johannes Hyrkanos (134–104 v.Chr.)[1], Aristobulos (104–103 v.Chr.)[2] und Alexander Jannaios (103–76 v.Chr.)[3] gelang es, den Machtbereich Judaeas erheblich auszuweiten. Die Hasmonäerherrschaft endete mit der als sehr besonnen geltenden Königin Alexandra Salome (76–67 v.Chr.). Als Alexandra 67 v.Chr. starb, kam es zum offenen Kampf zwischen ihren Söhnen Aristobulos und Hyrkanos, wobei zunächst Aristobulos den Sieg davontrug. Aristobulos wurde König und Ho-

---

[1] Vgl. Ios. ant. Iud. 13,254–258.
[2] Vgl. Ios. ant. Iud. 13,301–319.
[3] Vgl. Ios. bell.Iud. 1,106; ant. Iud. 13,395–404.

herpriester.[4] Hyrkanos setzte sich nach dem verlorenen Kampf gegen Aristobulos ins Nabatäerreich nach Petra ab. Einen Verbündeten fand Hyrkanos in Antipater. Der Vater des Antipater war während der Regierungszeit des Alexander Jannaios königlicher Statthalter in Idumäa gewesen. Antipater bewegte den Nabatäerkönig Aretas dazu, sich gegen Aristobulos zu wenden und mit Truppen gegen Jerusalem zu marschieren. Aristobulos wurde 65 v.Chr. in Jerusalem eingeschlossen und von Aretas belagert.[5] Das Schicksal des Aristobulos wäre besiegelt gewesen und Hyrkanos hätte sein Hohepriesteramt, das er ursprünglich innegehabt hatte, wiedererlangt, wäre nicht Rom in Gestalt des Pompeius als neue Hegemonialmacht auf der Bildfläche erschienen (→1.4.4.1).[6] Pompeius unterstützte zunächst Aristobulos, dessen gewalttätige Politik er ablehnte und veranlasste Aretas zum Rückzug. Nach kurzer Zeit revidierte Pompeius seine Entscheidung und entschied sich gegen Aristobulos. Während dieser den Widerstand nach Kurzem einstellte, weigerten sich seine Jerusalemer Anhänger aufzugeben. Daraufhin zog Pompeius um 63 v.Chr. nach Jerusalem. Die pharisäischen Gefolgsleute des Hyrkanos ermöglichten den Römern die Stadt zu besetzen, ohne Widerstand zu leisten. Pompeius drang bei der Erstürmung des Tempelbezirkes (an einem Sabbat) auch in den Tempel ein und betrat das Allerheiligste. Er beraubte den Tempel jedoch nicht. Vielmehr ordnete er die Fortsetzung des Opferkultes an. Pompeius' Eroberung Jerusalems bedeutete das Ende des Hasmonäerstaates mit seinem Hohenpriesterkönigtum.[7] Hyrkanos wurde in seinem Hohenpriesteramt bestätigt, seine königliche Würde aber verlor er. Aristobulos wurde gefangen genommen und mit seinen Söhnen Antigonos und Alexander als Geisel nach Rom verschleppt und auf dem Triumphzug des Pompeius öffentlich vorgezeigt. Aristobulos gelang es zwar nach einiger Zeit (56 v.Chr.) zu entkommen und sich nach Judäa abzusetzen. Jedoch wurde er bald wieder eingefangen, nachdem er sich auf Machaerus verschanzt hatte. Im Jahre 49 v.Chr. wurde er von Anhängern des Pompeius vergiftet, da man ihn für einen Parteigänger Caesars hielt. Auch sein Sohn Alexander wurde getötet. Nur Antigonos gelang es zu entkommen.

Die Dynastie des Herodes
Zu Beginn der zweiten Hälfte des 1. Jh. v.Chr. geriet Palästina immer mehr in den Sog des röm. Bürgerkrieges. Nach seinem Sieg über Pompeius im Jahre 48 v.Chr. und aufgrund der tatkräftigen Unterstützung von Seiten des Hyrkanos und Antipater[8] übertrug Caesar den rechtlichen Schutz, den Judaea besaß, auch auf die jüd. Gemeinden in der Diaspora (→1.4.5.5), was eine erhebliche Verbesserung ihrer Lage bedeutete.[9] Nach der Ermordung des Antipater besiegte sein Sohn Herodes den aus Rom geflohenen Antigonos in Galiläa und bereitete zielstrebig seinen Aufstieg vor.[10] Zunächst aber war Marcus Antoni-

---

[4] Vgl. Ios. ant. Iud. 14,4–7.
[5] Vgl. Ios. ant. Iud. 14,8–21.
[6] Vgl. App. Syr. 50,251–253; Cass. Dio 37,15,2–17,4; Diod. 40,3; Ios. ant. Iud. 14,1–79.
[7] Vgl. Ios. ant. Iud. 14,55–76.
[8] Vgl. Ios. ant. Iud. 14,127–144.
[9] Vgl. Ios. ant. Iud. 14,241–243.
[10] Vgl. Ios. ant. Iud. 14,394–491; bell. Iud. 1,290–353.

us, der nach den Selbstmorden der Caesarmörder Cassius und Brutus (42 v.Chr.) Herrscher über den Osten des Reiches wurde und mit der ägyptischen Königin Kleopatra in Alexandria residierte, der starke Mann. Hyrkanos und die Antipatersöhne Herodes und Phasael wurden in ihren Ämtern bestätigt. Antigonos verbündete sich darauf mit den Parthern und drang mit ihnen 40 v.Chr. in Palästina ein. Phasael beging Selbstmord, Hyrkanos verlor durch Verstümmelung das Amt des Hohenpriesters. Lediglich Herodes konnte aus Jerusalem fliehen. Antigonos regierte als Marionettenkönig der Parther in Jerusalem. Herodes aber zog nach Rom und ließ sich im Dezember 40 v.Chr. durch den Senat zum König von Judäa ernennen. Nachdem die Römer die Parther aus Syrien vertrieben hatten, zog Herodes von dort aus nach Palästina, nahm 37 v.Chr. mit Hilfe des röm. Feldherrn Sosius Jerusalem ein und trat sein königliches Amt an. Antigonos, der Letzte, der für kurze Zeit (40–37 v.Chr.) erfolgreich versucht hatte, die hasmonäische Herrschaft wiederherzustellen, wurde hingerichtet.[11]

Die politischen Wirren bis zur Alleinherrschaft Octavianus' nach der Schlacht bei Actium am 2.9.31 v.Chr. überstand Herodes durch diplomatisches Geschick (Unterwerfung unter Octavianus)[12] und Rücksichtslosigkeit (Ermordung Hyrkanos' II.). Das Königtum des Herodes beruhte auf dem persönlichen Verhältnis zu seinem Kaiser. Herodes wurde unumschränkter Alleinherrscher über dieses Land. Er verstand sich als treuer Vasall des Augustus (*amicus*), der das Römische Reich in eine Friedensperiode (*Pax Romana* →1.4.1.4) führte. Herodes gelang es durch Loyalität zu Rom, Härte und Wohlwollen nach innen und ein z.T. paranoides Misstrauen gegen potenzielle Gegner 33 Jahre lang zu regieren. Unter seine Regierungszeit fällt sowohl eine erste Blüte hell.-jüd. Kunst und Kultur in Palästina als auch weitgehende wirtschaftliche und politische Stabilität für alle Bewohner seines weit über jüd. Siedlungsgebiete hinausgehenden Reiches.

Herodes starb im Jahre 4 v.Chr. Nach seinem Tod wurde das Land unter seinen Söhnen aufgeteilt:[13] Archelaos (4 v.Chr–6 n.Chr.) erhielt Judäa, Samarien, Idumäa. Herodes Antipas (4 v.Chr.–39 n.Chr.) herrschte über Galiläa und Peräa. Philippus (4 v.Chr.–34 n.Chr.) bekam den Golan und die Gebiete östlich des Jordans. Archelaos wurde nach dem Willen des Augustus freilich nur Ethnarch – gewissermaßen König auf Probe, bis er sich bewährte. Während des Romaufenthaltes der Herodessöhne kam es im Lande zu Unruhen, die Quintilius Varus, damals Legat von *Syria*, blutig niederschlug. Aufgrund der Intervention einer jüd. Delegation und seiner Unfähigkeit wurde Archelaos bereits 6 n.Chr. abgesetzt und nach Vienna (Vienne) in Gallien verbannt. Auch Herodes Antipas war in der Bevölkerung nicht beliebt. Nicht nur brach er 35/36 einen Krieg mit dem Nabatäerkönig Aretas vom Zaun, als er dessen Tochter verstieß, um Herodias, die Gattin seines Halbbruders und Enkelin von Herodes d. Gr. zu heiraten. Nur das Eingreifen des röm. Statthalters von *Syria*, Vitellius, konnte Antipas' Untergang verhindern. Als er schließlich auch noch versuchte, die Königswürde verliehen zu bekommen, wurde er von Caligula

---

[11] Vgl. Ios. ant. Iud. 14,468–491; 15,8–10.
[12] Vgl. Ios. bell. Iud. 1,386–393; ant. Iud. 15,187–195.
[13] Vgl. Ios. bell. Iud. 2,94–98; ant. Iud. 17,317–321.

39 nach Gallien verbannt. Sein Gebiet erhielt sein Neffe Agrippa (I.).[14] Philippus scheint der einzige Herodessohn gewesen zu sein, der einigermaßen erfolgreich regiert hat.

Die römische Provinz Iudaea
Seit der Verbannung des Archelaos 6 n.Chr. wurden Judäa, Samarien und Idumäa zu *Iudaea* als Provinz zusammengefasst und von einem röm. Statthalter mit dem Titel *praefectus* verwaltet. Dieser residierte in Caesarea Maritima und ließ in Jerusalem nur eine kleine Abteilung röm. Soldaten in der Burg Antonia zurück. Das *Synhedrion* regelte die inneren jüd. Angelegenheiten, unterstand jedoch in der Rechtshoheit formal dem Statthalter, der seinerseits dem syrischen Legaten, einem Mitglied des Senatorenstandes, verantwortlich war.
Als die Provinz eingerichtet wurde, ließ Quirinius eine Steuerschätzung durchführen (Lk 2,2). Die ersten zwei Jahrzehnte der Provinz verliefen relativ ruhig. Erst mit dem Auftreten von Pontius Pilatus im Jahre 26 verschlechterte sich die Situation. Zahlreiche Provokationen und rücksichtsloses Vorgehen gegen Opposition brachten die Bevölkerung so sehr gegen den Präfekten auf, dass er seines Amtes enthoben wurde und sich in Rom verantworten musste.
Unter Agrippa I., einem Enkel Herodes d. Gr. und Bruder der Herodias, kam Palästina in den Jahren 41–44 noch einmal unter jüd. Herrschaft. Er war – im Gegensatz zu seinen herodianischen Vorgängern – bei seinen Untertanen beliebt, auch bei den führenden Kreisen. Er gab sich als frommer Jude, um die Gunst seiner jüd. Untertanen zu gewinnen. Die Feinde der religiösen Führer ließ er verfolgen – so nach Apg 12,1–17 auch die Christen. Im Jahre 44 starb Agrippa I. plötzlich und unerwartet eines natürlichen Todes.[15] Sein noch unmündiger Sohn Agrippa II. wurde nicht sein Nachfolger, sondern erhielt im Jahre 50 lediglich ein kleines Gebiet zwischen Libanon und Antilibanon namens Chalkis.[16] Im Jahre 53 erhielt er statt Chalkis das ehemalige Gebiet des Philippos, Teile Galiläas mit Tiberias sowie die Aufsicht über den Jerusalemer Tempel mit dem Recht, den Hohepriester einzusetzen. Agrippa II. regierte bis in das Jahr 100, ohne jedoch eine größere politische Rolle zu spielen.

Der Weg in die Katastrophe
Nach dem Tode Agrippas I. stellte Claudius das ganze Land unter direkte röm. Verwaltung. Der rasche Wechsel der Statthalter, die jetzt *procuratores* hießen und ihr Amt zur eigenen Bereicherung nutzten, und deren Ignoranz dem Judentum gegenüber führten wesentlich zu einer dramatischen Verschlechterung der politischen Lage in Palästina. Cuspius Fadus war der erste röm. Prokurator für ganz Palästina. Josephus (→1.3.2.6) berichtet von groß angelegten Aktionen gegen judäische Räuberbanden (→2.2.5.4), die mit der Ergreifung und Hinrichtung des Räuberhauptmanns Tholomaeus endeten. Damals trat auch ein gewisser Theudas auf, ein messianischer Prophet (→3.1.3.4), der eine an die Landnahme erinnernde messianische Heilszeit ankündigte. Fadus ließ

---

[14] Vgl. Ios. bell. Iud. 2,223.
[15] Vgl. Ios. ant. Iud. 19,8,2; Apg 12,21–23.
[16] Vgl. Ios. bell. Iud. 2,223–284; 3,56f; ant. Iud. 20,104.138–140.

Theudas gefangen nehmen und hinrichten.[17] Fadus' Nachfolger wurde Tiberius Julius Alexander, ein Neffe Philos von Alexandria (→1.3.2.5). Ihm gelang es, die Söhne des Judas aus Galiläa gefangen zu nehmen und kreuzigen zu lassen.[18] Nach zwei Jahren wurde Tiberius Julius Alexander durch Ventidius Cumanus abgelöst. Unter seiner Regierung kam es in den Jahren 51/52 zu folgenschweren Zwischenfällen, in deren Folge es mehrfach zu Massenpanik und Blutbädern kam. Unter Cumanus' Nachfolger Antonius Felix nahmen die antiröm. Tendenzen stark zu. Nach der wenig erfolgreichen Amtszeit des Felix folgte die Regierung des Porcius Festus, die man wohl als besonnen, aber zu kurz bezeichnen darf. Nachdem Festus im Jahre 62 im Amt verstarb, trat eine Vakanz ein, in der die führenden Juden die Gunst der Stunde nutzten, sich ihrer Feinde zu entledigen. In diesen Zeitraum fällt die Hinrichtung des Herrenbruders Jakobus. In besonders schlechtem Ruf stand Festus' Nachfolger Albinus, der rigoros gegen das eigenmächtige Vorgehen der Juden durchgriff. Da die Hinrichtung des Jakobus ohne die notwendige Genehmigung durchgeführt worden war, ließ Albinus einen neuen Hohenpriester ernennen. Die Gewalt wurde zusätzlich angeheizt, als Albinus gefangene Sikarier (→3.1.3.1) im Austausch gegen den Bruder des Hohenpriesters freiließ.

In der Amtszeit des Gessius Florus (64–66) war die Eskalation nicht mehr aufzuhalten.[19] Schuld hatte daran nach Ansicht des Josephus vor allem der Statthalter selbst.[20] Als es in Caesarea Maritima zu blutigen Auseinandersetzungen zwischen Juden und Heiden über die jüd. Bürgerrechte kam, griff er nicht schlichtend ein. Nur wenig später bediente er sich schamlos am Tempelschatz und ließ die wütenden Proteste der Bevölkerung von Soldaten niederschlagen. Als Florus auch noch seinen Soldaten die Erlaubnis erteilte, in Jerusalem zu plündern, kam es endgültig zur offenen Rebellion in Caesarea Maritima und Jerusalem. Führer der Aufständischen war zunächst ein Sohn des Hohepriesters mit Namen Eleasar. Bald gelang es ihm, den Tempelbezirk in seine Gewalt zu bringen. Gessius Florus floh nach Caesarea Maritima. Jerusalem war in der Hand der Aufständischen – mit Ausnahme einer in der Burg Antonia eingeschlossenen röm. Kohorte. Agrippa II. versuchte zwar beschwichtigend einzuwirken, jedoch ohne Erfolg. Man stellte das täglich stattfindende Opfer für den Kaiser ein und stürmte die Burg Antonia. Die röm. Besatzung wurde heimtückisch niedergemacht. Der Aufstand dehnte sich auch auf die Umgebung Jerusalems aus. Die herodianischen Festungen Masada und Herodeion wurden erobert. Der Versuch des syrischen Legaten Cestius Gallus, die Situation wieder unter Kontrolle zu bringen, führte zu einem Desaster für die Römer. Nero (54–68) schickte daraufhin seinen erfolgreichsten General: Flavius Vespasianus.[21] Von Antiochia aus zog Vespasian mit seinem Heer Richtung Galiläa. Seinen Sohn Titus sandte er nach Alexandria, um dort Hilfstruppen zu rekrutieren. Rasch stellten sich Erfolge ein. Bereits 67 war ganz

---

[17] Von diesem Theudas wird auch in Apg 5,36 berichtet. Allerdings datiert Lukas ihn in die Zeit vor dem Aufstand des Judas aus Galiläa im Jahre 6 n.Chr.
[18] Vgl. Ios. ant. Iud. 20,100–102.
[19] Vgl. Ios. bell. Iud. 2,278–486.
[20] Vgl. Ios. bell. Iud. 2,277–279; ant. Iud. 20,52–58.
[21] Vgl. Ios. bell. Iud. 3,224–227.

Galiläa zurück erobert, bis zum Frühjahr 68 fast das ganze Land.[22] Als er begann, Jerusalem zu belagern, wurde Vespasian von seinen Truppen zum Kaiser ausgerufen. Er begab sich daraufhin nach Rom und übertrug Titus die Befehlsgewalt. Titus griff die Stadt vom Norden her an. Im Juni 70 wurde die Burg Antonia eingenommen, im August stand der Tempelbezirk in Flammen – nach Josephus ohne Schuld des Titus. Bevor der Tempel endgültig in sich zusammen fiel, gelang es Titus in das Allerheiligste vorzudringen und den Leuchter und die Schaubrottische für den Triumphzug zu rauben. Ein Blutbad löste das nächste ab. Als im September die Zitadelle eingenommen wurde, war Jerusalem endgültig besiegt. Titus ließ die Stadt und den Tempelbezirk schleifen. Lediglich die Türme der Zitadelle wurden geschont und verstärkt, um dort die X. Legion zu stationieren. Machairos und Herodion ergaben sich kurz nach dem Fall Jerusalems. Nur die Besatzung von Masada kämpfte bis ins Frühjahr 74 weiter.[23]

Vom ersten zum zweiten Aufstand
Das Resultat des ersten Aufstands gegen Rom war katastrophal: Tausende Juden waren getötet oder in die Sklaverei verkauft worden, der Tempel (→3.3.2.2) mit seinen Institutionen (Priestertum, Opferkult) war zerstört, das soziale und kulturelle Leben des palästinischen Judentums musste neu aufgebaut werden. Vespasian ernannte *Iudaea* zur kaiserlichen Provinz und machte es damit unabhängig von *Syria*. Das geistige Leben des Judentums nahm erst langsam wieder konkrete Formen an. Unter Jochanan ben Zakkai, einem der gemäßigten Führer des Jerusalemer Lehrhauses, entwickelten sich zunächst in Iamnia (Javne), dann in Galiläa die Grundlagen für das rabbinische Judentum. Jochanan erreichte den Ausgleich mit Rom und damit eine beschränkte Autonomie in der Verwaltung der Juden innerhalb der röm. Provinz (→1.4.4.3).
Im Jahre 132 unter Kaiser Hadrian kam es zum letzten großen jüd. Aufstand gegen die Herrschaft Roms. Anlass dazu gab der Beschluss Hadrians, der im Jahre 130 Jerusalem bereiste, die Stadt in eine röm. Kolonie namens *Aelia Capitolina* (*Aelia* nach Aelius Hadrianus und *Capitolina* nach Iuppiter Capitolinus) zu verwandeln. Im Jahre 132 entlud sich der jüd. Widerstand in bewaffneten Auseinandersetzungen, die von den Römern anfangs nicht ernst genommen wurden. Schon bald gelang es den Aufständischen, Jerusalem einzunehmen und einige weitere Städte Judaeas zu besetzen. In Galiläa hingegen blieb es ruhig. Der Anführer der Aufständischen war ein gewisser Simon barKosiva. Seine Anhänger hielten ihn für den Messias. Auch Rabbi Aqiva hatte ihn mit Verweis auf Num 24,17 als königlichen Messias anerkannt. Man änderte seinen Namen in Bar Kochba (Sternensohn) in Anspielung auf diese Bibelstelle. Die Römer unter Tineius Rufus und dem syrischen Legat C. Publius Marcellus konnten trotz enormer Truppen die Aufständischen zunächst nicht bezwingen. Erst dem ehemaligen Statthalter von Britannien, Sex. Julius Severus, gelang es ab 134 die Aufständischen in einem langwierigen Guerillakrieg langsam auszubluten. Ihre letzte Festung war Betar bei Jerusalem. Sie wurde im Jahre 135 von den Römern erobert.

---

[22] Vgl. Ios. bell. Iud. 4,120f.
[23] Vgl. Ios. bell. Iud. 7,304–312.389–401.

Literatur
M. Avi-Yonah: The Holy Land from the Persian to the Arab Conquests (536 B.C. to A.D. 640). A Historical Geography, Grand Rapids ²1977. – *J. H. Hayes/S. R. Mandell*: The Jewish People in Classical Antiquity. From Alexander to Bar Kochba, Louisville 1998. – *M. Hengel*: Judentum und Hellenismus. Studien zu ihrer Begegnung unter besonderer Berücksichtigung Palästinas bis zur Mitte des 2. Jh.s v.Chr., Tübingen ³1988. – *A. Kasher*: Jews and Hellenistic Cities in Eretz-Israel, Tübingen 1990. – *H. P. Kuhnen*: Palästina in griechisch-römischer Zeit. Mit Beiträgen von *L. Mildenberg* und *R. Wenning*, München 1990. – *S. Mason*: Flavius Josephus und das Neue Testament, Tübingen/Basel 2000. – *M. Sasse*: Geschichte Israels in der Zeit des Zweiten Tempels, Neukirchen-Vluyn 2004. – *P. Schäfer*: Geschichte der Juden in der Antike. Die Juden Palästinas von Alexander dem Großen bis zur arabischen Eroberung, Neukirchen-Vluyn 1983. – *I. Shatzman*: The Armies of the Hasmonaeans and of Herod. From Hellenistic Times to Roman Framework, Tübingen 1991. – *J. C. VanderKam*: An Introduction to Early Judaism, Grand Rapids/Cambridge 2001. – *M. Vogel*: Herodes. König der Juden, Freund der Römer, Leipzig 2002. – *J. Zangenberg*: Bis das Pulverfass explodiert. Jüdische Geschichte zwischen Widerstand und Anpassung von 168 v.Chr. bis 135 n.Chr., WUB 9/2 (32), 2004, 36–45.

1.4.4.3 Die Formierung des rabbinischen Judentums
(*Friedrich Avemarie*)

Stellen im NT
Mt 5,17–20; 6,5; 12,7; 23,1–33; 24,6f.15–22; Mk 13,7f.14–20; Lk 19,43f; 21,20–24; Joh 9,22; 12,42; 16,2; Apg 5,34; 22,3

Der große jüd.-röm. Krieg der Jahre 66–70 n.Chr., der mit gewaltsamen Reaktionen auf Übergriffe der röm. Verwaltung Judaeas begann und mit der Zerstörung Jerusalems und des Tempels endete, war das einschneidendste Ereignis in der Geschichte des antiken Judentums. Er bildete die negative Ausgangsvoraussetzung, unter der sich das Judentum in den folgenden Jahrzehnten eine völlig neue Erscheinungsform gab: die rabbinische.
1. Während im belagerten Jerusalem die Not immer grimmiger wurde, ließ sich Rabban Jochanan ben Zakkai von zwei Schülern in einem Sarg aus der Stadt schmuggeln, schlug sich zu den Römern durch und wurde vor Vespasian geführt. Noch ehe er diesem die Kaiserwürde voraussagte – denn der Tempel würde nur „durch einen Mächtigen fallen", Jes 10,34 –, stellte ihm der Feldherr einen Wunsch frei. Jochanan erbat sich den Ort Iamnia (Javne): „dass ich hingehe und dort meine Schüler lehre, ein(en) Gebet(sgottesdienst) einrichte und alle Gebote erfülle" (ARN A 4). Die Erzählung ist legendarisch,[1] zeigt aber prägnant, zu welchen grundlegenden Veränderungen die Katastrophe des Jahres 70 geführt hatte. Statt des Tempels (→3.3.2.2) war es jetzt das Leben nach der Tora, das religiöse Identität stiftete, der synagogale Gottesdienst (→3.3.3), der spirituelle Gemeinschaft formte, und das Traditionswissen eines nichtpriesterlichen Gelehrtenstandes, das kulturelle Kontinuität gewährleistete. Getragen wurde diese Neuorientierung hauptsächlich von dem gemäßigten Flügel der pharisäischen Partei (→3.1.3.1), der dem Aufstand gegen Rom skeptisch gegenübergestanden hatte und darum für eine Zusammenarbeit mit

---
[1] Zu auffällig sind die Ähnlichkeiten mit Ios. bell. Iud. 3,392–408.

der Besatzungsmacht aufgeschlossen war. Als Pharisäer gilt auch Jochanan ben Zakkai (mYad 4,6; tPar 3,8). Reflexe dieser Entwicklung finden sich v.a. bei Mt, der dem palästinischen Judentum der Zeit nach 70 besonders nahe steht (Mt 5,17–20; 6,5; 23,3–7) und mit seiner Polemik einen bezeichnenden Eindruck von der neuen Monopolstellung des Pharisäismus an der Spitze der jüd. Gesellschaft vermittelt (23,2; auch 23,3!).[2]

Die Reorganisation des Judentums in der judäischen Küstenstadt Iamnia (Javne) verbindet sich in rabbinischer Erinnerung mit einer Reihe von *taqqanot*, „Notverordnungen", durch die Jochanan ben Zakkai v.a. der liturgischen Praxis neue Gestalt gab: Wurde, wenn der Neujahrstag auf einen Sabbat fiel, der Schofar bislang nur in Jerusalem geblasen, so von jetzt an überall, wo jüd. Gerichtshöfe standen. Wurde der Feststrauß des Laubhüttenfestes ehedem nur im Tempel an allen sieben Festtagen geschwungen, so von nun an im ganzen Land. Nahm man bisher, um nicht durch die Festsetzung eines Monatsanfangs das Tempelritual zu stören, Zeugenaussagen über den Neumond nur bis nachmittags entgegen, so nun den ganzen Tag (mRHSh 4,1–4). Durchgehend ist das Bemühen spürbar, die Feier jüd. Feste auf profanem Boden dem verlorenen Tempelkult gleichzustellen und von ihm unabhängig zu machen. Der Tempel erwies sich als verzichtbar. Als R. Jehoschua, so die Legende, beim Anblick seiner Ruinen die Zerstörung des Ortes beklagte, an dem Israels Sünden gesühnt wurden, tröstete ihn Jochanan ben Zakkai damit, dass Israel ein anderes, gleichwertiges Sühnemittel habe, die tätige Nächstenliebe (ARN A 4, mit Hinweis auf Hos 6,6; vgl. Mt 12,7). Loslösung vom Tempelkult spiegelt auch die Traditionskette von mAv 1,1–18 und 2,8, die die Überlieferung der Tora von Jochanan ben Zakkai über dessen Vorgänger (darunter den Gamaliel von Apg 5,34) bis auf die Sinaioffenbarung zurückführt, dabei aber Tempel und Priestertum weithin umgeht.[3]

Zur Konsolidierung gehört Abgrenzung; so überrascht es nicht, dass es gerade die Iamnia-Zeit war, in der, nach bBer 28b–29a, in das *schmone-esre*, die täglich gesprochenen „Achtzehn" Benediktionen, eine Verwünschung von Gegnern eingefügt wurde, die sog. *birkat ha-minim*. Neben den *minim* („Sektierern") nennt diese Benediktion das „freche Königreich", „Abtrünnige", „Denunzianten", nach zwei frühen Fragmenten auch *notzrim*, d.h. Judenchristen. Ob sie von vornherein speziell auf Christen in den jüd. Reihen zielte, lässt sich kaum sagen, da ihr ältester Wortlaut nicht bekannt ist. Bemerkungen einiger Kirchenväter zeigen allerdings, dass Christen sich von ihr betroffen fühlten.[4] Möglicherweise steht sie auch im Hintergrund von Joh 9,22; 12,42; 16,2. – Keine hinreichende Quellenbasis hat die verbreitete Annahme, dass auf einer „Synode von Iamnia (Javne)" der 24 Bücher umfassende rabbinische Bibelkanon festgelegt wurde. Die Überlieferung lässt lediglich erkennen, dass in Iamnia (Javne) über die Kanonizität einzelner Schriften debattiert wurde (mYad

---

[2] Joh erwähnt Sadduzäer und Schriftgelehrte überhaupt nicht mehr, sondern nur noch Pharisäer.

[3] Der einzige Priester in der Kette ist Schimon der Gerechte, legendärer Hoherpriester der Oniadendynastie.

[4] Vgl. *Schäfer* 1978, 46–52.

3,5). Seine endgültige Gestalt fand der Kanon erst allmählich im Laufe des 2. Jh.[5]

2. Der Aufstand Bar Kochbas (132–135, →1.4.4.2) hinterließ, obwohl er wirtschaftlich und demographisch ähnlich verheerende Folgen hatte wie der erste große Krieg gegen Rom, in der Religions- und Geistesgeschichte des Judentums keinen vergleichbaren Einschnitt. Durch die Umwandlung Jerusalems in die für Juden gesperrte Kolonie *Aelia Capitolina* und die kriegsbedingte Entvölkerung *Iudaeas* verlagerte sich der Siedlungsschwerpunkt nach Galiläa.[6] Der Sitz der sich abermals neu formierenden rabbinischen Zentralinstitution, des obersten jüd. Gerichts (Sanhedrin), war nicht mehr Iamnia (Javne), sondern Uscha in Obergaliläa; im späteren 2. Jh. wurden Bet Schearim und Sepphoris, um die Mitte des 3. Jh. schließlich Tiberias zu den rabbinischen Hauptorten. Bedeutsamer als diese geographischen Verschiebungen sind jedoch Merkmale der Kontinuität: Die halachischen Debatten der Rabbinen der späten Iamnia (Javne)-Zeit, die wie R. Aqiva und R. Jischmael im Bar Kochba-Krieg untergingen, werden von deren Schülern, Meir, Schimon ben Jochai, Jehuda ben Ilai und anderen, fortgeführt, als hätte es nie eine Unterbrechung gegeben. Die Führung in Uscha übernimmt Schimon ben Gamliel, ein Sohn Gamliels (II.), der in Iamnia (Javne) die Nachfolge von Jochanan ben Zakkai angetreten hatte; Kontinuität zeigt sich hier auch im Entstehen einer Dynastie. Die Weitergabe der Torakompetenz hatte schon in Iamnia (Javne) institutionelle Form angenommen; zunächst war es der Lehrer, der den Schüler zum Rabbi ernannte; später wurde die Ordination (*minnui, smikhah*) durch ein rabbinisches Kollegium oder den Vorsitzenden des Sanhedrin erteilt (ySan 1,2/34).

Aufgegeben wurde die Hoffnung auf politische Befreiung. Als R. Aqiva, Num 24,17 auslegend, in Bar Kochba den „Messias-König" (→3.1.3.1) erkannte, habe ihm ein gewisser Jochanan ben Torta entgegnet: „Aqiva, Kraut wird aus deinen Kinnbacken sprießen, ohne dass der Sohn Davids gekommen sein wird!" (yTaan 4,8/27). Wer von den beiden Recht behalten hatte, stand für die rabbinische Nachwelt außer Frage, und doch konnte sie Aqiva seinen Irrtum leichten Herzens nachsehen; er blieb für sie der überragende Gelehrte, Jochanan ben Torta nur eine Randfigur. Mit dem Scheitern der messianischen Hoffnung verschoben sich jedoch die religiösen Werte. Es entwickelte sich ein Märtyrerbewusstsein, das sich mit sehr unterschiedlichen theologischen Sinngebungen verbinden konnte. Die halachische Regel lautete, dass man in Friedenszeiten zwar fast alle Gebote brechen dürfe, um sein Leben zu retten, in Verfolgungsnot aber selbst für ein leichtes Gebot um der „Heiligung des Gottesnamens" (*qiddusch ha-schem*) willen sein Leben hingeben müsse (Sifra zu Lev 18,5; tShab 15[16],17).

3. Nur ein halbes Jh. nach der Niederlage Bar Kochbas erlebte das Judentum eine neue Blüte. Die Nachfolge von Rabban Schimon ben Gamliel hatte dessen Sohn R. Jehuda ha-Nasi angetreten, den die Quellen meist kurz und schlechthin „Rabbi" nennen. Unter seiner Leitung wurde um 200 die Mischna redigiert, eine Sammlung halachischer Lehrentscheide, meist aus der Zeit nach

---

[5] Vgl. *Schäfer* 1978, 56–62.
[6] Vgl. *Goodman* 1983.

70, gelegentlich älteren Datums. Da sie oft auch abweichende Meinungen notiert und zwei ihrer sechs Abteilungen Themen behandeln, die mit der Tempelzerstörung ihre praktische Bedeutung verloren hatten, nämlich Reinheit und Opferkult, war sie sicherlich nicht nur als Leitfaden für die rabbinische Rechtsprechung konzipiert; halachische Enzyklopädie war sie in ihrem Ansatz mindestens ebenso. Dass sie vor allem studiert wurde, zeigt ihre literarische Rezeption als Basistext des palästinischen und des babylonischen Talmuds.

Von neuem Selbstbewusstsein zeugt der Titel *nasi*, „Fürst", den R. Jehuda zu führen sich nicht scheute, obwohl sich schon Bar Kochba auf seinen Münzen als *nesi Jisrael*, „Fürst Israels", präsentiert hatte. Dem monarchischen Führungsanspruch, dem der Titel Ausdruck verlieh, entsprach die wohl erst unter R. Jehuda selbst aufgekommene und stets umstritten gebliebene Auffassung, seine Familie stamme von David ab (bSan 38a); eine Herkunft übrigens, die auch die Exilarchen, Häupter der babylonischen Diaspora (→1.4.5.4), für sich reklamierten.[7] Doch in einem entscheidenden Punkt unterschied sich der Machtanspruch R. Jehudas und seiner Nachfolger von dem Bar Kochbas: Die Vorherrschaft Roms wurde durch ihn nicht in Frage gestellt. Im Gegenteil, zahlreiche Aggadot wissen davon, wie Rabbi auf freundschaftlichstem Fuße mit Kaiser „Antoninus"[8] verkehrte. Sind sie auch Legende, so zeigen sie doch, wie sehr sich das Verhältnis zu der einst verhassten Besatzungsmacht gewandelt hatte. Dass es nicht nur aus jüd., sondern auch aus röm. Sicht zu dauerhaftem Einvernehmen gekommen war, spiegelt sich v.a. in den im *Codex Theodosianus* gesammelten Rechtstexten des 4. Jh., die wiederholt auf R. Jehudas Nachfolger als die jüd. „Patriarchen" Bezug nehmen.[9] Man darf annehmen, dass diese prinzipiell wohlwollende Koexistenz fortdauerte, bis die Patriarchendynastie im frühen 5. Jh. erlosch.

4. Obwohl die rabbinische Literatur ein Kollektivprodukt ist – Schriften individueller Gelehrter kommen erst im Mittelalter auf –, sind doch die Kultur und die Gesellschaft, die sich in dieser Literatur spiegeln, nicht homogen.[10] Dissens und die Fähigkeit, Dissens zu integrieren, gehören zu ihren auffälligsten Merkmalen. So weiß die Mischna von zahlreichen Kontroversen zwischen den Schulen Hillels und Schammais, doch Ehen zwischen den Familien der Angehörigen beider Schulen seien an divergenten Heiratsregeln nicht gescheitert (mYev 1,4). Weil Aqavja ben Mahalalel, dem man den Vorsitz des Sanhedrin angetragen hatte, vier Irrlehren nicht widerrufen wollte, wurde er mit dem Bann belegt (mEd 5,6), und doch steht er mit den großen Weisen Israels in einer Reihe (mAv 3,1). R. Eliezer habe, als man seine Lehren zurückwies, eine Serie von Beglaubigungswundern provoziert; sogar eine Himmelsstimme verkündete, dass die Halacha sich nach ihm richte; doch sein Kontrahent R. Jehoschua entgegnete: „Sie (sc. die Tora) ist nicht im Himmel!" (bBM 59b). Fromme Opposition gegen die Mischna verkörpert die Eselin des R. Pinchas ben Jair, die das Fressen verweigert, weil ihre Gerste nach der Halacha „Rabbis" und damit nicht sorgfältig genug verzehntet ist (yDem 1,3/4f; BerR 60,8). Be-

---

[7] Die komplexe Überlieferung ist aufgearbeitet bei *Jacobs* 1995, 212–224.
[8] Vermutlich ist Caracalla gemeint; vgl. *Avi-Yonah* 1976, 39–42.
[9] Vgl. *Jacobs* 1995, 274–294.
[10] Vgl. *Levine* 1989, 83–97.

denken gegenüber liberalerer Volksfrömmigkeit äußern sich, wenn sich zwei Rabbis bei der liturgischen Prostration nach der Seite neigen, damit es nicht scheint, als gelte ihre Verehrung den Bildern im Mosaikfußboden der Synagoge, die sie freilich trotz dieser anstößigen Dekoration nicht meiden (yAZ 4,1/4). So beweist das rabbinische Judentum alles in allem eine hohe Kraft des Ausgleichs und der Integration. Das nächste Schisma nach dem judenchristl. war erst im 8. Jh. das karäische.

Literatur
M. Avi-Yonah: The Jews of Palestine. A Political History from the Bar Kokhba War to the Arab Conquest, Oxford 1976. – *M. Goodman*: State and Society in Roman Galilee, A.D. 132–212, Oxford 1983. – *M. Jacobs*: Die Institution des jüdischen Patriarchen. Eine quellen- und traditionskritische Studie zur Geschichte der Juden in der Spätantike, Tübingen 1995. – *L. I. Levine*: The Rabbinic Class of Roman Palestine in Late Antiquity, Jerusalem/New York 1989. – *J. Neusner*: From Politics to Piety. The Emergence of Pharisaic Judaism, New York ²1979. – *P. Schäfer*: Die sogenannte Synode von Jabne. Zur Trennung von Juden und Christen im 1./2. Jh. n.Chr., in: *Ders.*: Studien zur Geschichte und Theologie des rabbinischen Judentums, Leiden 1978, 45–64. – *G. Stemmberger*: Juden und Christen im Heiligen Land. Palästina unter Konstantin und Theodosius, München 1987.

1.4.5 Die jüdische Diaspora in hellenistisch-römischer Zeit

1.4.5.1 Die Diaspora in Ägypten (*Gottfried Schimanowski*)

Stellen im NT
Mt 2,13–15(.19); Apg 2,10; 13,17; 21,38 auch Apg 7,9–53 (7,34.36.39.40); Hebr 3,16; 8,9; 11,26f und allegorisch (als Deckname) Offb 11,8

Einführung
Innerhalb der biblischen Tradition gehört der Exodus aus Ägypten zu den konstitutiven Grunddaten der Geschichte Israels. Ägypten (→1.4.3) ist damit von Anfang an stigmatisiert als das Land, in dem das jüd. Volk unterdrückt wurde und aus dem die Väter flohen. In späterer Zeit ist eine solche emotionale Abwehr des Ägyptischen eine der Grundlinien, die sich permanent weiter tradiert. Auf nichtjüd. Seite entspricht dem die Deutung, dass der Auszug des Volkes eine gewaltsame Vertreibung gewesen sei.[1] In ähnlicher Weise erhält in der Septuaginta (→1.3.2.1) das Stichwort „Diaspora" durchweg eine negative Konnotation.[2] Daneben erscheint die ägypt. Diaspora sowohl in der Hebräischen Bibel als auch in späteren frühjüd. Texten als ein Ort der Zuflucht vor drohender Verfolgung von Individuen und Gruppierungen im eigenen Land. Schon vor der persischen Zeit gab es in Elephantine am Oberlauf des Nil eine jüd. Militärsiedlung.[3] Jer 44,1 (vgl. Hos 9,6; Jer 29,19; 46,16) setzt eine Ge-

---
[1] *Schäfer* 1997, 15–33.
[2] *Van Unnik* 1993, 61f.89–107; *F. Siegert*: Zwischen Hebräischer Bibel und Altem Testament. Eine Einführung in die Septuaginta, Münster 2001, 274f.
[3] *E. Schürer*: The History of the Jewish People in the Age of Jesus Christ. A New English Edition, Vol. III, Edinburgh 1986, 38–40; *Modrzejewski* 1997, 37–67.

meinde in Memphis und in anderen ägypt. Städten voraus. In hell. Zeit existierte neben der großen jüd. Gemeinde in Alexandria (→2.2.7.3) in dem strategisch wichtigen Leontopolis im Nildelta über 200 Jahre lang eine jüd. Siedlung mit einem eigenen – dem Jerusalemer nachempfundenen – Tempel (→3.3.2.2), der erst 73 n.Chr. von den Römern zerstört wurde.[4]
Die ptolemäische Zeit war in der Regel durchweg von einem toleranten, friedlichen Koexistieren zwischen Juden und Nichtjuden geprägt. Griechisch war nun vollständig zur eigenen und einzigen Sprache geworden (LXX →1.3.2.1). Um die Zeitenwende vermehrten sich Anzeichen der Attraktivität der jüd. Gemeinden und ihrer Religionsausübung. Zum Teil wendet sich die gr.-jüd. Literatur nicht mehr an eigene Leserkreise allein, sondern auch an interessierte Nichtjuden (Gottesfürchtige →3.1.3.7). Allerdings verschärften sich in röm. Zeit die Spannungen in den Städten und auf dem Land. Es kommt zu den ersten erschütternden Pogromen. Dafür war weniger ein antijudaistischer Zug der röm. Regierung verantwortlich, geschweige denn der Machtentzug der gr. Oberschicht, als vielmehr ein wachsender Einfluss ägyptischer Kreise auf die Politik und die allgemeine religiöse Orientierung. Die röm. Gesetzgebung unterstützte allein die gr. Seite und solche, die schon mit alten Rechten und Privilegien ausgestattet waren. Das galt aber nur für wenige Juden; die anderen wurden besonders hart getroffen von der nun erhobenen Kopfsteuer, die sie in einen Topf warfen mit den von ihnen ungeliebten, unterprivilegierten Ägyptern. Allerdings veränderte diese sogenannte *laographia* seit Augustus nicht grundsätzlich das politische Gefüge. Die Juden waren nie vollständig von Abgaben (→2.3.1) befreit; allerdings standen ihnen seit früher Zeit religiöse Freiheiten zu, ihren eigenen Traditionen nachgehen zu dürfen, was insbes. die Sabbatfeier, Versammlungsfreiheit, die Pilgerreisen und die Sendung von Geldern ins Mutterland betraf. Die Beziehung zu Judäa und Jerusalem beinhaltete immer schon eine besondere Qualität.[5] Die Rückkehr aus der Diaspora in die Heimat verdeutlicht diese Bindung (Apg 2,10; 6,9).
Davon war nicht nur Alexandria selbst geprägt, sondern auch die sog. Chora, die röm. Provinz *Aegyptus*. Nach Philo (→1.3.2.5) hatten dort über eine Million Juden gelebt. Es waren in erster Linie einfache Leute, Soldaten, Bauern, Händler (→2.3.2), auch wenn es gelegentlich Familien zu einem gewissen Wohlstand gebracht haben müssen.[6] In einzelnen Städten werden die Juden eine fest gefügte ethnische Einheit (*politeuma*) gebildet haben.[7] Während der erste Aufstand gegen Rom noch keine gravierenden Spuren hinterließ – die bisherige Tempelsteuer wurde allerdings umgewandelt in eine Steuer für den Juppitertempel in Rom[8] (→1.4.4.2) – und die aus Palästina geflohenen Sikarier

---

[4] *Schürer*: History (Anm. 3), 47f.145–147; *Modrzejewski* 1997, 171–188.
[5] *A. Kasher*: The Jews in Hellenistic and Roman Egypt. The Struggle for Equal Rights, Tübingen 1985; *ders.*: Political and National Connections Between the Jews of Ptolemaic Egypt and Their Brethren in Eretz Israel, in: *M. Mor* (ed.): Eretz Israel. Israel and the Jewish Diaspora Mutual Relations, London 1991, 24–41.
[6] *Barclay* 1996, 19–47.
[7] *J. M. S. Cowey/K. Maresch*: Urkunden des Politeuma der Juden von Herakleopolis (144/3–133/2 v.Chr.) (P. Polit. Iud.), Wiesbaden 2001.
[8] Wahrscheinlich ist damit ein Affront verbunden, was aber durch Texte nicht belegt werden kann.

(→3.1.3.1) zunächst kaum Unterstützung erhielten, um sich das Wohlwollen der Römer nicht zu verscherzen,[9] gab es später beim Aufstand gegen Trajan (115–117 n.Chr.) eine verheerende Auswirkung auf die jüd. Gemeinden. Seit jener Zeit blieben ganze Dörfer und Landstriche auf Dauer von Juden entvölkert. Gleichzeitig müssen sich aber im Umkreis der Synagoge (→3.3.3) schon christl. Gemeinden gebildet haben: Die frühesten handschriftlichen Belege der Evv tauchen in Ägypten auf (Papyrus 52 mit Joh 18,31–33 und 18,37f, kaum später als 125 n.Chr.). In diese Gemeinden ist ein Erbe der gr. Juden eingeflossen, das kaum hoch genug geschätzt werden kann.[10]

Zu den Textaussagen im NT
In den Kindheitsgeschichten des Matthäus wird von der plötzlichen Flucht Marias und Josephs aus Judäa nach Ägypten erzählt (Mt 2,13–15). Auf diese Weise entkommt das (messianische) Kind den tödlichen Nachstellungen des Herodes d. Gr. Ägypten wird nicht negativ konnotiert – das ist erst später der Fall – sondern als Möglichkeit eines längeren Asyls bis zum Tod des Herodes positiv in den Blick genommen. Ägypten war oft der Zufluchtsort von Verfolgten.[11] Die Offenbarung des Rettungswillens Gottes durch einen Traum verbindet den Abschnitt mit den anderen Kindheitsgeschichten. Am Ende der Perikope findet sich für den Evangelisten die Gelegenheit zu einem der sog. Erfüllungszitate (Hos 11,1), das das Geschehen mit dem Stichwort „Ägypten" und vor allem mit dem für den Evangelisten sehr wichtigen christologischen Titel „Sohn" im Blick auf die prophetischen Verheißungen des AT deutet und unterstreicht. Das „Neue" der Jesuserzählung wird in die Geschichte der vertrauten Überlieferung Israels, vor allem in Erinnerung an den rettenden Exodus, eingebettet.[12] Möglicherweise verbindet sich damit gleichzeitig auch eine Reminiszenz an die Rettung Jakobs vor der Hungersnot in Israel. Die Josephsgeschichte (Gen 37–50) klingt an vielen Stellen an.
In der Pfingsterzählung (Apg 2) finden sich unter den in Jerusalem ansässigen Juden auch solche aus Ägypten (Apg 2,10), genauso wie aus dem Nachbarland Libyen und dem mit ihnen eng verbundenen Kyrene (vgl. Mk 15,21 →1.4.5.2). Schon fünf Generationen früher hieß es im Aristeasbrief (→1.3.2.7) auf die Frage am alexandrinischen Königshof nach dem Wert der Liebe zur Heimat im Gegenüber zu einem Leben in der Diaspora (= „in der Fremde", Arist 249): „Es ist schön, in der Heimat zu leben und zu sterben (!). Das Exil bringt dagegen den Armen Verachtung und den Reichen Schande." Der Diaspora wohnt ein Doppeltes inne: zum einen der weltweite Horizont, dass Juden unter allen Völkern der Erde zu finden sind (vgl. Apg 15,21) und sie auch dort unter dem Erwählungswillen Gottes stehen (vgl. Apg 13,17);[13] zum anderen aber der bleibende Bezug zu Jerusalem (und dem Tempel) als

---

[9] *Gruen* 2002, 75–104.
[10] *Modrzejewski* 1997, 309f.
[11] 1Kön 11,17f (Hadad); 1Kön 11,40 (Jerobeam); Jer 26,21 (Urija); 2Kön 25,26 par Jer 41,17f; Jer 43,4–7 (das Volk); Ios. ant. Iud. 12,387f (Onias IV.); 14,21 (reiche Juden); 14,374 (Herodes); 15,42–49 (Alexandra); bell. Iud. 7,410 (Sikarier).
[12] Apg 7,9–53 (7,34.36.39.40); Hebr 3,16; 8,9; 11,26f. Apg 7,22 spricht ganz unbefangen von „aller Weisheit der Ägypter", mit der sich die Bildung des Mose auszeichnete.
[13] *Delling* 1987, 79f.

dem ausschließlichen religiösen Zentrum. Das Pfingstereignis wird mit dieser universalen Perspektive hineingestellt in den Kontext der dort (wieder) ansässig gewordenen Juden aus aller Welt. Das passt damit zusammen, dass wohl schon zu röm. Zeit eine Rückwanderungsbewegung aus der Diaspora nach Jerusalem eingetreten war. Zumindest zu dieser Zeit haben eine Fülle von z.T. landsmannschaftsmäßig organisierten Synagogen existiert (vgl. Apg 24,12). Darunter wird auch eine solche der Alexandriner gewesen sein (Apg 6,9), wohl für aus Alexandria nach Palästina zurückgekehrte Juden, die hier ihren Lebensabend verbringen. Das bestätigen rabbinische Quellen. Das Begräbnis in der Heimatstadt gehört in den Zusammenhang mit der (pharisäischen →3.1.3.1) Hoffnung auf die Auferstehung (vgl. Mk 12,18–29 parr; Apg 4,2; 23,6.8; 24,21).[14] So sind auf (griechischen!) Grabinschriften in Jerusalem einige aus der Diaspora stammende Personen, wie z.B. aus Kyrene oder Italien, dokumentiert.

Die Anwesenheit von „Hellenisten", d.h. hier wohl Proselyten (→3.1.3.7), setzt das JohEv als interessierte Hörerschaft der Christusverkündigung voraus (Joh 12,20; vgl. 7,35). Sie werden als Pilger gekennzeichnet, die den Jerusalemer Tempel besuchen, um dort „Gott anzubeten". Eine genaue Herkunftsangabe fehlt.[15]

Das negative Image von Ägypten repräsentiert – auch durch den Parallelismus mit Sodom – der Deckname für Jerusalem (Offb 8,11; vgl. eine ähnliche Andeutung mit Bezug auf Ägypten und Sodom in Weish 19,14): Jerusalem, die „große Stadt", wird nun als ein Ort der Unterdrückung und der gottfeindlichen Macht erkennbar, in der das Blut von Märtyrern vergossen wird. Als geographische Herkunftsangabe erscheint Ägypten bei dem Anführer von Aufständischen in Apg 21,28, der bei Josephus als falscher Prophet und Wundertäter zu den Verführern des Volkes gezählt wird, die der Prokurator Felix erfolgreich bekämpfte (→3.2.6 u. 3.2.7; Ios. bell. Iud. 2,261–263; ant. Iud. 20,167–172). Bei der Verhaftung des Paulus ist vorausgesetzt, dass jener Ägypter kein Griechisch gesprochen oder verstanden hat. Das ist allerdings schwer vorstellbar und verdankt sich der kompositorischen Absicht des Lukas.

Literatur
J. M. G. Barclay: Jews in the Mediterranean Diaspora. From Alexander to Trajan (323 BCE – 117 CE), Edinburgh 1996. – *G. Delling*: Die Bewältigung der Diasporasituation durch das hellenistische Judentum, Göttingen 1987. – *E. S. Gruen*: Diaspora. Jews Amidst Greek and Romans, London 2002; – *W. Huß*: Ägypten in hellenistischer Zeit. 332–30 v.Chr., München 2001. – *J. M. Modrzejewski*: Les Juifs d'Égypte de Ramsès II à Hadrian, Paris 1997. – *P. Schäfer*: Judeophobia. Attitudes Toward the Jews in the Ancient World, Cambridge 1997. – *M. Stern*: The Jewish Diaspora, in: *S. Safrai/M. Stern* (eds.): The Jewish People in the First Century, 2 vols., Assen 1974, 117–183. – *W. C. van Unnik*: Das Selbstverständnis der jüdischen Diaspora in der hellenistisch-römischen Zeit, Leiden 1993.

---

[14] Siehe auch die zweite Bitte der Amida, dem Achtzehnbittengebet (→3.3.5); zum Ganzen: *G. Schimanowski*: Auferweckung im Neuen Testament und in der frühjüdischen Apokalyptik, in: *H. Kessler* (Hg.): Auferstehung der Toten, Darmstadt 2004 (im Druck).

[15] Ähnlich verhält es sich beim Hintergrundmaterial im Gleichnis vom „verlorenen Sohn", Lk 15. Lk 15,13 spricht nur allgemein vom „fernen Land", was selbstverständlich ein Ziel in der jüd. Diaspora impliziert. Vergleichbares setzen Erwähnungen von Reisen in Gleichnissen voraus (Mk 13,34 parr u.ö.).

1.4.5.2 Die Diaspora in der Kyrenaika (*John Barclay*)

Stellen im NT
Mk 15,21; Apg 2,10; 6,9

Die Region Kyrenaika in Nordafrika wurde durch die fünf wichtigsten Städte, Kyrene, Apollonia, Ptolemais, Teucheria und Berenike, dominiert, deren überwiegend „gr." Bevölkerung einen ansehnlichen Anteil an Juden umfasste. Juden aus Kyrene begegnen im NT sowohl als Pilger nach Jerusalem (Apg 2,10) als auch als ständige Bewohner der Stadt (Apg 6,9; vgl. Simon aus Kyrene Mk 15,21), doch erfahren wir über ihr Leben und ihren Status in der Kyrenaika nur aus sporadischen Erwähnungen in Textquellen und aus einer Anzahl bedeutender Inschriften.

Juden siedelten sich zuerst während der ptolemäischen Zeit in der Kyrenaika an (Ios. c. Ap. 2,44), doch wissen wir nichts über ihre Geschichte, bevor die Region im Jahre 74 v.Chr. röm. Provinz wurde. Zu dieser Zeit waren die Juden bereits zu einem wahrnehmbaren Bestandteil der Bevölkerung geworden. Josephus zitiert Strabos Bemerkung, wonach die Kyrenaika im 1. Jh. v.Chr. vier Bevölkerungsgruppen umfasste: Bürger, Landbewohner, rechtlose Beisassen und Juden (Ios. ant. Iud. 14,114f). Dies legt nahe, dass die jüd. Gemeinde gesellschaftlich bedeutsam und im Gesamt der Bürgerschaft klar erkennbar war. Dieser Eindruck bestätigt sich durch Nachrichten über finanzielle Streitigkeiten in der Kyrenaika zur Zeit des Augustus, als die jüd. Gemeinde beschuldigt wurde, nicht genügend Steuern an die Städte zu zahlen, während sie „heiliges Geld" nach Jerusalem abführte (nämlich die Tempelsteuer; Ios. ant. Iud. 16,160f und 169f). Obwohl weder Anlass noch Ausgang des Disputes klar sind, so zeigt er doch, dass kyrenische Juden eine starke Loyalität gegenüber Jerusalem empfanden, zudem einflussreich und reich genug waren, um wahrgenommen zu werden, und sich gelegentlich Missfallen und rechtliche Schritte gegen sie richteten.

Drei Inschriften aus Berenike aus dem 1. Jh. n.Chr. (Lüderitz 1983, Nr. 70–72) sprechen von einer wohl organisierten „Versammlung (*synagōgē*) von Juden" unter der Leitung von Beamten (*archontes*) und einem Gremium von Gemeindevertretern (*politeuma*), die verantwortlich sind für den Unterhalt ihres Gebäudes (auch *synagōgē* genannt). Zwei der Inschriften beziehen sich auf die Restaurierung eines „Amphitheaters", wahrscheinlich ein Hinweis auf ein jüd. Gebäude (möglicherweise aber nur ein gewöhnlicher öffentlicher Bau). Sie verwenden die üblichen Formeln zur Ehrung von Wohltaten durch einen örtlichen, jüd.-röm. Bürger und einen auf Besuch befindlichen heidnischen Römer, was nochmals unterstreicht, dass die jüd. Gemeinde einen angesehenen Teil des sozialen Gefüges der Region bildete. Aus Kyrene stammen Inschriften des 1. Jh. n.Chr., die Juden unter den Epheben (Jungbürgern) der Stadt aufzählen, und einen angesehenen Juden, Eleazar Sohn des Jason, als einen der „Hüter des Gesetzes" von Kyrene erwähnen (Lüderitz 1983, Nr. 8). Dies alles demonstriert auf lebendige Weise, wie sehr reiche jüd. Familien in das soziale und politische Leben ihrer Stadt integriert waren.

Der Erfolg der Diasporagemeinden in der Kyrenaika wurde zuerst im Zuge des Jüdischen Krieges (66–70 n.Chr.) dramatisch in Frage gestellt. Wenn Juden aus der Kyrenaika auch nicht großen Anteil am Aufstand in Palästina genommen haben (doch wurde in Kyrene eine Münze gefunden, die die „Freiheit Zions" verkündet, Lüderitz 1983, Nr. 27), so berichtet Josephus dennoch von den Unruhen, die ein Kriegsflüchtling, ein Weber namens Jonathan, im Jahre 73 in der Kyrenaika angezettelt hatte (Ios. bell. Iud. 7,437–453; Vita 424). Josephus' Bericht ist in mehrfacher Hinsicht verdächtig, doch scheint es, dass Jonathans Charisma eine Anzahl von Juden zu öffentlichem Aufruhr verleitet hat, den der röm. Statthalter Catullus mit brutaler Gewalt niederschlug. Nach Josephus machte Catullus die führenden jüd. Familien für die Unruhen verantwortlich und klagte sogar Josephus als Teil eines internationalen Komplotts an. Das Resultat war die Zerschlagung vieler führender jüd. Familien in der Kyrenaika durch Tod oder Ruin. So führte die Solidarität der jüd. Gemeinden dazu, dass der Fanatismus einiger alle zusammen in den Untergang riss.

Dieser vernichtende Schlag scheint die jüd. Gemeinden in der Kyrenaika geschwächt und zugleich radikalisiert zu haben und mag daher auch den Grund für den außerordentlichen Aufstand 115/116 n.Chr. abgegeben haben, der auch als „Diaspora-Aufstand" bekannt ist. Anführer war eine Gestalt namens Lukuas (vielleicht neben einem gewissen Andreas), dessen Bezeichnung „König" messianische Ansprüche anzeigen könnte (Eus. h.e. 4,2; Cass. Dio 68,32). Literarische und archäol. Quellen belegen die katastrophalen Folgen des „jüdischen Aufruhrs", einschließlich der Zerstörung zahlreicher öffentlicher Gebäude und heftiger Kämpfe zwischen den einzelnen Bevölkerungsgruppen. Die Revolte könnte durch apokalyptische Erwartungen eines endzeitlichen Krieges motiviert sein (vgl. Sib 5), und sein Ausgreifen nach Ägypten mag als erste Stufe einer biblisch inspirierten, massenhaften Rückkehr der Diaspora ins Mutterland gelten. Die beträchtlichen Verwüstungen und die große Anzahl an Toten dokumentiert, wie zahlreich das Judentum in der Kyrenaika geworden ist, doch auch wie sehr es sich von seinem sozialen Umfeld entfremdet hatte. Erst nach harten und verlustreichen Kämpfen schafften es die röm. Truppen, hastig von Traian abkommandiert, die herumstreifende jüd. Armee in Ägypten zu besiegen. Der Aufstand wirkte noch lange in der Erinnerung der kyrenäischen Städte und ihrer röm. Beherrscher nach. Durch dieses tragische Ereignis kam die lange Geschichte jüd. Teilhabe am städtischen Leben in der Kyrenaika zu einem abrupten Ende.

Literatur
S. *Applebaum*: Jews and Greeks in Ancient Cyrene, Leiden 1974. – J. M. G. *Barclay*: Jews in the Mediterranean Diaspora from Alexander to Trajan, 323 BCE–117 CE, Edinburgh 1996, 232–242. – W. *Horbury*: The Jewish Revolts under Trajan and Hadrian, CHJud 4, Cambridge (im Druck). – G. *Lüderitz*: Corpus jüdischer Zeugnisse aus der Cyrenaika (mit Anhang von J. *Reynolds*), Wiesbaden 1983.

(übersetzt von Jürgen Zangenberg)

1.4.5.3 Die Diaspora in Antiochia (*John Barclay*)

Stellen im NT
Apg 6,5; 11,19–30; Gal 2,11–14

Obwohl die riesige Stadt Antiochia (→2.2.7.3) in hell. und röm. Zeit Heimat einer großen Anzahl von Juden war, sind unsere diesbezüglichen Quellen auffällig gering. Keinerlei archäol. Reste können als jüd. identifiziert werden und keinerlei jüd. Literatur lässt sich nachweislich in Antiochia verorten (4Makk [→1.3.2.7] mag eine Ausnahme sein). Wir sind allein auf bruchstückhafte Angaben in literarischen Quellen angewiesen. Das bedeutet, dass unsere Quellenbasis für die Periode bis zum Ende des 1. Jh. n.Chr. auf vereinzelte und zuweilen fragwürdige Bemerkungen des Josephus (→1.3.2.6) und die zweifelhaften Zeugnisse des christl. Autors Malalas aus dem 6. Jh. n.Chr. beschränkt ist. Es ist ernüchternd, so wenig Konkretes zur Verfügung zu haben, womit man den Kontext so kritischer Momente in der Geschichte des frühesten Christentums, wie z.B. den „antiochenischen Zwischenfall" (Gal 2,11–14), rekonstruieren kann.

Es gibt Grund zur Annahme, dass sich Juden in Antiochia, der wichtigsten Stadt in Syria, bereits in frühhell. Zeit angesiedelt haben, doch liegen Zeitpunkt und Umstände ihrer Ansiedlung im Dunkeln. Josephus überliefert vage und widersprüchliche Nachrichten darüber in ant. Iud. 12,119–124; Ap. 2,38f (mit Bezug auf Seleukos I.) und Ios. bell. Iud. 7,44 (Antiochos IV. Epiphanes). In diesen Texten verwendet Josephus den bedeutungsschweren Begriff *politeia* (Gemeinwesen?, Bürgerrechte? →3.2.8) und behauptet, die Juden Antiochias hätten Privilegien „gleich denen der Griechen" genossen. Die Forschung ist weiter uneins darüber, was Josephus sagen wollte und wie zuverlässig seine Aussagen sind. Josephus' glaubwürdigste Notiz ist, dass Kaiser Titus die bürgerlichen Rechte der Juden respektierte, die er auf Bronzetafeln eingeschrieben vorfand (Ios. bell. Iud. 7,106–111). Doch zitiert Josephus die Inschrift nicht und ihr genauer Inhalt bleibt rätselhaft. Es ist durchaus möglich, dass einige Juden der Oberschicht den Status eines Vollbürgers Antiochias erlangten (wie in Alexandria), doch bestanden die Rechte der meisten anderen in der Erlaubnis, sich als ethnische Gruppe organisieren, den Sabbat einhalten, die Tempelsteuer nach Jerusalem senden und allgemein nach den „väterlichen Gebräuchen" leben zu dürfen.

Während des größten Teils ihrer Geschichte blühten die jüd. Gemeinden Antiochias unter diesen Bedingungen. Allein ein Moment akuter Spannungen während und nach dem Jüdischen Krieg drohte ihren sonst so sicheren Platz in der städtischen Gesellschaft zu untergraben. Wir wissen nichts über die Entwicklungsgeschichte der Juden Antiochias vor dem 1. Jh. n.Chr. abgesehen von winzigen Schlaglichtern, die 1Makk 11,41–51 bietet. Wenn wir Josephus glauben wollen, dann bezahlte Herodes d. Gr. die Errichtung der großartigen Hauptstraße in Antiochia (Ios. bell. Iud. 1,425; ant. Iud. 16,148), was sicher das Ansehen der antiochenischen Juden gestärkt hat. Als Kaiser Caligula (37–41 n.Chr.) sich anschickte, eine Statue seiner selbst im Jerusalemer Tempel aufzustellen, scheinen die Spannungen zwischen Juden und Nichtjuden in der ganzen Provinz Syria akut geworden zu sein, doch nur die unsichere Nachricht des Malalas (244,18–245,21) lässt vermuten, dass es in Antiochia zwischen den Gruppen auch zu Gewalttätigkeiten gekommen ist. Im Allgemeinen malt Josephus das Bild einer jüd. Gemeinde, die sich bester Beziehungen zu ihren Nachbarn erfreute, und behauptet, dass sie ständig „eine beträchtliche Zahl von Griechen, die sie bis zu einem gewissen Maß zu ihrem Teil gemacht hatten", zu ihren religiösen Aktivitäten anzog (Ios. bell. Iud. 7,45; die Unkonkretheit seiner Behauptung legt nahe, dass er wenig Kenntnisse hatte). Aus dem NT erfahren wir, dass einige Griechen in Antiochia zu Proselyten (→3.1.3.7) wurden (Apg 6,9), während eine obskure Nachricht über die Verteilung von Öl an Juden in Antiochia durch Gymnasiarchen (Ios. ant. Iud. 12,120) nahe legen könnte, dass einige Juden in röm. Zeit gesellschaftlich derart integriert waren, dass sie Mitglieder eines Gymnasiums waren.

Eine schwere Krise zog für die antiochenischen Juden zur Zeit des Jüdischen Aufstands (66–70 n.Chr.) herauf. Im Zuge einer Welle von Gewalt gegen Juden in anderen syrischen Städten gerieten auch die Juden Antiochias in höchste Gefahr, als Vespasian im Jahre 67 eintraf, um die Truppen für die Niederschlagung des Aufstandes zu sammeln. Josephus berichtet, dass sich ein Jude namens Antiochos, ein Mitglied einer vornehmen Familie, gegen seine eigene Gemeinschaft erhob und sie beschuldigte, sich verschworen zu haben, die Stadt niederzubrennen (Ios. bell. Iud. 7,46–62). Nach kurzer Zeit führten die Vergeltungsmaßnahmen der Stadt zum Vorschlag, die Juden zum Götteropfer, „nach Art der Griechen" zu zwingen und das Halten des Sabbats zu verbieten. Glücklicherweise, so Josephus, behielt der röm. Statthalter Mucianus die antijüd. Ressentiments unter Kontrolle und verhinderte breit angelegte Gewalt gegen die jüd. Gemeinschaft. Die Wahrheit dürfte durchaus komplexer gewesen sein, als es Josephus nahe legt. Am Ende der Revolte, berichtet er, sei Titus nach Antiochia gekommen und habe dem drängenden Ersuchen führender Stimmen der Stadt widerstanden, die Juden aus der Stadt zu vertreiben oder ihre Rechte zu widerrufen (Ios. bell. Iud. 7,100–111). Er berichtet nichts von einer Zurschaustellung jüd. Kriegsgefangener in blutigen „Spielen" in der Stadt (die wir aus Titus' Verhalten in anderen Städten erschließen können), noch die wahrscheinliche Tatsache, dass Titus in Antiochia Kriegsbeute aus Jerusalem vorführte (z.B. zwei „Cheruben" über dem Stadttor) oder die öffentliche Ankündigung, das Theater „aus der Beute von Judaea" erneuern zu lassen (Malalas 260,21–261,14).

Es scheint, dass die Juden Antiochias nach dem Jüdischen Aufstand zwar erniedrigt wurden, aber keine dauernde Einschränkung ihrer bürgerlichen Rechte erlitten haben. Jhh. später beklagt sich Johannes Chrysostomos über ihren Einfluss in der Stadt, besonders auf die christl. Gemeinden. Es gibt also Grund zur Annahme, dass die jüd. Gemeinde von Antiochia durch die gesamte Glanzzeit der Stadt als Zentrum röm. Macht und Wirtschaft im Osten hindurch florierte.

Literatur
G. *Downey*: A History of Antioch in Syria, Princeton 1961. – C. H. *Kraeling*: The Jewish Community at Antioch, JBL 51, 1932, 130–160. – G. *Lüderitz*: What is the Politeuma? in: J. W. *van Henten*/P. W. *van der Horst* (eds.): Studies in Early Jewish Epigraphy, Leiden u.a. 1994, 183–225. – W. A. *Meeks*/R. L. *Wilken*: Jews and Christians in Antioch in the First

Four Centuries of the Common Era, Missoula 1978 – *M. Zetterholm*: The Formation of Christianity in Antioch, London/New York 2003.

(übersetzt von Jürgen Zangenberg)

1.4.5.4 Die Diaspora in Babylon (*John Barclay*)

Stellen im NT
Apg 2,9; 1Petr 5,13; Offb 14,8; 16,9; 17,5; 18,2.10.21

Die Anwesenheit von Juden östlich des Mutterlandes war ein Resultat von Deportationen durch Assyrer und Babylonier, doch etablierten sich bedeutende jüd. Gemeinden über die Jhh. hinweg in vielen Regionen entlang von Euphrat und Tigris und weiter östlich in Medien (s. das Buch Tobit). Lukas erwähnt Pilger in Jerusalem, die „Parther, Meder und Elamiter und Bewohner von Mesopotamien" waren (Apg 2,9), und Josephus (→1.3.2.6) lässt erkennen, dass Juden in diesen Gegenden sehr zahlreich waren und ihre Abgaben an den Tempel sehr gewissenhaft entrichteten (Ios. ant. Iud. 15,39; 18,311–313). Als Bewohner des parthischen Königreiches befanden sie sich jenseits der Grenzen des röm. Imperiums, doch unterhielten palästinische Juden offensichtlich enge Kontakte mit ihren östlichen Brüdern und hofften auf deren finanzielle und militärische Unterstützung (Philo leg. 216f; Ios. bell. Iud. 6,343). Während des 1. Jh. n.Chr. trat das Königshaus von Adiabene (nordöstlich des Tigris) zum Judentum über, die Unterstützung durch König Izates und seine Mutter Helena übte daraufhin beträchtlichen Einfluss auf die Politik und Wirtschaft Judäa aus (Ios. ant. Iud. 20,17–96). Die spektakuläre Entdeckung einer Synagoge (→3.3.3) des 2./3. Jh. n.Chr. in Dura Europos am Euphrat legt die Präsenz von Juden in vielen wichtigen Städten der Region nahe.

Für den Zeitraum vor dem 2. Jh. n.Chr. wissen wir das meiste über Juden in Babylonien, doch stammen unsere Nachrichten von Überlieferungen, die Josephus für seine Darstellung verwendet hat und die daher mitunter von zweifelhaftem Wert sind. In der Blütezeit des seleukidischen Königreichs soll Antiochos III. zweitausend jüd. Familien aus Mesopotamien und Babylon im Vertrauen auf deren Loyalität und militärisches Können nach Lydien und Phrygien in Kleinasien umgesiedelt haben (Ios. ant. Iud. 12,147–153). Viel später brachte Herodes d. Gr. babylonische Juden nach Westen, um Batanäa sichern und kolonisieren zu helfen. In Babylon selbst lebten Juden in vielen Städten (Babylon, Seleukia, Ktesiphon, Nearda) und aufgrund von Josephus' Schätzungen kann man ihre Zahl wohl mit mehreren Hunderttausend angeben (ant. Iud. 18,376). Ihre Verbundenheit mit Jerusalem zeigt sich nicht nur durch die Entrichtung der Tempelsteuer und das damit verknüpfte Pilgerwesen (ant. Iud. 17,26; 18,311–313), sondern auch in der Bewahrung der priesterlichen Familien (Herodes wählte seinen ersten Hohenpriester aus Babylon, ant. Iud. 15,22) und ihren Respekt gegenüber dem abgesetzten Hohenpriester Hyrkanos (ant. Iud. 15,14–19).

Das Verhältnis der Juden zu ihren Nachbarn in Babylonien war jedoch auch manchmal problematisch. Josephus erzählt eine lebendige Geschichte von zwei Brüdern aus der jüd. Gemeinde von Nearda namens Anilaeus und Asinaeus (Ios. ant. Iud. 18,314–370). Zu einer Zeit, als das Partherreich schwach war (20–35 n.Chr.), sicherten sie sich ein halbautonomes Einflussgebiet und unterhielten es durch Schutzgelderpressung, bis ihnen schließlich durch das Zusammenwirken von inneren Intrigen und äußerem Druck das Handwerk gelegt wurde. Die beiden Brüder scheinen ihre jüd. Wurzeln nicht sehr ernst genommen zu haben (Anilaeus heiratete eine Partherin), noch wurden sie stark vom Rest der jüd. Bevölkerung unterstützt. Nach ihrem Untergang berichtet Josephus von sozialen Problemen der Juden in Seleukia und Ktesiphon (ant. Iud. 18,371–379). Es scheint, als ob sie in ethnische Spannungen zwischen „Griechen" und „Syrern" hineingezogen wurden, doch lässt Josephus' schwammige Darstellung manches im Unklaren. Immerhin legt seine Erzählung nahe, dass Juden starke und eng verbundene Gemeinden bildeten, die florierten, wo immer sie ausreichende Unabhängigkeit erlangten, um ihre Angelegenheiten in jüd. geprägten Städten selbst zu bestimmen (z.B. Nearda oder Nisibis, ant. Iud. 18,311f.379). Vielleicht waren es Gemeinden wie diese, die so bedeutende Gelehrte wie Hillel hervorbrachten und später diejenige rabbinische Gelehrsamkeit, die der Babylonische Talmud bis heute bewahrt.

In augenscheinlichem Gegensatz zum prosperierenden jüd. Leben in Babylon steht die Tatsache, dass die Stadt in jüd. (sBar 67,7; Sib 5,143.159) und christl. (Offb 14,8; 16,19; 17,5; 18,2.10.21) apokalyptischer Literatur (→1.3.2.3) des späteren 1. Jh. n.Chr. geradezu zur widergöttlichen Macht stilisiert wird. Derartige Redeweise geht auf atl. Stellen zurück, in denen Babylon als paradigmatischer Stadt des Götzendienstes und der Gottlosigkeit das Strafgericht Gottes angedroht wird (Jes 21,9; Jer 50,2; 51,8; Dan 4,27 „das große Babylon"). Da Bundesbruch bereits im AT metaphorisch als „Hurerei" bezeichnet werden kann (Hos 2,4–17; Ez 16), kann Offb 17,1–19,10 der „großen Hure Babylon" die kommende Vernichtung ankündigen. Wie vermutlich auch in 1Petr 5,13 steht in Offb 17–19 „Babylon" im Sinne eines Kryptogramms für Rom. Während in Offb aber deutlich der Gegensatz zwischen dem gottwidrigen Machtanspruch „Babylons" und seiner moralischen Verderbtheit steht, sieht es 1Petr – ebenfalls im Anschluss an atl. Sprachgebrauch – wohl eher als Chiffre für „Fremde" und Exil.

Literatur
J. A. Neusner: A History of the Jews in Babylonia I: The Parthian Period, Leiden 1965. – *A. Oppenheimer*: Babylonia Judaica in the Talmudic Period, Tübingen 1983. – *E. Schürer*: The History of the Jewish People in the Age of Jesus Christ (175 B.C.–A.D. 135). Volume III.1, Edinburgh 1986, 5–13. – *C.-H. Hunzinger*: Babylon als Deckname für Rom und die Datierung des 1. Petrusbriefes, in: *H. Graf Reventlow* (Hg.): Gottes Wort und Gottes Land (FS H.-W. Hertzberg), Göttingen 1965, 67–77.

(übersetzt von Jürgen Zangenberg)

1.4.5.5 Die Diaspora in Kleinasien und an der Schwarzmeerküste (*John Barclay*)

Stellen im NT
Apg 19; 21; 1Petr 1,1; Offb 2,9; 3,9

Das frühe Christentum Kleinasiens entwickelte sich neben und zuweilen aus örtlichen jüd. Gemeinden heraus, die in den größeren Städten der Region bereits seit Jahrzehnten, wenn nicht Jhh. bestanden. Die ntl. Bezüge zu diesen Gemeinden unterstreichen deren Einfluss vor Ort, ein Bild, das mit Nachdruck von unseren hauptsächlichen Quellen bestätigt wird: Eine Reihe von offiziellen Briefen und Dekreten von Stadträten, röm. Herrschern oder des röm. Senats, wie sie bei Josephus (→1.3.2.6) in ant. Iud. 14 und 16 überliefert sind. Obwohl diese Sammlung an Dokumenten viele Missverständnisse, Dubletten und Fehler enthält, bietet sie doch vieles von historischem Wert und wirft wertvolles Licht auf die politische Stellung von Juden in der Provinz Asia. Darüber hinaus existieren nur wenige literarische Quellen. Der Archäologie (→1.3.4.4) verdanken wir zahlreiche Inschriften und einige Synagogen aus der Region, einschließlich einer aufschlussreichen Stifterliste aus Aphrodisias und einer höchst beeindruckenden Synagoge in Sardis. Doch stammen diese aus einer späteren Periode und werden hier nicht diskutiert. Einige Inschriften datieren jedoch in frühere Zeit, während sich unsere eingeschränkte Kenntnis jüd. Gemeinden im Königtum Bosporus an der Nord- und Ostküste des Schwarzen Meeres ausschließlich aus Inschriften speist, darunter mehrere Urkunden über die Freilassung von Sklaven in jüd. Synagogen des 1. Jh. n.Chr.

In den meisten Fällen haben wir keine Nachrichten darüber, wann oder warum Juden sich in den Städten Kleinasiens oder am Schwarzen Meer niederließen, doch lässt die geographische Verbreitung unserer Daten vermuten, dass bereits im 1. Jh. n.Chr. jüd. Gemeinden in praktisch jeder bedeutenden Stadt existierten. Die Nachricht, dass Antiochos III. im frühen 2. Jh. v.Chr. jüd. Familien aus Babylon in Festungen in Phrygien und Lydien umsiedelte (Ios. ant. Iud. 12, 147–153), wird zwar von manchen als unzuverlässig angezweifelt, doch könnte sie tatsächlich einen Grund für die Anwesenheit von Juden in diesem Teil der Diaspora angeben. Andere Juden wanderten zweifellos aus den üblichen Gründen ein: als Händler, Handwerker, Arbeiter, Sklaven oder Freigelassene und um bereits dort ansässigen Familien nachzufolgen. Schon für das 1. Jh. v.Chr. existieren Hinweise, dass jüd. Gemeinden feste Verbindungen untereinander geknüpft hatten, nicht zuletzt für die Sammlung und Überführung von Geld für den Jerusalemer Tempel (→3.3.2.2). Josephus berichtet, dass kleinasiatische Juden im frühen 1. Jh. v.Chr. die riesige Summe von 800 Talenten zur sicheren Aufbewahrung auf die Insel Kos verbracht haben (ant. Iud. 14,110–113), während Cicero erkennen lässt, dass Flaccus, der Statthalter von Asia im Jahre 62 v.Chr., ungefähr 120 Pfund Gold konfiszieren ließ, das in vier Städten eingesammelt worden war, um zum Jerusalemer Tempel verbracht zu werden (Philo Flacc. 28).

Diese nur sporadischen Nachrichten geben uns faszinierende Einblicke in das alltägliche Leben blühender und wohl organisierter jüd. Gemeinden.

1.4.5.5 Die jüdische Diaspora: Kleinasien und an der Schwarzmeerküste

Ein viel umfassenderes Bild gewinnen wir durch die zufällige Sammlung von Dokumenten aus den Jahren 49 v.Chr. bis in die frühen Jahrzehnte des 1. Jh. n.Chr., die uns Josephus überliefert (ant. Iud. 14,185–267; 16,160–178, vgl. auch die Rede Nikolas' mit Bezug auf ionische Juden in ant. Iud. 16,27–57). All diese Dokumente betreffen Entscheidungen röm. Statthalter, des Senats oder hochrangiger röm. Autoritäten (z.B. Julius Caesar und Kaiser Augustus) mit Anweisungen an eine Vielzahl von Städten über den Schutz der Rechte von Juden. Josephus hat jedes verfügbare Detail zu so unterschiedlichen Themen wie der Einziehung zum Militär, zur Beachtung des Sabbats, der Versorgung mit Nahrungsmitteln, zum Unterhalt eines Versammlungsortes und zur Sendung von Geld nach Jerusalem gesammelt. Im Hintergrund vieler dieser Dokumente stehen die oft chaotischen Verhältnisse während des Zusammenbruchs der röm. Republik, in die Asia, röm. Provinz seit 133 v.Chr., unweigerlich hineingezogen wurde. Sie zeigen konkurrierende röm. Führer im Kampf um die Unterstützung des jüd. Volkes sowohl durch ihre „Ethnarchen" Hyrkan I. und II. in Judaea, als auch durch die Vertreter dieses Volkes in den Städten Asias.

Da mehrere dieser Dokumente die Überführung von jüd. Geld nach Jerusalem erwähnen und den impliziten Vorwurf erkennen lassen, die Juden würden das Wohlergehen ihrer Heimatstädte nicht unterstützen, hat man vermutet, dass die desolate Wirtschaftslage der kleinasiatischen Städte während des 1. Jh. n.Chr. im Hintergrund gestanden haben könnte. Erdrückt durch Steuern, Krieg und röm. Ausbeutung könnten die Städte Asias durchaus die Anwesenheit wohlhabender jüd. Gemeinden abgelehnt haben, die nicht die lokalen städtischen Kulte unterstützt, sondern jährlich Geld an einen fremden Tempel überwiesen haben. Allerdings ist die Quellenlage nicht ganz schlüssig, und es ist auch unklar, in welchem Maße die jüd. Gemeinden in Asia zu dieser Zeit tatsächlich unter sozialem und politischem Druck standen. Es ist möglich, dass viele der von Josephus gesammelten Bestimmungen lediglich routinemäßige Bestätigungen der Rechte jüd. Gemeinden darstellten. Vielleicht erscheinen sie nur dann ungewöhnlich, wenn man sie von dem üblichen Muster der Politik ablöst, wonach Städte und Vereine (→2.2.4) immer wieder Maßnahmen ergriffen um sicher zu gehen, dass ihre Rechte öffentlich bestätigt und geschützt würden, und die notorische Neigung Roms zu vagen, aber wohlmeinenden Versprechungen durch die Statthalter und Stadträte in jedem Fall tatsächlich auch umgesetzt würde. Dennoch gibt es einige Belege für konkrete Bedrohungen jüd. Rechte, „heiliges Geld" zu sammeln, den Sabbat ohne rechtliche oder finanzielle Strafen halten zu dürfen und dennoch die vollen bürgerlichen Rechte in ihren Gaststädten zu behalten. Obwohl Josephus Nikolas' Rede auch zu seinen eigenen apologetischen Zwecken gestaltet haben mag (ant. Iud. 16,27–57), können wir den Hinweis doch nicht einfach völlig übergehen, wonach die Juden in Ionien im Jahre 14 n.Chr. als gemeinschaftsfeindlich angesehen, ihrer Gaben für Jerusalem beraubt und zu Abgaben zur Deckung militärischer Kosten und öffentlicher Aufgaben (*leiturgiai*) gezwungen wurden. War dies der Fall, dann war ihr Appell an die röm. Behörden, schikanöse lokale Bestimmungen außer Kraft zu setzen, zumindest manchmal erfolgreich. In diesem Zusammenhang war, wie auch anderenorts, die Für-

sprache prominenter Juden mit guten Beziehungen zu Rom (z.B. Hyrkanos oder Herodes d. Gr.) von unschätzbarem Wert.
Der Einblick, den diese Dokumente in das soziale Leben kleinasiatischer Juden gewähren, ist indirekt, aber ungemein wertvoll. In Sardes z.B. hatten die Juden das Recht, eine Vereinigung (*synodos*) zu bilden und einen „Ort" zu besitzen, an dem sie ihre Angelegenheiten führen und ihre internen Rechtsstreitigkeiten selbstständig regeln konnten (ant. Iud. 14,235). Dies legt ein hohes Maß an gemeinschaftlicher Selbstverwaltung mit internen Strukturen von Autorität und Kontrolle nahe. Auch hatten die Juden von Sardes genügend Macht, die Stadt dazu zu bewegen, für Juden geeignete Nahrungsmittel in den öffentlichen Märkten bereitzustellen (ant. Iud. 14,259–261). Das Recht dieser Gemeinden, sich an festgelegten Tagen zu versammeln, unterstreicht die Bedeutung des Sabbats für die Identität von Juden in Asia. Obwohl dies offensichtlich Schwierigkeiten für das wirtschaftliche und rechtliche Geschäftsleben bedeutete, setzten sich Juden in vielen Städten für das Recht ein, diesen besonderen Brauch ohne Strafe befolgen zu dürfen (ant. Iud. 14,241–243.256–258.262–264). Dieses Recht war entscheidend, denn der Sabbat ermöglichte den Juden, sich zu versammeln und das Gesetz zu studieren, die Grundlage für ihre interne „Verfassung".

Die Konflikte anlässlich der Gaben für Jerusalem demonstrieren, dass die Juden Asias ein starkes Gefühl der Zusammengehörigkeit mit ihrem Heimatland und dem Tempel hegten und durch dieses Engagement zugleich enge Bande wechselseitiger Verpflichtung mit anderen Juden in der ganzen Welt pflegten. Zugleich gibt es gute Gründe anzunehmen, dass Juden gut in das kulturelle und soziale Leben ihrer örtlichen Umgebung integriert waren. Lukas hat vermutlich Recht, wenn er sagt, dass jüd. Synagogen in vielen Städten, die Paulus besucht, attraktiv für heidnische Sympathisanten waren (er nennt sie „Gottesfürchtige" [→3.1.3.7]). Eine Inschrift von Akmonia legt nahe, dass Julia Severa, eine höchst vornehme Heidin, ein Synagogengebäude für die jüd. Gemeinde gestiftet hat (Mitte des 1. Jh. n.Chr.), während Juden in Milet nachweislich prominente Sitze im Theater besaßen (2. Jh. n.Chr.). Für spätere Jhh. zeigt eine wachsende Anzahl von Inschriften, dass Juden einen herausragenden Anteil am Leben kleinasiatischer Städte hatten und finanzielle und politische Unterstützung unterschiedlicher Art empfingen.

Einen lebendigen Einblick in das Leben von Diasporagemeinden am Bosporus am Schwarzen Meer bieten Freilassungsinschriften aus drei Städten (Pantikapaion, Phanagoria und Gorgippia). Diese öffentlichen Inschriften (→1.3.4.2) dokumentieren die rechtswirksame Freilassung von Sklaven in Synagogen (als *proseuchai*, „Gebetshäuser", bezeichnet) mit Formeln, durch die der ehemalige Sklave verpflichtet wird, auch weiterhin in einem gewissen Dienstverhältnis zur jüd. Gemeinde (*synagōgē*) zu bleiben, die ihn oder sie auch in Zukunft überwachen wird. Vieles dabei bleibt unklar, doch wird die Bedeutung lokaler Synagogengemeinden als Vermittler bei internen Rechtsangelegenheiten hinreichend deutlich, während die Tatsache, dass die Inschriften den Standardmustern für Freilassungen folgen, belegt, dass Juden in dieser Region bereitwillig öffentliche und rechtliche Umgangsformen ihrer hellenisierten Städte übernommen hatten.

Literatur
J. M. G. *Barclay*: Jews in the Mediterranean Diaspora from Alexander to Trajan, 323 BCE–117 CE, Edinburgh 1996, 259–281. – E. L. *Gibson*: The Jewish Manumission Inscriptions of the Bosporus Kingdom, Tübingen 1999. – E. *Gruen*: Diaspora. Jews amidst Greeks and Romans, Cambridge 2002. – M. *Pucci ben Zeev*: Jewish Rights in the Roman World: The Greek and Roman Documents quoted by Josephus Flavius, Tübingen 1998. – P. *Trebilco*: Jewish Communities in Asia Minor, Cambridge 1991.

(übersetzt von Jürgen Zangenberg)

1.4.5.6 Die Diaspora in Rom (*John Barclay*)

Stellen im NT
Apg 2,10; 18,2; 28,17–28

Auf dem Höhepunkt seiner Erzählung in der Apg schildert Lukas, wie Paulus in Rom (→2.2.7.3) eintrifft und die „führenden Männer der Juden" zusammenruft (Apg 28,17–28). Der Eindruck einer fest etablierten jüd. Gemeinde in der Stadt (vgl. Apg 2,10; 18,2), den Lukas vermittelt, verträgt sich gut mit Informationen, die wir von anderer Stelle bekommen. Obwohl Juden nur sehr selten in der Literatur der späten röm. Republik erwähnt werden, gibt es doch ausführlichere Erwähnungen stadtröm. Juden und ihrer Praktiken bei Autoren des frühen Kaiserreiches. Philo (→1.3.2.5) und Josephus (→1.3.2.6) erweitern das Bild in manchen Zügen, zumal sie aus persönlicher Erfahrung berichten: Philo hielt sich 40 n.Chr. im Rahmen einer Gesandtschaft aus Alexandria in der Stadt auf und Josephus verbrachte dort die zweite Hälfte seines Lebens im Anschluss an den Jüdischen Krieg (ca. 70–100 n.Chr.). Darüber hinaus besitzen wir mehr als 500 jüd. Inschriften (→1.3.4.2) von sechs jüd. Katakomben in Rom, doch stammen sie meist erst aus dem 3. und 4. Jh. n.Chr. und beleuchten nur selten frühere Perioden.

Wie üblich liegen auch die Ursprünge der jüd. Gemeinde in Rom im Dunkeln, datieren aber wohl ins 2. Jh. v.Chr. zurück. In zwei späten und widersprüchlichen Kurzfassungen des Werkes des Valerius Maximus (1,3,3) wird die Vertreibung von Juden (und „Chaldäern") aus Rom im Jahre 139 v.Chr. berichtet. Die Notiz ist zu obskur für eine zuverlässige Interpretation, könnte aber eine regelmäßige religiöse „Säuberung" der Stadt widerspiegeln, mit der man immer wieder versucht hat, „unröm." Praktiken einzudämmen. Soweit wir dies beobachten können, florierten jüd. Gemeinden dennoch weiterhin in der Stadt, dem riesigen Schmelztiegel von Einwanderern aus allen Teilen der Mittelmeerwelt, die die ärmeren Viertel bewohnten. Während des Prozesses gegen Flaccus im Jahre 59 v.Chr. erwähnt Cicero, dass Juden zu seiner Zeit einen erkennbaren Bestandteil der stadtröm. Bevölkerung bildeten, der es mittlerweile auch gelernt habe, bei öffentlichen Versammlungen Druck auszuüben (Flacc. 66–69). Sie traten mit Nachdruck auf, um die Verurteilung des Statthalters von Asia zu unterstützen, der unter anderem beschuldigt wurde, jüd. Geld konfisziert zu haben, das für Jerusalem bestimmt war. Insofern waren die stadtröm. Juden als Teil eines engen Netzwerkes mit Juden in der Diaspora und Jerusalem verbunden. Zum Zweck des Prozesses begnügt sich Cicero damit, ihre Religion als „barbarischen Aberglauben" (*barbara superstitio*) zu

betiteln und sich wegen der kurz zurückliegenden Eroberung Judaeas durch Pompeius über sie lustig zu machen. Diese abschätzige Spitze ist ein typisches rhetorisches Mittel und bedeutet nicht, dass Rom eine besonders feindliche Umgebung für Juden darstellte.
Die jüd. Kriegsgefangenen, die Pompeius und später Gabinius und Cassius nach Rom führten, haben die jüd. Bevölkerung zweifellos stark vermehrt. Viele wurden später freigelassen, und einige erhielten das Bürgerrecht, falls sie formal entlassen wurden. Schätzungen über die Größe der jüd. Gemeinde am Beginn der Ära sind höchst spekulativ, doch vermuten viele Forscher auf der Basis einiger (fragwürdiger) Zahlen bei Josephus (ant. Iud. 17,300; 18,84) eine Gesamtzahl von 20 000 bis 30 000. Dies ist eine vergleichsweise geringe Anzahl in einer Stadt von gut einer Million Einwohnern, doch dennoch groß genug um eine Gemeinschaft zu bilden, die fähig war, interne Strukturen zu entwickeln und gelegentlich ihre Präsenz fühlbar zu machen. Es scheint, als ob Julius Caesars polizeiliche Maßnahmen gegen *collegia* (private Vereine) nicht auf die wöchentlichen Versammlungen der Juden angewandt wurden (ant. Iud. 14,213–216). Diese kamen offensichtlich in einer Vielzahl von Synagogen in der Region Trastevere zusammen (Philo leg. 155–158), vermutlich auch in anderen Vierteln, wohin sich die jüd. Bevölkerung ausgebreitet hatte. Allein spätere Katakombeninschriften überliefern die Namen von gut elf Synagogen und die Titel der darin tätigen Amtsträger. Wir können Philo glauben, dass diese wöchentlichen Treffen entscheidend zur Stärkung der Identität der ethnischen Gemeinschaft beitrugen, und dass die wöchentliche Sabbatruhe inzwischen als jüd. Eigenheit angesehen wurde: Bereits die Dichter Ovid und Horaz erkannten dies, und von Augustus heißt es, er habe jüd. Bürgern Roms erlaubt, ihre Getreidezuteilung an einem anderen Tag abzuholen, falls die Verteilung auf einen Sabbat fiel (Philo leg. 158). Sicherlich war die Anerkennung der jüd. Eigenheiten durch Augustus auch ein Resultat der Bedeutung, die der jüd. Staat und seine herodianischen Klientelkönige für die röm. Politik im Osten besaß. Als Augustus die Nachfolge Herodes d. Gr. im Jahre 4 v.Chr. regeln musste und die rivalisierenden Delegationen dazu in Rom eintrafen, sahen sie sich Straßendemonstrationen von zum Teil 8000 stadtröm. Juden gegenüber (Ios. ant. Iud. 17,300–303). Die Diaspora verfolgte zweifellos die politischen Ereignisse im Mutterland mit großer Anteilnahme, war aber auch selbstbewusst genug, in ihrer Wahlheimat ihre Ansichten öffentlich auszudrücken (vgl. Ios. bell. Iud. 2,101–110). Es gibt keinen Hinweis, dass die Juden unter den vielen ethnischen Gruppen, die die röm. *plebs* bildeten, besonders exponiert oder verwundbar waren.
Demgegenüber verrät eine Reihe von Ereignissen im 1. Jh. n.Chr., dass stadtröm. Juden zur Zielscheibe besonderer politischer Spannungen wurden. Einige Quellen erwähnen, dass Tiberius im Jahre 19 n.Chr. eine große Anzahl von Juden mitsamt Anhänger ägyptischer Kulte aus Rom auswies (Ios. ant. Iud. 18,65–84; Tac. ann. 2,85,4; Suet. Tib. 36; Cass. Dio 57,18,5a). Der Grund für die Ausweisung ist unklar, doch gibt es Hinweise in den Quellen, dass diese Kulte das röm. Leben mehr zu beeinflussen begannen als es vielen lieb war. Weitere Fragen kreisen um ein Ereignis während der Regierung des Claudius (vermutlich im Jahre 49 n.Chr.), als wiederum einige Juden aus Rom vertrieben wurden (Apg 18,2; Suet. Claud. 25,4; Cass. Dio 60,6,6). Sueton erklärt

1.4.5.6 Die jüdische Diaspora: Rom

diese Maßnahme damit, dass „die Juden auf Veranlassung eines gewissen Chrestus unablässig Unruhe verbreiteten" (*Iudaeos impulsore Chresto assidue tumultuantes Roma expulit*). Viele Forscher vermuten, dass dieser „Chrestus" eine fehlerhafte Wiedergabe von „Christus" darstellt und Sueton daher auf Streitigkeiten zwischen Juden und Christen in stadtröm. Synagogen anspielt. Dies jedoch beruht auf einer recht unsicheren Indizienkette: Chrestus war ein weit verbreiteter Name in Rom, und Sueton, der von Christen wusste, bezieht sich anderenorts klar und deutlich auf sie (Nero 16,2)[1]. Die christl. Botschaft mag durchaus Unstimmigkeiten in den Synagogen hervorgerufen haben (und es gibt Hinweise auf Spannungen im Römerbrief des Paulus), doch als Nero wegen des Brandes Roms im Jahre 64 n.Chr. einen Sündenbock suchte, konnte er auf die Christen zeigen, ohne Gefahr zu laufen, sie mit Juden zu verwechseln (Tac. ann. 15,44)[2]. Der wirkliche Grund für Suetons „Tumulte" lässt sich nicht mehr aufklären, die Ausweisung war jedoch in jedem Fall weitgehend symbolisch und vorübergehend: Claudius wollte die traditionelle röm. Religion bestätigen und fand es passend, dafür einen prominenten östlichen Kult in die Schranken zu weisen, aber er hatte kein Interesse daran, eine in der Stadt fest verankerte ethnische Gruppe zu zerstören.

Trotz dieser vorübergehenden Rückschläge blieb die jüd. Gemeinde in Rom auf Expansionskurs. Die Anwesenheit vornehmer Mitglieder der herodianischen Familie in Rom war zweifellos ein großer Vorteil. Agrippa I. soll eine kritische Rolle dabei gespielt haben, Gaius Caligula von seinem Vorhaben abzubringen, eine Statue seiner selbst in Jerusalem aufstellen zu lassen, und wir haben vereinzelte Berichte über prominente Juden innerhalb des kaiserlichen Hofes (z.B. Berenike, die Mätresse des Titus) oder von Gestalten, die aus welchen Gründen auch immer jüd. Interessen vertraten (Josephus behauptet, Poppaea, Neros Mätresse, sei eine „Gottesfürchtige" gewesen, ant. Iud. 20,195). Der katastrophale Jüdische Krieg scheint keine ernsthaften Auswirkungen für stadtröm. Juden gezeitigt zu haben, jedenfalls jenseits der Demütigung, die die Umwandlung der Tempelsteuer in eine Stiftung zugunsten des Juppiter Capitolinus bedeutete. Diese Stiftung (*fiscus Iudaicus*) scheint eine Rolle bei Domitians krankhaften Versuchen gespielt zu haben, sich aller möglichen Quellen von Opposition zu entledigen. Nach Cassius Dio (67,14,1f; 68,1,2) beschuldigte Domitian eine Anzahl potenzieller Rivalen, in „Gottlosigkeit", „Atheismus" oder „jüd. Lebensweise" abzugleiten, wobei er gern die böswillige Anklage erhob, dass sie die Zahlung an diese Stiftung unterließen, obwohl sie wie Juden lebten (Suet. Dom. 12,2). Die darüber veranstalteten Hexenjagden waren bedrohlich genug, dass Nerva bei seiner Thronbesteigung im Jahre 96 n.Chr. Münzen schlagen ließ, die das Ende der üblen Anschuldigungen im Zusammenhang mit der Judensteuer verkündeten (*fisci Iudaici calumnia sublata*).

Dass der Anschuldigung, Mitglieder der röm. Aristokratie hätten jüd. Lebensweise angenommen, Glauben entgegengebracht wurde, zeigt, dass gewisse Praktiken weithin als jüd. erkennbar waren, dass manche Römer sich davon angezogen fühlten und dass andere dies als „unröm." scharf verurteilen konn-

---

[1] Vgl. aber *Riesner* →1.4.6.
[2] Vgl. aber *Riesner* →1.4.6.

ten. Wir besitzen eine Reihe von Bemerkungen röm. Autoren aus dieser Zeit (1. und 2. Jh. n.Chr.), die demonstrieren, dass Juden in der Tat für die Einhaltung des Sabbats, die Praxis der Beschneidung und ihre Speisegesetze, besonders der Enthaltung von Schweinefleisch, bekannt waren. Da der Sabbat mit dem Tag des Saturn in der üblichen Planetenwoche zusammenfiel, ähnelte das jüd. Arbeitsverbot am Sabbat der landläufigen Vermeidung, an diesem „unglücklichen" Tag irgendwelche Arbeiten aufzunehmen, während sich das Anzünden der Sabbatlampe über jüd. Häuser hinaus ausgebreitet zu haben scheint. Durch Vorgänge, die nun im Dunkeln liegen (die aber wahrscheinlich keine bewusste jüd. „Mission" [→3.3.9] umfassten), übernahm eine Anzahl Nichtjuden jüd. Gebräuche, und einige vollzogen den bedeutenden Schritt, Proselyten (→3.1.3.7) zu werden. Für Satiriker wie Petron und Juvenal sowie konservative Historiker wie Sueton und Tacitus war dies so absurd wie schockierend. Während sie jüd. Gebräuche verspotten und offenen Abscheu gegenüber dieser östlichen Volksgruppe mit ihren so fremdartigen religiösen Praktiken an den Tag legen, äußern sie sich mit besonderer Wut über diejenigen Römer, die zum Judentum übertreten und ihren Familien, ihrem Land und ihren Göttern den Rücken kehren (z.B. Iuv. 14,96–106; Tac. hist. 5,5). Das Bewusstsein der drohenden Verwässerung röm. Lebensweise brach sich in beißender Schärfe gegen andere ethnische Gruppen Bahn, nicht nur gegen die Juden. Doch die Tatsache, dass das Judentum eines ihrer Ziele war, zeigt, wie erfolgreich Juden in der Stadt Rom Wurzeln geschlagen hatten, wo sie während der folgenden Jhh. weiter florierten, trotz der Ausbreitung des Christentums.

Literatur
J. M. G. Barclay: Jews in the Mediterranean Diaspora from Alexander to Trajan, 323 BCE – 117 CE, Edinburgh 1996, 282–319. – *K. Donfried/P. Richardson* (eds.): Judaism and Christianity in First-Century Rome, Grand Rapids 1998. – *E. Gruen*: Diaspora. Jews amidst Greeks and Romans, Cambridge 2002, 15–53. – *L. V. Rutgers*: The Jews in Late Ancient Rome, Leiden 1995. – *H. Solin*: Juden und Syrer im westlichen Teil der römischen Welt, ANRW II 29.2, 1983, 587–789.

(übersetzt von Jürgen Zangenberg)

1.4.6 Fixpunkte für eine Chronologie des Neuen Testaments (*Rainer Riesner*)

Jesus von Nazareth und Johannes der Täufer
Nach Auskunft des röm. Historikers Tacitus (ann. 15,44)[1] und wahrscheinlich auch des jüd. Geschichtsschreibers Flavius Josephus (Ios. ant. Iud. 18,63f) wurde Jesus von Nazareth unter Pontius Pilatus hingerichtet, wie es den Angaben der kanonischen Evv entspricht (Mk 15 par). Pilatus fungierte von 26 bis 36 als Präfekt (nicht Prokurator) des röm. Sonderterritoriums *Iudaea* (→1.4.4.2). Nach allen Evv starb Jesus am Vortag eines Sabbats (Mk 15,42 par) und damit gemäß christl. Wocheneinteilung an einem Freitag. Die Mehr-

---

[1] Vgl. aber *Barclay* →1.4.5.6.

1.4.6 Fixpunkte für eine Chronologie des Neuen Testaments

heit der Forscher folgt Joh, der die Kreuzigung Jesu auf den Vortag eines Passahfestes, also den 14. Nisan des jüd. Kalenders, verlegt (Joh 18,28; 19,14). Diese Datierung dürfte schon Paulus voraussetzen, wenn er den Gekreuzigten das „geschlachtete Passah[lamm]" (1Kor 5,7) und den Auferstandenen die „Erstlingsfrucht" (1Kor 15,20) nennt sowie eine Auferweckung „am dritten Tag" voraussetzt (1Kor 15,4). Die Erstlingsgarbe des Getreides wurde am 16. Nisan im Tempel geweiht (Lev 23,10–11). Der 14. Nisan war in den Jahren 30 sowie 33 sicher und 27 vielleicht ein Freitag. Ntl. Indizien und die älteste christl. Tradition wie etwa der Osterzyklus des Hippolyt von Rom weisen auf 30 (Strobel 1977), das heute die meisten als Kreuzigungsjahr annehmen (Theißen/Merz ³2001).

Auf dieses Jahr führt auch der berühmte Synchronismus in Lk 3,1, der vermutlich auf eine alte judenchristl. Quelle zurückgeht. Das öffentliche Wirken Jesu wird durch die Notiz in die Weltgeschichte eingeordnet, dass Johannes der Täufer „im 15. Jahr der Herrschaft (*hēgemonia*) des Tiberius" auftrat. Die *hēgemonia* dürfte die Mitherrschaft über die Provinzen meinen (Finegan 1964; Strobel 1995), die Tiberius um die Zeit seines illyrischen Triumphs (12 n.Chr.) übertragen bekam (Vell. 2,121.123; Suet. Tib. 21). Johannes wäre dann 26/27 aufgetreten. Dieses Datum dürfte vom Standpunkt der Provinzen aus ab der effektiven Mitherrschaft des Tiberius 11/12 n.Chr. (vgl. Tac. ann. 1,3,3; 1,10,7; Suet. Tib. 21,1) berechnet sein und Johannes wäre dann 26/27 aufgetreten (Finegan 1964; Strobel 1995). Das folgende Jahr 27/28 galt vielen Juden als eschatologisch bedeutungsvolles Erlassjahr (Wacholder 1975). Jesus spielte bei seinem öffentlichen Hervortreten offenbar auf die Jobeljahr-Thematik an (Lk 4,18f [Jes 61,1f]; Mk 6,1 [Lev 25,10]), die auch sonst in zeitgenössischen Endzeiterwartungen Bedeutung hatte (11QMelch). Auch die joh. Überlieferung weist für den Anfang von Jesu Wirken auf 27/28, denn nach ihr waren bis dahin seit dem Beginn des Tempelumbaus durch Herodes d. Gr. 20/19 v.Chr. (Ios. ant. Iud. 15,380) ca. 46 Jahre vergangen (Joh 2,20).

Die bis heute gebräuchliche christl. Zeitrechnung des Mönchs Dionysius Exiguus aus dem 6. Jh. enthält für das Geburtsjahr Jesu mehrere Fehler (Maier 1991). Die voneinander unabhängigen, judenchristl. Vorgeschichten von Mt und Lk stimmen darin überein, dass Jesus während der Regierung von Herodes d. Gr. (37–4 v.Chr.) geboren wurde (Mt 2,1–23; Lk 1,5). Lk 2,1–5 berichtet in diesem Zusammenhang von einem röm. Zensus in Judaea unter (oder vor?) der syrischen Statthalterschaft des Quirinius (Pearson 1999). Diese Angabe stellt eines der größten historisch-chronologischen Probleme des NT dar, weil Josephus eine Schätzung nur nach der Absetzung des Archelaos für 6 n.Chr. erwähnt (ant. Iud. 17,355; 18,1–5). Aber Lukas findet bis heute Verteidiger (Rosen 1995). Vom NT unabhängig könnte die Überlieferung bei Tertullian sein (adv. Marc. 4,19), wonach Jesus unter dem syrischen Statthalter C. Sentius Saturninus (9–6 v.Chr.) geboren wurde (Winandy 1999). Wenn sich in Mt 2,1–12 eine zutreffende Erinnerung an die besondere Sternkonstellation von 7 v.Chr. erhalten hat, dann wäre es als Geburtsjahr Jesu anzunehmen (Ferrari d'Occhieppo 2003).

Das Judenchristentum in Judäa, Syrien und Rom
Der Plan des Caligula, im Tempel von Jerusalem sein Bild aufstellen zu lassen, führte 40/41 zu einer tiefen Krise in Judäa (Philo leg. 197–337; Ios. bell. Iud. 2,184–203; ant. Iud. 18,261–309). Manche sehen eine Verbindung zur ersten Abfassung der syn. Apokalypse Mk 13 (Theißen 1989). Die bald nach dem Regierungsantritt des jüd. Königs Agrippa I. (41–44; vgl. Ios. ant. Iud. 19,343) einsetzende Verfolgung war für die Urgemeinde ein traumatisches Ereignis (Apg 12). Mit dem Zebedaiden Jakobus (Apg 12,1f) starb einer ihrer Führer und wie Petrus musste offenbar auch der übrige Zwölferkreis Jerusalem verlassen. Damals ging die Leitung der Gemeinde auf den Herrenbruder Jakobus über (Apg 12,17). Möglich scheint nach einer breiten altkirchlichen Überlieferung (Eus. h.e. 2,14,6; vgl. ActPe 5,22) ein Aufenthalt des Petrus 41/42 in Rom (Botermann 1996). Jedenfalls wurde das Judenchristentum dort bald so stark, dass es aufgrund von Unruhen in mehreren Synagogen zur Ausweisung von Juden und Judenchristen kam (Suet. Claud. 25,4).[2] Trotz Cass. Dio 60,6,6 ist das entsprechende Edikt des Claudius nicht in sein erstes Regierungsjahr 41/42 zu datieren (so Lüdemann 1980), sondern mit Orosius (hist. 7,6,15f) auf 49 (Botermann 1996). Dazu passt auch die lk Chronologie (Apg 18,2) auffallend gut (Riesner 1994).

Die Jahre nach 44, als *Iudaea* wieder direkt durch röm. Prokuratoren regiert wurde, waren durch ein Anwachsen der jüd. Freiheitsbewegung gekennzeichnet (Schürer 1973, 455–471). Dabei heizten anhaltende Hungersnöte apokalyptische Erwartungen an (vgl. Apg 11,27f; Mk 13,8). Die Judenchristen in Judaea und Antiochia kamen unter Druck (Gal 1f; vgl. 1Thess 2,14–16; Jk 2,6f), entweder die Gemeinschaft mit den Heidenchristen aufzugeben oder sie zu Proselyten (→3.1.3.7) zu machen (Jewett 1970/71; Bockmuehl 2001). Beide Wege haben die Führenden des Urchristentums 48 auf dem sog. Apostelkonzil zu Gunsten einer vom jüd. Ritualgesetz freien Heidenmission verworfen (s.u.). Der Herrenbruder Jakobus hielt trotz wachsender Bedrängnis mit konservativen Judenchristen in Jerusalem aus und wurde 62 während einer vakanten Prokuratur auf Betreiben des Hohenpriesters Annas II. wegen seines messianischen Zeugnisses für Jesus hingerichtet (Ios. ant. Iud. 20,197–203; vgl. Eus. h.e. 2,23,10–19).

Paulus und seine Gemeinden
Der Fund der Gallio-Inschrift (→1.3.4.2) aus Delphi (F. Delphes III.4, 286) erlaubt es, das Wirken des Paulus mit einem halbwegs festen Datum der Profangeschichte zu verbinden. Dabei muss man eine relative Zuverlässigkeit der Apg voraussetzen, wenn man nicht auf eine einigermaßen stimmige Chronologie der mittleren Jahre des Paulus verzichten will (Riesner 1994; ders. 1998). Versuche, eine Chronologie allein aus den unumstrittenen Paulusbriefen zu gewinnen (Hyldahl 1986; Knox 1987), führen offenbar zu Widersprüchen und Aporien. Gallio war vermutlich ab Juli 51 Statthalter der senatorischen Provinz Achaia und beendete sein Amt wohl noch vor Ablauf des vorgeschriebenen Jahres (vgl. Sen. epist. 104,1). Die jüd. Anklage gegen Paulus wurde offensichtlich zu Beginn der Amtszeit erhoben, als die antijüd. Einstellung des

---

[2] Vgl. aber Barclay (→1.4.5.6).

1.4.6 Fixpunkte für eine Chronologie des Neuen Testaments

Gallio noch nicht abzuschätzen war. Der Apostel verließ bald darauf Korinth (Apg 18,1–18). Deshalb ist der Anfang seines dortigen Aufenthalts von anderthalb Jahren (Apg 18,11) Anfang 50 (1Thess) und der Beginn der Mission in Europa auf 49 anzusetzen (Apg 16f). Entsprechend ergibt sich für die meisten Forscher 48 als Jahr des Apostelkonzils.

Der Wechsel der judäischen Prokuratur von Felix zu Festus (Apg 24,27) ist kaum 55 anzusetzen (so Donfried 1992), sondern lässt sich numismatisch auf 59 datieren (Riesner 1994; Scriba 2001). Dann wäre Paulus gemäß der lk Chronologie im Frühjahr 57 im Jerusalemer Tempel verhaftet worden (Apg 21). Auf dieses Jahr führt unabhängig auch die Berechnung der Tagesangaben in Apg 20,6f für den Aufbruch von Philippi nach Troas (Hemer 1989). Der etwa drei Jahre lange Aufenthalt in Ephesos (Apg 20,31) dauerte dann von 52–55. Diese Ansetzung verträgt sich gut mit einer Abreise aus Korinth Ende 51, einem Aufenthalt in Jerusalem, einer Überwinterung 51/52 (wohl in Antiochia) sowie einem Besuch in den südgalatischen Gemeinden (Apg 18,18–23). Einen nicht ausgeführten Besuch ersetzte während der ephesinischen Zeit (1Kor 16,8) der 1Kor (54?). Das Ende des Aufenthalts in Ephesos könnte mit den unklaren Machtverhältnissen (vgl. Apg 19,38) nach der Ermordung des Prokonsuls Silanus (vgl. Tac. ann. 13,1; Cass. Dio 61,6,4f) an der Wende 54/55 zusammenhängen. Die darauf folgenden Reisebewegungen (Apg 20f; vgl. 2Kor 1f; Röm 16,23) machen je ein Überwintern in Mazedonien 55/56 (2Kor) und Achaia 56/57 (Röm) wahrscheinlich (Riesner 1994). In diese Zeit fällt die Sammlung der Kollekte für Jerusalem (1Kor 16,1–9; 2Kor 8f; Röm 15,25–28), und manche Forscher nehmen auch eine Mission in Illyrien (vgl. Röm 15,19) an (Schnabel 2002).

Wenig Übereinstimmung besteht bei der Chronologie vor dem Apostelkonzil (Alexander 1993), obwohl Paulus in Gal 1f genauere Angaben macht. Kaum bezweifelt wird die Identifizierung eines Besuchs in Jerusalem „drei Jahre" nach seiner Berufung bei Damaskus (Gal 1,17f) mit dem ersten Besuch laut Apg 9,26. Umstrittener ist, ob die „vierzehn Jahre" für einen weiteren Besuch (Gal 2,1) von der Berufung oder dem ersten Besuch aus zu rechnen sind. Die Mehrheit der Forscher sieht in Gal 2 und Apg 15 zwei abweichende Schilderungen des Apostelkonzils von 48 (Schnelle 2002). Eine Minderheit identifiziert Gal 2 mit einer früheren Kollektenreise des Paulus und Barnabas (Carson/Moo u.a. 1992) nach Jerusalem (Apg 11,28–30; 12,25). Je nach Rekonstruktion wird deshalb Gal kurz vor (Antiochia?) oder bald nach dem Apostelkonzil (Korinth?) bzw. während des Aufenthalts in Ephesos oder Mazedonien datiert. Offensichtlich setzen die meisten Forscher die sog. erste Missionsreise von Paulus und Barnabas nach Zypern und Südgalatien (Apg 13f) mit Lukas (Lk) weiter vor dem Apostelkonzil und nicht danach an (so Jewett 1982). Die Amtszeit des zyprischen Prokonsuls (L.) Sergius Paul(l)us (Apg 13,6–12; vgl. CIL VI 31545) bleibt unbekannt. Die Steinigung des Stephanus (Apg 7f) ließe sich mit der Vakanz nach der Abberufung des Pilatus 36/37 (Ios. ant. Iud. 18,89–95.122–126) verbinden. Die älteste Überlieferung (Paulus-Akten [TU 7/2, 130]) nennt für die Berufung des Paulus allerdings das „zweite Jahr nach der Aufnahme des Herrn in den Himmel", also wohl 31/32. Die meisten Forscher nehmen eine Berufung irgendwann zwischen diesen beiden Daten an (Hengel/Schwemer 1998). Die Erwähnung eines „Ethnarchen des (Nabatäer)königs Aretas IV. [†40] in Damaskus" (2Kor 11,32f; vgl. Apg 9,23–25) lässt keine absolute Datierung zu (Knauf 1983). Auch für das Ende des Paulus gehen die Rekonstruktionen weit auseinander. Rechnet man mit einer Hinrichtung gleich nach der von Apg 28 berichteten Gefangenschaft in Rom, so käme man auf ein Todesjahr um 62 (vgl. Apg 24,27; 27,9–12; 28,31). Gegenwärtig wird wieder öfter eine Freilassung des Apostels (Tajra 1989) und eine Spanienreise (Röm 15,22–29) angenommen (Löhr 2001), so wie es schon 1Clem 5,7 (*epi to terma tēs dyseōs*) voraussetzt und der Canon Muratori (Z. 38f) ausdrücklich bezeugt. Dann müsste man gegen die Mehrheit eher mit einer Abfassung von Phil in Ephesos und nicht in Rom rechnen. Denn Phil 2,19–24 kündigt einen Besuch in der Gemeinde an und lässt keine Änderung des für den Apostel heilsgeschichtlich so bedeutsamen (vgl. Jes 66,19) Spanienplans erkennen. Nur wenige Forscher versuchen, eine letzte Reise in den Osten mit Angaben aus den Pastoralbriefen (Past) zu verbinden (Murphy-O'Connor 1996). Soweit man hier überhaupt mit irgendwelchen brauchbaren Informationen rechnet, werden diese biographischen Notizen sonst vor den Romaufenthalt von Apg 28 eingeordnet (Fuchs 2003). Die stark abweichenden Rekonstruktionen zeigen die damit verbundenen Probleme. Wer Phil als letzten Paulus-Brief ansieht, wird eher mit einer nicht ausgeführten Reise in den Osten und einer Hinrichtung um 62 rechnen. Die älteste Überlieferung weist für das Ende des Apostels allerdings auf die Zeit der Neronischen Verfolgung (64–68) in Rom hin (Eus. h.e. 2,25 u.a.), wobei jedoch die Gleichzeitigkeit mit dem Martyrium des Petrus als eher nachträglich konstruiert erscheint (Tajra 1994).

Die ntl. Spätzeit
Die Verfolgung unter Nero, die dem Brand von Rom (19.7.64) folgte (Tac. ann. 15,44), hat sich tief in das kollektive Gedächtnis des frühen Christentums eingebrannt. Joh 21, Offb 13, aber auch die Akzentuierung der Jünger-Verfolgung in Mk 8,35; 10,30 könnten darauf anspielen. Weitreichende Konsequenzen für das Judenchristentum hatte der Jüdische Krieg gegen Rom, der mit der Zerstörung Jerusalems und des Tempels endete (66–70). Es ist umstritten, ob Mk 13 diese Ereignisse voraussetzt oder kurz davor redigiert worden ist (so Hengel 1984). Die Jerusalemer Gemeinde verließ offenbar zu Beginn des Aufstandes die heilige Stadt (Eus. h.e. 3,5,3), kehrte aber nach einer Überlieferung (CSCO 472,47) schon 72/73 im Jahr des Falls von Masada (Ios. bell. Iud. 7,407–409) wieder aus dem Ost-Jordan-Land zurück (Riesner 1998). Jedenfalls existierte in Jerusalem bis zum Bar Kochba-Aufstand (132–135) eine große judenchristl. Gemeinde (Eus. d.e. 3,5).
Oft werden für eine Spätdatierung von ntl. Schriften zwei andere zeitgeschichtliche Fixpunkte angeführt. Nach vielen Exegeten setzen Mt und Joh die Verfluchung der Judenchristen in der 13. Benediktion des Achtzehnbitten-Gebets voraus, die man früher einer rabbinischen Synode in Jamnia um 90 zuschrieb (vgl. bBer 28a). Doch wird zunehmend bezweifelt, dass es einen solchen förmlichen Beschluss über den „Ketzersegen" (*birqat ha-minim*) gab. Stattdessen rechnet man mit einem längeren und differenzierten Prozess der Abgrenzung (Lewis 1992; Erlemann 1998). Eine schwere Christenverfolgung unter Kaiser Domitian (81–96) gilt oft als Hintergrund für Offb (so schon Iren.

haer. 5,30,3) und 1Petr. Auch das ist zweifelhaft (Bell 1977/78; Minnerath 1994), denn berichtet wird nur von vereinzelten Maßnahmen gegen Angehörige der Oberschicht (Eus. h.e. 3,18,4: vgl. Cass. Dio 67,14) bzw. der Familie Jesu (Eus. h.e. 3,20,1–7). Sogar die Datierung einer der ältesten und wichtigsten außerntl. Schriften ist neu in die Diskussion gekommen (Erlemann 1998). Neben der Ansetzung von 1Clem nach Domitian um 96 wird jetzt auch eine Frühdatierung um 70 vertreten. 1Clem 42 blickt jedenfalls bereits auf die apostolische Zeit als eine abgeschlossene Periode zurück.

Chronologischer Überblick
Berücksichtigt werden in der folgenden Aufstellung nur gesicherte oder zumindest durch eine Mehrheit von Forschern angenommene Daten.

Zeitgeschichte	*Urchristentumsgeschichte*
27 v. –14 n.Chr Augustus	
37–4 Herodes d. Gr.	vor 4 v.Chr. Geburt Jesu
14–37 Tiberius – 26–36 Pontius Pilatus	30 Kreuzigung Jesu (7. April)
37–41 Caligula	
41–44 Agrippa I.	41/42 Hinrichtung des Zebedaiden Jakobus
41–54 Claudius	48 Apostelkonzil in Jerusalem
49 Verbannung von Juden aus Rom	
51–52 Gallio Prokonsul von Achaia	51 Paulus vor Gallio
54–68 Nero	62 Hinrichtung des Herrenbruders Jakobus
64 Brand von Rom	64–68 römische Christenverfolgung
66–70 jüdischer Krieg	nach 66 Flucht der Jerusalemer Gemeinde
69–79 Vespasian	70 Zerstörung Jerusalems
79–81 Titus	
81–96 Domitian	Einzelne Verfolgungsmaßnahmen
132–135 Bar Kochba-Aufstand	135 Jerusalem heidnische Stadt

Literatur
L. *Alexander*: Chronology, in: G. F. *Hawthorne/R. P. Martin* (eds.): Dictionary of Paul and His Letters, Grand Rapids 1993, 115–123. – A. A. *Bell*: The Date of John's Apocalypse, NTS 10, 1977/78, 93–102. – M. *Bockmuehl*: 1 Thessalonians 2:14–16 and the Church in Jerusalem, TynB 52, 2001, 1–32. – H. *Botermann*: Das Judenedikt des Kaisers Claudius, Stuttgart 1996. – D. A. *Carson/D. J. Moo* u.a.: An Introduction to the New Testament, Grand Rapids/Leicester 1992. – K. P. *Donfried*: Chronology (New Testament), ABD 1, 1992, 1011–1022. – K. *Erlemann*: Die Datierung des ersten Klemensbriefes, NTS 44, 1998, 591–607. – K. *Ferrari d'Occhieppo*: Der Stern von Bethlehem in astronomischer Sicht, Gießen 2003. – J. *Finegan*: Handbook of Biblical Chronology, Princeton 1964. – R. *Fuchs*: Unerwartete Unterschiede. Müssen wir unsere Ansicht über „die" Pastoralbriefe revidieren?, Wuppertal 2003. – C. J. *Hemer*: The Book of Acts in the Setting of Hellenistic History, Tübingen 1989. – M. *Hengel*: Entstehungszeit und Situation des Markusevangeliums, in: H. Cancik (Hg.): Markus-Philologie, Tübingen 1984, 1–45. – *Ders./A. M. Schwemer*: Paulus zwischen Damaskus und Antiochien, Tübingen 1998. – N. *Hyldahl*: Die paulinische Chronologie, Leiden 1986. – R. *Jewett*: The Agitators and the Galatian Congregations, NTS 17, 1970/71, 198–212. – *Ders.*: Paulus-Chronologie, München 1982. – E. A. *Knauf*: Zum Ethnarchen des Aretas 2Kor 11,32, ZNW 74, 1983, 145–147. – J. *Knox*: Chapters in a Life of Paul (revised by D. R. A. Hare), Macon ²1987. – J. P. *Lewis*: Jamnia (Jabneh), Council of, ABD 3, 1992, 634–637. – H. *Löhr*: Zur Paulus-Notiz in 1 Clem 5,5–7, in: F. W. Horn (Hg.): Das Ende des Paulus, Berlin/New York 2001, 197–214. – G. *Lüdemann*: Paulus, der

Heidenapostel I: Studien zur Chronologie, Göttingen 1980. – *H. Maier*: Die christliche Zeitrechnung, Freiburg 1991. – *R. Minnerath*: De Jérusalem à Rome, Paris 1994. – *J. Murphy-O'Connor*: Paul: A Critical Life, Oxford 1996. – *B. W. R. Pearson*: The Lucan Censuses, Revisited, CBQ 61, 1999, 262–282. – *R. Riesner*: Die Frühzeit des Apostels Paulus, Tübingen 1994 (Paul's Early Period [rev. ed.], Grand Rapids 1998). – *Ders.*: Essener und Urgemeinde in Jerusalem, Gießen 1998. – *K. Rosen*: Jesu Geburtsdatum, der Census des Quirinius und eine jüdische Steuererklärung aus dem Jahr 127 nC., JAC 38, 1995, 5–15. – *E. J. Schnabel*: Urchristliche Mission, Wuppertal 2002. – *U. Schnelle*: Einleitung in das Neue Testament, Göttingen 2002. – *E. Schürer*: The History of the Jewish People in the Age of Jesus Christ, I, Edinburgh 1973. – *A. Scriba*: Von Korinth nach Rom, in: *F. W. Horn* (Hg.): Das Ende des Paulus, Berlin/New York 2001, 157–173. – *A. Strobel*: Ursprung und Geschichte des frühchristlichen Osterkalenders, Berlin/Ost 1977. – *Ders.*: Plädoyer für Lukas, NTS 41, 1995, 466–469. – *H. W. Tajra*: The Trial of St. Paul, Tübingen 1989. – *Ders.*: The Martyrdom of St. Paul, Tübingen 1994. – *G. Theissen*: Lokalkolorit und Zeitgeschichte in den Evangelien, Göttingen 1989. – *Ders./A. Merz*: Der historische Jesus, Göttingen ³2001. – *B. Z. Wacholder*: Chronomessianism, HUCA 46, 1975, 201–218. – *J. Winandy*: Sur l'année où Jésus naquit, EThL 74, 1999, 419f.

1.5 Antikes Recht als Regulativ menschlichen Zusammenlebens

1.5.1 Grundstrukturen römischen Rechts

1.5.1.1 Ius gentium und ius naturale (*Christian Baldus*)

Methodischer Rahmen: Grenzen begrifflicher Ableitung
Der Begriff *ius gentium* (*i.g.*) findet sich in den Rechtsquellen in verschiedener Bedeutung. Sein Verhältnis zum Konzept des *ius naturale* (*i.n.*) ist unklar. Eine zeitgenössische Definition besitzen wir nicht. Der Versuch, unter Rückgriff auf philosophische Kategorien eine Systematik zu entwickeln, ist mit Blick auf die überlieferten zivilistischen Quellen bedenklich. Die philosophischen Überzeugungen der röm. Juristen lassen sich nur in seltenen Fällen als Grundlage konkreter Entscheidungen nachweisen. Der röm. Jurist war bis weit in die Kaiserzeit hinein weniger ein in bestimmten Theorien ausgebildeter Techniker als vielmehr ein Angehöriger der gebildeten Führungsschicht, der sich mit dem überlieferten Fallmaterial vertraut gemacht hatte. Bei der Entscheidung neuer Probleme konnte ihm seine (im Zweifel synkretistische) philosophische Bildung hilfreich sein; die *ratio decidendi* aber überzeugte die Zeitgenossen durch Sachgerechtigkeit im konkreten Fall und widerspruchsfreie Einordnung in den traditionellen Diskussionszusammenhang, nicht durch theoretische Fundierung. Auszugehen ist also vom Fallmaterial der Digesten, soweit dort das *i.g.* bzw. *i.n.* ausdrückliche Erwähnung findet. Diese Quellen, von der Romanistik Mitte des 20. Jh. noch als teilweise interpoliert angesehen (Lombardi), gelten heute als im Wesentlichen echt (Kaser, auch über Querverbindungen zu den nichtjuristischen Zeugnissen); der Generalverdacht, Griechisches und Philosophisches habe im Zweifel Justinian in die klassischen Texte hineingetragen, ist einer differenzierenden Beurteilung gewichen. Freilich bleibt zu bedenken, dass *i.g.* und *i.n.* sich in den (hier nicht zu behandelnden) justinianischen Institutionen großer Beliebtheit erfreuen.

Ius gentium: Quellenbestand und offene Fragen
Die Quellen verwenden den Begriff in zwei Bedeutungen. Er bezeichnet nicht etwa das Recht der *gentes*, der alten familiären Großgruppen; soweit dieses in klassischer Zeit überhaupt eine Rolle spielt, heißt es *gentilicium ius*. Statistisch marginal ist die Bedeutung „Völkerrecht". Rom kennt zwar, jedenfalls in republikanischer Zeit, nach heute gesicherter Auffassung ein Völkerrecht, und die nichtjuristischen Autoren (vor allem Livius) erörtern die Rechtmäßigkeit von Kriegen bisweilen am Maßstab des *i.g.*; in den juristischen Quellen zum Völkerrecht erscheint das Wort *i.g.* jedoch nur zweimal: bei der Verletzung eines feindlichen Gesandten und dann wieder in eher konfuser, das Privatrecht meinender Weise bei dem Nachklassiker Hermogenian.
Im Vordergrund steht für die Juristen das „Völkergemeinrecht": Rom regelte privatrechtliche Verhältnisse, an denen Nichtrömer beteiligt waren, allenfalls punktuell durch ein Kollisionsrecht, also durch Meta-Regeln über die Anwendbarkeit der einen oder anderen Rechtsordnung. Der *praetor* (hier: *per-*

egrinus, seit 242 v.Chr.) wandte stets röm. Recht an. Er konnte aber den traditionellen Kern des röm. Privatrechts, das alte *ius civile*, nur in Streitigkeiten unter Bürgern anwenden. Kennzeichnend für dieses war, dass die Rechtsbindung auf der Einhaltung bestimmter Formen, vor allem Prozessformeln, beruhte; die ersten dieser Formeln hatten die *pontifices* in früher Zeit dem sakralen Bereich entlehnt und damit erst den Raum für eine spezifisch rechtliche Lösung von Interessenkonflikten geschaffen. Damit waren Nichtrömern (*peregrini*), soweit sie nicht ausnahmsweise dem röm. Kultverband nahe standen (so dass sie *commercium* und *conubium* genossen), namentlich die zentralen Formalakte des Eigentumserwerbs versperrt. In diesem Personalitätsprinzip wirkt die archaische Einheit von Rechts- und Kultgemeinschaft nach; insoweit war der *praetor* nicht frei, Peregrine ohne weiteres zum Prozess zuzulassen. Aus diesem Dilemma führte die Annahme heraus, alle zivilisierten Völker gebrauchten gewisse Institute, und auf dieser Grundlage könne Recht gesprochen werden. Das *i.g.* ist in dieser Sicht ein modernisierter Kernbestand röm. Rechts, dessen allgemeine Geltung die röm. Juristen unterstellten und neben dem die alten Institute für Streitigkeiten unter Römern weiter galten. Formuliert hat diese Annahme der hochklassische Schulschriftsteller Gaius in seinen *Institutiones* (1,1; um 160 n.Chr.) wie folgt:

[...] *quod vero naturalis ratio inter omnes homines constituit, id apud omnes populos peraeque custoditur vocaturque ius gentium, quasi quo iure omnes gentes utuntur. Populus itaque Romanus partim suo proprio, partim communi omnium hominum iure utitur.*
[...] was aber die natürliche Vernunft unter allen Menschen festsetzte, das wird bei allen Völkern gleichermaßen beachtet und Völkergemeinrecht genannt, weil alle Völker sich dieses Rechtes bedienen. Also bedient sich das röm. Volk teils seines eigenen Rechts, teils des gemeinsamen Rechts aller Menschen.

Wie weit diese Aussage praktisch trägt, ist fraglich. Manche Autoren trennen zwischen dem „technischen" oder „dogmatischen" Gebrauch des *i.g.* durch den Prätor und dem Völkergemeinrecht, das „deskriptiv" seine Grundlage in der *naturalis ratio* finde. Für einzelne Institute wird diskutiert, inwieweit sie der gr. Praxis entstammen. Rechtsvergleichende Untersuchungen der Römer zur Ermittlung *inter omnes homines* geltender Normen sind freilich nicht bekannt. Vieles spricht für die Annahme, dass Gaius Gedanken Ciceros aufnahm (namentlich off. 3,69f); von den Juristen der späten Republik liegen uns keine Aussagen vor, wiewohl viele von ihnen Ciceros kulturellen Hintergrund teilten. Entscheidend war jedenfalls ein anderer Aspekt: Die überkommenen Formalakte des *ius civile* wurden von den Römern selbst seit langem als beschwerlich empfunden und oftmals umgangen. Im Verkehr mit Peregrinen (und dann auch unter Römern) wurden nunmehr kraft *ius gentium* formlose Abreden bindend, als deren Geltungsgrund man die *fides* ansah. Die Anerkennung des *ius gentium* ermöglichte also eine Entformalisierung des Rechtsverkehrs und die Anerkennung rein auf dem Konsens der Parteien beruhender Rechtsbindung. Man muss leisten, was und weil man versprochen hat, nicht weil man in bestimmter Weise versprochen hat. Dieses Prinzip setzte sich in den folgenden Jahrtausenden schrittweise durch (*pacta sunt servanda*, in der umfassenden Auslegung der mittelalterlichen und frühneuzeitlichen Moraltheologie), auch wenn viele Rechtsordnungen noch heute Elemente einer

formabhängigen Vertragsbindung kennen. Damit ermöglichte das *ius gentium* denjenigen Modernisierungsschub, aufgrund dessen die kaiserzeitliche Jurisprudenz die dogmatischen Grundlagen des heutigen Zivilrechts legen konnte. Dies betrifft primär das Schuldrecht als den typischerweise dynamischsten Teil der Rechtsordnung: Aus Kauf, Miete und Darlehen als formfrei gültigen *obligationes consensu contractae* konnte geklagt werden, wenn nur der typische Geschäftszweck eingehalten war. *Iuris gentium* sind also drei bis heute prägende Elemente des Schuldvertrags: der Konsens als Verpflichtungsgrund, die Typeneinteilung nach dem Geschäftszweck und die prinzipielle Treubindung rechtsgeschäftlichen Handelns. Freilich entnehmen wir die Verbindung zwischen diesen Neuerungen und dem *i.g.* primär den Schriften Ciceros.
In welchen Feldern das *i.g.* Bedeutung gewann, lassen vielmehr kaiserzeitliche Juristenschriften erkennen. Es sind hervorzuheben (bei Unsicherheiten im Einzelnen): im Personenrecht der Freiheitsstatus; im besonders reichhaltig dokumentierten Sachenrecht der originäre Eigentumserwerb sowie der durch *traditio*; die Frage, ob und ggf. nach welchen Regeln Peregrine derivativ Eigentum an *res mancipi*, also den für die Landwirtschaft zentralen Gütern, erwerben und weitergeben konnten, ist offen; weiterhin die Nutzung (modern gesprochen) „öffentlicher Sachen" (*res communes omnium*: Meer, Flüsse); im Schuldrecht die *stipulatio*, das (praktisch enorm wichtige) abstrakte Schuldversprechen, sowie Kauf, Tausch, *locatio conductio* (entspricht Miete, Pacht, Dienst- und Werkvertrag), Darlehen (damit nach röm. Vorstellung verbunden die Bereicherungsklage, *condictio*), Verwahrung, *precarium* (Bittleihe) und Gesellschaft. Weitere Institute werden auf die *naturalis ratio* und ähnliche Grundlagen zurückgeführt, so dass eine Anwendung als *i.g.* jedenfalls nicht ausgeschlossen werden kann.
Wir finden diese Quellen ab der Mitte des 2. Jh. n.Chr. bis zur Mitte des dritten mit gewissen Schwerpunkten bei Tryphonin († vermutlich nach 213), Papinian († 212), Ulpian († vermutlich 228) und Marcian (nach Caracalla). Wie erklärt sich diese Verteilung? Für die hochklassischen Quellen (bis ca. 180 n.Chr.) kann man noch annehmen, dass es in nennenswertem Umfang Fälle unter Beteiligung von Peregrinen gab, wiewohl das röm. Bürgerrecht sich ausbreitete. 212 aber erlangten (jedenfalls formal) durch die *Constitutio Antoniniana* alle freien Reichsbewohner das röm. Bürgerrecht. Wie auch immer man Grund und praktische Tragweite dieses Aktes einschätzen will, so gab es doch kaum noch Peregrine. Gerade in dieser Zeit (juristisch: der Spätklassik, ca. 180-250 n.Chr.) aber nehmen die überlieferten Quellen zum *ius gentium* sprunghaft zu. Sie betreffen teilweise Sachverhalte, bei denen eine Beteiligung von Nichtrömern ausgeschlossen werden kann. Dies führt zu der Frage nach einem Funktionswandel des *ius gentium*.
Zunächst ist davon auszugehen, dass gerade mit der Ausbreitung der *civitas* eine Tendenz dazu entstand, auch in innerröm. Rechtsverhältnissen die Übereinstimmung mit überall gültigen Prinzipien hervorzuheben. Bereits vor der *Constitutio Antoniniana* strebte man nach Integration durch Recht, etwa durch Bürgerrechtsverleihung an provinziale Eliten, und diesem Zweck wurde auch das *i.g.* dienstbar gemacht. Wir finden aber auch Neuerungen oder doch Lösungen, die sich nach *ius civile* nicht begründen lassen; und hier dient das *i.g.*, wiederum und nunmehr ausdrücklich, als Mittel der Modernisierung. Man

könnte (punktuell) von einer Reserverechtsordnung sprechen. Dies zeigen etwa Quellen, in denen es um die rechtsgeschäftliche Handlungsfähigkeit verurteilter Kapitalverbrecher geht, denen das *ius civile* nicht mehr zu Hilfe kam. So arbeiten jedenfalls einige Juristen, bei denen die Bezüge zum *i.g.* sich häufen. Vielleicht ist es kein Zufall, dass diese Juristen teilweise eine besondere Nähe zum gr. Kulturraum aufweisen, aber um 200 ist der typische Anwendungsfall des *i.g.* nicht (mehr) der Rechtsstreit zwischen einem Römer und einem durchreisenden „Ausländer".

Ius naturale: Quellenbestand und Beziehungen zum i.g.
Die röm. Juristen sprechen von *i.n.* und *natura*. Falsch wäre es aber, hierin einen Bezug zu einer höheren Rechtsordnung zu sehen. Rom unterscheidet die Rechtsschichten nach ihrem Geltungsgrund, praktisch also nach den Institutionen, die sie geschaffen haben; weder die Natur noch die Götter setzen Recht. Überdies verwenden bisweilen genetisch eng verwandte Werke die Begriffe *i.g.* einerseits und *i.n./naturalis ratio* andererseits gleichsinnig (Gaius: *i.g.* in den *res cottidianae*, *natura* in den Institutionen). So bereitete es den Römern keine theoretischen Probleme, die (philosophisch als naturwidrig anerkannte) Sklaverei (→2.2.5.3) rechtlich zu praktizieren; sie kamen in Zweifelsfällen den Betroffenen mit freiheitsfreundlicher Auslegung nach dem *favor libertatis* zu Hilfe, dieser aber gehörte zum überkommenen Instrumentarium und wurde durch philosophische Einflüsse (etwa unter Hadrian) lediglich gefördert. Beim *status libertatis* des Kindes einer nur zeitweise freien Mutter war das *ius civile* übrigens freiheitsfreundlicher als das *i.g.* Entsprechend gibt es kein röm. System des Naturrechts, wohl aber zahlreiche (heute weithin als echt anerkannte) Einzelfallentscheidungen etwa aus der *naturalis ratio* bzw. *naturalis aequitas*. Die Quellen zum *i.n.* stammen, abgesehen von Gaius, nahezu ausschließlich aus der Spätklassik und verteilen sich ähnlich wie beim *i.g.*: Personenrecht (Freiheitsstatus, Verwandtschaft) und Sachenrecht (einschließlich der *res communes omnium*) stehen im Vordergrund. Von einem Naturrecht strikt zu unterscheiden ist schließlich die *naturalis obligatio* als abgeschwächte Form der Verbindlichkeit (auch diese Quellen gelten heute weithin als echt).
Versuche, *i.g.*, *i.n.* und *ius civile* in ein abstrakt definiertes Verhältnis zu setzen, hat der Spätklassiker Ulpian unternommen. Im ersten Buch seiner Institutionen (zit. in Dig. 1,1,1,2–4; 1,1,6) stehen die drei Kategorien nebeneinander unter dem Oberbegriff *ius privatum*: Das *i.n.* habe die Natur alle Lebewesen gelehrt, *i.g.* sei *quo gentes humanae utuntur*, *ius civile* schließlich ein hiervon durch Hinzufügung oder Wegnahme abweichendes *ius proprium*. Daraus folgt jedenfalls, dass das Zivilrecht eines bestimmten Gemeinwesens sich nicht an *i.g.* oder *i.n.* als höherrangigen Kategorien messen lassen musste. Wenig fruchtbar ist auch die Suche nach einem System im modernen Sinne im Ediktskommentar desselben Autors (Dig. 2,14,5.7): Dort werden innerhalb der *conventiones privatae* die *conventiones legitimae* (etwa: nach gesetztem Recht) von denen *iuris gentium* unterschieden; die letztgenannten erzeugten teils Klagen, teils Einreden. Im ungefähr gleichzeitig verfassten Sabinuskommentar des Paulus heißt *i.n. id quod semper aequum et bonum est*, das *ius civile* hingegen sei *omnibus aut pluribus in quaque civitate utile*; vom *i.g.* ist an dieser Stelle (Dig. 1,1,11) nicht die Rede. Subsumtionsfähige Folgerungen las-

sen sich aus solchen Texten kaum gewinnen. Nach alldem wäre es „verfehlt, *i.g.* und *i.n.* ausnahmslos gleichzusetzen; betrifft doch dieses die Herkunft des Rechtsgedankens aus der Natur und damit seine Ursache, während *i.g.* die Geltung für alle Menschen als daraus abgeleitete Folge bezeichnet [...] Das *i.n.* ist nach alldem von Haus aus kein juristischer Systembegriff, weil es auf keinem rechtsdogmatischen Kriterium beruht" (Kaser 1993, 57f).

Zusammenfassung
I.g. und *i.n.* sind den röm. Juristen als Versatzstücke der Entscheidungsbegründung geläufig. Auf der theoretischen Ebene liegt auch das die verschiedenen Bereiche des *i.g.* verbindende Element, der Rekurs auf *natura* und (*bona*) *fides*. Innerhalb des *i.g.* als Völkergemeinrecht lässt sich eine theoretische Begründungslinie von (teilweise disparaten) dogmatischen Anwendungsbereichen unterscheiden. Der Gebrauch von *i.g.* und *i.n.* konzentriert sich in bestimmten Feldern und Epochen; er setzt ein zentrales Anliegen der prätorischen Rechtspflege republikanischer Zeit in der Kaiserzeit fort: die Überwindung des Nichtrömers vom Rechtsleben ausschließenden Formalismus. Dieser Formalismus hatte sakrale Elemente genutzt; an seine Stelle trat nicht ein Naturrecht oder Weltrecht, wohl aber philosophisch geschulte Argumentation zur sachgerechten Fortbildung des überkommenen Normenbestandes. Der Quellenbestand erlaubt keine Zeichnung eines Gesamtbildes. Insonderheit ist die bei Justinian anzutreffende (Inst. Iust. 2,1,41) und in der Klassik bisweilen anklingende Gleichsetzung von *i.g.* und *i.n.* mit Vorsicht zu bewerten. Ob eine umfassende Analyse der Digesten sowie sonstiger Quellen zur Rechtspflege vor allem in den Provinzen eine verlässliche Grundlage für neue Erkenntnisse böte, bleibt zu klären. Gesichert ist die Verbindung zwischen *i.g.*, *i.n.* und dem röm. Bemühen darum, überkommene Institute zu erhalten, das Recht aber zugleich als Mittel der Öffnung zu nutzen: nach außen wie auch im Inneren der eigenen Rechtsordnung.

Deutschsprachige Literatur
Auf fremdsprachige Literaturangaben musste aus redaktionstechnischen Gründen verzichtet werden. *M. Kaser*: Ius gentium, Köln u.a. 1993. Die Reaktionen auf diese Schrift stellen die vorerst letzte Welle wissenschaftlicher Beschäftigung mit dem ius gentium als Gesamtphänomen dar: *Chr. Baldus*: Seminarios Complutenses de Derecho Romano – Suplemento 1992–93 (1994), 85–94. – *K.-H. Ziegler*: ZSRG.R 112, 1995, 571–580. Vergl. Weiterhin: *L. Labruna*: Römisches Marktrecht und Expansionspolitik, in: *R. Feenstra u.a.* (eds.): Collatio iuris Romani. Etudes dédiées à Hans Ankum à l'occasion de son 65e anniversaire, Bd.1, Amsterdam 1995, 223–240. – *Ch. Baldus*: Regelhafte Vertragsauslegung nach Parteirollen im klassischen römischen Recht und in der modernen Völkerrechtswissenschaft. Zur Rezeptionsfähigkeit römischen Rechtsdenkens, Frankfurt a.M. u.a. 1998. – *Ders.*: Das ius gentium: Modernisierung des römischen Rechts als Globalisierungsphänomen?, in: *M. Immenhauser/J. Wichtermann* (Hgg.), Jahrbuch Junger Zivilrechtswissenschaftler 1998, Stuttgart u.a. 1999, 19–44. – Über ius naturale (auch im Verhältnis zum ius gentium) vgl. etwa *L. C. Winkel*: Einige Bemerkungen über ius naturale und ius gentium, in: *M. J. Schermaier/Z. Végh* (Hgg.): Ars boni et aequi. FS Wolfgang Waldstein, Stuttgart 1993, 443–449. – *W. Waldstein*: Ius naturale im nachklassischen römischen Recht und bei Justinian, ZSRG.R 111, 1994, 1–65. – *Ders.*: „Ius gentium" und das Europäische „ius commune", Index 26, 1998, 453–462.

Zum i.g. als Völkerrecht vgl. statt aller das Gesamtwerk von *K.-H. Ziegler*, namentlich: Völkerrechtsgeschichte, München 1994; Ius gentium als Völkerrecht in der Spätantike, in: *R. Feenstra u.a.* (eds.): Collatio iuris Romani. Etudes dédiées à H. Ankum à l'occasion de son 65e anniversaire, Amsterdam 1995, Bd. 2, 665–675; zuletzt: Zum Völkerrecht in der römischen Antike, in: *M. J. Schermaier u.a.* (Hgg.): Iurisprudentia universalis. FS Theo Mayer-Maly, Köln u.a. 2002, 933–944.

1.5.1.2 Ius privatum: Personenrecht (*Peter Gröschler*)

Stellen im NT
Mt 1,18–25; 5,31f; 14,3f; 19,3–9; Mk 6,17f; 10,2–12; 12,18–23; Lk 3,19; 16,18; 20,27–33; Joh 19,26f; Röm 8,17; 1Kor 7,10f; Gal 4,30

Einführung
Das röm. Privatrecht galt grundsätzlich nur für röm. Bürger.[1] Nicht zu den Personen im Rechtssinne gehörten die Sklaven, die nicht rechtsfähig waren und weithin als Sachen behandelt wurden (→2.2.5.3). Die Bewohner der röm. Provinzen waren, abgesehen von einzelnen Personen, die das röm. Bürgerrecht besaßen, Angehörige fremder Völker und damit Ausländer (*peregrini*).[2] Das galt insbes. auch für Griechen und Juden. Erst durch die *Constitutio Antoniniana* von 212 n.Chr. erhielten die meisten Bewohner des röm. Reiches das röm. Bürgerrecht.[3] Vorher war für die von den Römern unterworfenen Völker weiterhin deren eigene Rechtsordnung maßgeblich.[4] Dies entspricht dem Personalitätsprinzip, wonach jeder dem Recht seines eigenen Gemeinwesens untersteht. Hinzu kam als Völkergemeinrecht das *ius gentium* (→1.5.1.1), das sich nach röm. Sichtweise aus der natürlichen Vernunft ergab und damit für alle Menschen Gültigkeit haben sollte (Gaius inst. 1,1).[5]
Auch nachdem *Iudaea* 6 n.Chr. röm. Provinz geworden war, waren für die Entscheidung privater Rechtsstreitigkeiten unter Juden weiterhin in erster Linie jüd. Gerichte zuständig, die jüd. Recht anwendeten (→1.5.3).[6] Jedoch gab es, wie uns die auf Griechisch abgefassten Urkunden aus dem Archiv der Babatha (→1.3.4.1) für die Provinz *Arabia* zeigen,[7] auch für Juden die Möglichkeit, in zivilrechtlichen Streitigkeiten den röm. Statthalter anzurufen. Offenbar

---

[1] Vgl. *Kaser* ²1971, 32–36.214–218; *Th. Mayer-Maly*, in: *Honsell u.a.* ⁴1987, 51–53; *U. Manthe*, in: *F. Graf* (Hg.): Einführung in die lateinische Philologie, Stuttgart/Leipzig 1997, 450.
[2] Zu den *peregrini* siehe *Kaser* ²1971, 35f.281f.
[3] Vgl. *Kaser* ²1971, 218–220; *Th. Mayer-Maly*, in: *Honsell u.a.* ⁴1987, 53–56.
[4] Vgl. *Kaser/Knütel* ¹⁷2003, 39f.
[5] Vgl. *Kaser* ²1971, 202–204; *ders.*: Ius gentium, Köln u.a. 1993, 20–22; *Th. Mayer-Maly*, in: *Honsell u.a.* ⁴1987, 58.
[6] Vgl. *A. M. Rabello*: Jewish and Roman Jurisdiction, in: *N. S. Hecht u.a.* (eds.): An Introduction to the History and Sources of Jewish Law, Oxford 1996, 142–144 = *ders*: The Jews in the Roman Empire, Legal Problems, from Herod to Justinian, Aldershot u.a. 2000, XII 142–144; *ders.*: The Legal Condition of the Jews in the Roman Empire, ANRW II.13, 1980, 731–735.
[7] P. Yadin 13; 14; 15; 23; 25; 26. Siehe hierzu *H. Cotton*: The Guardianship of Jesus son of Babatha: Roman and Local Law in the Province of Arabia, JRS 83, 1993, 94–108, hier 106f.

wurde, je nachdem, vor welchem Gericht man im Streitfall prozessieren wollte, der jeweilige Rechtsakt den Vorgaben des jüd. oder röm. Rechts angepasst.[8] Das röm. Bürgerrecht wurde vor allem durch die eheliche Abstammung erworben, wobei zumindest der Vater röm. Bürger sein und das Kind aus einer Ehe mit *conubium*[9] stammen musste; bei nichtehelicher Abstammung erhielt das Kind das Bürgerrecht der Mutter.[10] Außerdem kam es zum Erwerb des Bürgerrechts durch Freilassung (→2.2.5.3) in den strengen Formen des *ius civile*, d. h. durch Stabauflegung, Eintragung in die Bürgerliste oder aufgrund testamentarischer Verfügung *(manumissio vindicta, censu, testamento)*,[11] bzw. durch staatliche Verleihung.[12] Auf diese Weise konnten auch Juden im Einzelfall das röm. Bürgerrecht erlangen.[13]

Eine mittlere Rechtsstellung zwischen den röm. Bürgern und den *peregrini* nahmen die Latiner ein.[14] Dazu gehörten insbes. die Bürger der von Rom gegründeten und mit dem latinischen Bürgerrecht ausgestatteten Kolonien im Westen des Reiches; dagegen gab es im Osten keine Gemeinden latinischen Rechts. Ein wichtiges Anwendungsfeld im gesamten Reich bekam das latinische Bürgerrecht durch die *lex Iunia* von 19 n.Chr. Danach wurden Freigelassene, die nicht formgerecht nach *ius civile*, sondern durch einfache Willenserklärung, etwa im Freundeskreis *(inter amicos)* oder durch Übergabe eines Briefes *(per epistulam)*, freigelassen worden waren, als Latiner behandelt (sog. *Latini Iuniani*).[15]

Unter den *peregrini* waren die *dediticii* besonders schlecht gestellt.[16] Zu ihnen gehörten die Angehörigen eines besiegten Volkes, das bedingungslos kapitulieren musste (Gaius inst. 1,14). Hinzu kamen nach der *lex Aelia Sentia* von 4 n.Chr. Freigelassene, die als Sklaven entehrende Strafen, wie etwa die Brandmarkung, erlitten hatten (Gaius inst. 1,13). Den *dediticii* fehlte jedes Bürgerrecht, weshalb sie weder eine eigene Rechtsordnung hatten noch einer eigenen Gerichtsbarkeit unterstanden. Die röm. Gerichte wendeten auf *dediticii* daher ausschließlich das *ius gentium* an. Teilweise wurde angenommen, dass die Juden in Palästina nach der Niederschlagung des ersten Aufstandes (66 bis 70

---

[8] Vgl. *H. Cotton*: Guardianship (Anm. 7), 101f.107; *dies.*: in: *H. Cotton/A. Yardeni*: Aramaic, Hebrew and Greek Documentary Texts from Nahal Hever and Other Sites, Oxford 1997, 153–157.
[9] Unter *conubium* versteht man das Recht, eine gültige Ehe einzugehen. Zwischen Römern und Nichtrömerinnen bestand dieses Recht nur aufgrund einer besonderen Verleihung; vgl. *H. Honsell*, in: *Honsell u.a.* ⁴1987, 388. Häufig wurde Veteranen, die röm. Bürger waren oder mit der Entlassung aus dem Militärdienst das röm. Bürgerrecht erhielten, das *conubium* für die Heirat mit einer peregrinen Frau erteilt. Vgl. Gaius inst. 1,56f.
[10] Vgl. *Kaser* ²1971, 279f.
[11] Vgl. *Kaser* ²1971, 293–295.
[12] Vgl. *Kaser* ²1971, 215f.
[13] So etwa Flavius Josephus (→1.3.2.6); vgl. *I. Wandrey*: Iosephos, DNP 5, 1998, 1089.
[14] Vgl. *H. Galsterer*: Latinisches Recht (ius Latii), DNP 6, 1999, 1172–1174.
[15] Vgl. *G. Schiemann*: Latini Iuniani, DNP 6, 1999, 1170f. Der Unterschied zwischen der förmlichen Freilassung nach *ius civile* und der minderwertigen formfreien Freilassung wurde erst durch Kaiser Justinian aufgehoben (Cod. Iust. 7,6,1; 531 n.Chr.).
[16] Hierzu *Kaser* ²1971, 282.

n.Chr.) zu *dediticii* wurden; dies wird heute im Hinblick auf die fortbestehende jüd. Rechtsordnung und Rechtspflege nicht mehr vertreten.[17] Der rechtliche Status einer Person wurde nicht nur durch die Freiheit bzw. Unfreiheit und durch das Bürgerrecht bestimmt; es kam auch darauf an, ob eine freie Person *sui iuris*, d.h. rechtlich selbstständig war oder aber der Gewalt eines anderen unterstand.[18] Bei den Römern standen Hauskinder unter der väterlichen Gewalt (*patria potestas*) und waren selbst nicht Träger von Rechten und Pflichten; Entsprechendes galt für Frauen, die in einer *manus*-Ehe verheiratet waren und unter die Ehegewalt (*manus*) ihres Mannes fielen.[19] In der Kaiserzeit war allerdings die *manus*-freie Ehe vorherrschend, bei der die Frau rechtlich selbstständig war, so dass sie insbes. eigenes Vermögen haben konnte.[20] Keine personenrechtliche Abhängigkeit kannte das röm. Recht bei den – grundsätzlich freien – Lohnarbeitern (*mercennarii*).[21] Gleichwohl stand dem Dienstherrn eine Zuchtgewalt zu, die derjenigen gegenüber Sklaven ähnlich ist.[22]

Waren unmündige Kinder *sui iuris*, etwa weil der Hausvater (*pater familias*) verstorben war, benötigten sie einen Vormund (*tutor*).[23] Rechtlich selbstständige Frauen unterstanden auch als Mündige grundsätzlich der Vormundschaft (*tutela mulieris*).[24] Allerdings wurde die gesetzliche Vormundschaft des gradnächsten männlichen Verwandten unter Kaiser Claudius (zwischen 44 und 49 n.Chr.) abgeschafft. Fortan bedurften Frauen nur noch für wichtige Geschäfte der Mitwirkung eines Tutors nach der *lex Atilia* bzw. – in den Provinzen – nach der *lex Iulia et Titia*, der vom Gerichtsbeamten auf Antrag der Frau bestellt wurde (Ulp. epit. 11,18).

Zu den Textaussagen im NT
In den Evv werden Fragen der Ehe (→2.2.1.4) grundsätzlich auf der Basis des jüd. Rechts behandelt.[25] Die Verlobung war nicht nur Eheversprechen, sondern wurde bereits als rechtlich wirksame Vorstufe der Ehe angesehen. Aufgrund der Schwangerschaft Marias stellte sich für Joseph zunächst das Problem, ob er Maria als seine Verlobte zu entlassen habe (Mt 1,18f). Bereits mit der Verlobung waren die Regeln über den Ehebruch anwendbar (Dtn 22,23–27), wonach der Mann im Fall der Untreue der Frau zur Scheidung verpflichtet war.[26] Die Schwangerschaft Marias begründete daher für Joseph die Pflicht, sich von

---

[17] *Rabello*: Jewish and Roman Juisdiction (Anm. 6), 144f = *ders.*: The Jews in the Roman Empire (Anm. 6), 144f; *ders.*: The Legal Condition (Anm. 6); *Kaser* ²1971, 282.
[18] Vgl. *H. Honsell*, in: Honsell u.a. ⁴1987, 75.
[19] *Kaser* ²1971, 60–65.71–74.
[20] *Kaser* ²1971, 323f; *Manthe* 2000, 98f.
[21] Weiterführend *C. Möller*: Die mercennarii in der römischen Arbeitswelt, ZSRG.R 110, 1993, 296–330. Dagegen sieht *A. Bürge*: Der mercenarius und die Lohnarbeit, ZSRG.R 107, 1990, 80–136, hier 134f die *mercennarii* überwiegend als Unfreie an.
[22] Vgl. Marcian. dig. 48,19,11,1; hierzu *Kaser* ²1971, 301.
[23] Zur *tutela impuberis* siehe *Kaser* ²1971, 354–359.
[24] *Kaser* ²1971, 367–369.
[25] *D. Nörr*: Die Evangelien des Neuen Testaments und die sogenannte hellenistische Rechtskoine, ZSRG.R 78, 1961, 92–141, bes. 101–115.
[26] Vgl. mSot 5,1; bGit 90b; Spr 18,22a (LXX); vgl. auch Mt 5,32; 19,9.

ihr zu scheiden; um dies zu verhindern, war das Dazwischentreten eines Engels nötig (Mt 1,20–25).[27]
Nach röm. Verständnis hatte die Verlobung (*sponsalia*) als bloßes Eheversprechen überwiegend nur sittliche Bedeutung; die rechtlichen Wirkungen der Verlobung, die frei widerrufen werden konnte, waren dagegen sehr beschränkt.[28] Insbes. gab es bereits in der späten Republik keine klagbare Pflicht zur Eheschließung mehr. Immerhin begründete die Verlobung, solange sie nicht widerrufen war, eine Art von Schwägerschaft zwischen den Verlobten, aus der sich ein Verbot einer anderweitigen Eheschließung ergab.[29] Erst durch die Kaiser Septimius Severus (193–211 n.Chr.) und Caracalla (198–211 n.Chr.) wurde der Bruch der Verlobung dem Ehebruch (*adulterium*) gleichgestellt.[30]
Ein zentrales familienrechtliches Problem bildet die Scheidung. Nach jüd. Recht erfolgt sie durch die Ausstellung eines Scheidungsbriefes seitens des Mannes (Dtn 24,1–5; Mt 5,31; 19,7); dagegen hatte die Frau grundsätzlich keine Möglichkeit, die Scheidung zu veranlassen.[31] Jesus sieht demgegenüber die Ehe als unauflöslich an und tritt für ein generelles Scheidungsverbot ein (Mt 19,3–9; Mk 10,11f; Lk 16,18).[32] Im klassischen röm. Recht kann die Scheidung (*divortium*) ohne eine Bindung an bestimmte Scheidungsgründe sowohl vom Mann als auch von der Frau grundsätzlich durch einfache Scheidungserklärung (*repudium*) vollzogen werden.[33] Die Häufigkeit der Scheidungen beklagt Sen. benef. 3,16,2. Üblich war die Erklärung der Scheidung durch einen Boten; erst in nachklassischer Zeit kam es zu einem Schriftformerfordernis in Gestalt eines Scheidungsbriefes.[34] Wie im jüd. Recht bestand auch bei den Römern im Falle des Ehebruchs der Frau eine Scheidungspflicht des Mannes; andernfalls wurde er nach der *lex Iulia de adulteriis* von 18 v.Chr. wegen Kuppelei (*lenocinium*) bestraft.[35]
In Mk 10,12; 1Kor 7,10f wird die Möglichkeit einer von der Frau ausgehenden Scheidung vorausgesetzt. Hierin könnte, nicht nur was den 1Kor betrifft, ein Einfluss des röm. Rechts zu sehen sein.[36] Die auf Griechisch verfassten

---

[27] Vgl. *U. Luz*, Das Evangelium nach Matthäus, 1. Teilb., Zürich ⁵2002, 146–151.
[28] *Kaser* ²1971, 312–314.
[29] Vgl. Ulp. dig. 23,2,12,1f; Paul. dig. 23,2,14,4 (Kaiser Augustus).
[30] Vgl. Ulp. dig. 48,5,14,3 u. 8.
[31] In seltenen Ausnahmefällen konnte dem Mann auferlegt werden, der Frau einen Scheidungsbrief auszustellen (mKet 7,10). Keine wirksame Scheidung lag dagegen vor, wenn sich eine Frau eigenmächtig von ihrem Mann trennte, wofür es Beispiele aus der jüd. Oberschicht gibt. Die Ausstellung des Scheidungsbriefes durch Salome, die Schwester Herodes' d. Gr., stellt einen Einzelfall dar und hatte, worauf Josephus (→1.3.2.6) ausdrücklich hinweist, keine rechtliche Wirkung (Ios. ant. Iud. 15,259f). Vgl. *T. Ilan*: Jewish Women in Greco-Roman Palestine, Tübingen 1995, 141–147.
[32] Zu der in Mt 5,32; 19,9 erwähnten Ausnahme vom Scheidungsverbot im Fall der Unzucht der Frau siehe *U. Luz*: Das Evangelium nach Matthäus, 3. Teilb., Zürich 1997, 97.
[33] Vgl. *Kaser* ²1971, 326–328; *H. Honsell*, in: *Honsell u.a.* ⁴1987, 399–401.
[34] Vgl. Cod. Iust. 5,17,8 pr (449 n.Chr.).
[35] Vgl. Ulp. dig. 48,5,30 pr.
[36] Zu anderen Erklärungsmöglichkeiten siehe *Nörr*: Die Evangelien (Anm. 25), 106–113.

Heiratsurkunden vom Toten Meer,[37] die – anders als die aramäischen Heiratsurkunden – keinen Brautpreis (*mohar*), sondern nach röm. Vorbild die Bestellung einer von der Braut bzw. deren Verwandten zu erbringenden Mitgift (*proix*)[38] enthalten, zeigen den Bezug zum röm. Recht.[39] Es ist durchaus vorstellbar, dass von röm. Gerichten die Scheidung einer solchen zwischen Juden abgeschlossenen Ehe auf der Grundlage des röm. Rechts auch seitens der Frau anerkannt wurde.

Die Ehe Herodes' Antipas, des Sohnes Herodes' d. Gr., mit Herodias, der Frau seines Bruders, verstieß nicht nur gegen das Inzestverbot (Lev 18,16; 20,21), sondern bedeutete für Johannes den Täufer auch einen Ehebruch (Mt 14,3f; Mk 6,17f; Lk 3,19).[40] Aus traditionell jüd. Sicht hatte die Trennung Herodias' von ihrem Mann mangels eines Scheidungsrechts der Frau keine rechtliche Wirkung. Ganz anders stellt sich die Situation nach röm. Recht dar: Herodias hätte durch einfache Erklärung gegenüber ihrem Mann eine wirksame Scheidung herbeigeführt. Zudem bezog sich das röm. Inzestverbot in erster Linie auf Blutsverwandte (Gaius inst. 1,9–64), dagegen grundsätzlich nicht auf bloß verschwägerte Personen. Eine Ausnahme galt nur für in gerader Linie Verschwägerte, etwa Schwiegermutter und Schwiegersohn, deren geschlechtliche Beziehung als Inzest nach Völkergemeinrecht (*incestum iuris gentium*) behandelt wurde.[41]

Eine Ausnahme vom jüd. Inzestverbot, das grundsätzlich auch die Beziehung mit der Frau des Bruders erfasste, bildete das zur Zeit Jesu kaum mehr beachtete Gebot der Schwagerehe (Leviratsehe): Mk 12,18–23; Lk 20,27–33.[42] Danach war ein Jude, dessen Bruder ohne einen männlichen Erben verstorben war, verpflichtet, die Frau des Bruders zu heiraten; der erste Sohn, der aus der Ehe geboren wurde, galt dann als Kind des Verstorbenen (Gen 38,8; Dtn 25,5–10). Die Blutsverwandtschaft wurde hier gleichsam durch den Bruder des Verstorbenen vermittelt.

Dass Jesus am Kreuz mit den Worten „Frau, siehe, dein Sohn!" und „Siehe, deine Mutter!" (Joh 19,26f) Johannes als Frauenvormund für Maria bestellen wollte, ist denkbar.[43] Zwar kennt das jüd. Recht keine Geschlechtsvormundschaft; die Urkunden vom Toten Meer belegen aber, dass jüd. Frauen unter röm. Herrschaft häufig, dem Vorbild des röm. Rechts entsprechend, mit einem Vormund auftraten.[44] Näher liegend erscheint jedoch, dass hinter den Worten

---

[37] DJD II 115 (= P. Mur. 115); P. Yadin 18; 37 (= P. Hever 65); P. Hever 69. Sämtliche Urkunden stammen aus der ersten Hälfte des 2. Jh. n.Chr., vor dem Bar Kochba-Aufstand (132–135 n.Chr.). Siehe hierzu *H. Cotton*: A Cancelled Marriage Contract from the Judaean Desert, JRS 84, 1994, 64–86; *dies.*, in: *Cotton/Yardeni*: Documentary Texts (Anm. 8), 265–274.

[38] Zur Vergleichbarkeit der *proix* mit der röm. Mitgift (*dos*) siehe *H. A. Rupprecht*, Kleine Einführung in die Papyruskunde, Darmstadt 1994, 109.

[39] Zum röm. Dotalrecht siehe *Kaser* ²1971, 332–334.

[40] Vgl. *U. Luz*: Das Evangelium nach Matthäus, 2. Teilb., Zürich 1990, 390.

[41] Vgl. Papin. dig. 12,7,5,1; 48,5,39,2; Paul. dig. 23,2,68.

[42] Vgl. *J. Gnilka*: Das Evangelium nach Markus, 2. Teilb., Zürich ⁴1994, 158.

[43] Hierzu und zur Frage einer Adoption siehe *Nörr*: Die Evangelien (Anm. 25), 120–123.

[44] P. Yadin 14; 15; 16; 17; 20; 22; 25; 27; 37 (= P. Hever 65); P. Hever 64; 69. Hierzu *H. Cotton*: The Guardian (epitropos) of a Woman in the Documents from the Judaean Desert, ZPE 118, 1997, 267–273.

Jesu nur der außerrechtliche Wunsch steht, Johannes und Maria mögen füreinander sorgen.[45]
Der Satz, dass die Christen „um einen Preis", gemeint ist der Kreuzestod Jesu, erkauft sind (1Kor 6,20; 7,23), spielt vielleicht auf die in der Antike und so auch im röm. Recht anerkannte Möglichkeit des Loskaufs eines Kriegsgefangenen durch Zahlung eines Lösegeldes (*redemptio ab hostibus*) an.[46] Ein Kriegsgefangener wurde nach *ius gentium* zum Sklaven (→2.2.5.3), konnte aber aufgrund des Rückkehrrechts (*ius postliminii*) durch Flucht und anschließende Rückkehr in seine Heimat seine alte Rechtsstellung mit Rückwirkung wiedererlangen (Gaius inst. 1,129; Inst. Iust. 1,12,5). Das Rückkehrrecht wirkte auch zugunsten des Kriegsgefangenen, dessen Heimkehr durch die Zahlung eines Lösegeldes ermöglicht wurde.[47]
Demgegenüber ist ein Bezug zum röm. Recht in Gal 4,30 und Röm 8,17, wo von der Erbschaft die Rede ist, nicht ersichtlich. Röm 8,17 („wir sind Erben Gottes und sind Miterben Christi") ist zu allgemein, um hier eine Verbindung zum röm. Recht herzustellen. Gal 4,30 nimmt Bezug auf die Verstoßung Ismaels (Gen 21,10) und weist daher klar auf das jüd. Recht hin.

Literatur
M. Kaser: Das römische Privatrecht I, München ²1971. – *M. Kaser/R. Knütel*: Römisches Privatrecht, München ¹⁷2003. – *H. Honsell u.a.*: Römisches Recht, Berlin u.a. ⁴1987. – *U. Manthe*: Geschichte des römischen Rechts, München 2000.

---

[45] Vgl. *H. Kupiszewski*: Das Neue Testament und Rechtsgeschichte, in: Estudios en homenaje al Profesor Juan Iglesias II, Madrid 1988, 809–821, hier 812f.
[46] Hierzu *W. Schrage*: Der erste Brief an die Korinther, 2. Teilb., Zürich u.a. 1995, 34–36.
[47] Vgl. *Kaser* ²1971, 291; *G. Schiemann*: Postliminium, DNP 10, 2001, 220.

1.5.1.3 Ius privatum: Vermögensrecht (*Peter Gröschler*)

Stellen im NT
Mt 5,38–42; 13,44–46; 21,33–46; 22,1–14; 25,27; Mk 12,1–12; Lk 6,27–36; 12,13; 14,15–24; 15,11–32; 20,9–19; 2Kor 1,22; 5,5; Eph 1,13f

Einführung
Das Vermögensrecht umfasst sowohl das Recht der Schuldverträge, wie etwa Kaufvertrag, Darlehen oder Leihe, als auch das Sachenrecht, das die rechtliche Güterzuordnung und damit insbes. das Eigentum regelt. Schließlich zählt zum Vermögensrecht auch das Erbrecht, das die vermögensrechtlichen Folgen des Todes eines Menschen behandelt. Im Bereich des Schuldrechts gab es weder im röm. noch im jüd. Recht eine Vertragsfreiheit im heutigen Sinn, d.h. die Möglichkeit, durch freie Willensübereinstimmung beliebige Verträge abzuschließen.[1] Das röm. Recht der Schuldverträge ist durch einen strengen Typenzwang gekennzeichnet.[2] Rechtlich durchsetzbar waren nur fest definierte Verträge, die durch Sachhingabe (*re*), durch förmliche Worte (*verbis*) in Gestalt von Frage und Antwort, durch die Zusendung eines Ermächtigungsbriefes (*litteris*) des Schuldners und die Eintragung der Forderung durch den Gläubiger in sein Hausbuch sowie in bestimmten Fällen auch durch einfache Willensübereinstimmung (*consensu*) abgeschlossen wurden (Gaius inst. 3,89).[3] Bei den durch Sachhingabe abgeschlossenen Realverträgen handelt es sich um Darlehen (*mutuum*), Leihe (*commodatum*), Verwahrung (*depositum*) und Verpfändung (*pignus*).[4] Die durch übereinstimmende Willenserklärungen entstehenden Konsensualverträge sind der Kaufvertrag (*emptio venditio*), der Verdingungsvertrag (*locatio conductio*), der Auftrag (*mandatum*) sowie der Gesellschaftsvertrag (*societas*). Der Verdingungsvertrag umfaßt sowohl Miete und Pacht, d. h. die Verdingung einer Sache (*locatio conductio rei*), als auch Dienstvertrag (*locatio conductio operarum*) und Werkvertrag (*locatio conductio operis*).[5] Große Bedeutung kam dem Verbalvertrag in Gestalt der stipulatio zu, mit deren Hilfe durch förmliche Frage und Antwort Verpflichtungen beliebigen Inhalts begründet werden konnten.[6] Auf diese Weise ließen sich die Schranken des röm. Typenzwangs im Vertragsrecht überwinden. Gelegentlich findet sich bereits in röm. Urkunden aus dem 1. Jh. n.Chr. eine sog. Stipulationsklausel,[7] die dazu diente, die Wirksamkeit einer vertraglichen Vereinbarung zu gewährleisten, auch wenn sie nicht unter die anerkannten Vertragsty-

---

[1] S. zum jüd. Recht *I. Herzog*: The Main Institutions of Jewish Law II: The Law of Obligations, London ²1967, 19–47.
[2] Hierzu *Kaser* ²1971, 484; *Kaser/Knütel* ¹⁷2003, 203f; *H. Honsell*, in: *Honsell u.a.* ⁴1987, 250f; *Manthe* 2000, 92–96.
[3] Vgl. *Kaser* ²1971, 524–526; *H. Honsell*, in: *Honsell u.a.* ⁴1987, 251–255.
[4] Vgl. *Kaser* ²1971, 530–538; *H. Honsell*, in: *Honsell u.a.* ⁴1987, 296–304.
[5] Vgl. *H. Honsell*, in: *Honsell u.a.* ⁴1987, 322–330.
[6] Vgl. *Kaser* ²1971, 538f.
[7] S. etwa den Rahmenvertrag in TPSulp. 48; hierzu *G. Camodeca*: Tabulae Pompeianae Sulpiciorum I, Rom 1999, 128–131.

pen fiel.[8] Die anerkannten Verträge wurden überwiegend dem *ius gentium* (→1.5.1.1) zugerechnet und standen damit auch für *peregrini* (→1.5.1.2) offen.[9]
Im jüd. Recht kam eine vertragliche Bindung in der Regel erst durch die Erbringung der Leistung durch einen der Vertragspartner zustande,[10] so dass insofern eine Parallele zu den röm. Realverträgen besteht. Auch in den auf Griechisch verfassten Urkunden vom Toten Meer (→1.3.4.1) finden sich mehrfach Stipulationsklauseln, etwa bei der Verwahrung, bei Verträgen über den Verkauf der Dattelernte und sogar bei Heiratsverträgen.[11] Auf diese Weise sollte offenbar die Durchsetzbarkeit der beurkundeten Geschäfte vor röm. Gerichten besonders abgesichert werden.
Im röm. Sachenrecht wird zwischen den *res mancipi*, nämlich Sklaven (→2.2.5.3), Großvieh und italischen Grundstücken, also Gütern, die für das bäuerliche Leben besonders wertvoll waren, und den *res nec mancipi*, d.h. allen sonstigen Sachen, unterschieden.[12] Nach *ius civile* konnte das Eigentum an *res mancipi* nur durch den förmlichen Akt der *mancipatio*, an der außer dem Käufer und dem Verkäufer noch weitere sechs mündige röm. Bürger beteiligt sein mussten, übertragen werden (Gaius inst. 1,119f).[13] Die bloße Übergabe (*traditio*) führte nur bei *res nec mancipi* zum unmittelbaren Eigentumserwerb (Gaius inst. 2,18–20).[14] Dagegen erlangte der Erwerber an einer nur übergebenen und nicht manzipierten *res mancipi* erst dann Eigentum nach *ius civile*, wenn die Ersitzungsfrist von zwei Jahren bei Grundstücken bzw. von einem Jahr bei beweglichen Sachen abgelaufen war (Gaius inst. 2,41).[15] Seit der späten Republik schützte der röm. Gerichtsbeamte (*praetor*) nun auch schon vor Ablauf der Ersitzungsfrist den Erwerber einer nur übergebenen *res mancipi*.[16] Dieser Schutz führte aus der Sicht der röm. Juristen dazu, dass sich die Sache bereits mit der Übergabe im Vermögen (*in bonis*) des Erwerbers befand; man spricht daher vom „bonitarischen Eigentum".
Anders als die italischen Grundstücke gehören Provinzialgrundstücke in aller Regel nicht zu den *res mancipi* (Gaius inst. 2,21). In den Provinzen stand Grund und Boden im Staatseigentum, weshalb es an den Grundstücken nur ein eigentumsähnliches Recht gab, das den Besitz und die Nutzung ermöglichte (*uti frui habere licere*).[17] Die Zuordnung der Grundstücke zum Staatsvermögen zeigt deren Belastung mit einer Bodensteuer (→2.3.1).
Das röm. Erbrecht unterscheidet zwischen Testat- und Intestaterbfolge, je nachdem, ob die Erbfolge durch ein wirksames Testament geregelt war oder

---

[8] Vgl. *H. Honsell*, in: *Honsell u.a.* ⁴1987, 107f; *D. Simon*: Studien zur Praxis der Stipulationsklausel, München 1964, 26f.
[9] Vgl. *Th. Mayer-Maly*, in: *Honsell u.a.* ⁴1987, 59.
[10] Siehe *Herzog*: Jewish Law (Anm.1).
[11] P. Yadin 17; 18; 20; 21; 22; 37 (= P. Hever 65); P. Hever 63.
[12] Vgl. *Kaser* ²1971, 123f.
[13] Hierzu *Kaser* ²1971, 43–47.131–134.413–415; *Manthe* 2000, 19–24.
[14] Vgl. *Kaser* ²1971, 416–418; *Manthe* 2000, 24f.
[15] Zur Ersitzung (*usucapio*) siehe *Th. Mayer-Maly*, in: *Honsell u.a.* ⁴1987, 171–178.
[16] Vgl. *Kaser* ²1971, 403f.
[17] S. *Kaser* ²1971, 402f.

nicht (Gaius inst. 2,99).[18] Intestaterben nach *ius civile* waren in erster Linie die Hauserben (*sui heredes*), d.h. diejenigen, die mit dem Tod des Erblassers unmittelbar gewaltfrei wurden (Coll. Mos. 16,2,1–8).[19] Dazu gehören insbes. die unter der *patria potestas* des Erblassers stehenden Kinder sowie die Ehefrau, sofern sie mit dem Erblasser in einer *manus*-Ehe verheiratet war. Waren keine *sui heredes* vorhanden, so erbte, wie bereits in den Zwölf Tafeln von 451/450 v.Chr. angeordnet war (lex XII tab. 5,4), der gradnächste Verwandte der männlichen Linie (*agnatus proximus*).[20] Im Laufe der Republik wurde die Erbordnung nach ius civile vom prätorischen Erbrecht überlagert (Gaius inst. 3,25–38),[21] wonach vor allem auch Kindern, die der Erblasser bereits zu seinen Lebzeiten durch *emancipatio* aus der väterlichen Gewalt entlassen hatte, erbberechtigt waren. Hilfsweise kamen nach prätorischem Recht auch Verwandte der weiblichen Linie als Erben zum Zuge. Dem Erblasser war es freilich möglich, durch Errichtung eines Testaments die Intestaterbfolge auszuschließen.[22] Neben der für ein Testament unverzichtbaren Erbeinsetzung (Gaius inst. 2,229), die zum Übergang des Vermögens als Ganzes auf den oder die Erben führte, konnte der Erblasser im Testament auch Vermächtnisse (*legata*) aussetzen, die der Zuwendung von Einzelgegenständen an bestimmte Personen dienten.[23] Um der Verschwendungssucht der Erblasser zu begegnen, durften die Vermächtnisse allerdings nach der *lex Falcidia* von 41 v.Chr. höchstens drei Viertel der Erbschaft erreichen (Gaius inst. 2,227).[24] Als Erben konnten grundsätzlich beliebige Personen eingesetzt werden.[25] Die kaiserliche Gerichtsbarkeit ließ jedoch dann, wenn die nächsten Angehörigen des Erblassers nicht einmal ein Viertel ihres Intestaterbteils erhielten, eine Anfechtung des Testaments als „lieblos" (*inofficiosum*) zu.[26]

Zu den Textaussagen im NT
Mehrfach wird von Jesus die Vergabe von Darlehen angesprochen, wie der Begriff *daneizein* („darleihen") zeigt.[27] Abgesehen vom Gleichnis vom anvertrauten Geld, in dem im übertragenen Sinn ein Wuchern mit den Talenten befürwortet wird (Mt 25,27), verwendet sich Jesus gerade für die Vergabe unverzinslicher Darlehen als Ausdruck der Nächstenliebe (Mt 5,42; Lk 6,35). Nach jüd. Recht war die Entgegennahme von Zinsen unter Juden unzulässig (Ex 22,24; Lev 25,35–37); anders lag es dagegen im Verhältnis zu Fremden (Dtn 23,20–21). Das röm. Darlehen (*mutuum*) war als solches ein unverzinsliches Geschäft; dahinter stand ursprünglich die Vorstellung des unentgeltlichen Ge-

---

[18] Vgl. *H. Honsell*, in: *Honsell u.a.* ⁴1987, 440f.
[19] Vgl. *Kaser* ²1971, 695.
[20] Vgl. *Kaser* ²1971, 696.
[21] Hierzu *H. L. W. Nelson/U. Manthe*: Gai institutiones III 1–87, Berlin 1992, 79f.
[22] Vgl. *Kaser* ²1971, 677; *H. Honsell*, in: *Honsell u.a.* ⁴1987, 440f.
[23] Vgl. *Kaser* ²1971, 740–742.
[24] Näheres zur sog. Luxusgesetzgebung bei *Kaser* ²1971, 756f.
[25] Zur Einschränkung der Erbeinsetzung von Frauen durch die *lex Voconia* von 169 v.Chr. siehe *Manthe* 2000, 78f.
[26] Vgl. Plin. epist. 5,1,9; Inst. Iust. 2,18,6.
[27] Mt 5,42; Lk 6,34f; vgl. auch Mt 18,27; Lk 7,41.

legenheits- oder Freundschaftsdarlehens.[28] Allerdings darf daraus nicht geschlossen werden, dass bei den Römern die Vergabe von Darlehen immer oder auch nur überwiegend unentgeltlich erfolgt wäre. Durch ein zusätzliches Versprechen in Form der *stipulatio* konnte jederzeit eine Pflicht des Schuldners zur Zahlung von Zinsen begründet werden.[29] Der seit der späten Republik geltende Höchstsatz für Zinsen lag bei einem Hundertstel pro Monat (*centesimae usurae*), also bei 12 % jährlich.[30] Dieser Zinssatz findet sich auch in den Urkunden vom Toten Meer.[31]

Um Kaufgeschäfte geht es im Gleichnis vom Festmahl (Lk 14,18f; vgl. auch Mt 22,1–10). Zwei der zum Festmahl geladenen Personen entschuldigen sich mit dem Hinweis, dass sie ein Grundstück bzw. Ochsen gekauft hätten und die gekauften Gegenstände nun besichtigen bzw. überprüfen müssten. Da der Käufer das Grundstück offenbar noch nicht gesehen hat, liegt es nahe, dass das Grundstückseigentum bereits durch den Abschluss des Kaufvertrags, also ohne Besitzverschaffung, auf den Käufer übergegangen ist.[32] Zu einem wirksamen Grundstückskaufvertrag, der bereits zum Eigentumsübergang führte, kam es im jüd. Recht insbes. durch die Zahlung des Kaufpreises an den Verkäufer oder die Übergabe einer Kaufurkunde an den Käufer.[33] Nach röm. Recht hatte der bloße Kaufvertrag (*emptio venditio*) dagegen keine Auswirkung auf die Eigentumslage.[34] Bei Provinzialgrundstücken musste für den Übergang des eigentumsähnlichen Nutzungsrechts die Übergabe (*traditio*) hinzukommen, d. h. die Verschaffung des Besitzes am Grundstück (Gaius inst. 2,20f).

In übertragenem Sinn ist an verschiedenen Stellen (2Kor 1,22; 5,5; Eph 1,13f) vom heiligen Geist als „Angeld" (*arrabōn*) die Rede, das Gott in die Herzen der Menschen gegeben hat, um seine Heilsverheißung zu bekräftigen und abzusichern.[35] Das Angeld – *arr(h)a, arrabō* bzw. *arrabōn* – hatte vor allem im gr. Recht eine wichtige Bedeutung: Entsprechend dem Modell des Barkaufs kam es erst mit einer tatsächlichen Leistungserbringung, die auch in der Hingabe eines *arrabōn* liegen konnte, zu einer wirksamen vertraglichen Bindung.[36] Obwohl der röm. Kaufvertrag als Konsensualvertrag bereits durch die übereinstimmenden Willenserklärungen wirksam war, ist auch bei den Römern das Angeld bekannt, freilich nur zur Bestätigung des Vertrags (Gaius inst. 3,139).[37] Gebräuchlich war etwa die Hingabe eines Rings,[38] der nach Erfüllung des Vertrags wieder zurückgewährt werden musste.

---

[28] Vgl. *Kaser* ²1971, 531.
[29] Zur Zinsstipulation siehe Papin./Ulp. dig. 17,1,10,4; Afric. dig. 19,5,24.
[30] Vgl. *Kaser* ²1971, 497.
[31] P. Yadin 11. In P. Yadin 15 ist dagegen von einem Zinssatz in Höhe von außergewöhnlichen 18 % die Rede. Siehe hierzu *H. Cotton*: The Guardianship of Jesus Son of Babatha: Roman and Local Law in the Province of Arabia, JRS 83, 1993, 94–108, hier 103.
[32] Vgl. *D. Nörr*: Die Evangelien des Neuen Testaments und die sogenannte hellenistische Rechtskoine, ZSRG.R 78, 1961, 92–141, hier 127f.
[33] Jer 32,6–16; mQid 1,5; bBM 77b.
[34] Vgl. *Kaser/Knütel* ¹⁷2003, 254f.
[35] S. *K. Erlemann*: Der Geist als ἀρραβών (2Kor 5,5) im Kontext der paulinischen Eschatologie, ZNW 83, 1992, 202–223.
[36] Hierzu *H.-A. Rupprecht*: Kleine Einführung in die Papyruskunde, Darmstadt 1994, 116; *G. Thür*: Arra, Arrabon, DNP 2, 1997, 24f.
[37] Vgl. *Kaser* ²1971, 547f.

Schwierigkeiten bereitet der rechtliche Hintergrund des Gleichnisses vom Schatz im Acker (Mt 13,44). Nach röm. Recht stand ein Schatz, also eine verborgene Wertsache, deren Eigentümer nicht mehr festgestellt werden kann,[39] ursprünglich wohl dem jeweiligen Grundstückseigentümer zu.[40] Kaiser Hadrian ordnete dann eine hälftige Teilung des Schatzes zwischen dem Finder und dem Grundstückseigentümer an.[41] Jedoch darf die Lösung des röm. Rechts nicht unbesehen auf das Gleichnis übertragen werden.[42] Anders als im röm. Recht ist über eine spezielle Regelung des Schatzfundes im jüd. Recht nichts bekannt.[43] Nach jüd. Fundrecht musste die Fundsache, sofern sie ein Kennzeichen aufwies, öffentlich ausgerufen werden; war die Fundsache nicht gekennzeichnet oder meldete sich auf die Ausrufung hin kein Eigentümer, so durfte sich der Finder die Sache aneignen.[44] Die Frage, ob es sich beim Schatz im Acker um eine gewöhnliche Fundsache handelte oder dieser als Bestandteil des Grundstücks dem Grundstückseigentümer gehörte,[45] lässt sich nicht sicher beantworten. Immerhin standen Dinge, die in einer alten Wand entdeckt wurden, dem Finder und nicht dem Eigentümer der Wand zu,[46] was gegen die Einordnung des Schatzes als Grundstücksbestandteil spricht. Aber selbst dann, wenn der Grundstückserwerb den Käufer nicht unmittelbar zum Eigentümer des Schatzes machte, war der Erwerb des Grundstücks sinnvoll, um die ungestörte Bergung durch den Finder sicherzustellen. Denkbar ist auch, dass es sich bei dem Finder um einen Lohnarbeiter handelt,[47] der, wenn er nicht vorher das Grundstück erworben hätte, gleichsam als verlängerter Arm des Dienstherrn den Schatz für diesen gehoben hätte.[48]

---

[38] So etwa in TPSulp. 3 (*depositi anuli arrae nomine*); hierzu *Camodeca*: Tabulae Pompeianae Sulpiciorum I (Anm. 7), 56–58.
[39] Paul. Dig. 41,1,31,1. Vgl. *Th. Mayer-Maly*: Rechtsgeschichtliche Bibelkunde, Wien u.a. 2003, 45–50.
[40] So Brutus und Manilius in Paul. dig. 41,2,3,3. Vgl. *Kaser* ²1971, 426f. Weiterführend *B. Kübler*: Thesaurus, RE VI A,1, 1936, 7–13. Aus den literarischen Quellen, in denen bisweilen vom glücklichen Finder berichtet wird (Hor. sat. 2,6,10–13; Pers. 2,10–12; Petron. 88,8), ist kein sicherer Schluss auf die rechtliche Behandlung des Schatzfundes möglich; vgl. *Th. Mayer-Maly*, in: *Honsell u.a.* ⁴1987, 166; *ders.*: Der Schatzfund in Justinians Institutionen, in: *P. Stein/A. D. E. Lewis* (eds.): Studies in Justinian's Institutes in Memory of J. A. C. Thomas, London 1983, 109–117, hier 112.
[41] Inst. Iust. 2,1,39.
[42] Vgl. *J. Dauvillier*: La parabole du trésor et les droits vientaux, RIDA 4, 1957, 107–115 hier 109; *Th. Mayer-Maly*, in: *Honsell u.a.* ⁴1987, 166.
[43] Vgl. *R. Knütel*: Der Schatz im Acker und die bösen Weingärtner. Bibelgleichnisse im Lichte zeitgenössischer Rechtsanschauungen, Index 15, 1987, 111–130, hier 113.
[44] Vgl. bBM 2,1f.
[45] Als Grundstücksbestandteil wird der Schatz angesehen von *Dauvillier*: La parabole (Anm. 42), 111–113; *Nörr*: Die Evangelien (Anm. 32), 129.
[46] Vgl. bBM 25b. Dagegen wurde bei einem Fund in einer neuen Wand differenziert, ob sich der Gegenstand in der Innen- oder Außenhälfte der Wand befand: bBM 26a.
[47] So *Knütel*: Der Schatz im Acker (Anm. 43), 115–117; *J. D. M. Derrett*: Law in the New Testament, London 1970, 9–13.
[48] Vgl. bBM 10a; 12b; 118a.

Die Frage der Ersitzung stellt sich im Gleichnis von den bösen Winzern (Mk 12,1–12; Mt 21,33–46; Lk 20,9–19).[49] Die Verpachtung des Weinbergs gegen einen bestimmten Anteil an der Ernte stellt einen Fall der Teilpacht dar, wie sie auch im röm. Recht vorkam.[50] Zwar war ein Teilpächter im jüd. Recht von der Ersitzung ausdrücklich ausgeschlossen;[51] machte er aber nach Ablauf von drei Jahren einen Erwerbstitel geltend, indem er etwa vorgab, das Grundstück gekauft zu haben, so kam er in den Genuss der Regeln über die Ersitzung.[52] Dass derartige Fälle tatsächlich vorkamen, zeigt die Gemara: Der Eigentümer konnte gegenüber dem Pächter, der sich das Eigentum angemaßt hatte, nur innerhalb der dreijährigen Ersitzungsfrist Einspruch erheben.[53] Wenn er dagegen auf den ihm zustehenden Ertrag des Grundstücks drei Jahre lang verzichtet hatte, so wurde dies als Beweis dafür gewertet, dass tatsächlich eine Übereignung stattgefunden hatte.[54] An einem wirksamen Einspruch des Eigentümers, der förmlich und vor Zeugen hätte erfolgen müssen,[55] fehlt es im Gleichnis von den bösen Winzern. Allerdings war eine Ersitzung durch die Winzer aufgrund der Abwesenheit des Eigentümers, der sich im Ausland aufhielt, wohl ausgeschlossen,[56] so dass deren Plan, sich das Erbgut[57] des getöteten Sohnes anzueignen, nicht in Erfüllung ging.[58] Anders als im jüd. Recht musste der Besitzer bei der römischrechtlichen Ersitzung (*usucapio*)[59] den Erwerbstitel (*causa*) nicht nur behaupten, sondern grundsätzlich auch beweisen;[60] außerdem konnte sich der Eigentümer darauf berufen, dass es am guten Glauben (*bona fides*) des Besitzers hinsichtlich der Berechtigung des Veräußerers fehlte.[61]

---

[49] Siehe hierzu *Knütel*: Der Schatz im Acker (Anm. 43), 118–124; *Derrett*: Law in the New Testament (Anm. 47), 286–312; *E. Bammel*: Das Gleichnis von den bösen Winzern (Mk 12,1–9) und das jüdische Erbrecht, RIDA 6, 1959, 11–17.
[50] Vgl. zur Person des Teilpächters (*colonus partiarius*) Gaius dig. 19,2,25,6; hierzu *Kaser* ²1971, 566.
[51] Siehe bBB 46b.
[52] Der Erwerbstitel musste vom Besitzer nur behauptet, nicht aber bewiesen werden; vgl. bBB 28b; 31a; 41a. Hierzu *D. Sperber*: Flight and the Talmudic Law of Usucaption: A Study in the Social History of Third Century Palestine, RIDA 19, 1972, 29–42, hier 32f.
[53] Vgl. bBB 35b.
[54] Vgl. bBB 29a. Der Grundstückserwerber mußte daher die Kaufurkunde nicht länger als drei Jahre aufbewahren.
[55] Vgl. bBB 38b–40a.
[56] Zum Ausschluss des Ersitzungsrechts gegenüber Abwesenden und der späteren Einschränkung dieser Regel im 3. Jh. n.Chr. siehe bBB 38a–38b. Hierzu *Sperber*: Talmudic Law (Anm. 52), 33–35.
[57] Zu dem möglichen erbrechtlichen Hintergrund des Gleichnisses, der allerdings auf das Sklavenerbrecht verweisen und voraussetzen würde, dass es sich bei den Winzern in Wirklichkeit um Sklaven handelt, siehe *Nörr*: Die Evangelien (Anm. 32), 124–126.
[58] Dagegen nehmen *Derrett*: Law in the New Testament (Anm. 47) 301f und *Knütel*: Der Schatz im Acker (Anm. 43) 122f an, dass es auch schon zur Zeit Jesu zu einer Ersitzung gegenüber Abwesenden kommen konnte.
[59] Vgl. Anm.15.
[60] Die Anerkennung eines bloß vermeintlichen Erwerbstitels, eines sog. Putativtitels, war unter den röm. Juristen umstritten; vgl. Cels./Ulp. dig. 41,3,27; Inst. Iust. 2,6,11.
[61] S. *Kaser* ²1971, 422f.

Hinter dem Anliegen des Sprechers in Lk 12,13, der Bruder möge das Erbe mit ihm teilen, steht dessen berechtigtes Verlangen nach Erbteilung.[62] Bereits nach altjüd. Recht war die Erbteilung möglich,[63] obwohl das Zusammenleben der Erben in ungeteilter Erbengemeinschaft als der Idealfall angesehen wurde.[64] Im frühen röm. Recht gab es, wie dies für eine archaische, durch den Sippenverband geprägte Rechtsordnung kennzeichnend ist, zunächst keine Möglichkeit, die Erbteilung zu erzwingen.[65] Erst durch die Zwölf Tafeln wurde die Erbteilungsklage (*actio familiae erciscundae*) eingeführt.[66] Von der Verteilung des Erbguts noch zu Lebzeiten des Erblassers handelt das Gleichnis vom verlorenen Sohn (Lk 15,12).[67] Es geht dabei um einen Fall der vorweggenommenen Erbfolge („Abschichtung"), die bereits im AT angesprochen wird.[68] Auch nach röm. Recht konnte der Erblasser, wenn er dies wollte, eine vorweggenommene Erbfolge im Wege der Entlassung des Hauskindes aus der väterlichen Gewalt (*emancipatio*) und dessen Ausstattung mit einem Teil des Vermögens herbeiführen.[69] Da der Emanzipierte nach prätorischem Erbrecht auch erbberechtigt war, jedoch nicht besser stehen sollte als die neben ihm zum Zuge kommenden *sui heredes*, die noch kein eigenes Vermögen hatten, wurde ihm eine entsprechende Ausgleichspflicht auferlegt (*collatio bonorum*).[70]

Literatur
M. *Kaser*: Das römische Privatrecht I, München ²1971. – M. *Kaser/R. Knütel*: Römisches Privatrecht, München ¹⁷2003. – H. *Honsell u.a.*: Römisches Recht, Berlin u.a. ⁴1987. – U. *Manthe*: Geschichte des römischen Rechts, München 2000.

---

[62] S. hierzu D. *Daube*: Inheritance in Two Lukan Pericopes, ZSRG.R 72, 1955, 326–334, hier 326–329.
[63] Gen. 13,1–12; 36,6f; 38,1. Zum talmudischen Recht siehe bBB 126a–b; Bek 56b.
[64] Vgl. Ps 133,1; zum „Zusammenleben" von Brüdern in ungeteilter Erbengemeinschaft siehe auch Dtn 25,5; bBB 126a; Bek 56b.
[65] Vgl. H. *Honsell*, in: *Honsell u.a.* ⁴1987, 331; *Manthe* 2000, 32f.48f.
[66] Vgl. Gaius dig. 10,2,1 pr.
[67] Hierzu *Daube*: Inheritance (Anm. 62), 329–334; *Nörr*: Die Evangelien (Anm. 32), 123f; *Derrett*: Law in the New Testament (Anm. 47), 100–125; J. *Dauviller*: Le partage d'ascendant et la parabole du fils prodique, in: Actes du Congrès de Droit Canonique (Paris, 22–26 avril 1947), Paris 1950, 223–228.
[68] S. Tob 8,21; Sir 33,21f. Zum talmudischen Recht bBM 75b; bBB 126b.
[69] Vgl. *Kaser* ²1971, 69.
[70] Vgl. *Kaser* ²1971, 731f.

1.5.1.4 Römisches Strafrecht (*Massimo Miglietta*)

Stellen im NT
Mt 27,24f; Lk 23,2.6f; Joh 1,49; 8,2–11; 19,19; Apg 7,51–60

Grundsätzliches
Seit der archaischen Epoche scheint im röm. Recht eine klare Zweiteilung der unerlaubten Handlungen nach verschiedenen und konkurrierenden Gerichtszweigen in *crimina* und *delicta* bestanden zu haben,[1] die dem modernen Strafrecht praktisch unbekannt ist.[2] Nach dem Zeugnis von Dionysios von Halikarnassos soll diese Einteilung sogar bis auf die antiken *leges regiae* zurückgehen, und zwar auf einen Erlass von Servius Tullius.[3] Dieser röm. König habe öffentliche Klagen (*iudicia publica*) von den Privatklagen (*iudicia privata*) getrennt und persönlich über die unerlaubten Handlungen zum Nachteil der Allgemeinheit geurteilt, während er die privaten Delikte unter Vorgabe gesetzlicher Grenzen und Normen Privatrichtern zugeteilt habe.[4]
Aller Wahrscheinlichkeit nach darf man diesen Bericht nicht wörtlich nehmen (es könnte sich um eine zeitliche Vorverlegung durch den antiken Schriftsteller handeln),[5] aber er spricht doch dafür, dass diese Aufteilung sehr früh geschah.[6] Jedenfalls wurden die schwereren Verstöße, die *crimina*, in der Regel als empfindliche Störungen des Verhältnisses zwischen der *civitas* und den *dei* aufgefasst (*pax deorum*), und es handelte sich im Wesentlichen um Handlungen, welche als geeignet angesehen wurden, die Stabilität der Gemeinschaft zu untergraben. Es sind vor allem *perduellio* (Hochverrat)[7] und *parricidium* (vorsätzlicher Totschlag).[8] Diese *crimina* wurden direkt von den Staatsorganen

---

[1] Es gab im röm. Recht trotzdem Berührungspunkte zwischen *delicta* und *crimina*. Siehe hierzu sowie allgemein *M. Miglietta*: Servus dolo occisus. Contributo allo studio del concorso tra „actio legis Aquiliae" e „iudicium ex lege Cornelia de sicariis", Neapel 2001, 256–260 mit Anm. 157.
[2] Zumindest gibt es kaum Wahlmöglichkeit zwischen der Zivil- und Strafrechtsprechung (außer beim zivilrechtlichen Ersatz immaterieller Schäden der Straftat, die auch durch ein Adhäsionsverfahren im Strafprozess eingeklagt werden können). Für die betreffende Zeit siehe *F. Serrao*: Sul danno da reato in diritto romano, Archivio Giuridico 20, 1956, 16–66.
[3] Vgl. Dion. Hal. 4,25,2.
[4] Vgl. die neueste Ausgabe von *G. Franciosi* (ed.): Leges regiae, Neapel 2003, 186.
[5] So *D. A. Russell*: Dionisio [7], Diz. Ant. Class., Oxford/Rom 1981, 680f.
[6] Siehe die diesbezüglichen Andeutungen von *Mommsen* 1899, 5 Anm. 1, wo er die bei Dionysios implizierte „ideale Schilderung der wieder aufgenommenen Monarchie" anspricht.
[7] Dieser Beitrag konzentriert sich seinem Zuschnitt nach auf die *crimina* gegen den Staat, auch weil sie zur Verurteilung von Jesus von Nazareth führten (s.u.).
[8] In späterer Zeit verhängt die *lex Pompeia de parricidis* über denjenigen, der ein Elternteil (oder einen nahen Verwandten) tötet, eine *poena cullei* (über deren Bedeutung und komplexen Ablauf siehe *E. Cantarella*: I supplizi capitali in Grecia e a Roma, Mailand 1996, 264–288 u. 409–415), die sich auch bei Inst. Iust. 4,18,6 wiederfindet. Bedeutsam wäre die Datierung der Trennung von vorsätzlichem und nicht vorsätzlichem Totschlag. Man nimmt allgemein an, dass sie bereits in der Kaiserzeit stattgefunden hat, so dass der Täter nicht sofort bestraft worden wäre, sondern den *agnati* des Getöteten öffentlich einen Widder anbieten musste, s. Serv. ecl. 4,43 sowie *Franciosi* (ed.): Leges regiae (Anm. 4), 108f. Außerdem stufte man einige Verbrechen (*scelera*) aufgrund ihrer religiösen Kompo-

bzw. dem *rex* – auch aufgrund seiner religiösen Vorrechte – durch speziell dafür abgestellte Helfer verfolgt, und zwar die *duoviri* (oder *duumviri*) *perduellionis* und die *quaestores parricidii*.[9]

Andere Verstöße hingegen waren ausschließlich oder vorwiegend gegen ein privates Rechtsgut gerichtet – und bildeten später, in einer stärker systematisierenden Perspektive der röm. Juristen,[10] die Kategorie der *obligationes ex delicto* (Körperverletzung und Verleumdung [*os fractum, membrum ruptum, iniuria*],[11] Diebstahl [*furtum*][12] sowie Schädigung fremder Sklaven, Tiere oder beweglicher Sachen [*damnum iniuria datum*]).[13] Diese Verstöße wurden nur zu dem Zweck öffentlich verfolgt, das Phänomen der ursprünglich zulässigen Privatrache einzudämmen. Diese Eingriffe waren aber mittelbarer Art, da die Aufgabe der Schuldfeststellung und die *condemnatio*[14] des Täters noch nicht öffentlichen Organen, sondern der Zivilgerichtsbarkeit übertragen wurde, wie Dionysios berichtet (s.o.).[15]

Funktional betrachtet, erzeugte der Übergang von der Monarchie (*regnum*) zur Republik (*res publica*) eine Übertragung der *coercitio* auf die neue Höchstmagistratur des Gemeinwesens, das Konsulat. Dessen Inhaber hatten außer den anderen Befugnissen, in denen sich ihr *imperium* äußerte, auch die Aufgabe, Strafsanktionen anzuwenden. Ein verurteilter *civis Romanus* hatte, wahr-

---

nente als *inexpiabilia* ein (also ausschließlich durch den Opfertod des Täters zu entsühnen), wohingegen andere *expiabilia* waren (also durch die Darbringung eines *piaculum* oder Opfers wiedergutgemacht werden konnten). Die Rechtsnatur solcher ritueller Ersetzungen wird zuletzt präzise und originell beschrieben bei *E. Bianchi*: Fictio iuris. Ricerche sulla finzione in diritto romano dal periodo arcaico all'epoca augustea, Padua 1997, 33–159. Interessant wäre ein juristisch-anthropologischer Vergleich mit der atl. Kultur, in der Abraham seinen Sohn Isaak nicht opfern muss, sondern auch hier durch einen Widder ersetzen kann (Gen 22,1–19, insbes. Fest. 476 L).

[9] Für das mit der Sanktion „*par(r)icidas esto*" verbundene philologische und juristische Problem, das Paul. Fest. 247 L, Z. 23f aufwirft, verweise ich stellvertretend für alle auf *S. Tondo*: Leges regiae e paricidas, Florenz 1973, 131–139; vgl. auch *Santalucia*² 1998, 15–19.

[10] Diese These wird ausgeführt in *Miglietta*: Servus dolo occisus (Anm. 1), 324 Anm. 113.

[11] Für die Ursprünge vgl. lex XII tab. 8,2–5 (= FIRA I S. 52–54).

[12] Für die Ursprünge vgl. lex XII tab. 8,12–17 (= FIRA I S. 57–60).

[13] Zu diesen Straftaten kommt später noch *iure praetorio* die Entwicklung des Tatbestandes der *rapina* (also des gewaltsamen Diebstahls) hinzu. Für die sog. *obligationes ex delicto* stellvertretend für alle *C. A. Cannata*: Delitto e obbligazione, in: *F. Milazzo* (ed.): Illecito e pena privata in età repubblicana. Atti del Convegno internazionale di diritto romano, Copanello 4–7 giugno 1990, Neapel 1992, 23–45.

[14] Die *condemnatio* wird in Geld ausgedrückt und oft mit einem *multiplum* verbunden – ein Ausdruck, der unwillkürlich an die Rechtsfigur der *multa*, also der Sanktion, erinnert.

[15] Die *condemnationes* für die einzelnen *delicta* konnten nach dem Wert der Sache (die *lex Aquilia* bezog sich beispielsweise bei vorsätzlicher oder fahrlässiger Beschädigung von fremden Sachen, Sklaven oder Tieren darauf, *quanti plurimi ea res erit*) oder ihrem Vielfachen bemessen werden (wie beim *furtum*, bei dem auf frischer Tat Ertappte auf das Vierfache, andere auf das Doppelte verurteilt wurden). Nach der Strafart hat die Lehre die Unterscheidung nach Strafklagen und sachverfolgenden (reipersekutorischen) Klagen entwickelt und unterschieden: Strafklagen sollen den Schuldigen bestrafen, sachverfolgende Klagen den Vermögensverlust ausgleichen. Die Unterscheidung kann allerdings nicht scharf konturiert werden, weil einige Tatbestände, wie die unrechtmäßige Schädigung, sowohl pönale als auch Schadensersatzelemente enthalten, so dass Kaiser Justinian sie dann unter die dogmatische Kategorie der *actiones mixtae* fasste: Inst. Iust. 4,16.19f.

scheinlich aufgrund eines wichtigen politischen und rechtlichen Erfolges[16], die Möglichkeit, das in Hundertschaften versammelte röm. Volk (*comitia centuriata*) um die Aufhebung (mit dem Risiko der Bestätigung)[17] der magistratischen Entscheidung[18] anzurufen (*provocare ad populum*). In der Vergangenheit sah man in der *provocatio* ein echtes Rechtsmittel gegen das „Urteil" des Konsuls,[19] aber neuere und einleuchtende Erwägungen führen zu der Ansicht, dass der Akt des Magistrats verwaltungsrechtlicher und nicht rechtsprechender Art sei; es fehlte eine echte erste Instanz und jedenfalls ein vorhergehendes Urteil.[20]

Neben der sozusagen ordentlichen Strafverfolgung der Konsuln etablierten sich Aktivitäten des röm. Senats. Dieser zog Untersuchungszuständigkeiten an sich, indem er Sonderkommissionen (*quaestiones extraordinariae*) schuf. Deren Aufgabe lag in der Beurteilung des *crimen laesae maiestatis* sowie von Anklagen gegen Provinzmagistrate wegen Veruntreuung im Amt, Machtmissbrauch *et similia* (sogenannte *crimina repetundarum*).[21]

Die Beteiligung der Senatoren an Strafrechtsfragen führte faktisch dazu, dass schließlich ein neues System der Strafverfolgung für die schwersten Straftaten (*crimina*) durch ständige Gerichte (*quaestiones perpetuae*) geschaffen wurde. Sie wurden durch eigene Gesetze für einzelne Straftatbestände und mit feststehender Strafandrohung[22] eingerichtet und bestanden aus röm. Bürgern unter dem Vorsitz eines *praetor*.[23]

Der Diktator L. Cornelius Sulla (138–78 v.Chr.) formalisierte dieses System, indem er die *quaestiones* auf Verbrechen gegen den Staat (*q. de maiestate*), magistratischen Machtmissbrauch (*q. de repetundis*), Wahlbetrug (*q. de ambi-*

---

[16] W. *Kunkel*: Untersuchungen zur Entwicklung des römischen Kriminalverfahrens in vorsullanischer Zeit, München 1962, 24ff.
[17] Dieses Risiko konnte der *civis* freilich eingehen, wenn er nämlich die endgültige Entscheidung der Volksversammlung im freiwilligen Exil abwartete. Diese Option zog die *aqua et igni interdictio* nach sich, also den Verlust der Staatsangehörigkeit und die Einziehung der Güter, verbunden mit dem Verbot, jemals nach Rom zurückzukehren.
[18] Exemplarisch ist der Fall von M. Tullius Cicero, der zuletzt behandelt wird von D. *Mantovani*: Il diritto e la costituzione in età repubblicana, in: E. *Gabba u.a.* (ed.): Introduzione alla storia di Roma, Mailand 1999, 272–274.
[19] Das vertritt vor allem *Mommsen* 1899, 41–43.167–174 und 473–477.
[20] *Santalucia* ²1998, insbes. 36–39.
[21] Stellvertretend für alle C. *Venturini*: Studi sul crimen repetundarum nell'età repubblicana, Mailand 1979; *ders.*: Quaestiones ex senatus consulto, in: F. *Serrao* (ed.): Legge e società nella repubblica romana, Neapel ²2000, 211–298 und *ders.*: Quaestio extra ordinem, SDHI 63, 1987, 74–109.
[22] Im Grunde hat die feste Strafe einen gerechten und einen ungerechten Aspekt. Gerecht ist sie, soweit der Straftäter unabhängig von seiner gesellschaftlichen Stellung die gleiche Strafe erhält. Ungerecht ist sie, soweit das Gericht keine erschwerenden oder mildernden Umstände in ihr Urteil einfließen lassen kann. In Anbetracht der in der folgenden Fußnote genannten Tatsachen überwog eher der letztgenannte Aspekt.
[23] Hier soll nur auf die politische Zusammensetzung dieser Gerichte hingewiesen werden, die abwechselnd von Senatoren und Rittern beherrscht wurden, je nachdem, welche Klasse die politische Szene gerade beherrschte. Ein kluges Gleichgewicht wurde erst unter C. Julius Caesar erreicht. Vgl. G. *Wolf*: Historische Untersuchungen zu den Gesetzen des C. Gracchus: „leges de iudiciis" und „leges de sociis", Diss. München 1972, 68–70.

tu), Totschlag unter Blutvergießen[24] oder durch Gift (*q. de sicariis et veneficis*), Fälschungsstraftaten (*q. de falsis*) sowie auf eine umstrittene *quaestio de iniuriis*[25] ausdehnte. Letztere sollte bestimmte Körperverletzungen (*pulsatio* und *verberatio*) und zugleich Hausfriedensbruch (*domum vi introire*)[26] verfolgen, typische Vorkommnisse in einer Zeit sozialer Umbrüche, so wie die Zeit der sog. „Krise der *res publica*" eine war.

Das Verfahren *per quaestiones* wurde dann unter Augustus ausgebaut, der den von Sulla eingeführten ständigen Gerichtshöfen weitere hinzufügte, unter ihnen insbes. die *quaestio de adulteriis* für die Verfolgung von Sexualdelikten.[27] Dennoch war es gerade das Kaiserreich, das diesen Gerichtszweig durch die neu eingerichtete *cognitio extra ordinem*, also die Rechtsprechung durch kaiserliche Beamte in Zivil- wie in Strafsachen, ablöste. Die stark hierarchische Struktur ermöglichte schließlich unter Konstantin die Berufung bis hin zu den mächtigen *praefecti praetorio* und oft sogar an die kaiserliche Kanzlei.

Im sog. „christ.-röm. Reich", das man für gewöhnlich mit dem Erlass der *constitutio „cunctos populos"* Theodosios' d. Gr.[28] voll entfaltet sieht, gewinnen folgende drei Arten von *crimina* immer mehr an Bedeutung: Verstöße gegen die kaiserliche Herrschaft, Verstöße gegen, wie man heute sagen würde, die Rechtspersönlichkeit des Staates sowie Verstöße gegen die christl. Religion und, regelmäßig damit zusammenfallend, gegen die Moral.[29]

Obwohl man zumindest ein Streben nach dem christl. Ideal der *benignitas*[30] erwarten würde, wurden die Strafen erheblich verschärft[31]. Bezeichnend ist die Ersetzung der Kreuzigung (die *crux* war mittlerweile ganz das Zeichen des Kaiserreichs geworden) durch die *furca* und die *plumbatio*, also die Tötung durch die Einflößung flüssigen Bleis, mit der beispielsweise eine Amme bedroht wurde, die die Entführung des Mädchens in ihrer Obhut anstiftete oder begünstigte.[32]

Beobachtungen zum Prozess Jesu
Es bedarf keiner besonderen Erläuterung, dass – nicht nur an dieser Stelle – in einer Abhandlung über das röm. Strafrecht der *Prozess gegen Jesus* von Nazareth nicht fehlen darf (→1.5.3).[33] Dieses Geschehnis, das zur Universalge-

---

[24] Vorläufer dieses Gerichts waren einzelne *quaestiones inter sicarios* (z.B. Cic. inv. 2,59f).
[25] Inst. Iust. 4,4,8, vgl. hierzu *Santalucia* ²1998, 151–153.
[26] Vgl. Ulp. dig. 47,10,5 pr–8.
[27] Das harte Durchgreifen des Augustus gegen unmoralischen Lebenswandel ist bekannt und führte zu Aufsehen erregenden Verbannungen wie der von Augustus' eigener Tochter und des Dichters Ovid (generell hierzu *G. Rizzelli*: Lex Iulia de adulteriis. Studi sulla disciplina normativa di adulterium, stuprum, lenocinium, Bari 1996).
[28] Cod. Theod. 16,1,2 = Cod. Iust. 1,1,1 v.J. 380.
[29] *L. de Giovanni*: Diritto romano tardoantico, Neapel ⁵2001, 86–95.
[30] Zur *benignitas* und zur *benigna interpretatio* allgemein vgl. zuletzt *Ch. Baldus*: Regelhafte Vertragsauslegung nach Parteirollen, Bd. 2, Frankfurt a.M. u.a. 1998, 591–622 (mit Literaturangaben).
[31] Darüber kurz, aber treffend *Giuffrè* ⁵1998, 158f.
[32] Vgl. z.B. Cod. Theod. 9,24,1,1.
[33] Aus der kaum noch zu überblickenden Flut an Literatur seien nur einige Titel genannt: *P. Winter*: On the Trial of Jesus, Berlin 1961; *J. Blinzler*: Der Prozeß Jesu, Regensburg

schichte gehört[34] stellt ein fundamentales Ereignis dar, und sei es nur deswegen, weil es der bekannteste Strafprozess eines röm. Richters (des *praefectus Iudaeae Pontius Pilatus*)[35] nach röm. Strafrecht ist. Er lief im Wesentlichen unter Einhaltung der damals gültigen Verfahrensregeln ab[36] und endete mit einem förmlichen und rechtmäßigen Todesurteil wegen Aufruhrs (*laesa maiestas*) gegen den Begründer einer Bewegung, deren Anhänger von Sueton als „Menschenschlag eines neuen und verderblichen Aberglaubens" (Suet. Nero 16,2) beschrieben werden. Tacitus hat das alles in dem berühmten lapidaren Ausspruch zusammengefasst: „Der Urheber dieses Namens, Christus, war unter der Herrschaft des Tiberius durch den Prokurator Pontius Pilatus zum Tode verurteilt worden" (Tac. ann. 15,44,3).

Von der „Rechtmäßigkeit" des Prozesses Jesu zu sprechen mag zwar befremden, weil eine alte Tradition das Thema oft im Licht des begrifflichen Vorurteils der „jüd. Schuld" (*culpa Iudaica*) gelesen hat, womit dem Hohen Rat [37] (wenn nicht sogar dem ganzen jüd. Volk)[38] Gottesmord vorgeworfen wird und wonach folglich der Prozess illegitim und unrechtmäßig gewesen sei.[39]

Beim Lesen der Quellen über die Strafklage gegen Jesus von Nazareth, also der synEvv und des JohEv,[40] wird deutlich, dass das wahre Problem die Me-

---

[4] 1969; *A. Stobel*: Die Stunde der Wahrheit. Untersuchungen zum Strafverfahren gegen Jesus, Tübingen 1980; *O. Betz*: Probleme des Prozesses Jesu, ANRW II 25.1, 1982, 565–647; *K. Kertelge* (Hg.) Der Prozeß gegen Jesus. Historische Rückfrage und theologische Deutung, Freiburg u.a. 1988; *R. E. Brown*: The Death of the Messiah: From Gethsemane to the Grave. A Commentary on the Passion Naritives in the Four Gospels, 2 Bde., New York u.a. 1994; *P. Egger*: Crucifixus sub Pontio Pilato. Das *Crimen* Jesu von Nazareth im Spannungsfeld römischer und jüdischer Verwaltungs- und Rechtsstrukturen, Münster 1997. *W. Bösen*: Der letzte Tag des Jesus von Nazaret, Freiburg u.a. 1999;

[34] Vgl. dazu die von mir bearbeitete Bibliografie in dem Sammelband *F. Amarelli/F. Lucrezi* (ed.): Il processo contro Gesù, Neapel 1999, 245–267; in der spanischen Übersetzung findet sich eine Aktualisierung von *A.* und *F. Fernández de Buján*: El proceso contra Jesús, Madrid 2002, 231. Das Thema wird auch in populärwissenschaftlichen Veröffentlichungen behandelt, z.B. in: WUB 8/1 (27) 2003, „Sterben und Auferstehen".

[35] Vgl. *L. Boffo*: Iscrizioni greche e latine per lo studio della Bibbia, Brescia 1994, 217–233 sowie zuletzt *M. Miglietta*: Pilatus dimisit illis Barabbam, in: *C. Bonvecchio/D. Coccopalmerio* (eds.): Ponzio Pilato o del giusto giudice. Profili di simbolica politico-giuridica, Padua 1998, 163–237, hier 173–198.

[36] So zu Recht *P. Pajardi*: Un giurista legge la Bibbia, Mailand 1983, 722.

[37] Auf dieser gedanklichen Grundlage ruht als eines der bekanntesten deutschen Werke zum Thema *Blinzler*: Der Prozess Jesu.(Anm. 33) vgl. dazu die kritischen Anmerkungen von *F. Lucrezi*: Messianismo, regalità, impero. Idee religiose e idea imperiale nel mondo romano, Florenz 1996, 41.

[38] Diese Übertreibung rührt von einer missglückten Einordnung der berühmten Handwaschung in den geschichtlichen Kontext her, denn der Ritus der Handwaschung war ausschließlich auf die jüd. Kultur beschränkt (Dtn 21,6: Demnach hätte sich ein „jüd." Pilatus die Hände gewaschen!); vgl. Mt 27,24f.

[39] Hierzu *M. Miglietta*: Riflessioni intorno al processo a Gesù, Jus 41, 1994, 147–184; ders.: Gesù e il suo processo „nella prospettiva ebraica", Athenaeum (im Druck).

[40] Die Apokryphen wären ein eigenes Forschungsfeld. Hier soll aber zumindest erwähnt werden, dass man im Gegensatz zu früher heute davon ausgeht, dass auch diese Texte „wahre" Vorkommnisse aus dem Leben Jesu enthalten, auch wenn sie nicht in den kanonischen Evv enthalten sind. Vgl. meine Bemerkungen in L'invio al tetrarca di Galilea e Perea, in: Il processo contro Gesù (Anm. 34), 146f und die Literaturangaben 257f. Zur kontrover-

thodenfrage ist. Die ntl. Quellen sind keine geschichtlichen, sondern thematische Quellen, die in vorrangig theologischer Lesart die Geschichte der Auferstehung wiedergeben sollen. Für die Evv ist die Geschichte als solche daher nicht der Zweck, sondern das Mittel der Erzählung. Somit darf die Leidensgeschichte auch nicht mit einer Art Verfahrensprotokoll verwechselt werden – weil sie es weder war noch sein konnte oder wollte – sondern sie war das Leben und Sterben Jesu in der Auslegung der im Entstehen begriffenen christl. Gemeinden.

Außerdem kann weder der Exeget noch der Historiker außer Acht lassen, dass die Evv in einer Zeit geschrieben wurden, in der die christl. mit den jüd. Gemeinden stark zerstritten waren und ebenso stark zu einem Ausgleich mit dem mächtigen Rom kommen wollten. Nur vor diesem Hintergrund kann der judenfeindliche (aber nicht antisemitische) Faden nachvollzogen werden, der sich durch die Evv zieht,[41] der die Beteiligung der jüd. Behörden stark betont und Pilatus damit teilweise entlastet.

Nur auf dieser Grundlage kann man erkennen, dass nicht zwei Verfahren gegen Jesus von Nazareth stattgefunden haben, sondern nur ein einziges. Es fand nicht zuerst ein jüd. Prozess vor dem Hohen Rat Jerusalems und dann ein röm. vor Pontius Pilatus statt, wie teilweise behauptet wird[42], verbunden durch einen traumatischen Übergang von der jüd. religiösen Dimension zum röm. strafrechtlichen Moment, sondern ein einziger Prozess, der in zwei funktional miteinander verknüpften Abschnitten ablief: in einem „Ermittlungsverfahren" (vor dem Priesterrat)[43] und einer „Hauptverhandlung" (unter dem Vorsitz des *praefectus Iudaeae*). Jesus wurde wegen eines mehrfach strafbaren Delikts verurteilt, da er sich in der Substanz seiner Verkündigung als „Sohn-Gottes-

---

sen Einschätzung des Wertes des PtrEv für die Passionsgeschichte vgl. J. D. Crossan: Der historische Jesus, München 1994, 485–519 und 594–597 mit *Brown*: Death of the Messiah (Anm. 33.), I 317–349.

[41] Diese Einschätzung gilt insbes. für Joh. Vgl. hierzu *R. E. Brown*: Giovanni. Commento al Vangelo spirituale, Assisi 1979, LXXXII; vgl. auch die kontroverse Studie von *J. D. Crossan*: Wer tötete Jesus? Die Ursprünge des christlichen Antisemitismus in den Evanglien, München 1999.

[42] Vielsagend ist das Beispiel von *J. Colin*: Les villes libres de l'Orient gréco-romain et l'envoi au supplice par acclamations populaires, Brüssel 1965, 10, der sogar vier Verfahren erkannt haben will.

[43] Die Römer beseitigten örtliche Behörden gewöhnlich nicht, sondern banden sie in die Verwaltung der besetzten Gebiete ein. Es ist gesichert, dass der Hohe Rat Beweissammlungsfunktionen ausübte, auch wenn er seit mehr als einem viertel Jh. keine Todesurteile mehr erlassen oder vollstrecken konnte. Vgl. *C. Nardi*: Il processo di Gesù "Re dei Giudei", Bari 1966, 92f u. 99–103 sowie *M. Miglietta*: Il processo a Gesù di Nazareth, SDHI 61, 1995, 768–784, insbes. 770–776. Demnach war der Beitrag des Hohen Rats zum Prozess Jesu gering, wenn man der gelungenen und treffenden Rekonstruktion von *C. Venturini*: La giurisdizione criminale in Italia e nelle province nel primo secolo, in: Il processo contro Gesù (Anm. 34), 1–38 (= El proceso contra Jesús, 1–34) folgt. Nach meiner Ansicht abzulehnen ist die gegensätzliche These von *D. Piattelli*: La giurisdizione del Sinedrio, in: Il processo contro Gesù (Anm. 34), 65–84 (= El proceso contra Jesús, 57–72). Vgl. auch *M. Miglietta*: Una recente indagine storico-giuridica sul processo „contro" Gesù, Archivio Guiridico 221, 2001, 473–493, hier 481–483.

und-König-Israels"⁴⁴ bezeichnet hatte, womit er gleichzeitig die jüd. religiöse Sünde der *blasphēmia* und das röm. Verbrechen der *laesa maiestas* in Form der *adfectatio regni*⁴⁵ beging. Die substanzielle Rechtmäßigkeit des Verfahrens kann auch nicht durch zwei Episoden erschüttert werden, nämlich dass Jesus vor Herodes geführt wurde und durch den Vorschlag, Jesus statt Barabbas freizulassen. Wenn Jesus dem Herodes Antipas vorgeführt wurde, dann geschah das nicht nur aus Höflichkeit zwischen den Mächtigen, sondern hatte eindeutig ein prozessuales Ziel: die Aufklärung der möglicherweise kriminellen Machenschaften Jesu in Galiläa, also in der *potestas* dieses Tetrarchen⁴⁶. Für die zweite Begebenheit lässt sich aus den Quellen schließen, dass der üblicherweise mit *privilegium paschale* bezeichnete Brauch höchstwahrscheinlich in der Zeit der Herodier entstanden war⁴⁷ und von den röm. Statthaltern beibehalten wurde, weil er der auch im röm. Recht bekannten vorzeitigen Beendigung des Strafprozesses zu Gunsten des Angeklagten entsprach.⁴⁸

Was den Vollzug der Strafe angeht, so bestätigt die Verhängung der Kreuzigung gegen Jesus mit der bei den Römern üblichen vorherigen Geißelung als Nebenstrafe,⁴⁹ dass der *praefectus Iudaeae* ein förmliches Todesurteil erlassen hatte. Es ist historisch gesichert, dass diese Todesstrafe im jüd. Recht auf Anordnung Herodes' d. Gr. (73–4 v.Chr.) durch die Steinigung ersetzt worden war⁵⁰ und von den Römern in *Iudaea* wieder eingeführt wurde⁵¹. Darüber hinaus bittet Joseph von Arimathäa den röm. Statthalter um die Überlassung des

---

⁴⁴ Vor dem Hohenpriester erklärt Jesus tatsächlich, er sei Gott, vgl. Mk 14,62, wo der Angeklagte auf die rituelle Frage antwortet nicht: „Ich bin es" – was dem Aussprechen des heiligen Tetragramms JHWH entspricht. Äußerst aufschlussreich ist auch die Behauptung Nathanaels in Joh 1,49, die auch am Ende dieses Beitrags zitiert wird. Vgl. auch Lk 23,2, der im Zusammenhang mit den vom Hohen Rat vorgebrachten Anklagepunkten von „Christus-König" spricht.

⁴⁵ Vgl. Val. Max. 5,8,2 und Cic. rep. 2,49.

⁴⁶ Lk 23,6f. Vgl. hierzu *M. Miglietta*: L'invio al tetrarca di Galilea e Perea, in: Il processo contro Gesù (Anm. 34), 143–146 (= El proceso contra Jesús, 122–125).

⁴⁷ *A. Momigliano*: Ricerche sull'organizzazione della Giudea sotto il dominio romano (63 a.C.–70 d.C.). II, ASNP.L 3, 1934, 347–396, hier 386.

⁴⁸ *W. Waldstein*: Untersuchungen zum römischen Begnadigungsrecht. Abolitio, Indulgentia, Venia, Innsbruck 1964, passim und *Miglietta*: Pilatus dimisit illis Barabbam (Anm. 35), 213–234.

⁴⁹ Hierüber zuletzt *E. Cantarella*: Il supplizio, in: Il processo contro Gesù (Anm. 34), 211–227 u. 265–267 (= El proceso contra Jesús, 181–195 u. 229f).

⁵⁰ Siehe Dtn 13,7–12; 17,7; Lev 24,10–16; Ex 22,27; Dtn 5,6–11. Hervorzuheben ist jedoch, dass die versuchte Steinigung der Ehebrecherin (von der Jesus vereitelt wurde) und die Steinigung des Stephanus (Joh 8,2–11 und Apg 7,51–60) ausschließlich die Züge wilder Lynchjustiz tragen und daher nicht gegen die hier vertretene Ansicht sprechen. Zur Steinigung vgl. auch *B. Wander*: Trennungsprozesse zwischen Frühem Christentum und Judentum im 1 Jahrhundert n.Chr., Tübingen 1994, 142–144.

⁵¹ *M. Hengel*: Mors turpissima crucis, die Kreuzigung in der antiken Welt und die „Torheit" des „Wortes vom Kreuz", in: *J. Friedrich u.a.* (Hgg.): Rechtfertigung (FS E. Käsemann), Tübingen 1976, 125–184; *ders.*: Crucifixion in the Ancient World and the Folly of the Message of the Cross, London 1977; *H.-W. Kuhn*: Die Kreuzesstrafe während der frühen Kaiserzeit. Ihre Wirklichkeit und Wertung in der Umwelt des Urchristentums, ANRW II 25.1, 1982, 648–793. Weitere Überlegungen bei *Miglietta*: Riflessioni intorno al processo a Gesù (Anm. 39), 180f.

Körpers von Jesus, was keinen Sinn ergäbe, wenn Pilatus Jesus nur dem Willen des Volkes und des Hohen Rats überlassen und es sich nicht um den Leichnam eines Verurteilten gehandelt hätte.

Zum Schluss noch ein letztes Detail: Auf dem Kreuz war der *titulus*, also die offizielle Urteilsbegründung befestigt (Joh 19,19).[52] Ohne Urteil hätte es keine Begründung geben können. Außerdem könnte man den Bibelvers von Johannes wie folgt übersetzen: „Jesus der Prediger, König der Juden"[53]. Der Ausdruck „Prediger" deutet noch auf die Selbstausrufung als Gottheit hin und der Titel „König der Juden" auf die Majestätsbeleidigung gegen Tiberius (*laesa maiestas*). Das Thema des mehrfach strafbaren Delikts kehrt hier wieder und war sogar bereits im Glaubensbekenntnis Nathanaels angedeutet worden, dem Jesus übrigens nicht widerspricht:[54] „Rabbi, du bist Gottes Sohn, du bist der König von Israel!" (Joh 1,49).*

Literatur
R. A. *Bauman*: Crime and Punishment in Ancient Rome, London/New York 1996. – U. *Brasiello*: Diritto penale (Diritto romano), NNDI 5, 1979, 960–966. – E. *Costa*: Crimini e pene da Romolo a Giustiniano, Bologna 1921. – J. *Ermann*: Strafprozeß, öffentliches Interesse und private Strafverfolgung. Untersuchungen zum Strafrecht der römischen Republik, Köln u.a. 2000. – G. F. *Falchi*: Diritto penale romano, 3 Bde., Padua 1932–1937. – C. *Ferrini*: Diritto penale romano, Mailand 1889. – *Ders.*: Diritto penale romano. Teorie generali, Mailand 1899. – *Ders.*: Diritto penale romano. Esposizione storica e dogmatica, Rom 1976. – L. *Garofalo*: Appunti sul diritto criminale nella Roma monarchica e repubblicana, Padua 1990. – V. *Giuffrè*: La repressione criminale nell'esperienza di Roma. Profili, Neapel ⁵1998. – W. *Kunkel*: Kleine Schriften, Weimar 1974. – Th. *Mommsen*: Römisches Strafrecht, Leipzig 1899. – G. *Pugliese*: Diritto penale romano, in: V. *Arangio-Ruiz* u.a.: Il diritto romano. La costituzione, caratteri, fonti, diritto privato, diritto criminale, Rom 1980, 247–341. – *Ders.*: Linee generali dell'evoluzione del diritto penale pubblico durante il principato, ANRW II.14, 1982, 722–789. – O. *Robinson*: The Criminal Law of Ancient Rome, Baltimore 1995. – B. *Santalucia*: Studi di diritto penale romano, Rom 1994. – *Ders.*: Diritto e processo penale nell'antica Roma, Mailand ²1998. – J. L. *Strachan-Davidson*: Problems of the Roman Criminal Law, 2 Bde., Oxford 1912 – C. *Venturini*: Processo penale e società politica nella Roma repubblicana, Pisa 1996.

---

[52] Zum *titulus crucis* vgl. J. *Geiger*: Titulus Crucis, SCI 15, 1996, 202–207. P. L. *Maier*: The Inscription on the Cross of Jesus of Nazareth, Hermes 124, 1996, 58–75.

[53] So E. *Zolli*: Il Nazareno. Studi di esegesi neotestamentaria alla luce dell'aramaico e del pensiero rabbinico, Udine 1938, 1–49 und zuletzt *Miglietta*: Riflessioni intorno al processo a Gesù (Anm. 39), 181 f

[54] S.o. Anm. 44.

* Der Verf. dankt Herrn Kollegen Christian Baldus (Ruprecht-Karls-Universität Heidelberg) für die Durchsicht der deutschen Übersetzung von „Römisches Strafrecht" und „Griechisches Recht" (→1.5.2).

1.5.1.5 Fallstudie: Der Prozess des Paulus (*Heike Omerzu*)

Stellen im NT
Apg 16,37f; 22,25–29; 23,27 (röm. Bürgerrecht); 21,27–26,32; 28,16–31 (Prozess)

Einführung
Das röm. Rechtswesen der frühen Kaiserzeit lässt sich als Umbruchsphase kennzeichnen. Wesentlicher Grund dafür ist die sowohl machtpolitisch als auch rechtlich herausragende Stellung des Kaisers, die es ihm erlaubte, auf nahezu alle Macht- und Rechtsbereiche des Reiches Einfluss zu nehmen. Demgegenüber verlor der Senat, wenngleich auch nicht *de iure*, so doch *de facto* zunehmend an Bedeutung. Insbes. die Delegation der Befehlsgewalt des Kaisers in den Provinzen (*imperium proconsulare*) an ihm unterstellte Beamte (*legati Augusti pro praetore*), aber auch die Ausweitung des außerordentlichen Prozessverfahrens (*cognitio extra ordinem*) förderten die Entwicklung eines hierarchischen Rechtssystems,[1] wie es in seiner ausgebildeten Form im 6. Jh. n.Chr. unter Kaiser Justinian endgültig kodifiziert wurde.[2] Durch die veränderten Machtstrukturen entstand in der Kaiserzeit u.a. ein gegenüber der Republik völlig neues Berufungswesen: Aus den Ständekämpfen hervorgegangen, schützte in republikanischer Zeit eine Berufung (*appellatio ad tribunos/provocatio ad populum*) die Plebs zunächst vor dem Macht- und Amtsmissbrauch durch Magistrate.[3] Die *provocatio* ist später in Bestimmungen zum Verbot der Züchtigung röm. Bürger ohne vorherige Verurteilung aufgegangen.[4] Die Provokationsgesetze sicherten ihnen das Anrecht auf einen ordnungsgemäßen Prozess und auf Schutz vor magistratischer Willkür. Die *appellatio ad Caesarem* des Prinzipats stellt demgegenüber ein reformatorisches Rechtsmittel zur Überprüfung von Gerichtsentscheiden gegen röm. Bürger dar,[5] das in keiner Verbindung zu republikanischen Berufungsformen steht.[6] Die kaiserzeitliche *appellatio* beruht nämlich vornehmlich auf der delegierten Rechtsprechung des Kaisers in den Provinzen. Da die Gerichtsbarkeit der Statthalter lediglich vom *imperium* des Kaisers abgeleitet war, konnten ihre

---

[1] Vgl. *J. Bleicken*: Senatsgericht und Kaisergericht. Eine Studie zur Entwicklung des Prozeßrechtes im frühen Prinzipat, Göttingen 1962, 140–148; *W. Litewski*: Die römische Appellation in Zivilsachen (Ein Abriß) I. Principat, ANRW II.14, 1982, 67f; vgl. zu den röm. Prozessverfahren *Omerzu* 2002, 61–64.

[2] Vgl. zum Corpus Iuris Civilis *W. Kunkel*: Römische Rechtsgeschichte, Köln/Wien ¹²1990, 146–155.

[3] Vgl. *Th. Kipp/L. M. Hartmann*: Appellatio, RE II.1, 1895, 194–210; *J. Bleicken*: Provocatio, RE XXIII.2, 1959, 2444–2463, hier 2444f; *A. W. Lintott*: Provocatio. From the Struggle of the Orders to the Principate, ANRW I.2, 1972, 226–267, hier 228–234.

[4] Zu den Provokationsgesetzen zählen die *leges Valeria, Porciae, Sempronia* und *Iulia de vi publica*; vgl. *Bleicken*: Provocatio (Anm. 3), 2445–2456; *ders.*: Senatsgericht (Anm. 1), passim; *Lintott*: Provocatio (Anm. 3), 235–262; *Omerzu* 2002, 68–77.

[5] Vgl. *Kipp/Hartmann*: Appellatio (Anm. 3); *Litewski*: Appellation (Anm. 1), 60–96; *Omerzu* 2002, 84–92.

[6] Vgl. *Bleicken*: Senatsgericht (Anm. 1), 126–131; *Litewski*: Appellation (Anm. 1), 66f; *Omerzu* 2002, 101–107; anders *Th. Mommsen*: Die Rechtsverhältnisse des Apostels Paulus, ZNW 2, 1901, 81–96, hier 94f; *A. N. Sherwin-White*: Roman Society and Roman Law in the New Testament, Oxford 1963, 57–70.

Entscheidungen diesem jederzeit zur Prüfung vorgelegt werden. Zu einer zunehmenden Entwertung der *appellatio* dürfte geführt haben, dass spätestens durch die *constitutio Antoniana* des Jahres 212 n.Chr.[7] fast alle Bewohner des Reiches das röm. Bürgerrecht und damit auch das Recht auf Appellation erhielten, während beides in der frühen Kaiserzeit noch ein tatsächliches Privileg darstellte.

Es ist davon auszugehen, dass in den Anfängen des Prinzipats viele Regelungen zur *appellatio*, die sich in den spätantiken Gesetzessammlungen (bes. Dig. 49) finden, noch nicht in Kraft waren. Sie dürften vielmehr erst sukzessive aufgrund der Erfordernisse der Praxis erlassen worden sein. So ist z.B. anzunehmen, dass die in den Digesten fixierte Beschränkung von Appellationen auf Endurteile, die Delegation von Berufungsangelegenheiten bzw. die Ausbildung eines Instanzenzuges ebenso wie die Einführung eines Bußgeldes bei ungerechtfertigten Fällen vor allem die wachsende Zahl von Appellationen eingrenzen sollten.[8] Betrachtet man hingegen die Nachrichten der frühen Kaiserzeit, zeigt sich, dass es hier durchaus möglich war, zu jedem Zeitpunkt eines Verfahrens zu appellieren und nicht erst *nach* einem Urteilsspruch.[9] Die Berufung konnte gelegentlich auch *direkt* und *mündlich* an den Kaiser gerichtet werden.[10]

Zu den Textaussagen im NT
Während die pln. Briefe keinen direkten Hinweis darauf enthalten, dass der Apostel im Besitz des röm. Bürgerrechts war, erwähnt die Apg dieses Privileg gleich mehrfach (vgl. 16,37f; 22,25–29; 23,27). Es ist nicht notwendig, diese Nachricht allein aufgrund dieses Quellenbefundes als unhistorisch einzuschätzen.[11] Zum einen ist die *civitas Romana* ein so integraler Bestandteil der Paulusdarstellung der Apg, dass sie allein aus Gründen der historischen Plausibilität dem Apostel kaum abgesprochen werden kann. Denn das Wissen um Biographie und Schicksal des Paulus wird im frühen Christentum so verbreitet gewesen sein, dass Lk nicht so weitgehende schriftstellerische Freiheiten besessen haben dürfte, das pln. Bürgerrecht gegen alle historische Erinnerung einzuführen. Hinzu kommt, dass das Bürgerrecht für ihn die wesentliche Grundlage für den unterschiedlichen Verlauf der Prozesse Pauli und Jesu bildet, so dass Lk an entscheidenden Stellen von der sonstigen Angleichung beider abweichen muss.[12] Da Paulus röm. Bürger ist, kann er sich z.B. vor der

---

[7] Vgl. Cass. Dio 77,9,5.
[8] Vgl. *Omerzu* 2002, 107.
[9] Vgl. Cass. Dio 64,2,3.
[10] Vgl. Tac. ann. 16,8,3; Cass. Dio 59,8,5; 64,2,3; I. Cos 26.
[11] Skeptisch jedoch z.B. *W. Stegemann*: War der Apostel Paulus ein römischer Bürger?, ZNW 78, 1987, 200–229; *Noethlichs* 2000, 83f, der betont, dass aus der prinzipiellen Möglichkeit nicht notwendig der Besitz gefolgert werden könne; vgl. ebd. 53 Anm. 1 weitere Kritiker. Für historisch halten die Bürgerrechtsnotiz u.a. *Hengel* 1991, 180–212; *R. Riesner*: Die Frühzeit des Apostels Paulus. Studien zur Chronologie, Missionsstrategie und Theologie, Tübingen 1994, 129–139; *Tajra* 1989, 81–89; *Rapske* 1994, 83–90.
[12] Vgl. *W. Radl*: Paulus und Jesus im lukanischen Doppelwerk. Untersuchungen zu Parallelmotiven im Lukasevangelium und in der Apostelgeschichte, Bern/Frankfurt a.M. 1975; *Omerzu* 2002, 286–289 u.ö.

Folter schützen (vgl. Apg 16,35–39; 22,25–29) und wird anders als Jesus nicht vor dem Statthaltergericht in *Iudaea* verurteilt, sondern nach Rom überstellt. Zum anderen steht das Selbstzeugnis des Paulus der Annahme, er sei röm. Bürger gewesen, auch keineswegs entgegen. Sein Schweigen über die *civitas* lässt sich vielmehr aufgrund der bes. Gattung und Intention der Briefe erklären, die immerhin den röm. Namen des Apostels sowie dessen Loyalität gegenüber dem Staat bezeugen (vgl. Röm 13,1–7).[13] Auch die von Paulus erwähnten wiederholten Misshandlungen durch jüd. wie röm. Institutionen (vgl. 2Kor 6,4f; 11,24f; 12,10; Phil 1,7.13f.30; 1Thess 2,2) sind kein Beweis gegen das röm. Bürgerrecht. Die *jüd.* Strafen könnte Paulus in Kauf genommen haben, um im synagogalen Kontext nicht als Römer aufzutreten und so neue Konflikte zu provozieren (vgl. 1Kor 6,1–8). Die Züchtigungen durch *heidnische* Behörden stehen hingegen prinzipiell im Widerspruch zu den die körperliche Unversehrtheit eines röm. Bürgers schützenden Provokationsgesetzen. Allerdings sind nicht nur schwere Verstöße gegen diese Vorschriften bekannt,[14] sondern sie entfalteten ihre Wirksamkeit auch erst nach der Proklamation des Bürgerrechts und enthielten überdies gewisse Ausnahmeregelungen.[15] Wenn den Behörden also die *civitas Romana* des Paulus gar nicht bekannt war, konnten und mussten die Gesetze nicht greifen. Dabei ist denkbar, dass der Apostel nicht immer in der Lage war, seine Identität nachzuweisen, etwa weil er den entsprechenden Beleg nicht ständig bei sich trug. Es ist aber auch möglich, dass er sein Bürgerrecht bewusst verschwiegen hat, sei es aus Solidarität zu Mitchristen, die nicht im Besitz des Privilegs waren,[16] sei es um der *imitatio* des Leidens Christi willen[17] (vgl. Gal 6,17; Röm 8,17; Phil 3,10; 2Kor 4,10). Hinzu kommt, dass Paulus gelegentlich auch aus missionsstrategischen Gründen auf seine Rechte als röm. Bürger verzichtet haben könnte, um seine Reisen nicht durch langwierige Gerichtsverfahren zu behindern.[18]

Nach Apg 22,28 wurde Paulus bereits als röm. Bürger *geboren*, was voraussetzt, dass er die *civitas* von seinen Eltern geerbt hat. Wahrscheinlich haben seine Vorfahren sie nach der Freilassung aus einer Kriegsgefangenschaft erhalten.[19] Anders als die ebenfalls gängigen Formen des Bürgerrechtserwerbs

---

[13] Vgl. *Omerzu* 2002, 49–51.
[14] Vgl. z.B. Cic. Verr. II 5,62–66; Ios. bell. Iud. 2,306–308; Cass. Dio 60,24; Plut. Caes. 29,2; Suet. Galba 9,1; Eus. h.e. 5,1,44.
[15] Die auf Caesar oder Augustus zurückgehende *lex Iulia de vi publica* sah nach Paul. sent. 5,26,1f z.B. Sonderregelungen für bestimmte Personengruppen oder für den Fall der Unruhestiftung vor. Zumindest teilweise dürfte es sich bei den Ausnahmefällen jedoch um sekundäre Erweiterungen handeln (vgl. die kürzeren Fassungen Dig. 48,6,7f). Vgl. dazu *P. Garnsey*: The *Lex Iulia* and Appeal under the Empire, JRS 56, 1966, 167–189; *Noethlichs* 2000, 71–74; *Omerzu* 2002, 73–77.
[16] So ist z.B. fraglich, ob auch Silas das röm. Bürgerrecht besaß, wie Apg 16,37f suggeriert, zumal die gesamte Episode 16,37f erst sekundär aufgrund von 22,25 gebildet worden sein dürfte; vgl. *Omerzu* 2002, 162f.
[17] Vgl. *Riesner*: Frühzeit (Anm. 11), 133; *Hengel* 1991, 194.
[18] Vgl. die Prozessverschleppung in Apg 24,22–27 sowie zur Sache *J.-U. Krause*: Gefängnisse im Römischen Reich, Stuttgart 1996, 224–234.
[19] Es lässt sich allerdings kein genaues Ereignis benennen; vgl. dazu *Hengel* 1991, 207; *Riesner*: Frühzeit (Anm. 11), 135; *Omerzu* 2002, 36–39.

durch Kauf oder Verleihung[20] stand ein solcher Erwerb – wie auch die mit dem röm. Bürgerrecht einhergehenden Rechte und Pflichten – nicht notwendig im Konflikt zu der andauernden Verbundenheit der Familie des Paulus mit dem Judentum (Röm 11,1; 2Kor 11,22; Phil 3,5; Apg 22,3; 23,6; 26,4f).[21] Die Apg bezeugt sowohl das Berufungssystem der Republik als auch das der Kaiserzeit. In Apg 16,37 und 22,25 beruft sich Paulus im Rahmen von Folterverhören auf sein röm. Bürgerrecht. Hier liegt wohl ein Reflex der *provocatio ad populum* vor, die in Form der *lex Iulia de vi publica*[22] bis in die Kaiserzeit gültig war und u.a. Folter als reine Polizeimaßnahme verbot. Dementsprechend hebt Paulus besonders auf das *fehlende Urteil* ab. Bei der Berufung in Apg 25,10f liegt hingegen eindeutig eine *appellatio ad Caesarem* vor. Diese bildet den Höhepunkt des Prozesses des Paulus, dessen Ablauf Lk in Apg 21,27–26,32 im Kern historisch korrekt wieder gegeben haben dürfte, auch wenn freilich die Anklage- und Verteidigungsreden größtenteils lk Bildungen darstellen. Die (ungerechtfertigte)[23] Beschuldigung durch kleinasiatische Juden, Paulus habe Nichtjuden in den inneren Tempelbereich geführt und diesen dadurch entweiht (Apg 21,28), wäre nach jüd. Recht sogar bei röm. Bürgern mit dem Tod zu ahnden gewesen.[24] Der durch den Vorwurf ausgelöste Tumult im Tempelhof führte zur Verhaftung des Paulus durch die Römer (Apg 21,31–36), die für die Aufrechterhaltung der öffentlichen Ordnung zuständig waren. Nach einem Vorverhör in Jerusalem (Apg 22,22–29), in dessen Verlauf er sein Bürgerrecht proklamierte, erfolgte die Überstellung des Paulus in die Provinzhauptstadt Caesarea Maritima, wo er im Amtssitz des Statthalters verwahrt wurde (Apg 23,12–35). Dort fand eine formelle Anklage gegen ihn durch führende Vertreter des Judentums statt (Apg 24,1–23). Da die ursprünglichen Kläger – die vermutlich schon während seiner Wirksamkeit in Ephesos im Konflikt mit Paulus standen[25] – weder den vermeintlichen Begleiter des Paulus, Trophimus, noch Augenzeugen für die Tat beibringen konnten, wurde die Anklage im Laufe des Verfahrens auf den *Versuch* der Tempelschändung bzw. auf das allein in röm. Kompetenz liegende Delikt der Unruhestiftung

---

[20] Vgl. zu den Möglichkeiten des Erwerbs des röm. Bürgerrechts *Omerzu* 2002, 21–23.
[21] Vgl. zur Vereinbarkeit von röm. Bürgerrecht und Einhaltung der Toragebote z.B. Philo leg. 155–157; CIG III 5361 Z. 2 u. 5; MAMA VI 264; vgl. dazu P. R. *Trebilco*: Jewish Communities in Asia Minor, Cambridge 1991, 58f; *Riesner*: Frühzeit (Anm. 11), 133f; *Rapske* 1994, 87–90; *Omerzu* 2002, 29–33. Im Übrigen ist davon auszugehen, dass die weitgehenden Privilegien, welche die Römer den Juden einräumten, auch für röm. Bürger galten; vgl. *Noethlichs* 2000, 63f. Es ist jedoch unwahrscheinlich, dass Paulus auch das tarsische Stadtbürgerrecht besessen hat, da dieses sehr viel schwerer mit dem jüd. Glauben vereinbar war. Der Hinweis in Apg 21,39; 22,3, er sei Bürger von Tarsus, dürfte allgemein auf seine Herkunft zu beziehen sein; vgl. *Omerzu* 2002, 34–36.
[22] Vgl. Dig. 48,6,7 u. 8; Paul. sent. 5,26,1f.
[23] Vermutlich wurde der Tempelbesuch des Paulus mit der sicheren Erwartung eines Gesetzesbruchs verbunden. Dieser Verdacht wurde dadurch gestützt, dass Paulus zuvor in der Stadt in Begleitung des Nichtjuden Trophimus gesehen wurde (vgl. Apg 21,29). Vgl. dazu *Omerzu* 2002, 352f.
[24] Vgl. zum Verbot für Nichtjuden, den inneren Tempelbereich zu betreten: OGIS 598; CIJ II 1400; Ios. bell. Iud. 5,194; 6,124–126; ant. Iud. 15,417; Philo leg. 212; mKel 1,8c; vgl. auch *Omerzu* 2002, 336–346.
[25] Vgl. dazu *Omerzu* 2002, 316–331.

(*seditio*) verlagert.[26] Der Statthalter Antonius Felix als zuständiger Richter fällte jedoch kein Urteil, sondern verschleppte den Fall zwei Jahre lang (Apg 24,24–27).[27] Erst unter seinem Nachfolger Porcius Festus wurde das Verfahren rasch wieder aufgenommen (Apg 25,1–12). Auf den Vorschlag des Statthalters, den Gerichtsort nach Jerusalem zu verlagern, um dort ein Urteil zu fällen, ruft Paulus den Kaiser an (Apg 25,10f), weil die befürchtete Auslieferung an ein jüd. Gericht im Falle eines röm. Bürgers unzulässig wäre. Da diese Appellation noch *vor einem Urteilspruch* und *direkt an den Kaiser* erging, wird sie in der Forschung oft als unhistorisch oder analogielos angesehen, da beides dem kodifizierten Recht widerspreche, wonach Berufungen in schwebenden Verfahren unzulässig und nur unter Einhaltung des Instanzenweges möglich waren.[28] Dabei werden jedoch die bes. Rechtsverhältnisse des frühen Prinzipats außer Acht gelassen, als eine *appellatio* auch vor einem Endurteil und direkt an den Kaiser ergehen konnte. Somit hat Lk in 25,11 ein für das 1. Jh. n.Chr. korrektes juristisches Verfahren geschildert, wenngleich sich die Appellation des Paulus historisch vermutlich gegen ein von Felix verhängtes Todesurteil wegen Unruhestiftung (*seditio*)[29] gerichtet haben dürfte, was Lukas jedoch verschwiegen hat, um weder den Beamten noch Paulus in ein schlechtes Licht zu stellen.[30]

Paulus wurde aufgrund seiner Appellation nach Rom gesandt. Dort kam er wahrscheinlich im Frühjahr 60 n.Chr. an und verbrachte zwei Jahre in relativ leichter Haft (Apg 28,16–31). Über den weiteren Verlauf des Prozesses in

---

[26] Vgl. zur Modifikation der Anklage *Omerzu* 2002, 355.436–439. Das Synhedrium übernahm zwar die Anklagevertretung, ihm kam jedoch keine richterliche Funktion im Prozess zu, da das Delikt der Tempelentweihung nicht bewiesen werden konnte; vgl. dazu *Omerzu* 2002, 390–394.449–451.

[27] Die von Lk in Apg 24,26f angeführten Gründe für diese Prozessverschleppung (Bestechlichkeit, Gunsterweis gegenüber den Juden) entsprechen den sonstigen negativen Zeugnissen über die Amtsführung des Felix; vgl. z.B. Tac. ann. 12,54; hist. 5,9; Ios. ant. Iud. 20,160–181; bell. Iud. 2,252–270. Da es sich um einen Missbrauch der statthalterlichen Kompetenz handelt, werden Paulus keine Rechtsmittel zur Verfügung gestanden haben.

[28] Für unhistorisch hält die Appellation des Paulus z.B. *Stegemann*: Paulus (Anm. 11), 212f. *Noethlichs* 2000, 79f geht von einer Überstellung auf Initiative des Festus aus. Vgl. für eine Übersicht anderer Interpretationen *Omerzu* 2002, 53–56.

[29] Vgl. *Omerzu* 2002, 493f.

[30] Insgesamt sollte jedoch das Ausmaß der politischen Apologetik bzw. der romfreundlichen Haltung des Lukas nicht überschätzt werden (anders z.B. *P. Walaskay*: »And so we came to Rome«. The Political Perspective of St. Luke, Cambridge 1983, 1–14). Dies zeigt auch ein Vergleich der – bereits aufgrund der äußeren Bezeugung wahrscheinlich ursprünglicheren – „östlichen" Handschriftenüberlieferung der Apg mit dem um etwa 8,5 % längeren „westlichen" Text. Gegen die ambivalente Darstellung der Römer in der alexandrinischen Texttradition betont die „westliche" Überlieferung wiederholt das Pflichtbewusstsein bzw. die korrekte Amtsausübung der Römer (vgl. Apg 16,30.39; 23,23f; 24,6b–8a; 25,21.24f; 28,16b) und schwächt ihr negatives Verhalten ab (vgl. Apg 16,38f; 18,17; 22,29f; 24,24.27; 25,24f). Gleichzeitig zeigt der „westliche" Text ein geringeres Interesse an juristischen Fragen als der alexandrinische (vgl. bes. Apg 16,37), worin sich die abnehmende Bedeutung der *civitas Romana* ab dem 3. Jh. n.Chr. widerspiegeln dürfte. Vgl. dazu *H. Omerzu*: Die Darstellung der Römer in der Textüberlieferung der Apostelgeschichte, in: *T. Nicklas/M. Tilly* (eds.): The Acts of the Apostles as Church History. Text, Traditions and Ancient Interpretations, Berlin/New York 2003, 147–181.

Rom schweigt die Apg, es ist jedoch wahrscheinlich, dass Nero das Todesurteil des Festus bestätigte und Paulus hingerichtet wurde.[31]

Literatur
M. Hengel, unter Mitarbeit von *R. Deines*: Der vorchristliche Paulus, in: *M. Hengel/U. Heckel* (Hgg.): Paulus und das antike Judentum, Tübingen 1991, 177–291. – *K. L. Noethlichs*: Der Jude Paulus – ein Tarser und Römer?, in: R. v. *Haehling* (Hg.): Rom und das himmlische Jerusalem. Die frühen Christen zwischen Anpassung und Ablehnung, Darmstadt 2000, 53–84. – *H. Omerzu*: Der Prozeß des Paulus. Eine exegetische und rechtshistorische Untersuchung der Apostelgeschichte, Berlin/New York 2002. – *B. Rapske*: The Book of Acts and Paul in Roman Custody, Grand Rapids/Carlisle 1994. – *H. W. Tajra*: The Trial of St. Paul. A Juridical Exegesis of the Second Half of the Acts of the Apostles, Tübingen 1989.

---

[31] Vgl. zum offenen Ende der Apg *H. Omerzu*: Das Schweigen des Lukas. Überlegungen zum offenen Ende der Apostelgeschichte, in: *F. W. Horn* (Hg.): Das Ende des Paulus. Historische, theologische und literaturgeschichtliche Aspekte, Berlin/New York 2001, 127–156.

1.5.2 Griechisches Recht (*Massimo Miglietta*)

Es muss zunächst hervorgehoben werden, dass der Begriff „gr. Recht" missverständlich ist.[1] Mit diesem Begriff sollen die Rechtsordnungen der zahlreichen autonomen und oft miteinander zerstrittenen gr. *poleis*[2] verkürzend bezeichnet werden, die nebeneinander bestanden und im Rahmen der Hellenisierung auch in wichtigen Orten Palästinas galten.

Abgesehen von diesem rechtsgeschichtlichen Vorbehalt, mit dem es vermieden werden soll, dass unter „gr. Recht" das attische Recht und insbes. das Recht Athens verstanden wird, ist unmittelbar einsichtig, dass sich die Rechtsordnungen der *poleis* gegenseitig beeinflussten. Herodot bezeugt die gemeinsame Herkunft und Sprache, die gemeinsamen Tempel und Riten sowie vor allem die übereinstimmenden Gebräuche,[3] so dass die Forschung zu Recht hervorhebt, dass die gr. *poleis* einer Wertegemeinschaft angehörten,[4] auf Grund derer sie, mit Ausnahme der unterschiedlichen Verfassungen der Stadtstaaten (man denke nur an die ebenso bekannten wie bedeutenden Unterschiede der Verfassungen Athens und Spartas), ähnliche rechtliche Grundsätze entwickelten.

Gemeinsamkeiten können etwa bei der rechtlichen Verfolgung des Mordes[5] aufgezeigt werden. Nach der Überwindung der primitiven Phase einfacher privater Blutrache, die zunächst allgemein und ungezügelt, später geregelt stattfand, wurde es dem Täter gestattet, sich der Blutrache durch eine freiwillige Geld- oder Naturalbuße, eine *poinē*, zu entziehen, die nach der Bedeutung des Verstoßes bemessen war.[6] Wurde diese *poinē* von demjenigen angenommen, der das Recht auf Blutrache hatte, dann waren ihm spätere Vergeltungsmaßnahmen untersagt. Aber auch wenn man Blutrache ausüben wollte, etwa weil keine oder eine objektiv zu geringe *poinē* angeboten wurde, wurde diese durch die Rechtsprechungszuständigkeit der versammelten Alten (*gerontes*) beschränkt, so dass der Vergeltende nicht mehr persönlich oder familiär legitimiert war sich zu rächen, sondern die Rache als Reaktion der Gemeinschaft angesehen wurde. Erst ab dem 7. Jh. v.Chr. übernimmt der Staat selbst die Bestrafung des Totschlags, wie ein besonderes Gesetz des Drakon zeigt, das sich

---

[1] Daher wird zu Recht teilweise auch von „gr. Rechten" gesprochen, vgl. dazu exemplarisch, auch vom Titel her, die jüngste Arbeit von *R. Martini*: Diritti greci, Siena 2001.

[2] Vgl. insbes. *J. Triantaphyllopoulos*: L'amministrazione della giustizia, in: Tutto su Atene classica, Florenz 1966, 237–246, außerdem *U. E. Paoli*: Diritto greco, NNDI 5, 1979, 863–865 und *E. Cantarella*: Pluralità di ordinamenti (Diritto greco), NNDI 13, 1980, 146f.

[3] Vgl. Hdt. 8,144.

[4] Vgl. *Biscardi* 1982, 8f.

[5] Hierzu vor allem *E. Cantarella*: Fonos: Antologia di oratori attici sull'omicidio nel diritto greco, Mailand 1975; *dies.*: Studi sull'omicidio in diritto greco e romano, Mailand 1976; *dies.*: Norma e sanzione in Omero. Contributo alla protostoria del diritto greco, Mailand 1979; *Biscardi* 1982, 273ff und jüngst der interessante Beitrag von *E. Volonaki*: «Apagoge» in Homicide Cases, Dike 3, 2000, 147–176 (mit ausführlicher Bibliographie 175f).

[6] Vgl. hierzu Hom. Il. 18,497–508. Über Blutrache und die *poinē* siehe insbes. *Cantarella*: Norma e sanzione in Omero (Anm. 5), 224ff.

in eine Reihe vorhergehender ähnlicher Bestimmungen einzureihen scheint und einen größeren Reformprozess abschließt.[7]
Allgemein ist der Bereich der unerlaubten Handlungen (die nicht notwendig geringer veranschlagt wurden als Mord) durch seine systematische Verbindung mit dem Schuldrecht[8] gekennzeichnet – in einer Weise, die sich vom röm. Recht nicht grundsätzlich unterschied, mag der gr. Rechtsraum auch weniger organisch strukturiert gewesen sein als der lateinische.[9] Wertvolle Aufschlüsse kommen von Aristoteles,[10] der bei den schuldrechtlichen Beziehungen zwischen *synallagmata hēkousia* (entstanden durch Einigung der Vertragspartner wie bei Kauf, Darlehen, Bürgschaft, Leihe, Verwahrung und Miete) und *synallagmata akousia* (entstanden nicht durch korrespondierende Willenserklärungen, sondern durch Gesetz)[11] unterscheidet. Letztere werden ihrerseits danach unterteilt, ob die Tat mit Gewalt (*biaia*) oder verdeckt durch Täuschung (*lathraia*) begangen wurde.[12] Nicht offen begangene unerlaubte Handlungen sind Diebstahl (*klopē*), Ehebruch (*moicheia*, s.u.), Giftmord – also Tötung ohne Blutvergießen oder durch Gifttrank– (*pharmakeia*), Kuppelei – also die Begünstigung des Ehebruchs oder der Prostitution – (*proagōgeia*), Verführung fremder Sklaven (*doulapatia*), heimtückischer Mord (*dolophonia*) und Falschaussage (*pseudomartyria*). Zu den gewaltsam begangenen unerlaubten Handlungen gehören die Körperverletzung (*aikia*), das Hörigmachen – das im Wesentlichen im Einsperren einer Person besteht – (*desmos*), der Totschlag mit Blutvergießen (*thanatos*), der Raub (*harpagē*), die schwere Körperverlet-

---

[7] *Biscardi* 1982, 279ff sowie ausführlich die Arbeiten von *Cantarella* (Anm. 5). Der Text wurde in der ersten Hälfte des 19. Jh. auf einem Grabstein aus Athen gefunden (IG I^2 115; vgl. z.T. schon Demosth. or. 23,22.28.37.53 u. 60; or. 43,57; diese Texte interpretiert insbes. *R. S. Stroud*: Drakon's Law on Homicide, Berkeley/Los Angeles 1968, 65ff. Drakon sanktioniert vor allem den unwillentlichen Totschlag mit dem Exil für den Schuldigen, es sei denn, die Eltern des Opfers gewähren formelle Verzeihung (*aidesis*). Schwieriger ist die Angelegenheit hingegen bei willentlichem Totschlag, der von der genannten Inschrift nicht ausdrücklich erfasst wird und für den sich annehmen lässt, dass die früheren Regeln unter Drakon weitergalten (Blutrache durch die Familie des Opfers unter der Aufsicht der Organe der *polis*).
[8] Vgl. *J. M. Modrzejewski*: «Paroles néfastes» et «vers obscènes». À propos de l'injure verbale en droit grec et hellénistique, Dike 1, 1998, 151–169 und *E. M. Harris*: The Penalty for Frivolous Prosecution in Athenian Law, Dike 2, 1999, 123–142.
[9] Hierzu *A. Schiavone*: Giuristi e nobili nella Roma repubblicana, Bari 1987, 169ff und 236 Anm. 47 (mit weiteren Literaturangaben).
[10] Aristot. eth. Nic. 1131a.
[11] In der Literatur wird von „gewollten Beziehungen durch gewollte Handlungen" und von „ungewollten Beziehungen durch gewollte Handlungen" gesprochen. Siehe *F. Gallo*: Synallagma e conventio nel contratto. Ricerca degli archetipi della categoria contrattuale e spunti per la revisione di impostazioni moderne, II, Turin 1995, 104; vgl. auch *A. Biscardi*: Quod Graeci συνάλλαγμα vocant, Labeo 29, 1983, 127–139.
[12] *C. Despotopoulos*: La notion de συνάλλαγμα chez Aristote, APD 13, 1968, 115ff; *Cantarella*: Norma e sanzione in Omero (Anm. 5), 241. Beständige Kritik an den Aporien des aristotelischen Systems äußern hingegen *A. Maffi*: „Synallagma" e obbligazioni in Aristotele: spunti critici, in: Atti del II seminario romanistico Gardesano, Mailand 1980, 13–35, insbes. 21–26 und neuerdings *F. Gallo*: Synallagma (Anm. 11), bes. 103–105.

zung (*pērōsis*), die üble Nachrede (*katēgoria*)[13] und die Beleidigung durch Misshandlung (*propēlakismos*).[14]

Beispielhaft soll auf die Besonderheiten des Ehebruchs (*moicheia*)[15] im attischen Recht eingegangen werden, der in erster Linie als Delikt gegen das „Haus" (→2.2.1) (*oikos*) und dann erst gegen den Bürger (*politēs*) aufgefasst wird. Um die außergewöhnliche Behandlung des Ehebrechers im gr. Recht zu verstehen, müssen zunächst kurz die Grundzüge des *oikos* dargestellt werden.
Der *oikos* ist nach dem plastischen Bild von *Paoli* eine Verbindung von Sachen, Personen und Gebräuchen, deren Hauptziel die Aufrechterhaltung der Sippe unter Bewahrung ihrer religiös-rituellen Elemente war. Mit dem *oikos* konnte beispielsweise die archaische Zeit ohne privates Grundeigentum, in der Grundstücke weder durch Rechtsgeschäfte unter Lebenden noch von Todes wegen (Testament – *diathēkē*) veräußert werden konnten, schließlich überwunden werden, indem den Mitgliedern des *oikos* gemeinschaftlich das zugeschrieben wurde, was man üblicherweise als Eigentumsrecht bezeichnet.
Das gleichzeitig menschliche, religiöse und juristische Wesen des *oikos* verband seine Mitglieder zu einer unauflöslichen Einheit.[16] Zum *oikos* gehörten daher der Stammvater und seine männlichen und weiblichen Abkömmlinge (in dieser Reihenfolge). Selbst die volljährigen Frauen unterstanden einem *kyrios*, so wie die Ehefrau, die Sklaven und ggf. vorhandene *metoikoi*, also Zuwanderer anderer griechischer Städte.
Aufgrund des einheitlichen Charakters des *oikos* wurde beim Tod des *politēs* grundsätzlich nach dem allgemeinen Erbrecht[17] der *polis* geerbt und nicht nach dem letzten Willen des Familienoberhaupts in gewillkürter Erbfolge. Damit erbten die Söhne – denen Solon die Töchter gleichstellte – und nach Ansicht eines Teils der Forschung auch die Vorfahren (Vater, Eltern des Vaters, Mutter) vor der Seitenlinie. Das Testament war hingegen zweitrangig, weshalb der *politēs* nicht über die Bestandteile des *oikos* wegen ihrer Zweckgebundenheit verfügen konnte. Mit dem Testament konnte ein Nachfolger (durch Adoption) bestimmt werden, wenn keine legitimen männlichen Nachkommen vorhanden waren. Ebenso konnte der Vormund für die minderjährigen Kinder oder die

---

[13] Der gr. Ausdruck könnte an und für sich auch auf eine falsche Anschuldigung oder indirekt auf die Denunziation hindeuten. Die *iniuriae* in gr. und röm. Recht vergleicht z.B. *C. Gioffredi*: In tema di „iniuria" (sui fattori di formazione del diritto romano in età repubblicana), in: *Ders.*: Nuovi studi di diritto greco e romano, Rom 1980, 145–172. Als Beleg für die Existenz einer Privatklage wegen *hybris* (*iniuria*) im gr. Recht sei der Hinweis auf Literaturangaben und Text von *M. Miglietta*: Intorno al „certum dicere nell'edictum generale de iniuriis", Labeo 48, 2002, 208–258, hier 240f erlaubt.
[14] Die unerlaubten Handlungen werden danach unterschieden, ob der Täter öffentlicher Verfolgung – also durch die Organe der *polis* – ausgesetzt war oder ob die Strafe auf Antrag der verletzten Partei ausgesprochen wurde. Ein Dieb wurde z.B. nur dann öffentlich verfolgt (*graphai*), wenn er auf frischer Tat ertappt wurde. Anderenfalls blieb es dem Bestohlenen überlassen, ob er Privatklage erheben wollte (*dikai*). Siehe *Biscardi* 1982, 135.
[15] Zum Ehebruch siehe ausführlich *U. E. Paoli*: Il reato di adulterio in diritto attico, SDHI 16, 1950, 123–182; *ders.*: Famiglia (diritto attico), NNDI 7, 1961, 40 und *ders.*: Gortina (Diritto di), NNDI 7, 1961, 1156f.
[16] *Paoli*: Famiglia (Anm. 15), 36.
[17] Demosth. or. 43,51.

zweite Ehe der Frau geregelt, eine Schenkung oder ein Vermächtnis gemacht und somit über eine einzelne Sache direkt verfügt werden; oder man konnte ein Nachlassverzeichnis oder Erbinventar aufstellen, um damit die Quoten der einzelnen Erben von vorneherein festzusetzen.

Wegen der vielschichtigen, praktisch nicht auflösbaren Verflechtung des „Hauses" aus Sachen, Personen und Gebräuchen musste sich jede Verletzung eines Mitglieds auf die ganze Familiengemeinschaft auswirken. Konkret stellte deswegen nicht allein die direkte Verletzung der Rechte des Ehemanns Ehebruch dar, sondern auch die unerlaubte sexuelle Beziehung mit der Tochter, Schwester, Mutter oder Konkubine, sofern letztere beim *politēs* lebte, um ihm freie Kinder zu schenken. Es gab also verschiedene Tatbestände des Ehebruchs, wie der größte attische Redner Demosthenes (384–322 v.Chr.) in seiner Rede „Gegen Aristokrates" (or. 23) beschreibt, einem Text, der auch sichere Anhaltspunkte über die Gesetze zum Mord gibt[18]. Den Tatbestand erfüllen danach verbotene sexuelle Beziehungen innerhalb des *oikos*, während die gleiche Handlung außerhalb der häuslichen Mauern als Vergewaltigung, also als eine andere Straftat, zu qualifizieren ist. Aus denselben Gründen kann der Ehebrecher im *oikos* ungestraft getötet werden (dann liegt ein *phonos dikaios* vor).[19] Wird hingegen der Täter außerhalb des Bereichs der Familie umgebracht, so steht darauf die Strafe für vorsätzlichen Totschlag (*phonos ek pronoias*).[20]

In Homers Odyssee[21] wird hingegen geschildert, warum ein Bürger, der den Ehebrecher auf frischer Tat ertappt, es vorziehen kann, diesen nicht zu töten, sondern ihn in Ketten zu schlagen, um mit ihm auf diese Weise zu einer Einigung über die Geldstrafe zu kommen für den Schaden, den er der Ehre des Bürgers und seiner Familie zugefügt hat. Während diese Vorgehensweise für das Recht Gortyns[22] sicher belegt ist, dürfte sie in Athen kaum angewandt worden sein. Die Forschung nimmt an, dass es in Athen missbilligt wurde, wenn das Opfer in diesem Fall Geld annahm, als ob es sich um eine Art Ausgleich für das erlittene Unrecht handele. Eine weitere Besonderheit dieses Delikts ist, dass die Frau nicht als „Gehilfin" angesehen wurde, obwohl sie passives Tatobjekt war. Diese Tatsache scheint dadurch unterstrichen zu werden,

---

[18] Demosth. or. 23,53.
[19] In gleicher Weise gestand auch das röm. Recht dem Ehemann meist das Recht zu, den *adulter uxoris suae* zu töten (s. z.B. Dig. 9,2,30 pr; Dig. 48,5,25(24) pr; Cod. Iust. 9,9,4 pr), auch wenn die Überlegungen der Juristen u.a. dahin gingen, dieses Recht zu beschneiden, vgl. *G. Rizzelli*: Lex Iulia de adulteriis. Studi sulla disciplina normativa di adulterium, stuprum, lenocinium, Bari 1996.
[20] Biscardi 1982, 167, auch wenn der Autor bezüglich des *phonos dikaios* von „erlaubtem Totschlag" spricht, während mir die Bezeichnung „erlaubte Tötung" besser erscheint, da der Begriff „Totschlag" im Allgemeinen eine verbotene Handlung meint. Dieselbe gr. Bezeichnung *phonos* steht nämlich allgemein für die Tötung eines Menschen oder eines Tiers, während Totschlag in den Quellen als *androphonia* bezeichnet wird.
[21] Hom. Od. 8,266–366.
[22] I. Cret. IV 72, vgl. *U. E. Paoli*: La legislazione sull'adulterio nel diritto di Gortina, in: Studi in onore di Gino Funaioli, Rom 1955, 306–316, hier 313 Anm. 17. Nach hiesiger Ansicht schließt der minuziöse Strafkatalog für die verschiedenen Formen des Ehebruchs die physische Vernichtung des Schuldigen nicht aus (wie man indirekt aus Lys. 1,25 schließen kann).

dass im attischen Griechisch die Bezeichnung für Ehebrecherin (*moichas*) nicht gebraucht wird.[23]
Hierin wird der Unterschied zum jüd. Recht (→1.5.3) unmittelbar deutlich, das sich noch im NT bei Joh 8,2–11[24] niederschlägt und nach dem sowohl der Mann wie die Frau als Ehebrecher zu steinigen sind. Im gr. Recht hingegen wird die Frau, die am Ehebruch teilgenommen hat, nicht mit dem Tod bestraft,[25] sondern mit religiösen Strafen belegt, wodurch ihr der Zugang zu den Tempeln und Heiligtümern auch durch physische, aber keinesfalls todbringende Gewalt verwehrt werden darf.[26] Sollte es sich um die Ehefrau handeln, so wird sie zu ihren Eltern zurückgeschickt, wo ihr eine angemessene Strafe bis hin zum Verkauf als Sklavin jenseits der Grenzen Attikas zuteil wurde.[27*]

Literatur
A. Biscardi: Diritto greco antico, Mailand 1982 (mit Bibliografie). – *M. Bretone/M. Talamanca*: Il diritto in Grecia e a Roma, Bari 1994. – *E. Cantarella/A. Maffi* (eds.): Scritti di diritto greco, Mailand 1999. – *U. E. Paoli*: Studi di diritto attico, Florenz 1930. – *Ders.*: Studi sul processo attico, Padua 1933. – *Ders.*: Altri studi di diritto greco e romano (mit Introduzione von *A. Biscardi*), Mailand 1976.
Besonders umfangreich ist die deutschsprachige Forschung, die oft die Beziehungen zwischen der hellenischen Kultur und den anderen Kulturen im Mittelmeerraum behandelt; sie kann hier nur angedeutet werden. Hingewiesen sei auf die älteren Untersuchungen von *E. F. Bruck*: Die Schenkung auf den Todesfall im griechischen Recht bis zum Beginn der hellenistischen Epoche: zugleich ein Beitrag zur Geschichte des Testaments, Breslau 1909. – *Ders.*: Das griechische Recht bis zum Beginn der hellenistischen Epoche, Breslau 1909. – *A. Biscardi* (Hg.): Akten der Gesellschaft für Griechische und Hellenistische Rechtsgeschichte: 2. Symposion 1974: Vorträge zur griechischen und hellenistischen Rechtsgeschichte (Gargnano am Gardasee, 5.–8. Juni 1974), Köln/Wien 1979. – *J. Modrzejewski/D. Liebs* (Hgg.): 3. Symposion 1977: Vorträge zur griechischen und hellenistischen Rechtsgeschichte (Chantilly, 1.–4. Juni 1977), Köln 1982. – *F. J. Fernández Nieto* (Hg.): 4. Symposion 1982: Vorträge zur griechischen und hellenistischen Rechtsgeschichte (Santander, 1.–4. September 1982), Köln/Wien 1989. – *R. Bernhardt*: Rom und die Städte des hellenistischen Osten (3.–1. Jh. v.Chr.). Literaturbericht 1965–1995, München 1998.

---

[23] Nach den sporadischen Anmerkungen von *Paoli*: Famiglia (Anm. 15), 40 Anm. 4 wird die Ehebrecherin in den attischen Texten nur durch das Passiv des Verbs *moicheuō* bezeichnet (*hē memoicheumenē*), obwohl es für das Substantiv *moichos* (Ehebrecher) auch die weibliche Entsprechung *moichas* gibt.
[24] Lev 20,10 und Dtn 22,22.
[25] Auch in Rom hätte der Ehemann, der seine ehebrecherische Frau tötete, nur dann eine mildere Strafe erlangt, wenn er die Tat offensichtlich aus Wut (die Quellen sprechen von *honestissimus calor* oder von *impatientia iusti doloris* oder auch von *impetus doloris*) begangen hätte, was dem Verhalten dennoch nicht die Missbilligung des Verbotenen nahm, vgl. Coll. Mos. 4,10,1; Paul. sent. 2,26,5; Dig. 48,5,39,8, auch wenn Dig. 48,8,1,5 generell von Tötung ohne Affekte spricht.
[26] Demosth. or. 59,87.
[27] Plut. Sol. 23.
[*] Der Verf. dankt Herrn Kollegen Christian Baldus (Ruprecht-Karls-Universität Heidelberg) für die Durchsicht der deutschen Übersetzung von „Römisches Strafrecht" (→1.5.1.4) und „Griechisches Recht".

1.5.3 Jüdisches Recht in neutestamentlicher Zeit
(Ulrich Kellermann)

Stellen im NT
Mt 1,19f; 5–7; 18,15–17; 19,9; 21,45; 25,1–11; 27,62; Mk 7,9–13 par Mt 14,3–6; 10,6–9 par Mt 19,4–6; 12,18–27; Lk 1,34; 7,39; 12,13; 15,11–32; 16,1–8; Joh 7,32.45–57; 9,22; 11,46f; 12,42; 16,2; 18,3; Apg 21,27–40; 22–30; 23–26; 18,12–17; Röm 8,15; 1Kor 6,1–8; 7,15; 2Kor 1,22; 5,5; 11,24f; Gal 3,15; 4,5; Eph 1,14; Phil 3,5; Kol 2,14; Phlm 19

Jüd. Recht versteht sich biblisch als Hilfe JHWHs zur Ermöglichung menschlichen Zusammenlebens (z.B. Lev 18,5), so dass der röm. Rechtsgedanke „*Fiat iustitia, pereat mundus*" hier keine Anerkennung findet (z.B. bSan 74a).

Grundlegung: Tora und Halacha
Das theonome jüd. Recht manifestiert sich in der Tora, der Urkunde des Erwählungsbundes (mBQ 1,3), und ist nicht territorial gebunden, so dass der Verlust der Eigenstaatlichkeit nie den des Rechts zur Folge hatte. Die Rechtsprechung sieht sich der Milde Gottes verpflichtet (z.B. Arist 207; Ios. ant. Iud. 13,294; 20,199). So ist z.B. die Folter weder als Strafe noch zur Ermittlung zugelassen. Strafbar bleibt nur die Tat, nicht die Absicht (mBM 3,12). Ein Indizienbeweis wird nicht geführt; eine Verurteilung ist gemäß Num 35,30; Dtn 17,6f; 19,15 nur bei zwei voneinander unabhängigen zeitgleichen Belastungszeugen möglich[1]. Frauen sind freilich im Strafprozess als Zeugen nicht zugelassen (z.B. Ios. ant. Iud. 4,219). Körperverstümmelnde Strafen kennt die Tora außer Dtn 25,11f nicht. Rechtsbereiche bilden das Zivilrecht und das Todesrecht. Eine entsprechende terminologische Differenzierung findet sich zwar in der Mischna mit „Vermögensrechtsangelegenheiten" (*dinej mamonot*) und „Lebensstrafsachen" (*dinej nefaschot*) (z.B. mSan 1,4; 4,1); hiermit sind jedoch viele andere Rechtsbereiche verflochten, wie z.B. die Ritualbestimmungen (für Tempelkult [→2.3.1], Steuern an Kultpersonal und Tempel, Feste und kultische Reinheit [→3.3.2]) oder das Staatsrecht. Strafrechtliche Tatbestände werden mit Ausnahme des Tötungsdelikts „privatrechtlich" nach dem Prinzip des Schadensersatzes reguliert, um das zerstörte zwischenmenschliche Verhältnis wieder herzustellen (mAv 1,8). Wichtiges Beispiel bleibt das sog. Taliongesetz Ex 21,23–25; Lev 24,17–22. Es sieht einen angemessenen finanziellen Schadensausgleich vor, dem z.B. die Ex 21,19 überbietende Mischna mBQ 8,1f mit einer fünffachen Kompensation (Entschädigung, Schmerzensgeld, Heilungskosten, Einkommensausgleich, Wiederherstellung der persönlichen Ehre) entspricht. Nur gelegentlich scheint es auf Körperverstümmelung gedeutet worden zu sein.[2]

---

[1] Vgl. z.B. DanSus; 11Q19,64.8; CD 9,20–23; Ios. ant. Iud. 4,219 (möglichst 3 Zeugen!); mBQ 1,3; 7,2–4; mSan 4,1; mMak 1,9f; mSot 6,2–4; Mk 14,53–59 parr; Joh 8,17.
[2] Jub 4,42. Philo spec. leg. 3,175 (stellt es andererseits aber in 2,244f als „Albernheit" infrage). Ios. ant. Iud. 4,280 teilt mit, dass die Wahl zwischen finanziellem Ausgleich und körperverstümmelnder Talion in das Belieben des Opfers gestellt sei. Mt 5,38f setzt sie als Inbegriff gewaltbestimmter rechtlicher Auseinandersetzung voraus. Sie wird den Sadduzäern nachgesagt, und nach bBQ 84a Bar hat auch der Schammaischüler Rabbi Elieser (um 90) sie gelehrt.

Notwendige Interpretation und Aktualisierung biblischer Rechtsnormen geschieht durch *halachot*, (pl. von hebr. *halachah* Weg), den Bestimmungen des jüd. „way of life", die sich wie ein Netzwerk über das ganze Leben ausbreiten. Bei den Pharisäern und Rabbinen nicht unveränderlich, entsprechen sie den jeweiligen Lebensbedingungen und auch ihrer Realisierbarkeit. Die Überlieferungen der Väter, die Vernunft, der Brauch, und auch kontextuelle Rezeption aus dem auf dem Boden Israels nicht nur von der Herodesdynastie und in den hell. Städten angewendeten griech. und röm. Recht[3] (→1.5.1.1–4; 1.5.2) tragen u.a. zu dieser Rechtsschöpfung bei. Die Rechtsinterpreten werden im NT als *Schreiber/Schriftgelehrte* (hebr. *soferim*) bezeichnet (→3.1.3.1–2). Sie rekrutieren sich hier aus den Sadduzäern wie Pharisäern (z.B. Mk 2,16; Lk 5,30; Apg 23,9). Von *soferim* spricht auch die Mischna (z.B. ySan 11,3; Jeb 2,4; Jad 3,2). Josephus bezeichnet sie als *sophistai* (Weise, z.B. bell. Iud. 1,648.650; ant. Iud. 17,152). Im Qumranschrifttum begegnet der *Toraforscher* (z.B. CD 6,7; 7,18; 1QS 8,11f) oder *-erteiler* (z.B. 4Q174,3.11f; 177,9.5; 252 Frg.1, 5.5).

Die *halachah* umschreibt eine der geoffenbarten Tora entsprechende korrekte Praxis. Sie kann sogar z.B. in der Form eines Gebotes (*taqqanah*) oder Verbotes (*gezerah*) für den Notfall eine Torabestimmung umgehen, um dem Bruch einer anderen vorzubeugen. Sie vermag auch eine solche durch humanisierende Veränderung faktisch aufzuheben (vgl. Mk 7,9–13 par Mt 14,3–6). Beispiel dafür ist die Anordnung des *prozbol* (gr. *pros boulēn*, d.h. Erklärung vor Gericht) durch den pharisäischen Lehrer Hillel (z.B. mShevi 10,3–9; mGit 4,3). Dieser hält vor einem Sabbatjahr den Sozialschwachen die Möglichkeit einer Darlehensaufnahme als toragebotene Hilfe (Dtn 15,9) offen, indem die Schulden über das Sabbatjahr hinweg fortgeschrieben werden[4]. Verändert werden kann eine Torabestimmung aber auch durch Radikalisierung, wie sie in Qumranschriften, bei den Sadduzäern (→3.1.3.2), in der Schule des Pharisäers Schammai und auch in den sog. Antithesen Mt 5,17–48 begegnet.

Quellen zur Rechtsgeschichte in ntl. Zeit
Wir finden mehr oder weniger gruppenspezifische Rechtstümer vor, bei denen es nicht möglich ist, ihr Verhältnis zu dem jeweils herrschenden allgemeinen Recht zu bestimmen. Keinesfalls darf man von der pharisäischen Rechtstradition als Mainstream des frühjüd. Rechts ausgehen.
Im engeren Sinn juridische *halachot* und eine ihnen entsprechende Praxis in Analogie zu den frühen rabb., die auf eine gewisse Kontinuität in der Rechtsüberlieferung schließen lassen, finden sich schon in den *frühjüd. Schriften*. Das *Tobitbuch* (Diasporajudentum um 200 v.Chr.) z.B. lässt vermögens-, steuer- und eherechtliche Tatbestände erkennen (1,6–8.14; 4,1; 7,13f; 8,21f; 9,5). – Die Septuagintafassung von *Daniel und Susanna* (Diasporajudentum 1. Jh.

---

[3] Dazu s. im Einzelnen z.B. die im Lit.-Verz. genannten Arbeiten von *S. Rubin, B. Cohen, C. Hezser,* auch *C. Hayes* (s. Anm. 4). Zur Vorsicht mit Bezug auf die Rezeption von Fachterminologie mahnt *R. Katzoff,* Sperber's Dictionary of Greek and Latin Legal Terms in Rabbinic Literature – A Review–Essay, JSJ 20, 1989, 195–206.
[4] *C. Hayes*: The Abrogation of Torah Law. Rabbinic Taqqanah and Praetorian Edict, in: *P. Schäfer* (ed.): The Talmud Yerushalmi and Graeco-Roman Culture, Bd. 1, Tübingen 1998, 643–674 weist hier auf Analogie zu röm. Edikten hin.

v.Chr.) und ihre Bearbeitung durch Theodotion enthalten Elemente eines Ehebruchsprozesses: Notwendigkeit von zwei Augenzeugen, Forderung der Todesstrafe, Ankündigung eines Entlastungszeugnisses noch auf dem Weg zur Hinrichtung und Hinweis auf Verfahrensfehler (kein Zeugenverhör und offizieller Schuldspruch) zur Wiederaufnahme des Verfahrens; Einzelverhör, Talion für Falschzeugnis. – Der dritte Teil der vorqumranischen *Tempelrolle* 11Q19[5] (Kol. 48–66), Entwurf eines überwiegend kultischen Gesetzbuchs von staatsrechtlicher Qualität auf der Grundlage einer Parallelüberlieferung zum Dtn, enthält auch allgemeinere Gesetze: 51,16–18 (vgl. Dtn 16,18–20) Forderung der Todesstrafe für Richter bei Bestechung (wie auch Ios. c. Ap. 2,27) und Rechtsbeugung; 56,1–11 Teil einer Gerichtsordnung mit einem priesterlichen Obergericht (vgl. Dtn 17,8–13) und Androhung der Todesstrafe für dessen Nichtanerkennung; Königsrecht 56,12–58,12 (vgl. Dtn 17,14–20) mit der Institution eines Kronrats als oberstem Gericht; 64,6b–13a Erläuterung entspr. Dtn 21,22f des „Hängens ans Holz" für Verrat am Volk. Ob damit die unjüd. Kreuzigungsstrafe[6], Tötung durch Erhängen oder Schändung nach der Hinrichtung[7] gemeint ist, bleibt offen.

Unter den *Qumranschriften* enthält die *Gemeinderegel* 1QS in 5,1–9,24 eine Gemeindeordnung, zu der mit 6,24–7,25 ein ausführlicher Strafcodex gehört. Gerichtsforum ist die Sitzung der Vollmitglieder (6,1.8f.23), wenn zuvor eine Zurechtweisung vor Zeugen nicht gefruchtet hat (vgl. Mt 18,15–17). Es sind je nach Schwere für die Vergehen, zu denen bereits u.a. Beleidigungen (7,4) gehören (vgl. Mt 5,22), als Strafe Kürzung der Essensration (6,25), Ausschluss auf bestimmte Zeit (6,27; 7,2–15.17b–21; 8,24–9,2) oder für immer (7,15–17a.22–25; 8,21f) vorgesehen. In der *Damaskusschrift* (CD) besteht das Richterkollegium aus einem Minjan der Mitglieder (10,4–8). Für die Zeugen ist ein Mindestalter vorgeschrieben (10,1), für den Eid nur die Schwurfomel der Gemeinschaft zugelassen (15,1–3). Als Strafe wird der Ausschluss (9,21), jedoch mit der Möglichkeit einer Wiederaufnahme (12,6; 20,5), erwähnt.

Im NT zeichnen sich jüd. Rechtshintergründe ab in der Verkündigung Jesu (bes. Mt 5–7; Gleichnisse), in der Darstellung seines Verhörs durch das Synhedrium und in dessen Vorgehen z.B. gegen Paulus nach der Apg. In manchen Texten überschneiden sich jüd. und röm.-hell. Rechtsbräuche[8]. Paulus greift für seine Argumentation jüd. Erb- (2Kor 5,5; Gal 3,15; 4,1f; Eph 1,14), Adoptions- (Röm 8,15; Gal 4,5; Eph 1,5), Beurkundungs- (2Kor 1,22) und Schuld-

---

[5] Deutsche Übers. und Komm. z.B. bei *J. Maier*: Die Tempelrolle vom Toten Meer und das „Neue Jerusalem", München/Basel ³1997.

[6] Vgl. bSan 46b. Die Massenkreuzigung von Pharisäern wegen Hochverrats durch Alexander Jannaios (103–76 v.Chr.) nach Ios. bell. Iud. 1,97; ant. Iud. 13,380f (vgl. 4QpNah 1,7f) bleibt Maßnahme eines sich hell. verstehenden Herrschers. Vgl. kritisch zur Überlieferung *M. Hadas-Lebel*: Alexandre Jannée a-t-il crucifié ses opposants Pharisiens?, in: *F. Siegert/U. Kalms* (Hgg.): Internationales Josephus-Kolloqium Paris 2001, Münster 2002, 59–71. Herodes scheint sich dieser Hinrichtungart nicht bedient zu haben.

[7] Vgl. Gal 3,13; zur Diskussion bei den Rabbinen *Maier*: Tempelrolle (Anm. 5), 275–281.

[8] Z.B. in Mt 18,23–35 (vgl. auch Mt 5,25fpar Lk 12,58f). Unjüdisch: Verkauf eines Juden (an Heiden) in die Sklaverei (z.B. Ios. ant. Iud. 16,3), bes. der Ehefrau (z.B. mSot 3,8); gerichtlich angeordnete Schuldhaft zur Erpressung der Auslösung durch Verwandte mit dazu verschärfend wirkender Anwendung der Folter; Geldanlage bei einer Bank mit einer minimalen Gewinnmarge durch Zinsen.

recht (Kol 2,14; Phlm 19) auf. Wie im rabb. Judentum (vgl. z.B. Mekh zu Ex 21,1; Baraita in bGit 88b) sind nach 1Kor 6,1–8 zivilrechtliche und gemeindeinterne Angelegenheiten nur vor eigenen Gerichten auszutragen.

Die *halachah* der *Sadduzäer* gilt bei Josephus und in der Mischna als streng und rigoros. Meg Taan 10 schreibt ihnen einen halakischen Codex radikaler Rechtsinterpretation, das Buch der *gezerot*, zu. Ihre Rechtsschöpfungen haben den Untergang Jerusalems nicht überlebt, so dass wir über sie nur durch die verzerrende Polemik der Rabbinen erfahren.

Die *Pharisäer* (→3.1.3.1) haben es vermieden, ihre *halachot* schriftlich zu fixieren. So stehen nur Sekundärzeugnisse zur Verfügung: Josephus, das NT und rabb. Überlieferungen, sofern sie pharisäischen Lehrern vor 70 n.Chr. namentlich zugeschrieben und von Josephus und dem NT bestätigt werden. Sie pflegen bei ihrer Rechtsschöpfung einen akribischen Umgang mit der Tora (Ios. bell. Iud. 1,110; 2,162; ant. Iud. 17,41; Mt 5,20; Phil 3,5f). Ihre Richter gelten als menschenfreundlicher und milder (z.B. ant. Iud. 13,294; mYad 4,6–8). In früh zu datierenden Pharisäertexten der Mischna geht es nach J. Neusner[9] vor allem um Vorschriften für agrarische Abgaben an den Tempel (vgl. Mt 23,23 par Lk 11,42) und zu Fragen des Familienrechts wie Scheidung und Levirat.

Philo von Alexandria (→1.3.2.5) (ca. 20 v.–50 n.Chr.) interpretiert vor allem in spec. leg. die Rechtstexte des Pentateuchs. Er fasst das Wichtigste z.B. in seinen bei Eus. p.e. überlieferten Hypothetica 7,1–20[10] zusammen. Ein direktes Verhältnis seiner Darstellungen zu dem damals im Judentum Alexandrias angewendeten Recht bleibt ebenso fraglich wie seine Kenntnis von Vorformen rabb. *halachah*.[11] Seine Ausführungen sind für nichtjüd. Gebildete seiner Zeit und deshalb nicht als *halachot* bestimmt. Er legt in spec. leg. die Gebote in inhaltlicher Systematik nach dem Leitfaden des Dekalogs aus, wobei er an der in seinen Augen drakonischen Strenge des Mosegesetzes, in dem „alles einfach und klar ist" (hyp. 7,1), bewusst festhält (z.B. spec. leg. 2,27f; agr. 47) und die Todesstrafe für weitaus geringere Vergehen als Mord favorisiert (z.B. spec. leg. 2,243; hyp. 7,1–5; vita Mos. 2,206f).

Einblick in das jüd. Rechtsleben ntl. Zeit gibt vor allem *Flavius Josephus* (→1.3.2.6). Er stellt die Tora als ideale Verfassung der jüd. Theokratie dar (z.B. Ios. c. Ap. 2,165) in seiner Zusammenfassung und thematischen Neugliederung der kultischen Tora nach Lev in ant. Iud. 3,224–286 (Kultrecht) und der ethischen (Zivilrecht) nach Dtn in ant. Iud. 4,196–301 sowie in seiner Apologie c. Ap. 2,151–219, wahrscheinlich einer Epitome aus einer alexandrinischen Quelle über das jüd. Gemeinwesen, die sich auch in den Hypothetica Philos widerspiegelt.[12] Josephus schreibt ebenfalls unhalakisch für nichtjüd. Leser.

---

[9] Vgl. z.B. *ders*. 1975, 43–70.
[10] Text der Fragmente z.B. in Philo, with an English Translation by *F. H. Colson*, Bd. 9, Cambridge 1969, 423–437.
[11] *I. Heinemann*: Philons griechische und jüdische Bildung, Breslau 1932 (ND 1973), 180–446.
[12] So zuletzt *C. Gerber*: Des Josephus Apologie für das Judentum, in: *J. U. Kalms/F. Siegert* (Hgg.): Internationales Josephus-Kolloquium Brüssel 1998, Münster 1999, 251–269, hier 257f und *P. Tomson*: Les systèmes de halakha du Contre Apion et des Antiquités, in: *F.*

Einblick in die Praxis jüd. zivilrechtlicher Verträge in den röm. Provinzen *Iudaea* und *Arabia* zwischen den beiden antiröm. Aufständen von ca. 66–135 bieten *die Texte aus der Wüste Juda* (bes. Murabba'at und Nahal-Hever) mit schuldrechtlichen Urkunden, Eheverschreibungen, Scheidebriefen sowie Kauf-, Pacht- und Leihverträgen.[13] Sie lassen eine bemerkenswert selbstständige wirtschaftliche[14] und rechtliche Stellung der verheirateten jüd. Frau mit frei verfügbarem Immobilienbesitz, Geldverleih und in den gr. Texten ein erstaunliches Maß jüd. Integration in die vom hell.-röm. Recht geprägte Umwelt[15] erkennen.

Wichtigste Quelle bleibt die *Mischna*. Die in ihr um ca. 200 fixierten halakischen Diskussionen gehen über kleinere Vorsammlungen z.T. bis in die frühe nachbiblische Zeit zurück. In idealer Verfassung wird hier das Welt- und Wirklichkeitsverständnis des rabb. Judentums unter heidnischer Obrigkeit entfaltet. Sie verrät den mehr juristischen als theologischen Charakter der rabb. Literatur, die vor allem Rechtspflege sein will. Rechtliche Fragen im engeren Sinn behandeln vor allem die Traktate der 3. und 4. Ordnung.

Es zeichnet sich das Bild einer Rechtspflege ab, die von den alltäglichen Fällen theoretisch abgehoben auf Klärung aller auszudenkenden Detailfragen aus ist. Anfangend mit den örtlichen Gerichtshöfen für Zivilrecht aus drei Gelehrten (z.B. mSan 1,1; 3,1; anders Lk 18,2) gibt es ein ganzes Netzwerk rabb. Gerichtshöfe. Auf der Stufe des kleinen Sanhedrin sind (abgeleitet aus Num 35,24f z.B. ySan 1,6) für Kapitalverbrechen 23 (z.B. mSan 1,4), auf der höchsten Ebene, dem großen Sanhedrin, 70+1 (abgeleitet in Zusammenschau von Ex 18,21–23; Num 11,16 und Dtn 17,8–13) Gelehrte vorgesehen (z.B. mSan 1,6). Hingegen werden im Zivilrecht angesehene Persönlichkeiten als Schiedsmänner angerufen.[16] Nach mSan 3,1 benennt in solchen Fällen jede der Streitparteien für sich einen und diese beiden einen unabhängigen dritten Richter. In Kapitalprozessen müssen die Zeugen mit Einschüchterung (mSan 3,6; 4,5; mSot 1,4) auf Glaubwürdigkeit hin durch Einzelverhör (mSan 3,6; 5,1–4) einvernommen werden; das Verfahren ist mit den Zeugen für die Unschuld (mSan 4,1; 5,4f) zu eröffnen. Umfangreich sind die Schutzbestimmungen für den Angeklagten. Zeugen dürfen nach ihrer Einvernahme nichts Belastendes mehr äußern (mSan 4,1; 5,5). Ein Schuldspruch ist nur mit zwei Stimmen Mehrheit im Kollegium möglich, und erledigte Verfahren können nur zum Zweck des Freispruchs wieder aufgenommen werden (mSan 4,1). Mit solchen und vielen anderen Bestimmungen macht man die Verhängung der zunehmend als mörderisch stigmatisierten (z.B. mMak 1,10) Todesstrafe von so vielen Voraussetzungen abhängig, dass sie fakisch aufgehoben erscheint.

Siegert/J. *Kalms* (Hgg.), Internationales Josephus-Kolloquium Paris 2001, Münster 2002, 189–220.
[13] Editionen: *P. Benoit u.a.* : Les Grottes de Murabba'ât, Oxford 1961; *H. Cotton/A. Yardeni*: Hebrew and Greek Texts from Nahal Hever and Other Sites with an Appendix Containing Alleged Qumran Texts. The Seiyâl Collection, Oxford 1997; Übers. in Auswahl bei *Koffmahn* 1968.
[14] Vgl. aber schon Lk 8,3.
[15] Vgl. dazu bes. *Cotton* 2000, 23–30.
[16] Vgl. Lk 12,13f.

Für den Verurteilten wird noch auf dem Weg zur Exekution durch Aufforderung der Öffentlichkeit (mSan 6,1) die Möglichkeit von Unschuldsbeweisen offen gehalten.[17] Die vorgesehenen Strafen[18] entsprechen als biblische der Tora. Von ihnen sind die rabb. zu unterscheiden, die verhängt werden, wenn kein biblisches Gebot, sondern eine Halacha übertreten worden ist. Bei den *biblischen Strafen* ist für schwere Kriminalfälle die Todesstrafe angezeigt, für leichte zeitweiliger Ausschluss aus der Gemeinde oder körperliche Züchtigung. Die *Geißelung* (mMak 3,12ff)[19] soll auf Ausspruch von drei Richtern hin (mSan 1,2; mMak 3,11) entsprechend Dtn 25,2f mit 40 minus 1 Hieben[20] ausgeführt werden, ihren Vollzug berichtet jedoch kein rabb. Text,[21] wohl aber Paulus in 2Kor 11,24. Die *Todesstrafe* sieht die Halacha gemäß der Tora z.B. vor für Mord, Götzendienst, Gotteslästerung, Zauberei, Falschprophetie, Ehebruch, Unzucht, Inzest, Sabbatbruch, und zwar den Fällen entsprechend in vier Vollzugsarten (mSan 7,1–4): Steinigung, Verbrennen durch Einflößen von geschmolzenem Blei, Enthauptung mit dem Schwert und Erdrosselung durch Strangulierung mittels eines um den Hals zusammengezogenen Tuchs. Der Leichnam kann in bestimmten Fällen anschließend strafverschärfend ans Holz gehängt werden (mSan 6,4). *Rabb. Strafen* bestehen in Züchtigung, Geldzahlung, Bann, Verbannung oder Gefängnis. Den Bann gibt es in der Form des Verweises oder des zeitweiligen Ausschlusses aus der Gemeinde als sog. Kleinen und in der Form der endgültigen Exkommunikation als Großen Bann mit weitreichenden sozialen und wirtschaftlichen Folgen. Das Bild der Mischna von einem Netzwerk amtierender Gerichtshöfe mit dem großen Sanhedrin an der Spitze bleibt eine historisch haltlose, rückwärtsgewandte Wunschvorstellung und utopischer Entwurf. Bereits unter röm. Herrschaft vor 70 oblag dem Prokurator die gesamte Rechtsprechung und waren dem Synhedrium in Jerusalem, kaum mehr als ein von den Sadduzäern majorisierter Stadtrat mit Einfluss auf das judaeische Umland, den lokalen Behörden aller unterworfener Städte des Röm. Reichs[22] gleich, nur polizeiliche Aufgaben und begrenzte Autonomie im Zivilrecht belassen. Die Kultrechtshoheit des Jerusalemer Synhedriums blieb unangetastet. In anderen als zivilrechtlichen Angelegenheiten wurde, wie auch die judenchristl. Paränesen zum Gehorsam gegenüber der Obrigkeit[23] zeigen, „das Recht der Regierung als geltendes Recht" anerkannt.[24] Für das nach 70 in Jamnia (Javne) neu gegründete Synhedrium fehlt jede Kontinuität zum alten. In der Koalition derer, die bereit waren, im Anschluss an die Katastrophe gemeinsame Sache zu machen[25], stellen die Pha-

---

[17] Vgl. DanSus 44–50.
[18] Vgl. dazu ausführlich *S. Schreiner*: Strafe III. Judentum, TRE 32, 2001, 201–205.
[19] Vgl. Mt 23,34; 10,17; Mk 13,9 par; Apg 22,19.
[20] Vgl. mMak 3,10; Ios. ant. Iud. 4,238.248. Die Zahl 39 ergibt sich aus Vorsicht, die toragemäße Zahl nicht in entehrender Weise zu überschreiten. Zuvor ist die körperliche Konstitution zu prüfen und ggf. die Zahl der Hiebe auf eine durch 3 teilbare zu reduzieren (mMak 3,11).
[21] So *Billerbeck* I ⁶1974, 577.
[22] Vgl. *Th. Mommsen*: Römisches Strafrecht, Leipzig 1899, 115.119f.240f.309.
[23] Vgl. z.B. Mk 12,13–17 parr; Röm 13,1–7; 1Petr 2,13f.
[24] So z.B. bNed 28a; bGit 10b.
[25] *Stemberger* 1999, 91.

risäer (Hillel-Schule) den Führungsanspruch, wie wohl auch Texte bei Mt (21,45; 27,62) und vor allem bei Joh erkennen lassen (z.B. 7,32.45–57; 11,46f; 18,3). Die rabb. Rechtspraxis scheint zwischen den beiden Aufständen 66–74 und 132–135 eher gruppenintern ausgerichtet gewesen zu sein. So beobachtet *J. Neusner*, dass sich in der Mischna für diesen Zeitraum wenig öffentlich praktisch anwendbares Material findet,[26] und verraten die Funde aus der Wüste Juda keinen besonderen Einfluss der rabb. Halacha.[27] Auf der anderen Seite zeigen Orts- und Namensangaben bei Problemfragen in der Mischna, dass durchaus auch um zentrale Weisung ersucht wurde.

Spiegelungen jüdischer Rechtspraxis im NT
1. Zum jüd. Anteil am Prozess Jesu (→1.5.1.4)
In der ntl. Forschung spielt die Frage nach dem Recht des Synhedriums vor 70 zur Durchführung von Kapitalprozessen eine wichtige Rolle. Man muss davon ausgehen, dass das *ius gladii* dem röm. Prokurator vorbehalten war. Dafür sprechen Mitteilungen bei Josephus (z.B. bell. Iud. 2,117), Überlieferungen der Evv von der Überstellung Jesu an Pilatus, bes. Joh 18,31, und von der des Paulus an die röm. Behörden in der Apg (21,27–40; 22,22–30; 23–26; ähnlich 18,12–17). Die gelegentliche Hinnahme jüd. Lynchjustiz (z.B. Philo spec. leg. 1,55; mSan 9,6), wie die Hinrichtung des Stephanus (Apg 7,54–81a) und Steinigung des Paulus (2Kor 11,25; Apg 14,19), bleibt jedoch wahrscheinlich. Das Recht zur Tötung eines Nichtjuden bei Betreten des inneren Tempelbezirks trotz angebrachter Warnschilder[28] dürfte eine von den Römern zugestandene Ausnahme u.U. mit Notwendigkeit einer förmlichen Bestätigung gewesen sein. Die Texte und Ereignisse, die man zum Nachweis einer (eingeschränkten) Kapitalgerichtsbarkeit des Synhedriums anführt, bleiben bei näherer Prüfung nicht stichhaltig:

Die Hinrichtung des Jüngers Jakobus nach Apg 12,2 stellt einen Willkürakt des rechtsautonomen Agrippa I. wohl aus Gefälligkeit der jüd. Führung gegenüber dar. Die Steinigung des Herrenbruders Jakobus nach ant. Iud. 20, 200ff im Jahr 62 beruht auf eigenmächtigem Vorgehen der Sadduzäer zur Zeit des Interims zwischen den Prokuratoren Festus und Albinus. Die in Ios. bell. Iud. 6,300–305 berichtete Kassierung eines Todesurteils durch den Prokurator weist nur darauf hin, dass das Synhedrium gelegentlich ein solches empfehlen durfte. Schließlich wird die u.a. in mSan 7,2 mitgeteilte Hinrichtung einer unzüchtigen Priestertochter in die Zeit Agrippas I. oder auch in die chaotischen Anfänge der antiröm. Aufstandsjahre fallen.

So beklagt die rabb. Literatur, dass zur Zeit der Prokuratoren die Urteile über Leben und Tod den Juden entzogen waren (z.B. ySan 1,1 [18a]; 7,2 [4b]; bAZ 8b; bSan 41a).
Die Darstellung eines zweistufigen, überstürzten und gleichrangig jüd. und röm. Kapitalprozesses Jesu bei Mk und Mt in den kerygmatisch und judenpo-

---

[26] *Neusner* 1981, 111–119.
[27] Vgl. dazu *H. Cotton*: The Impact of the Documentary Papyri from the Judaean Desert on the Study of Jewish History from 70 to 135 C.E., in: *A. Oppenheimer* (Hg.): Jüdische Geschichte in hellenistisch-römischer Zeit, München 1999, 221–236, hier 235f.
[28] Vgl. Philo leg. 31; Ios. bell. Iud. 5,194; 6,124–126. Text des archäol. Fundes von 1871 z.B. in BHH 2, 1964, 675f.

lemisch ausgerichteten Passionsüberlieferungen entspricht weder den geschichtlichen Gegebenheiten, noch dem in der Mischna fixierten Recht. Historisch gesehen war das Verfahren gegen Jesus ein röm. auf Betreiben der jüd. Tempelbehörden. Seine von ihnen als Bedrohung verstandene Tempelkritik (Mk 14,56–61; ferner 11,15–19; 13,1.2 parr) wurde wohl als Gefährdung der öffentlichen Ordnung den röm. Behörden plausibel gemacht.

Nach dem Recht der Mischna müsste man besonders mit mSan 4,1f auf folgende Irregularitäten hinweisen, aufgrund derer das Synhedrium zur Verhängung der Todesstrafe nicht befugt gewesen wäre: Verhandlungen in der Nacht und am Rüsttag vor einem Sabbat, kein Einzelverhör (ySan 3,6) der Belastungszeugen nach vorheriger Vermahnung (ySan 4,5), Ungültigkeit nicht übereinstimmender Aussagen, Fehlen eines Zeitraumes von mindestens einem Tag zwischen Beweisführung und Urteilsfindung. Als Gotteslästerung, die zudem mit Steinigung zu ahnden bliebe,[29] wird in der Mischna nur das blasphemische Aussprechen des Gottesnamens gewertet (ySan 7,5).

Die Schilderung der jüd. Verhandlung gegen Jesus als Vorverhör in Joh 18, 13.19–27 (ähnlich Lk) zum Zweck einer Anklage wegen messianischer Umtriebe bei Pilatus scheint der historischen Wahrscheinlichkeit näher zu stehen.

2. Zu Fragen des Vermögensrechts
Erbe, Erbteilung:[30] Als Formen der Besitzübertragung sind im NT bekannt: Testament (Gal 3,15) und Schenkung zu Lebzeiten (Lk 15,11f), wobei der Beschenkte zwar das Besitzrecht, jedoch vor dem Tod des Vaters nicht das Verfügungsrecht und die Nutznießung erhält, falls er sich nicht verpflichtet, für die Eltern „im Ruhestand" angemessen zu sorgen. Das durch die Tora vorgegebene Erbrecht mit der Bestimmung zur Aufteilung von 2/3 des Vermögens auf den Erstgeborenen und 1/3 auf seine Brüder zusammen (vgl. z.B. Sifre Dtn § 217 zu 21,17) entspricht ökonomischen Notwendigkeiten. In Lk 12,13f kommt es nicht zu der erbetenen Erbteilung. Dabei könnte für den einen die Unteilbarkeit des Besitzes als einer notwendigen Lebensbasis, für den anderen ein Weggang auch aus ökonomischen Gründen, bei dem er nicht auf seinen Anteil als „Startkapital" verzichten will, Motiv gewesen sein. Die volkstümliche Gleichniserzählung Lk 15,11–32 sollte man wegen der in ihr enthaltenen juristischen Schwierigkeiten rechtlich nicht so eng sehen. Der jüngere Sohn fordert die Schenkung seines zukünftigen Erbanteils mit Verfügungsrecht und Nutznießung, wovor Sir 33,20–24 warnt, ohne die o.g. Verpflichtung einzugehen. *Verschuldung*: Die schuldrechtlichen Urkunden von Muraba'at und Nahal Hever lassen die Wahrung von Prinzipien des jüd. Schuldrechts, durch die dieses sich von anderen antiken Rechtssystemen unterscheidet, erkennen[31]: Das Zinsnehmen unter Juden ist z.B. entsprechend Ex 22,24; Lev 25,36f; Dtn 23,20f verboten (so z.B. mBM 5,11), die finanzielle Hilfe bleibt geschwisterliche Verpflichtung (Mt 5,42). Es gibt nur eine Vermögenshaftung (vgl. Mt 5,40), eine Verpfändung der persönlichen Arbeitskraft (Schuldknechtschaft) zur Abdeckung der Schulden kann erst nach erfolgloser Exekution eintreten

---

[29] Vgl. Apg 7,58; 14,19; 2Kor 11,25.
[30] Dazu vgl. *Billerbeck* III ⁵1969, 545–553.
[31] Vgl. dazu *Koffmahn* 1968, 79.

(P. Mur. 114,19). Das jüd. Pfand dient immer nur als Sicherungspfand, niemals aber als Ersatz oder Verfallspfand; ohne Gerichtsurteil konnte im Falle der Säumnis des Schuldners der Gläubiger nicht zu seinem Geld gelangen (Mt 5,40). Zu den Funden in der Judäischen Wüste gehören Schuldscheine, die als Doppelurkunden zur jederzeitigen Einsichtnahme fälschungssicher (vgl. hingegen Lk 16,6) ausgefertigt sind. Das NT setzt nur die einfache Form des vom Schuldner geschriebenen Schuldscheins (Kol 2,14; Phlm 19) im Besitz des Gläubigers (Lk 16,1–8) voraus. Dieser wird mit Durchstreichen der Forderung (Kol 2,14) ungültig gemacht oder bei einer Teilabzahlung durch Überschreiben korrigiert (Lk 16,6f).

3. Zu Fragen des Eherechts

Verlöbnis/Eheschließung:[32] Die Brautwerbung geschieht vor und auch nach der Erlangung der Geschlechtsreife und dann möglichst mit Einverständnis des Mädchens beim Vater als dessen Rechtsvormund (vgl. Tob 7,10–12). Der Ehebegründung (*schiddukin*: Einwilligung in die Verlobung; vgl. Mt 1,18; Lk 1,27) mit den ersten vertraglichen Vereinbarungen, wie z.B. über Aussteuer (z.B. Ket 6,5) und Mitgift in den Besitz des Mannes kommt Rechtsverbindlichkeit zu. Bis zur Heimführung (Mt 1,20; 25,1–11) bleibt die Braut unberührt im Haus des Vaters (Lk 1,34). Zur Eheschließung gehört der Ehevertrag (*ketubbah*) (Tob 7,14). Er besteht aus einer von Zeugen unterschriebenen Urkunde, die vor allem die Verschreibungen (*ketubbot*) (z.B. P. Mur. 20; 21; 115; mKet), eine vermögensrechtliche Regelung zur Versorgung der Frau im Fall der Scheidung oder Verwitwung, enthält. Lk 18,2–6 setzt wohl die Verweigerung der Ketubbah, der auszuzahlenden Mitgift, der verschriebenen Nutznießung, des Wohnrechts oder der Versorgung im Hause des verstorbenen Mannes (vgl. P. Mur. 20; 21; 30; 116) durch die Erben voraus. Die endgültige Eheschließung (*qidduschin*) (vgl. mQid; Lk 2,5) geschieht durch Übergabe eines geldwerten Gegenstandes an die Frau mit einer Erklärung des Mannes, wie z.B. „Du wirst mir Ehefrau werden nach dem Recht Moses [und der Juden.]" (P. Mur. 20,3) oder „Wenn du in mein Haus eingehst, sollst du meine Ehefrau sein nach der Tora des Mose und Israels" (tKet 4,9; vgl. auch Tob 7,13). *Leviratsehe* (= Schwagerehe): Nach Dtn 25,5–10 muss der Schwager die Witwe seines kinderlos verstorbenen Bruders heiraten (Mk 12,18–27 parr; Ios. ant. Iud. 4,254–256). Die Verweigerung wird von den Ältesten durch den Ritus der *chalitzah* (Abziehen des Schuhs) entgegengenommen. Einzelne Texte lassen erkennen, dass diese in rabb. Zeit üblich war, obwohl die Leviratsehe grundsätzlich Vorrang vor der *chalitzah* hat (z.B. mBekh 1,7). Ehebruch: Schon Spr 6,24–35 und Sir 23,18–24 spiegeln eine vornehmlich privatrechtliche Regelung statt des öffentlichen Ehebruchprozesses (Dtn 22,23–27) mit Steinigungsstrafe. Joh 8,1–11 ist nur noch Szene für ein Lehrgespräch. Die gesellschaftliche Ächtung (der Frau!) bleibt in den frommen Bevölkerungsschichten jedoch bestehen (vgl. z.B. Mt 1,19; Lk 7,39). Die Möglichkeit der Ehescheidung[33] und ihre juridische Regelung ist aus Dtn 24,1 erschlossen. Da

---

[32] Dazu vgl. *Billerbeck* II ⁵1969, 372–399.
[33] Vgl. *Billerbeck* I ⁶1974, 303–320; *A. M. Rabello*: Divorce of Jews in The Roman Empire, JLA 4, 1981, 79–102.

die Sexualität der Frau zur Fortpflanzung als Besitz des Mannes galt (vgl. mYev 6,6), lagen die Initiative und Durchführung im freien Willen des Mannes; das Einverständnis der Frau war hierzu nicht notwendig (z.B. mYev 14,1). Als Grund für die Entlassung wird in Dtn 24,1 „etwas Schändliches" angegeben. In der Deutung dieses Terminus und damit der Ausschöpfung von Scheidungsgründen differieren die frühjüd. Gruppen. Möglicherweise spielen auf diese Diskussion (etwa zwischen den Schulen Schammais und Hillels z.B. nach mGit 9,10; SifDev 269 zu Dtn 24,1) an: Mt 19,3 („aus jedem beliebigen Grund"), Philo spec. leg. 3,30; Ios. ant. Iud. 4,253 („dass man viele Scheidungsgründe haben könne"). DanSus 63, die Schammaischule (z.B. mGit 9,10) und auch das NT (Mt 5,31f; 19,9) sehen das Schändliche allein im Ehebruch gegeben, die Hillelschule bereits beim Anbrennenlassen von Speisen als Vernachlässigung der Hauptaufgabe der Frau. Josephus entlässt in zweiter Ehe seine Frau, weil ihm deren „Charaktereigenschaften missfielen" (Ios. Vita 426). Am weitesten geht Rabbi Aqiba, der einen Scheidungsgrund gegeben sieht, „wenn er eine andere findet, die schöner ist als sie" (SifDev 269 zu Dtn 24,1). Andererseits war die Scheidung rechtlich verboten, wenn die Frau dadurch in besonderem Maße schutzlos werden konnte: z.B. als Geisteskranke (mYev 14,1), Minderjährige (mGit 6,2) oder vom Ehemann auszulösende Gefangene (mKet 4,9). Mit der Scheidung wird die Auszahlung der Eheverschreibung verbunden, die jedoch in bestimmten Fällen, wie Ehebruch und auch bei Unfruchtbarkeit der Frau, unterbleiben kann (z.B. Ket 7,6). Die in der Jesusüberlieferung (1Kor 7,10f; Mk 10,2–12 parr) wurzelnde Gemeindehalacha 1Kor 7,11 und Mk 10,11 untersagt die Scheidung radikal, Mt 5,31f und 19,9 mit Ausnahme des Ehebruchs, und sieht aufgrund von Gen 1,27 die Verpflichtung zur Einehe auf Lebenszeit (Mk 10,6–9 par Mt 19,4–6; wie CD 4,21 und 11QT 57,17–19). In 1Kor 7,15 erachtet Paulus es jedoch für unvermeidlich, einer Scheidungsforderung des nichtchristl. Partners nachzugeben. Wenn Mk 10,12 und 1Kor 7,13 die Möglichkeit zur Scheidungsinitiative auch bei der Frau sehen, muss dieses nicht unbedingt allgemeinen jüd. Rechtsverhältnissen widersprechen (so Ios. ant. Iud. 15,259). Solche Fälle sind im hell. beeinflussten jüd. Lebensbereich bes. der höheren Schichten (z.B. im herodianischen Königshaus: Ios. ant. Iud. 15,259f; 18,136; bei Josephus selbst: Ios. Vita 415) möglich und durch XHev/Se 13[34] um 134/135 belegt. In Fällen der Unzumutbarkeit der Ehe konnte auch die Frau die Ausstellung der Scheidungsurkunde durch den Ehemann gerichtlich erzwingen (mKet 7). Die Funde in der Judäischen Wüste geben Anlass, vor der Festlegung spezifisch rabbinischer Bestimmungen mit der Möglichkeit der Scheidungsinitiative auch bei der Frau zu rechnen. Die Scheidung wird traditionell vollzogen durch den Ehemann oder dessen Bevollmächtigten mit der Übergabe des Scheidebriefs, dessen Zweck die Freigabe der Frau zur Wiederverheiratung ist. Er unterliegt zur Gültigkeit einem Formzwang (vgl. P. Mur. 19; mGit): u.a. Ausstellungsdatum, Namensnennung der Partner, Entlassung und Freigabe mit einer rechtsüblichen Formel (vgl. mGit 9,3) wie „Ich gebe dich frei und entlasse dich" (vgl. zur Terminologie Mk 10,12; Mt 5,31; P. Mur. 19,6), Unterschrift des Ehe-

---

[34] Vgl. zuletzt dazu T. Ilan: Integrating Women into Second Temple History, Tübingen 1999, 253–262; Cotton 2000, 28f.

manns und von 2–3 rechtsfähigen Zeugen. Letzteres ist in Mt 1,19 wohl in legendarischer Weise übergangen.

Synagogen- und Gemeindeausschluss
Joh 9,22; 12,42; 16,2 sprechen vom Ausschluss als Reaktion der Synagogengemeinschaft auf das Bekenntnis zu Jesus als Messias. Damit nimmt Joh Bezug auf die zu seiner Zeit erfolgende Absage der Synagoge an das Judenchristentum. Man sollte hier jedoch eher an die um 90 in die 12. Bitte der Tefilla eingefügte Ketzerberaka, d.h. Selbstverfluchung der Nazoräer und Abweichler (vgl. Joh 7,49), denken. In 1Kor 5,1–11 spricht Paulus bei einem Vorfall von Inzest nach einer wohl in der Gemeindeversammlung erfolgten Verfluchung das Verbot des gesellschaftlichen und gemeindlichen Umgangs aus. Mt 18,15–18 (vgl. auch Tit 3,10) schärft einen Drei-Instanzen-Weg ein beginnend mit der Verpflichtung zur voraufgehenden seelsorgerischen Bemühung um die Irrenden (so auch in Qumran 1QS 5,25–6,1) und endend mit dem Ausschluss inklusive von Folgen für das Heil des Betroffenen. 1Tim 1,20 rät zum Ausschluss auf Zeit, 2Thess 3,6.14 sogar bei denen, die sich der in der Gemeinde überlieferten apostolischen Lehre nicht fügen. 2Joh 10 untersagt die Gewährung von Gastfreundschaft und Gruß bei Ausgeschlossenen auf der Durchreise. Solche Maßnahmen verraten eine Rezipierung der zuvor in Qumran (bes. 1QS) und später bei den Rabbinen erkennbaren Traditionen jüd. Gemeinderechts.

Literatur
(*H. L. Strack*-) *P. Billerbeck*: Kommentar zum Neuen Testament aus Talmud und Midrasch, München, I ^{6}1974; II ^{5}1969; III ^{5}1969; IV 1.2 ^{5}1969; V. VI ^{3}1969. – *J. Blinzler*: Der Prozess Jesu, Regensburg ^{4}1969. – *B. Cohen*: Jewish and Roman Law. A Comparative Study, 2 Bde., New York 1966. – *M. Cohen*: Recht, Jüdisches, Jüdisches Lexikon IV.1, ^{2}1987, 1261–1275. – *H. Cotton*: Recht und Wirtschaft. Zur Stellung der jüdischen Frau nach den Papyri aus der judäischen Wüste, ZNT 5, 2000, 23–30. – *D. Daube*: The New Testament and Rabbinic Judaism, London 1956. – *C. Hezser*: „Privat" und „öffentlich" im Talmud Yerushalmi und in der griechisch-römischen Antike, in: *P. Schäfer* (ed.): The Talmud Yerushalmi and Graeco-Roman Culture, Bd. 1, Tübingen 1998, 423–579. – *E. Koffmahn*: Die Doppelurkunden aus der Wüste Juda, Leiden 1968. – *C. Lapin*: Early Rabbinic Civil Law and the Literature of the Second Temple Period, JSQ 2, 1995, 149–183. – *J. Maier*: Die gesetzlichen Überlieferungen. Die vor- und nichtpharisäischen rechtlichen Überlieferungen, in: *J. Maier/J. Schreiner* (Hgg.): Literatur und Religion des Frühjudentums, Würzburg/Gütersloh 1973, 57–64. – *J. Neusner*: Die gesetzlichen Überlieferungen. Die pharisäischen rechtlichen Überlieferungen, ebd. 64–72. – *Ders.*: Early Rabbinic Judaism. Historical Studies in Religion, Literature and Art, Leiden 1975, 1–136. – *Ders.*: A History of the Mishnaic Law of Women, Leiden 1979–1980. – *Ders.*: Judaism. The Evidence of the Mishnah, Chicago/London 1981. – *Ders.*: A History of the Mishnaic Law of Damages, Leiden 1983–1984. – *S. Rubin*: Das Talmudische Recht auf den verschiedenen Stufen seiner Entwicklung mit dem römischen Recht verglichen und systematisch dargestellt. Sachenrecht, Wien 1938. – *E. Schürer*: The History of the Jewish People in the Age of Jesus Christ, II Edinburgh 1979; III.1, Edinburgh 1986. – *G. Stemberger*: Die Umformung des palästinischen Judentums nach 70. Der Aufstieg der Rabbinen, in: *A. Oppenheimer* (Hg.): Jüdische Geschichte in hellenistisch-römischer Zeit, München 1999, 85–99. – *P. Winter*: On the Trial of Jesus, Berlin/New York ^{2}1974.